IRISCHES LESEBUCH

IRISCHES LESEBUCH

Herausgegeben von
Bernhard Robben

Piper
München Zürich

ISBN 3-492-04348-8

Umschlaggestaltung: R·M·E, Roland Eschlbeck/Natascha Steuer,
unter Verwendung eines Gemäldes von Thórarinn B. Thorláksson
Satz: EDV-Fotosatz Huber/Verlagsservice G. Pfeifer, Germering
Druck und Bindung: GGP Media, Pößneck
Printed in Germany

INHALT

Vorwort

Der zerbrochene Spiegel

Zur anglo-irischen Literatur im 20. Jahrhundert

»Aihm, Beite, Coll – Ulme, Birke, Haselstaude« beginnt das gälische Alphabet. Jeder Buchstabe benennt einen Baum oder Busch, jeder Satz flicht sie zu einem Gestrüpp. Kein Wort, das sich leicht aus dem verschlungenen Kontext kultureller, politischer und sozialer Spannungen herauslösen ließe, keines, dessen Bedeutung nicht tief in der Geschichte wurzelte. Auch wenn in Irland heute kaum mehr Gälisch gesprochen wird und von den Protestanten nie gesprochen wurde, so wurzelt die irische Literatur doch tief im gälischen Unterholz.

Erst als im 19. Jahrhundert die Kartoffelpest in Irland wütete und das Land in eine Hungersnot stürzte, die einem Drittel der Bevölkerung den Tod brachte und ein weiteres Drittel ins Exil zwang, wurde Englisch zur Landessprache. Innerhalb einer Generation verlor eine Nation mit dem Gälischen auch den Zugang zur eigenen Geschichte. Die Autoren der »irischen Renaissance«, die um die Wende zum 20. Jahrhundert einsetzte, erinnerten sich dann der verlorenen Sprache, suchten im Vergangenen, im Mythos und der eigenen Geschichte die Identität, die sie im Politischen nicht finden konnten. Wer als Ire zuvor auf englisch geschrieben hatte, etwa Jonathan Swift, George Berkely, Laurence Sterne oder Oliver Goldsmith, war skrupellos der »englischen« Literatur einverleibt worden. Erst mit den Werken von Schriftstellern wie William Butler Yeats, John M. Synge, George Russel, George Moore, Lady Gregory, Oliver St. John Gogarty beginnt man von einer eigenständigen anglo-irischen Literatur zu sprechen.

»Heiliger Bimbam! ... Kein Wunder, daß wir ein Volk der Dichter sind«

Unter diesem Zitat aus der Kurzgeschichte von Liam O'Flaherty sind Texte versammelt, die im weitesten Sinne auf jenes Irland anspielen, das der deutsche Leser seit der Lektüre von Heinrich Bölls »Irischem Tagebuch« zu kennen meint. Den Reigen beginnen W.B. Yeats, Oscar Wilde, Flann O'Brien und Colum McCann, da sie mit ihren Texten jene Mythen und Märchen heraufbeschwören, die vielen irischen Erzählungen wie eine zweite Tonspur unterlegt sind.

Die letzten fünf Buchstaben des gälischen Alphabets stammten vom Meeresgott Manannan, der alle seine Geheimnisse und Schätze in einem Beutel aufbewahrte. Bevor er die Geliebte seines Sohnes in einen Kranich verwandelte, hatte er ihr für diesen Beutel die Haut abgezogen, weshalb er auch der Kranichbeutel genannt wurde. Um sich für die angetane Pein zu rächen, so heißt es in einer Version dieser Sage, flog der verwandelte Kranich mit seinen Gefährten in jenen Formationen über den Himmel, die den Menschen eines von Manannans Geheimnissen verrieten: die noch fehlenden fünf Buchstaben des Alphabets.

James Joyce, Samuel Beckett, Flann O'Brien, Brendan Behan oder Elizabeth Bowen rüttelten das Alphabet in diesem Kranichbeutel kräftig durcheinander und ließen die Sprache in ihrer ganzen Magie noch einmal aufblitzen. Dann schien der Beutel zugeschnürt, es herrschte Ebbe auf dem Gebiet der irischen Literatur. Die Gründe hierfür sind rasch erzählt.

Nach dem »Großen Notfall«, wie der Zweite Weltkrieg in Irland genannt wurde, kapselte sich das Land von seinen europäischen Nachbarn, vor allem aber von England ab. Dreh- und Angelpunkt seiner Autarkiebestrebungen wurde der Bauer, dessen angeblich naturverbundenes und selbstgenügsames Leben man in zahllosen Geschichten und Gedichten glorifizierte. Dieses arkadische Ideal hatte mit der Wirklichkeit wenig gemein. Das Land war rückständig, Arbeitslosigkeit trieb die jungen Leute in die Emigration. Außerdem war der Einfluß der katholischen

Kirche allgegenwärtig, was etwa die in diesem Band versammelten Texte von James Joyce, Sean O'Faolain und Bernard McLaverty auf eigene Weise belegen. Eine miefige Moral und die klaustrophobe Atmosphäre geistiger Kleinkrämerei überzogen das Land wie ein Leichentuch. Darüber hinaus verbot eine rigide Zensur alle Werke, die verstörende Ideen in die vom Klerus gegängelte Gedankenwelt des Inselvolkes streuen mochten. Monat für Monat wurden bis zu fünfzig Bücher verboten. Selbst 1985 standen noch Bücher von Henry Miller, William Burroughs, Philip Roth, Gore Vidal, George Orwell oder H.G. Wells auf der Liste der anstößigen Texte.

Zensur hat immer eine mindestens zweifache Wirkung. Sie verbietet Literatur, aber sie infiltriert und dirigiert auch ihren Inhalt. Da die Zensur in den fünfziger Jahren vor allem eben jene Bücher verbot, die ein ungeschminktes Bild der irischen Wirklichkeit zeichneten, wandten sich Schriftsteller wie O'Connor, O'Seolain, O'Casey und O'Flaherty in ihrem Protest notgedrungen wieder einem Naturalismus und Realismus zu, den ihre großen, im Exil lebenden Kollegen Joyce oder Beckett längst hinter sich gelassen hatten.

»Es war wie Aufwachen …«

Die britische Regierung beschloß 1946, die weiterführende Schulbildung kostenfrei zu gestalten. Wer mit etwa elf Jahren das »eleven-plus«-Examen bestand, dem winkte die Aussicht auf ein Studium an einer Universität. Bildung ermöglichte Kindern aus unteren Schichten erstmals auf breiter Basis den gesellschaftlichen Aufstieg. Gut zehn Jahre danach betreten jene Autoren die literarische Bühne, denen man später den Sammelnamen »angry young men« anheften sollte. Seit 1968 ist auch in Irland die weiterführende Schulbildung kostenlos. Dies mag einer der Gründe für die – ebenfalls knapp zehn Jahre später einsetzende – phänomenale Belebung der irischen Literaturszene sein, die in den Medien bereits das Wort von einer neuen irischen Renaissance aufkommen ließ, einer Renaissance, auf die Sharons Bemerkung aus Roddy Doyles »The Snapper« passen könnte: *Es war wie Aufwachen.* Natürlich gibt es noch andere Gründe für dieses »Aufwachen«: Die Öffnung nach Europa wurde bereits genannt, in diesen Zusammenhang gehört aber auch die Verbreitung von Fernsehen und Radio, die die Welt noch in das letzte Cottage vordringen ließen, oder die schlichte Tatsache, daß die Iren heute aus jedem Ort ihres Exils in wenigen Stunden zu einem erschwinglichen Preis wieder heimkehren können.

Jede Sammlung irischer Literatur spiegelt notgedrungen die Interessen des Herausgebers, und allein denen und mangelndem Platz ist es zuzuschreiben, daß jene Beispiele fehlen, die demonstrieren könnten, wie selbstverständlich es mittlerweile ist, daß der Schauplatz irischer Romane heute nicht mehr unbedingt in Irland liegt. So schreibt etwa Hugo Hamilton über Berlin, Michel O'Loughlin über Amsterdam, Desmond Hogan über Prag, sind den Helden aus Deirdre Maddens Romanen Rom ebenso vertraut wie Belfast, spielen Colum McCanns Romane in Mexiko oder in New York, Colm Tóibíns Geschichten in Argentinien oder in Spanien ebenso wie in Enniscorthy.

Bei der Auswahl der Texte richtete sich das Interesse auf das moderne Irland. Noch zu Beginn der achtziger Jahre war Irland von den schon fast traditionell zu nennenden Problemen der Arbeits- und Zukunftslosigkeit geprägt, von Drogen, Gewalt, Verzweiflung. Und nirgendwo war es so schlimm wie in Dublin, diesem einst so abgelegenen Nest, aus dem in nur wenigen Jahren eine Hochburg des Heroinhandels geworden war und in dem die Bevölkerung so jung wie in keiner anderen Hauptstadt eines europäischen Landes ist. Die frühen Romane von Roddy Doyle etwa spielen nicht nur ausschließlich in Dublin, sie sind sogar auf einen einzigen Stadtbezirk, nämlich Barrytown, begrenzt. Dublin ist auch Kulisse und Thema in den Büchern von Dermot Bolger. Sein Dublin ist eine Stadt, die mit jener, die Joyce kannte, nur noch wenig gemein hat. Die Helden von »Journey Home« fliehen aus der Stadt und fliehen doch zugleich auch vor den Trümmern überlieferter Werte und Vorbilder, diesen haltlosen

Klischees von rothaarigen Gören vor weißem Cottage und guinnessselig geigenden Bauern im Dorf-Pub.

In den neunziger Jahren nimmt die irische Wirtschaft einen rasanten Aufschwung, und liebevoll spöttelnd verleiht man der »Smaragdinsel« den Spitznamen »The Green Tiger«. Wer heute in Dublin auf dem Flughafen landet, den begrüßen riesige Plakate, die allen zurückkehrenden Iren versprechen: »Bleibt! Wir haben Arbeit für euch!« Aus dem Nest Dublin ist eine europäische Metropole geworden. Und die Vergangenheit wird nun in Bestsellern wie Frank McCourts »Die Asche meiner Mutter« fürs Sentiment freigegeben.

»Was lieben die Iren denn so an Irland?« fragt dagegen der Nordire Robert MacLiam Wilson in einem seiner Romane. »Was treibt sie dazu, so endlos viel Mist über ihr Land zu verzapfen? Sind es der Kummer und die Kargheit, die Gefahr und der Tod? Sind es Bosheit, Haß, Tücke, Dummheit, Laster, Unmenschlichkeit und trostlose Verzweiflung? Was kann ich über die Iren sagen, was die Iren selbst nicht abstreiten werden? Was kann ich noch zu der langen Liste von banalen Beschwörungen dieses gälischen Scheißhaufens hinzufügen?«

Gegen die weitverbreitete irische Idylle war der Norden der irischen Insel gefeit. Und falls überhaupt jemand über Derry, Armagh oder Portadown schrieb, dann ging es um Religion und Gewalt, Geschichte und Haß und kam so grau und regentrüb daher wie die Gesichter der Leute in den Einkaufspassagen von Belfast. Beharrlicher als das übrige Irland hatte sich die Provinz Ulster gegen englische Eroberungsversuche gewehrt. Unter der Regentschaft von Elizabeth I. kam es jedoch zur schicksalsschweren Schlacht. Die Iren wurden besiegt, und die englische Königin wußte diesen Sieg zu nutzen. Sie ordnete an, daß Ulster mit königstreuen, protestantischen Kolonisten zu besiedeln sei. Die ansässigen Katholiken wurden vertrieben. Man verjagte sie von Feld und Hof, zwang sie, in den Süden zu ziehen oder in den Sümpfen und Glens zwischen Belfast und Lough Erne ihr Auskommen zu fristen. Seither leben in Ulster auf engstem Raum und doch getrennt Protestanten neben Katholiken, schottische »planters« neben irischen »gaels«, königstreue Briten neben nationalistischen Iren.

Die richtige Aussprache des breiten nordirischen Dialektes, des »brogue«, entscheidet in Belfast auch heute noch oft über Freund und Feind. Die Menschen tragen hier eine Stammeskarte religiöser und linguistischer Geographie im Kopf. »Paddy« wie »Prod« weiß, ob man an dieser Kreuzung, in diesem Geschäft, in diesem Pub frei reden darf oder besser schweigen sollte. »Was immer du sagst, sag nichts«, bringen die Mütter in diesem Land ihren Kindern bei. Zum Sprichwort komprimiert sind Mißtrauen und Vorsicht als Folgen der Belagerungsmentalität: Protestanten sehen sich bedroht von der Überzahl der Katholiken in der Republik, Katholiken im Norden sehen sich bedroht von der Überzahl der Protestanten.

Auf literarischem Feld wurde Nordirland in der Zeit der »troubles« vor allem durch seine Lyrik, durch Dichter wie Michael Longley, Derek Mahon, Paul Muldoon oder den Nobelpreisträger Seamus Heaney weit über die Grenzen des englischsprachigen Raumes bekannt. Prosa dagegen fand sich wie im Süden der Insel eher selten. Bernard McLaverty gilt es da zu nennen, vielleicht auch noch Brian Moore, der allerdings schon lange vor seinem Tod nach Kalifornien ausgewandert war, oder Jennifer Johnston, eine gebürtige Dublinerin. In den letzten Jahren hat sich auch hier die Situation gründlich geändert.

Ob Robert MacLiam Wilson oder Glenn Patterson, Deirdre Madden oder Dermot Healy, Eoin McNamee oder Maurice Leitch, sie alle registrieren auf höchst unterschiedliche Weise die seismischen Spannungen in den konfessionellen und kulturellen Verschiebungen oder halten es mit Dermot Bolger, der einmal behauptete: »Das Großartige an der irischen Literatur ist, daß sie die Schubladen sprengt. Sie hat sich längst von allen Klischees befreit. Man greife sich zehn irische Schriftsteller heraus, und sie alle geben ein genaues Bild von Irland wieder, nur sind es zehn völlig verschiedene Bilder. Irland heute, das ist, als würde man einen Spiegel nehmen und ihn am Boden in unzählige Splitter zerschellen lassen.« *Bernhard Robben*

»HEILIGER BIMBAM! …
KEIN WUNDER,
DASS WIR EIN VOLK
DER DICHTER SIND«

William Butler Yeats
Die Kreuzigung des Geächteten

Ein Mann mit schütterem braunen Haar und blassem Gesicht lief mehr als er ging die Straße entlang, die sich von Süden her zur Stadt Sligo wand. Viele nannten ihn Cumhal, Sohn des Cormac, und viele nannten ihn den schnellen Wildhengst. Er war ein Gaukler und fahrender Sänger, und er trug ein kurzes buntscheckiges Wams und Schnabelschuhe und einen bauchigen Ranzen. Außerdem stammte er aus dem Geschlecht der Ernaans, und sein Geburtsort war das Goldene Feld, aber er suchte sich ein Plätzchen zum Essen und Schlafen in allen fünf Königreichen von Erin und hatte keine bleibende Stätte auf dem Rücken der Erde. Nun wanderten seine Augen von dem Turm des Gebäudes, das später die Abtei der Karmeliter wurde, zu einer Reihe von Kreuzen, die auf einem Hügel ein wenig östlich von der Stadt gen Himmel aufragten, und er ballte seine Faust und schüttelte sie gegen die Kreuze. Er sah, daß sie nicht leer waren, denn Vögel umflatterten sie, und er dachte bei sich, daß wohl ein Landstreicher wie er selbst an eins der Kreuze geschlagen worden sei, und stieß hervor: »Gehenkt oder erdrosselt, gesteinigt oder geköpft werden, ist schlimm genug, aber daß die Vögel einem gar die Augen aushacken und die Wölfe einem die Füße abfressen! Ich wollte, der rote Wind der Druiden hätte schon in der Wiege den Krieger des Dathi verdorren lassen, der den Todesbaum aus barbarischen Ländern nach Irland brachte, oder der Blitz, der Dathi am Fuß des Berges erschlug, hätte auch ihn erschlagen, oder die grünhaarigen und grünzahnigen Meerweiber hätten ihm sein Grab gegraben drunten an den Wurzeln der tiefen See!«

Während er so sprach, erschauerte er am ganzen Leib, und der Schweiß trat ihm auf die Stirn, ohne daß er wußte warum, denn er hatte schon viele Kreuze gesehen. Er wanderte weiter über zwei Hügel und unter dem zinnengekrönten Torbau durch und dann links den Weg entlang, der zur Pforte der Abtei führte. Diese war mit großen Nägeln beschlagen, und als er pochte, wurde der Bruder Pförtner wach und öffnete ihm, und er bat ihn um einen Platz im Gästehaus. Der Laienbruder tat ein glühendes Torfstück auf eine Schaufel und führte ihn in ein weitläufiges, kahles Nebengebäude, dessen Flur mit sehr schmutzigen Binsen bestreut war, entzündete ein Binsenlicht, das zwischen zwei Steinen an der Wand stak, warf den glühenden Torf in den Kamin und gab ihm noch zwei Torfziegel und ein Bündel Stroh und wies ihm eine Decke, die an einem Nagel hing, ein Wandbrett mit einem Laib Brot und einem Krug Wasser darauf und einen Zuber im Winkel. Dann verließ ihn der Laienbruder und kehrte an seinen Platz bei der Haustür zurück. Und Cumhal, Sohn des Cormac, begann auf den glühenden Torf zu blasen, um die beiden anderen Torfziegel und das Stroh zu entzünden, aber die wollten nicht brennen, denn sie waren feucht. Er zog seine Schnabelschuhe aus und holte den Zuber aus der Ecke hervor, weil er den Staub der Landstraße von seinen Füßen waschen wollte, aber das Wasser war so schmutzig, daß er den Boden nicht sehen konnte. Er war sehr hungrig, denn er hatte den ganzen Tag nichts gegessen, darum ärgerte er sich nicht lange über den Zuber, sondern griff nach dem schwarzen Brotlaib und biß hinein, spuckte den Bissen aber gleich wieder aus, denn das Brot war hart und schimmelig. Immer noch hielt er seinen Zorn zurück, denn er hatte schon seit vielen Stunden nichts getrunken; er hatte sich Hoffnung auf Heidebier oder Wein am Ende seiner Tageswanderung gemacht und die Labung der Bäche verschmäht, damit sein Nachtmahl desto köstlicher sei. Jetzt setzte er den Krug an die Lippen, aber er schleuderte ihn sogleich von sich, denn das Wasser darin war bitter und stank. Dann gab er dem Krug einen Tritt, daß er an der gegenüberliegenden Wand zerschellte, und nahm die Decke herab, um sich für die Nacht darein zu wickeln. Aber kaum hatte er sie berührt, als sie vor hüpfenden Flöhen lebendig zu werden schien. Da stürzte er außer sich vor Zorn zur Tür des Gästehauses, aber der Laienbruder, der an solche Beschwerden gewöhnt war, hatte sie von außen versperrt. Also leerte er den Zuber aus und begann damit an die Tür zu hämmern, bis der Laienbruder herbeikam und von draußen fragte, was ihn anfechte und warum er ihn aus dem Schlaf wecke. »Was mich anficht?« schrie Cumhal. »Ist der Torf nicht so naß wie der Sand am Strand der drei Nasen von Rosses? Sind die Flöhe in der Decke nicht so zahlreich wie die Wellen im Meer und ebenso munter? Und ist nicht das Brot so hart wie das Herz eines Laienbruders, der Gott vergessen hat? Das Wasser im Krug so bitter und stinkend wie seine Seele? Und ist nicht das Waschwasser von der Farbe, die er haben wird, wenn er im unauslöschlichen Feuer verkohlt ist?« Der Laienbruder sah, daß das Schloß fest versperrt war, und ging zurück zu seiner Nische, denn er war schläfrig und hatte keine Lust zu reden. Cumhal aber hämmerte weiter an die Tür, und bald hörte er abermals die Schritte des Laienbruders und schrie ihm zu: »Mönche, ihr feiges Tyrannengezücht, Verfolger der Barden und Sänger, die ihr das Leben und die Freude haßt! Die ihr das Schwert nicht zieht und nicht die Wahrheit sprecht! Gezücht, das die Knochen des Volks zermürbt mit Feigheit und Trug!«

»Spielmann«, sagte der Laienbruder, »auch ich mache Reime. Ich mache ihrer gar viele, wenn ich in meiner Nische neben der Türe sitze, und es betrübt mich zu hören, wie die Barden die Mönche schmähen. Bruder, ich möchte gern schlafen und stehe deshalb nicht an, dir mitzuteilen, daß unseres Klosters Oberhaupt, der gnädige Herr Abt selbst alle Anordnungen zur Bewirtung von Wanderern trifft.«

»Leg dich nur schlafen«, erwiderte Cumhal, »ich will einen Bardenfluch auf den Abt singen!« Darauf stürzte er den Zuber um, schob ihn ans Fenster und stieg hinauf und begann aus vollem Halse zu singen. Der Gesang weckte den Abt, so daß er sich im Bett aufrichtete und in ein silbernes Pfeifchen blies, bis der Laienbruder zu ihm kam. »Ich kann kein Auge zutun bei dem Lärm«, sagte der Abt.

»Was geht denn vor?«

»Es ist ein fahrender Sänger«, antwortete der Laienbruder, »der beklagt sich über den Torf, das Brot, das Wasser im Krug, das Waschwasser und die Decke. Jetzt singt er einen Bardenfluch auf Euch, Bruder Abt, und auf Euren Vater und Eure Mutter, auf Eure Großeltern und alle Eure Anverwandten.«

»Flucht er in Reimen?«

»Er flucht in Reimen mit zwei Assonanzen in jedem Vers seines Fluchs.«

Der Abt riß sich die Nachthaube vom Kopf und zerknüllte sie in den Händen, und der kreisrunde Fleck grauer Haare in der Mitte seines kahlen Schädels sah aus wie das Steinmal auf Knock-na-rea, denn in Connaught hatte man damals die alte Tonsur noch nicht aufgegeben. »Wenn wir nichts dagegen tun«, sprach er, »wird er seine Verwünschungen den Kindern auf der Straße sagen und den Mädchen, die vor den Haustüren spinnen, und den Räubern auf Ben Bulben.«

»Soll ich also gehen«, fragte der andere, »und ihm trockenen Torf geben und einen frischen Laib Brot, frisches Wasser in einem Krug und reines Waschwasser und eine neue Decke, und soll ich ihn beim heiligen Benignus und, damit kein Band fehle, bei Sonne und Mond schwören lassen, seine Verse nicht den Kindern auf der Straße vorzusagen, noch den Spinnerinnen vor den Haustüren oder den Räubern auf dem Berg Bulben?«

»Weder unser gesegneter Schutzpatron, noch Sonne und Mond würden uns nützen«, entgegnete der Abt, »denn morgen oder übermorgen kann ihn doch die Laune zu fluchen überkommen, oder der Stolz auf seine Reime wird ihm keine Ruhe lassen, und er wird seine Verse die Kinder lehren und die Mädchen und Räuber, oder vielleicht einem seiner Zunftgenossen erzählen, wie es ihm im Gästehaus ergangen ist, und dann wird er mit dem Fluchen beginnen, und mein Name wäre hin. Denn merke dir, es gibt keine Zuverlässigkeit auf den Landstraßen, nur unter Dächern und zwischen vier Wänden. Darum befehle ich dir, gehe hin und wecke die Brüder: Bruder Kevin, Bruder Taube, Bruder Wölflein, Bruder Kahl-Patrick, Bruder

Kahl-Brandon, Bruder Jakob und Bruder Peter. Sie sollen den Mann greifen und mit Stricken binden und ihn im Fluß untertauchen, damit er zu singen aufhört. Und morgen, auf daß er nicht noch lauter fluche, wollen wir ihn kreuzigen.«

»Die Kreuze sind alle voll«, wandte der Laienbruder ein.

»Ei, so richten wir noch eines auf. Wenn wir ihm nicht den Garaus machen, wird es jemand andrer tun, denn wer könnte in Frieden essen und schlafen, derweil Männer wie dieser sich in der Welt herumtreiben? Wahrlich, wir stünden beschämt vor Sankt Benignus, und er würde ein saures Gesicht machen, wenn er am Jüngsten Tage kommt, uns zu richten, so wir seines Feindes schonten, der in unsere Hände fiel! Bruder, es ist keiner unter diesen Barden und Sängern, der nicht in allen fünf Königreichen seine Bankerte gesät hat, und wenn so einer einen Beutel oder eine Kehle schneidet – und es läuft stets auf das eine oder andere hinaus –, fällt es ihm nie ein, zur Beichte zu gehen oder Buße zu tun. Kannst du mir einen einzigen nennen, der nicht in seinem Herzen ein Heide geblieben ist und sich stets nach Lirs Kindern und nach Aengus sehnt, nach Bridget und dem Dagda, nach der Mutter Dana und allen anderen falschen Göttern der alten Zeit? Der nicht stets Gedichte macht zum Preis der Könige und Königinnen der Dämonen, Finvaragh, die unter Cruachmaa wohnt, und Rot-Aodh von Cnoc-na-Sidha, Cliona von der Woge, Aoibheal vom grauen Felsen und Donn, den sie den Herrn der Meereskufen heißen? Und einen einzigen, der nicht Gott und Christentum und die gebenedeiten Heiligen schmäht?« Während er sprach, bekreuzigte er sich, und als er geendet hatte, zog er seine Nachthaube über die Ohren, um den Lärm nicht zu hören, und legte sich zur Ruhe.

Der Laienbruder fand die Brüder Kevin, Taube, Wölflein, Kahl-Patrick, Kahl-Brandon, Jakob und Peter sitzend in ihren Betten und hieß sie aufstehen. Dann banden sie Cumhal, zerrten ihn zum Fluß hinab und tauchten ihn unter an der Stelle, die später Buckley-Furt genannt wurde.

»Gaukler«, sagte der Laienbruder, als sie ihn zurück ins Gästehaus führten, »warum gebrauchst du den Verstand, den Gott dir gegeben hat, immer dazu, unsittliche Schwänke und lasterhafte Verse zu erfinden? Denn solcher Art ist dein Handwerk. Meiner Treu, ich kenne viele solche Schwänke und Verse nahezu auswendig und weiß daher, daß ich die Wahrheit sage! Und warum preisest du in Reimen die bösen Geister, Finvaragh, Rot-Aodh, Cliona, Aoibheal und Donn? Auch ich besitze Schärfe des Geistes und Gelehrsamkeit, aber ich verherrliche stets unsern gnädigen Abt und Benignus, unsern Schutzheiligen, und die Fürsten des Gaues. Meine Seele ist ordentlich und tugendsam, aber deine ist wie der Wind in den Weidenbüschen. Ich habe für dich gesprochen, so gut ich vermochte, weil auch ich ein Mann vieler Gedanken bin, aber wer kann einem wie dir helfen?«

»Freund«, sprach der Sänger, »meine Seele gleicht fürwahr dem Wind, und sie weht mich hin und her, auf und ab, und treibt mir viele Dinge in den Sinn und aus dem Sinn, und darum heiße ich der schnelle Wildhengst.« Mehr sprach er nicht in dieser Nacht, denn seine Zähne klapperten vor Kälte.

Der Abt und die Mönche kamen am andern Morgen zu ihm und befahlen ihm, sich zur Kreuzigung bereit zu machen, und führten ihn aus dem Gästehaus. Während er noch auf der Schwelle stand, flog eine Schar Wildgänse mit großem Geschrei hoch über ihm vorbei. Er hob seine Arme zu ihnen auf und rief: »Ihr Wildgänse, verweilt ein wenig! Vielleicht wird meine Seele mit euch ziehen nach den öden Küstengestaden und zur unzähmbaren See!« Am Tor wurden sie von einer Bettlerschar umringt, die herbeigekommen war, um von Pilgern und Reisenden zu heischen, die etwa im Gästehaus genächtigt hatten. Der Abt und die Mönche führten Cumhal an einen abgelegenen Ort im Wald, wo viele gerade junge Bäume wuchsen, und ließen ihn einen davon fällen und auf die richtige Länge zurichten, während die Bettler im Kreis umherstanden und mit aufgeregten Gebärden schwatzten. Dann befahl ihm der Abt, ein zweites und kürzeres Stück Holz abzuhauen und es auf das erste zu nageln. Das war das Kreuz für ihn. Und sie luden es ihm auf die Schulter, denn die Kreuzigung sollte auf dem Hügel vollzogen werden, wo die anderen Kreuze standen. Als sie eine halbe Meile zurückgelegt hatten, bat er sie, stehenzubleiben und ihn seine Gauklerstückchen vorführen zu lassen, denn er beherrsche, sagte er, alle Künste des listigen Aengus. Die alten Mönche drängten weiter, die jungen aber wollten sie sehen. So zeigte er ihnen manch wunderbares Kunststück und zog sogar lebendige Frösche aus seinen Ohren. Aber nach einer Weile wandten sich die Mönche gegen ihn und erklärten seine Kunststücke für langweilig und beinahe gottlos und luden ihm das Kreuz wieder auf. Eine halbe Meile weiter bat er sie abermals, stehenzubleiben und seine Schwänke anzuhören, denn er wisse, sagte er, alle Schwänke Conans des Kahlköpfigen, dem Wolle auf dem Rücken wachse wie einem Schaf. Und nachdem die jungen Mönche seinen lustigen Geschichten gelauscht hatten, hießen sie ihn sein Kreuz wieder aufnehmen, denn übel gezieme es ihnen, solche Narretei anzuhören. Und wieder nach einer halben Meile bat er sie, innezuhalten und ihn die Geschichte von Deirdre, der Weißbusigen, vorsingen zu lassen, wie sie so viel Kummer erlitt und die Söhne Usnas in ihrem Dienst ums Leben kamen. Die jungen Mönche waren toll vor Begierde, ihn anzuhören, aber als er geendigt hatte, wurden sie zornig und schlugen ihn, weil er vergessene Sehnsucht in ihren Herzen geweckt hatte. Sie luden ihm das Kreuz wieder auf den Rücken und trieben ihn zum Hügel.

Als er oben angelangt war, nahmen sie ihm das Kreuz ab und begannen ein Loch zu graben, um es hineinzustellen, während die Bettler sich um sie scharten und miteinander schwatzten. »Ich bitte um eine Gunst, eh' ich sterben muß«, sagte Cumhal.

»Wir gewähren dir keinen Aufschub mehr«, erwiderte der Abt.

»Ich verlange keinen Aufschub, denn ich habe das Schwert gezogen, die Wahrheit gesprochen und meinen Traum gelebt und bin's zufrieden.«

»Willst du also beichten?«

»Bei Sonne und Mond, ich nicht! Ich bitte nur darum, die Wegzehrung essen zu dürfen, die ich in meinem Ranzen trage.

Ich führe stets Nahrung in meinem Ranzen, wenn ich auf Wanderschaft gehe, aber ich esse nichts davon, wenn ich nicht fast verhungert bin. Jetzt habe ich schon zwei Tage nichts zu mir genommen.«

»Dann magst du essen«, sagte der Abt und wandte sich ab, um den Mönchen zu helfen, das Loch zu graben.

Der Gaukler nahm einen Laib Brot und ein paar Schnitten kalten Bratspecks aus seinem Ranzen und legte sie auf die Erde. »Ich will den Armen ihren Zehent geben«, sagte er und schnitt den zehnten Teil von Brot und Speck ab. »Wer von euch ist der Ärmste?« Darauf erhob sich ein großes Geschrei, denn die Bettler fingen an, die Geschichte ihres Unglücks und ihrer Armut herzuleiern, und ihre gelben Gesichter wogten dabei wie der Gabhra-See, wenn die Fluten ihn mit Wasser aus den Sümpfen gefüllt haben.

Er hörte ihnen eine Weile zu und sagte dann: »Ich selber bin der Ärmste, denn ich bin auf den nackten Straßen gewandert und an den Ufern des Meeres. Das zerlumpte Wams aus buntscheckigem Tuch auf meinem Rücken und die zerrissenen Schnabelschuhe an meinen Füßen verdrossen mich immer, denn in meinem Herzen war die vieltürmige Stadt voll prächtiger Gewänder. Ich war um so einsamer auf den Straßen und am Meeresstrand, als ich in meinem Herzen das rosengesäumte Kleid der Einen rauschen hörte, die kundiger ist als Aengus, der Kundige, reicher an Schönheit des Lachens als Conan, der Kahlköpfige, mehr Weisheit der Tränen besitzt als Deirdre, die Weißbusige, und die den Verirrten in der Finsternis lieblicher erscheint als der dämmernde Morgen. Deshalb spreche ich den Zehent mir selbst zu; aber nun, da ich am Ende aller Dinge bin, gebe ich euch.«

Damit warf er das Brot und die Speckschnitten unter die Bettler, und sie stritten darum mit viel Geschrei, bis der letzte Bissen verzehrt war. Mittlerweile aber hatten die Mönche Cumhal ans Kreuz geschlagen und dieses aufrecht in ein Loch gestellt, und nun schaufelten sie die Erde wieder zu und stampften sie fest und eben. Dann gingen sie fort, aber die Bettler blieben und saßen um das Kreuz herum. Als jedoch die Sonne zu sinken begann, trollten auch sie sich, denn die Luft wurde kalt. Und als sie ein Stück weit gegangen waren, näherten sich schon die Wölfe, die sich am Rande eines Wäldchens gezeigt hatten, und die Vögel zogen immer engere Kreise. »Bleibt noch ein Weilchen, Geächtete«, rief der Gekreuzigte mit matter Stimme den Bettlern nach, »und haltet mir die Tiere und Vögel vom Leib!« Die Bettler aber waren erbost, weil er sie Geächtete genannt hatte, und sie bewarfen ihn mit Steinen und Kot, und ein Bettelweib, das ein Kind bei sich hatte, hielt es vor ihm in die Höhe und rief, daß er der Vater sei, und verfluchte ihn, und daraufhin verließen ihn alle. Dann begannen die Wölfe sich am Fuß des Kreuzes zu sammeln, und die Vögel kreisten tiefer und tiefer. Und alsbald ließen sich alle auf einmal auf seinem Kopf und seinen Armen und Schultern nieder und hackten mit den Schnäbeln nach ihm, und die Wölfe begannen seine Füße zu fressen.

»Ihr Geächteten«, stöhnte er, »habt ihr euch denn alle gegen den Geächteten verschworen?«

Oscar Wilde

Die Nachtigall und die Rose

»Sie sagte, sie würde mit mir tanzen, wenn ich ihr rote Rosen brächte«, rief der junge Student; »aber in meinem ganzen Garten ist keine rote Rose.« In ihrem Nest auf dem Eichbaum hörte ihn die Nachtigall, guckte durch das Laub und wunderte sich.

»Keine rote Rose in meinem ganzen Garten!« rief er, und seine schönen Augen waren voll Tränen. »Ach, an was für kleinen Dingen das Glück hängt. Alles habe ich gelesen, was weise Männer geschrieben haben, alle Geheimnisse der Philosophie sind mein, und wegen einer roten Rose ist mein Leben unglücklich und elend.«

»Das ist endlich einmal ein treuer Liebhaber«, sagte die Nachtigall. »Nacht für Nacht habe ich von ihm gesungen, obgleich ich ihn nicht kannte; Nacht für Nacht habe ich seine Geschichte den Sternen erzählt, und nun seh ich ihn. Sein Haar ist dunkel wie die Hyazinthe, und sein Mund ist rot wie die Rose seiner Sehnsucht; aber Leidenschaft hat sein Gesicht bleich wie Elfenbein gemacht, und der Kummer hat ihm sein Siegel auf die Stirn gedrückt.«

»Der Prinz gibt morgen nacht einen Ball«, sprach der junge Student leise, »und meine Geliebte wird dasein. Wenn ich ihr eine rote Rose bringe, wird sie mit mir tanzen bis zum Morgen. Wenn ich ihr eine rote Rose bringe, wird sie ihren Kopf an meine Schulter lehnen, und ihre Hand wird in der meinen liegen. Aber in meinem Garten ist keine rote Rose, so werde ich einsam sitzen, und sie wird an mir vorübergehen. Sie wird meiner nicht achten, und mir wird das Herz brechen.«

»Das ist wirklich der treue Liebhaber«, sagte die Nachtigall. »Was ich singe, um das leidet er; was mir Freude ist, das ist ihm Schmerz. Wahrhaftig, die Liebe ist etwas Wundervolles. Kostbarer ist sie als Smaragde und teurer als feine Opale. Perlen und Granaten können sie nicht kaufen, und auf den Märkten wird sie nicht feilgeboten. Sie kann von den Kaufleuten nicht gehandelt werden und kann nicht für Gold ausgewogen werden auf der Waage.«

»Die Musikanten werden auf ihrer Galerie sitzen«, sagte der junge Student, »und auf ihren Saiteninstrumenten spielen, und meine Geliebte wird zum Klang der Harfe und der Geige tanzen. So leicht wird sie tanzen, daß ihre Füße den Boden kaum berühren, und die Höflinge in ihren bunten Gewändern werden sich um sie scharen. Aber mit mir wird sie nicht tanzen, denn ich habe keine rote Rose für sie«; und er warf sich ins Gras, barg sein Gesicht in den Händen und weinte.

»Weshalb weint er?« fragte ein kleiner grüner Eidechs, während er mit dem Schwänzchen in der Luft an ihm vorbeilief.

»Ja, warum?« fragte ein Schmetterling, der einem Sonnenstrahl nachjagte.

»Er weint um eine rote Rose«, sagte die Nachtigall.

»Um eine rote Rose!« riefen alle; »wie lächerlich!« und der kleine Eidechs, der so etwas wie ein Zyniker war, lachte überlaut.

Aber die Nachtigall wußte um des Studenten Kummer und saß schweigend in dem Eichbaum und sann über das Geheimnis der Liebe. Plötzlich breitete sie ihre braunen Flügel aus und flog auf. Wie ein Schatten huschte sie durch das Gehölz, und wie ein Schatten flog sie über den Garten.

Da stand mitten auf dem Rasen ein wundervoller Rosenstock, und als sie ihn sah, flog sie auf ihn zu und setzte sich auf einen Zweig.

»Gib mir eine rote Rose«, rief sie, »und ich will dir dafür mein süßestes Lied singen.«

Aber der Strauch schüttelte seinen Kopf. »Meine Rosen sind weiß«, antwortete er; »so weiß wie der Schaum des Meeres und weißer als der Schnee auf den Bergen. Aber geh zu meinem Bruder, der sich um die alte Sonnenuhr rankt, der gibt dir vielleicht, was du verlangst.«

So flog die Nachtigall hinüber zu dem Rosenstrauch bei der alten Sonnenuhr.

»Gib mir eine rote Rose«, rief sie, »und ich will dir dafür mein süßestes Lied singen.«

Aber der Strauch schüttelte seinen Kopf.

»Meine Rosen sind gelb«, antwortete er; »so gelb wie das Haar der Meerjungfrau, die auf einem Bernsteinthrone sitzt, und gelber als die gelbe Narzisse, die auf der Wiese blüht, bevor der Mäher mit seiner Sense kommt. Aber geh zu meinem Bruder, der unter des Studenten Fenster blüht, und vielleicht gibt der dir, was du verlangst.«

So flog die Nachtigall zum Rosenstrauch unter des Studenten Fenster. »Gib mir eine rote Rose«, rief sie, »und ich will dir dafür mein süßestes Lied singen.«

Aber der Rosenstrauch schüttelte den Kopf. »Meine Rosen sind rot«, antwortete er, »so rot wie die Füße der Traube und röter als die Korallenfächer, die in der Meergrotte fächeln. Aber der Winter machte meine Adern erstarren, der Frost hat meine Knospen zerbissen und der Sturm meine Zweige gebrochen, und so habe ich keine Rosen dies ganze Jahr.«

»Nur eine einzige rote Rose brauche ich«, rief die Nachtigall, »nur eine rote Rose! Gibt es denn nichts, daß ich eine rote Rose bekomme ?«

»Ein Mittel gibt es«, antwortete der Strauch, »aber es ist so schrecklich, daß ich mir es dir nicht zu sagen traue.«

»Sag es mir«, sprach die Nachtigall, »ich fürchte mich nicht.«

»Wenn du eine rote Rose haben willst«, sagte der Strauch, »dann mußt du sie beim Mondlicht aus Liedern machen und sie färben mit deinem eignen Herzblut. Du mußt für mich singen und deine Brust an einen Dorn pressen. Die ganze Nacht mußt du singen, und der Dorn muß dein Herz durchbohren, und dein Lebensblut muß in meine Adern fließen und mein werden.«

»Der Tod ist ein hoher Preis für eine rote Rose«, sagte die Nachtigall, »und das Leben ist allen sehr teuer. Es ist lustig, im grünen Wald zu sitzen und die Sonne in ihrem goldenen Wagen zu sehen und den Mond in seinem Perlenwagen. Süß ist der

Duft des Weißdorns, und süß sind die Glockenblumen im Tale und das Heidekraut auf den Hügeln. Aber die Liebe ist besser als das Leben, und was ist ein Vogelherz gegen ein Menschenherz?«

So breitete sie ihre braunen Flügel und flog auf. Wie ein Schatten schwebte sie über den Garten, und wie ein Schatten huschte sie durch das Gehölz.

Da lag noch der junge Student im Rasen, wie sie ihn verlassen hatte, und die Tränen seiner schönen Augen waren noch nicht getrocknet. »Freu dich«, rief die Nachtigall, »freu dich; du sollst deine rote Rose haben. Ich will sie beim Mondlicht bilden aus Liedern und färben mit meinem eignen Herzblut. Alles, was ich von dir dafür verlange, ist, daß du deiner Liebe treu bleiben sollst, denn die Liebe ist weiser als die Philosophie, wenn die auch weise ist, und mächtiger als Macht, wenn die auch mächtig ist. Flammenfarben sind ihre Flügel, und flammenfarben ist ihr Leib. Ihre Lippen sind süß wie Honig, und ihr Atem ist wie Weihrauch.«

Der Student blickte aus dem Grase auf und horchte, aber er konnte nicht verstehen, was die Nachtigall zu ihm sprach, denn er verstand nur die Bücher. Aber der Eichbaum verstand und ward traurig, denn er liebte die kleine Nachtigall sehr, die ihr Nest in seinen Zweigen gebaut hatte.

»Sing mir noch ein letztes Lied«, flüsterte er; »ich werd mich sehr einsam fühlen, wenn du fort bist.« Und die Nachtigall sang für den Eichbaum, und ihre Stimme war wie Wasser, das aus einem silbernen Kruge rinnt.

Als sie ihr Lied geendet hatte, stand der Student auf und nahm ein Notizbuch und einen Bleistift aus der Tasche.

»Sie hat Form«, sagte er zu sich, als er aus dem Gehölz schritt, »– sie hat ein Formtalent, das kann ihr nicht abgesprochen werden; aber ob sie auch Gefühl hat? Ich fürchte, nein. Sie wird wohl sein wie die meisten Künstler: alles nur Stil und keine echte Innerlichkeit. Sie würde sich kaum für andere opfern. Sie denkt vor allem an die Musik, und man weiß ja, wie egoistisch die Künste sind. Aber zugeben muß man, sie hat einige schöne

Töne in ihrer Stimme. Schade, daß sie gar keinen Sinn haben, nichts ausdrücken und ohne praktischen Wert sind.« Und er ging auf sein Zimmer und legte sich auf sein schmales Feldbett und fing an, an seine Liebe zu denken; bald war er eingeschlafen.

Und als der Mond in den Himmel schien, flog die Nachtigall zu dem Rosenstrauch und preßte ihre Brust gegen den Dorn. Die ganze Nacht sang sie, die Brust gegen den Dorn gepreßt, und der kalte kristallne Mond neigte sich herab und lauschte. Die ganze Nacht sang sie, und der Dorn drang tiefer und tiefer in ihre Brust, und ihr Lebensblut sickerte weg von ihr.

Zuerst sang sie von dem Werden der Liebe in dem Herzen eines Knaben und eines Mädchens. Und an der Spitze des Rosenstrauchs erblühte eine herrliche Rose, Blatt reihte sich an Blatt wie Lied auf Lied. Erst war sie bleich wie der Nebel, der über dem Fluß hängt, bleich wie die Füße des Morgens und silbern wie die Flügel des Dämmers. Wie das Schattenbild einer Rose in einem Silberspiegel, wie das Schattenbild einer Rose im Teiche, so war die Rose, die aufblühte an der Spitze des Rosenstocks. Der aber rief der Nachtigall zu, daß sie sich fester noch gegen den Dorn presse. »Drück fester, kleine Nachtigall«, rief er, »sonst bricht der Tag an, bevor die Rose vollendet ist.« Und so drückte die Nachtigall sich fester gegen den Dorn, und lauter und lauter wurde ihr Lied, denn sie sang nun von dem Erwachen der Leidenschaft in der Seele von Mann und Weib.

Und ein zartes Rot kam auf die Blätter der Rose, wie das Erröten auf das Antlitz des Bräutigams, wenn er die Lippen seiner Braut küßt. Aber der Dorn hatte ihr Herz noch nicht getroffen, und so blieb das Herz der Rose weiß, denn bloß einer Nachtigall Herzblut kann das Herz einer Rose färben. Und der Strauch rief der Nachtigall zu, daß sie sich fester noch gegen den Dorn drücke. »Drücke fester, kleine Nachtigall«, rief er, »sonst ist es Tag, bevor die Rose vollendet ist.«

Und so drückte die Nachtigall sich fester gegen den Dorn, und der Dorn berührte ihr Herz, und ein heftiger Schmerz durchzuckte sie. Bitter, bitter war der Schmerz, und wilder, wilder wurde das Lied, denn sie sang nun von der Liebe, die der Tod verklärt, von der Liebe, die auch im Grabe nicht stirbt. Und die wundervolle Rose färbte sich rot wie die Rose des östlichen Himmels. Rot war der Gürtel ihrer Blätter, und rot wie ein Rubin war ihr Herz. Aber die Stimme der Nachtigall wurde schwächer, und ihre kleinen Flügel begannen zu flattern, und ein leichter Schleier kam über ihre Augen. Schwächer und schwächer wurde ihr Lied, und sie fühlte etwas in der Kehle.

Dann schluchzte sie noch einmal auf in letzten Tönen. Der weiße Mond hörte es, und vergaß unterzugehen und verweilte am Himmel. Die rote Rose hörte es und zitterte ganz vor Wonne und öffnete ihre Blätter dem kühlen Morgenwind. Das Echo trug es in seine Purpurhöhle in den Bergen und weckte die schlafenden Schläfer aus ihren Träumen. Es schwebte über das Schilf am Fluß, und der trug die Botschaft dem Meere zu. »Sieh, sieh!« rief der Rosenstrauch, »nun ist die Rose fertig«; aber die Nachtigall gab keine Antwort; denn sie lag tot im hohen Gras, mit dem Dorn im Herzen.

Um Mittag öffnete der Student sein Fenster und blickte hinaus. »Was für ein Wunder und Glück!« rief er; »da ist eine rote Rose! Nie in meinem Leben habe ich eine solche Rose gesehen. Sie ist so schön, ich bin sicher, sie hat einen langen lateinischen Namen«; und er lehnte sich hinaus und pflückte sie. Dann setzte er seinen Hut auf und lief dem Professor ins Haus, mit der Rose in der Hand.

Des Professors Tochter saß in der Einfahrt und wand blaue Seide auf eine Spule, und ihr Hündchen lag ihr zu Füßen.

»Ihr sagtet, Ihr würdet mit mir tanzen, wenn ich Euch eine rote Rose brächte«, sagte der Student. »Hier ist die röteste Rose der Welt. Tragt sie heut abend an Eurem Herzen, und wenn wir zusammen tanzen, wird sie Euch erzählen, wie ich Euch liebe.« Aber das Mädchen verzog den Mund. »Ich fürchte, sie paßt nicht zu meinem Kleid«, sprach sie; »und dann hat mir auch der Neffe des Kammerherrn echte Juwelen geschickt, und das weiß doch jeder, daß Juwelen mehr wert sind als Blumen.«

»Wahrhaftig, Ihr seid sehr undankbar«, rief der Student gereizt; und er warf die Rose auf die Straße, wo sie in die Gosse fiel, und ein Wagenrad ging darüber. »Undankbar?« sagte das Mädchen. »Ich will Euch was sagen, Ihr seid sehr ungezogen; und dann – wer seid Ihr eigentlich? Ein Student, nichts weiter. Ich glaube, Ihr habt nicht einmal Silberschnallen an den Schuhen, wie des Kammerherrn Neffe.« Und sie stand auf und ging ins Haus.

»Wie dumm ist doch die Liebe«, sagte sich der Student, als er fortging. »Sie ist nicht halb so nützlich wie die Logik, denn sie beweist gar nichts und spricht einem immer von Dingen, die nicht geschehen werden, und läßt einen Dinge glauben, die nicht wahr sind. Sie ist wirklich etwas ganz Unpraktisches, und da in unserer Zeit das Praktische alles ist, so gehe ich wieder zur Philosophie und studiere Metaphysik.« So ging er wieder auf sein Zimmer und holte ein großes staubiges Buch hervor und begann zu lesen.

Flann O'Brien

Irischer Lebenslauf

(Auszug)

Ich gehe zur Schule ♣ »Jams O'Donnell« ♣ die Subvention in Höhe von zwei Pfund ♣ wieder Scheine in unserem Haus ♣ der Plan des Alten-Grauen-Knaben ♣ eines unserer Schweine wird vermißt ♣ der Shanachee und das Grammophon

Ich war sieben Jahre alt, als man mich zur Schule schickte. Ich war zäh, klein und dünn, trug graue Woll-Breeches, war sonst jedoch oben- und untenherum unbekleidet. Außer mir gingen noch viele andere Kinder, die zumeist noch die Aschenflecken auf den Breeches trugen, zur Schule. Einige krochen die Straße entlang, da sie des Gehens nicht mächtig waren. Viele waren aus Dingle, manche aus Gweedore, eine andere Gruppe wieder kam von Aran herüber. Wir alle waren stark und beherzt an unserem ersten Schultag. Unter der Achselhöhle eines jeden von uns befand sich ein Klumpen Torf. Beherzt und stark waren wir!

Der Schulmeister hieß Osborne O'Loonassa. Er war dunkel, dürr und groß und ungesund und trug einen scharfen, sauren Ausdruck auf dem Gesicht, dessen Knochen sich unter der gelben Haut abzeichneten. Eine grimme Wut, so dauerhaft wie sein Haupthaar, stand auf seiner Stirn, und um andere Menschen war er nicht für ein Jota besorgt.

Wir alle versammelten uns im Schulhaus, einer kleinen, unfreundlichen Hütte, in der der Regen die Wände herunterrann und in der alles weich und klamm war. Wir alle saßen auf Bänken, ohne je ein Wort oder Geräusch zu wagen, da wir in der Furcht des Schulmeisters lebten. Er ließ den giftigen Blick über den Raum schweifen, und als der Blick auf mir haften blieb, trat ein jähes Leuchten in seine Augen. Beim Donner! wie wenig war dieser Blick mir angenehm, während diese beiden Augen mich ausforschten. Nach geraumer Zeit richtete er einen langen gelben Finger auf mich und sagte:

– Phwat is yer nam?

Ich verstand nicht, was er sagte, noch verstand ich irgendeine andere Art der Rede, derer man sich in ausländischen Weltgegenden bedient; denn mir stand nur das Gaelische als Ausdrucksmittel und Schutz gegen die Unbilden des Lebens zu Gebote. Ich konnte ihn nur, stumm vor Furcht, anstarren. Dann sah ich, wie ihn ein gewaltiger Wutanfall überkam, der sich – genau wie eine Regenwolke – mählich verdichtete. Angstvoll sah ich die anderen Buben an. Hinter meinem Rücken hörte ich ein Geflüster:

– Deinen Namen will er wissen!

Mein Herz tat vor Freude über diesen Beistand einen Sprung, und ich war diesem meinem Souffleur dankbar. Ich blickte den Schulmeister höflich an und antwortete ihm:

– Bonaparte, Sohn des Michelangelo, des Sohnes des Peter, des Sohnes des Owen, des Sohnes der Sarah, der Tochter des Thomas, der Enkelin der zu John gehörigen Mary, Enkelin des James, des Sohnes von Dermot …

Bevor ich meinen Namen noch geäußert – oder zur Hälfte geäußert – hatte, entrang sich dem Schulmeister ein rasendes Gebell, und er winkte mich mit dem Finger heran. Als ich ihn erreichte, hatte er ein Ruder ergriffen. In diesem Stadium hatte ihn der Zorn wie eine Flutwelle überschwemmt, und er hielt das Ruder in geschäftsmäßiger Manier mit beiden Händen umklammert. Er schwang es hoch über die Schulter und brachte es, indem es laut durch die Luft flirrte, hart auf mich herunter, mir dergestalt einen vernichtenden Hieb auf den Schädel beibringend. Die Sinne schwanden mir von dem Schlag, doch bevor ich völlig bewußtlos war, hörte ich ihn kreischen:

– Yer nam, sagte er, is Jams O'Donnell!

Jams O'Donnell? Diese zwei Wörter sangen mir in den Ohren, als das Gefühl in mich zurückkehrte. Ich fand mich seitlich auf dem Fußboden liegend wieder, meine Breeches, mein

Haar und meine gesamte Person mit den Strömen von Blut gesättigt, das aus dem Spalt floß, den das Ruder in meinem Schädel verursacht hatte. Als meine Augen ihre Arbeit wieder aufgenommen hatten, hatte sich ein anderer Junge erhoben und wurde nach seinem Namen gefragt. Es war offenkundig, daß diesem Kind jeder Scharfsinn abging und daß die Prügel, die ich soeben bezogen hatte, ihm nicht zur guten, nützlichen Lehre gereicht hatten, denn er antwortete dem Schulmeister, indem er seinen normalen Namen angab, so, wie ich es getan hatte. Wieder schwang der Schulmeister das Ruder, das er gepackt hielt, und er hielt nicht inne, bis er wieder verschwenderisch Blut vergossen und den Jungen bewußtlos auf den Fußboden niedergestreckt hatte, ein blutbeflecktes Bündel. Und während er prügelte, schrie der Schulmeister wieder:

– Yer nam is Jams O'Donnell!

Auf diese Weise fuhr er fort, bis er jedes Geschöpf in der Schule niedergeschlagen und *Jams O'Donnell* getauft hatte. An jenem Tage blieb kein junger Schädel in der ganzen Gegend ungespalten. Natürlich waren viele gegen Nachmittag unfähig zu gehen und wurden von Verwandten nach Hause transportiert. Besonders bedauerlich war das für jene, die noch am Abend nach Aran zurückschwimmen mußten und seit dem frühen Morgen ohne einen Bissen Nahrung oder einen Mundvoll Milch geblieben waren.

Als ich nach Hause kam, kochte meine Mutter gerade Kartoffeln für die Schweine, und ich bat sie um ein paar davon zum Mittagessen. Ich bekam sie und aß sie mit nur einer kleinen Prise Salz. Die üble Lage in der Schule machte mir ständig Sorgen, und ich beschloß, meine Mutter zu befragen.

– Frau, sagte ich, ich habe gehört, daß jeder dort *Jams O'Donnell* genannt wird, wenn das so ist, dann ist unsere Welt wahrlich voller Wunder, und ist O'Donnell nicht ein wahrer Wundermann, wenn man die Anzahl der Kinder bedenkt, die er hat?

– Da hast du sicher recht, sagte sie.

– Wenn ich aber recht habe und es die Wahrheit ist, sagte ich, dann verstehe ich diese Wahrheit nicht.

– Wenn das so ist, sagte sie, warum verstehst du nicht, daß in dieser Gegend des Landes Gaelen leben und daß sie ihrem Schicksal nicht entfliehen können? Es stand schon immer geschrieben und wurde auch gesagt, daß jeder gaelische Knabe an seinem ersten Schultag geschlagen wird, weil er nicht Englisch noch die ausländische Form seines Namens versteht, und daß niemand ihm den mindesten Respekt schuldet, weil er bis ins Mark nur gaelisch ist? Nichts anderes geht an diesem Tag in der Schule vor: Strafe und Rache und ebenjene Narretei mit *Jams O'Donnell*. Und ach, ich glaube nicht, daß es für die Gaelen je eine gute Regelung geben wird, sondern nur Kummer, diesen aber für alle Zeiten. Der Alte-Graue-Knabe wurde ebenfalls an einem Tage seines Lebens geschlagen und gleichfalls *Jams O'Donnell* geheißen.

– Frau, sagte ich, was du da sagst, ist erstaunlich, und ich glaube nicht, daß ich je wieder in diese Schule gehen werde, sondern daß statt dessen das Ende meines Studiums gekommen ist.

– Du bist gewitzt, sagte sie, und das in deinem zarten Alter.

Seit diesem Tage hatte ich keine Verbindung mehr zur Bildung, und daher wurde mein gaelischer Schädel auch nicht ein zweites Mal gespalten. Aber sieben Jahre später (als ich sieben Jahre älter war) geschah es, daß wundersame Dinge in unserer Nachbarschaft geschahen, Dinge, die mit Fragen unseres Lebens zusammenhingen und die ich, aus diesem Grunde, hier in einiger Ausführlichkeit darlegen muß.

Der Alte-Knabe hielt sich eines Tages in Dingle auf, um Tabak zu kaufen und geistige Getränke zu kosten, als er Neuigkeiten hörte, die ihn erstaunten. Er glaubte sie zunächst nicht, denn er hatte den Stadtbewohnern nie getraut. Am nächsten Tag verkaufte er Heringe in den Rosses und erfuhr dort die nämlichen Neuigkeiten; daraufhin ließ er die Geschichte zur Hälfte gelten, konnte sie aber immer noch nicht ganz schlucken. Am dritten Tag war er in Galway (Stadt), und dort lautete die Geschichte ebenso. Schließlich glaubte er sie gläubig, und als er zurückkam, durchnäßt und aufgeweicht (der Himmel öffnet seine Schleusen unfehlbar jede Nacht über uns), setzte er meine Mutter von der Angelegenheit ins Bild (und mich ebenfalls, der ich im Hause lauschte!).

– Bei meiner Seele, sagte er, ich höre, daß die englische Regierung sich anschickt, ein edles Werk zum Wohle der Armen hier – möge jeder in diesem Haus in Sicherheit und errettet sein! – zu verrichten. Es wurde vereinbart, jedem unseresgleichen zwei Pfund pro Schädel für jedes unserer Kinder zu zahlen, das englisch spricht und nicht das bübische Gaelisch. Sie versuchen, uns vom Gaelischen zu trennen, Preis und Dank sei ihnen immerdar! Ich glaube nicht, daß die Bedingungen für die Gaelen jemals besser werden, wenn sie weiter kleine Häuser in einem Winkel der Schlucht bewohnen, sich in schmutziger Asche zu schaffen machen, ohne Unterlaß bei nie verwehendem Sturm auf Fischfang gehen und nachts Geschichten von den Unbilden und schweren Zeiten der Gaelen in den süßen Worten des Gaelischen erzählen, das ihnen zutiefst eigentümlich ist.

– Weh mir! rief meine Mutter aus, wie stehe ich da mit meinem einzigen Sohn; mit jenem aussterbenden Exemplar, das dort rücklings auf dem Fußboden liegt.

– Wenn das so ist, sagte der Alte-Knabe, wirst du entweder mehr Kinder haben oder aber ohne Einkünfte sein!

Während der folgenden Woche kam eine unerschütterliche schwarze Düsternis über den Alten-Grauen-Knaben, ein Omen schwieriger, verzwickter Gedanken, die seinen Geist erfüllten, während er sich mühte, das Problem des Kindermangels zu lösen. Eines Tages hörte er, als er in Cahirciveen weilte, der neue Plan werde bereits ausgeführt; das gute ausländische Geld sei bereits in vielen Häusern jenes Bezirks entgegengenommen worden, und ein Inspektor bereise das flache Land, um die Kinder zu zählen und die Qualität ihrer Englischkenntnisse zu prüfen. Außerdem hörte er, der Inspektor sei ein alter, bresthafter Mann mit notdürftigem Augenlicht und daß er ferner keinen übertriebenen Eifer in seinen Verrichtungen an den Tag lege. Der Alte-Knabe bedachte alles Gehörte gründlich, und als er in der Nacht heimkehrte (durchnäßt und aufgeweicht), berichtete er uns, keine Kuh sei nicht melkbar, kein Hund sei nicht für

Wettrennen abzurichten, und desgleichen sei das Geld noch nicht erfunden, das man nicht stehlen könne.

– Bei meiner Seele, sagte er, noch bevor der morgige Tag anbricht, werden wir das Haus voller Kinder haben, und jedes einzelne wird uns zwei Pfund einbringen.

– Dies ist eine Welt voller Wunder, sagte meine Mutter, aber von dieser Gattung erwarte ich nichts, noch hörte ich je, daß man ein Haus in einer einzigen Nacht füllen kann.

– Vergiß nicht, sagte er, daß Sarah mit uns ist.

– Sarah, was soll das! sagte meine Mutter überrascht. In mir keimte von oben bis unten Verwunderung, als ich den Namen der Sau nennen hörte.

– Genau diese Dame, sagte er. Sie hat zur Zeit eine massenhafte Familie, und sie haben kräftige Stimmen, wenn ihr Dialekt uns auch unverständlich ist. Woher sollen wir wissen, daß ihre Unterhaltung nicht auf englisch stattfindet? Junge Leute und junge Schweine haben naturgemäß die gleichen Gewohnheiten, und nimm auch zur Kenntnis, daß sich ihre Haut nicht wenig gleicht.

– Du bist ein scharfer Denker, erwiderte meine Mutter, aber man muß ihnen Anzüge schneidern, bevor der Inspektor kommt, um sie anzuschauen.

– Das muß man allerdings, sagte der Alte-Graue-Knabe.

– Es ist eine Welt voller Wunder heutzutage, sagte ich vom Hinterbett im Ende des Hauses aus.

– Bei meiner Seele, sie ist wirklich voller Wunder, sagte der Alte-Knabe, aber trotz der Zahlung dieses englischen Geldes zum Wohle von unseresgleichen glaube ich nicht, daß es für die Gaelen jemals gute Lebensverhältnisse geben wird.

Am nächsten Tag hatten wir diese merkwürdigen Hausgenossen drinnen, jeder von ihnen mit Kleidung aus grauer Wolle angetan, und sie quiekten, schnoberten und schnarchten in den Binsen im hinteren Teil des Hauses. Ein Blinder hätte von ihrer Anwesenheit gewußt – allein schon vom Geruch her. Wie die Umstände für die Gaelen auch immer zu jener Zeit ausgesehen haben mochten, unsere eigenen Bedingungen waren alles andere als gut, solange diese Burschen unsere ständigen Gesellschafter abgaben.

Wir hielten scharfe Wacht, um die Ankunft des Inspektors nicht zu verpassen. Wir mußten ziemlich lange warten, aber, wie der Alte-Knabe sagte, was kommen soll, das kommt auch. Der Inspektor suchte uns an einem regnerischen Tag auf, an dem überall schlechte Beleuchtung herrschte und das Ende des Hauses, in dem die Schweine waren, in tiefes Zwielicht getaucht war. Wer auch immer gesagt haben mochte, der Inspektor sei alt und bresthaft, hatte die Wahrheit gesagt. Er war Engländer und von schwacher Gesundheit, der arme Mann! Er war dünn, gebeugt und hatte ein saures Gesicht. Er scherte sich keinen Deut um die Gaelen – was Wunder! –, und er war auch nicht bestrebt, die Hütten, in denen sie lebten, zu betreten. Als er zu uns kam, verhielt er an der Schwelle und spähte kurzsichtig ins Innere des Hauses. Er war unangenehm berührt, als er unseren Geruch bemerkte, wandte sich aber nicht zum Gehen, denn er hatte mit den Behausungen der wahren Gaelen reiche Erfahrungen gesammelt. Der Alte-Graue-Knabe stand respektvoll und höflich bei der Tür vor dem Gentleman, ich stand neben ihm, und meine Mutter war im rückwärtigen Teil des Hauses, wo sie die Ferkel umsorgte und umhegte. Gelegentlich hüpfte ein Ferkel ins Zentrum des Fußbodens, und kehrte dann unverzüglich ins Zwielicht zurück. Man hätte es für einen kräftigen kleinen Knaben halten können, der durchs Haus krabbelt, wenn man die Breeches bedachte, die es trug. Ein stetiges Gemurmel ging von meiner Mutter und den Ferkeln aus; es war wegen des Lärms, den draußen Wind und Regen machten, schwer zu verstehen. Der Gentleman blickte scharf um sich und zog aus dem Gestank wohl nur geteiltes Vergnügen. Schließlich sprach er:

– Wie viele?

– Zwölf, *Sor*! sagte der Alte-Graue-Knabe beflissen.

– Zwölf?

Der Andere warf einen schnellen Blick ins Ende des Hauses, während er in Überlegungen begriffen war und sich bemühte, eine Erklärung für die soeben gehörte Auskunft zu finden.

– All spik Inglish?

– All spik, Sor, sagte der Alte-Knabe.

Dann bemerkte der Gentleman mich, der ich hinter dem Alten-Grauen-Knaben stand, und barsch richtete er das Wort an mich:

– Phwat is yer nam? sagte er.

– Jams O'Donnell, Sor!

Es war offenkundig, daß weder ich noch meinesgleichen diesem eleganten Fremdling zusagten, aber diese Antwort entzückte ihn, konnte er doch nun berichten, er habe die jungen Leute befragt, und sie hätten ihm in süßem Englisch geantwortet; die letzte seiner schweren Aufgaben war vollendet und er nun als freier Mann aus dem Gestank entlassen. Er verschwand in die Wolkenbrüche, ohne uns Wort oder Segensspruch zuteil werden zu lassen. Der Alte-Graue-Knabe war mit unserer Leistung überaus zufrieden und servierte mir zur Belohnung eine fürstliche Portion Kartoffeln. Die Schweine wurden hinausgetrieben, und für diesen Tag waren wir alle froh und still. Einige Tage später erhielt der Alte-Graue-Knabe einen gelben Brief, in dem sich eine große Banknote befand. Das ist eine andere Geschichte, und ich werde sie zu anderer Zeit in diesem Band erzählen.

Als der Inspektor fort war und sich der Schweinegeruch aus unserem Haus verzogen hatte, hatten wir den Eindruck, die Arbeit sei getan und wir hätten die Angelegenheit ausgestanden. Doch leider sind die Dinge meist nicht das, was sie scheinen, und wird ein Stein geworfen, kann niemand sagen, wo er fällt. Am nächsten Tag, als wir die Schweine zählten und sie ihrer Breeches entkleideten, zeigte sich, daß eines fehlte. Gewaltig war das Lamentieren des Alten-Grauen-Knaben, als er bemerkte, daß uns sowohl Schwein als auch Kleidung insgeheim im Schutze der Nacht entrissen worden waren. Zwar trifft es zu, daß er oft das Schwein eines Nachbarn stahl, und er stellte oft klar, er habe nie eines seiner eigenen geschlachtet, sondern er habe sie vielmehr sämtlich verkauft, aber trotzdem hatten wir immer halbe Speckseiten im Haus. Bei Nacht und Tag ohne Unterlaß geschah Diebstahl in der Gemeinde – Habenichtse, die einander noch tiefer in die Armut trieben –, aber außer dem Alten-Knaben war niemand ein Schweinedieb. Natürlich war es nicht Freude, was sein Herz überschwemmte, als er bemerkte, daß ein anderer seine Melodie spielte.

– Bei meiner Seele, sagte er zu mir, ich fürchte, hier sind nicht alle gerecht und ehrlich. Das junge, kleine Schwein würde mir ja nichts ausmachen, aber in den Breeches war manch gutes Gewebe verarbeitet.

– Jedem seine Meinung, guter Mann, sagte ich, aber ich glaube nicht, daß Schwein oder Breeches gestohlen wurden.

– Glaubst du, sagte er, daß Furcht sie vom Diebstahl abgehalten hat?

– Nein, erwiderte ich, eher schon der Gestank.

– Ich weiß nicht, mein Sohn, sagte er, ich weiß nur, daß du sicherlich recht hast. Doch soll das heißen, daß sich das Schwein davongemacht hat, um zu streunen?

– Ein wenig wohlriechendes Streunen, wenn Sie recht haben, mein guter Mann, sagte ich.

In jener Nacht stahl der Alte-Knabe Martin O'Bannassa ein Schwein und tötete es still im rückwärtigen Teil des Hauses. Es war nämlich geschehen, daß ihn unsere Unterhaltung daran erinnert hatte, daß unser Speck zur Neige ging. Danach ergaben sich keine weiteren Erörterungen über das verlorene Schwein.

Ein neuer Monat namens März wurde geboren, blieb einen Monat lang bei uns und verließ uns wieder. Gegen Ende hörten wir mitten in der Nacht durch das Toben des Regens draußen ein lautes Schnauben. Der Alte-Knabe nahm an, es werde ihm ein weiteres Schwein mit Gewalt entrissen, und ging hinaus. Als er zurückkam, befand er sich in der Begleitung keines anderen als unseres fehlenden Schweins, aufgeweicht und durchnäßt, die feinen Breeches, mit denen man es bekleidet hatte, gründlich zerfetzt. Die Erscheinung, die das Geschöpf bot, ließ darauf schließen, daß es sich in jener Nacht durch ansehnliche Teile unseres Planeten geschleppt hatte. Meine Mutter erhob sich bereitwillig, als der Alte-Knabe verfügte, es sei angemessen, dem späten Heimkehrer einen großen Topf Kartoffeln aufzutischen.

Das jähe Erwachen unserer Haushaltung behagte Charlie nicht übermäßig, und nachdem er ohnehin keinen Schlaf gefunden und unsere Reden und die damit verbundene Verwirrung voller Zorn verfolgt hatte, erhob er sich plötzlich und sprengte in den Regen davon. Das arme Geschöpf hatte nie viel von Geselligkeit gehalten. Gott segne ihn!

Die nachtschlafene Rückkehr des Schweins war zwar als solche erstaunlich genug, doch noch erstaunlicher war die Kunde, die es uns gewährte, nachdem es sich an den Kartoffeln gütlich getan hatte und vom Alten-Grauen-Knaben seiner Breeches entkleidet worden war. Der Alte-Knabe fand in einer der Hosentaschen eine Pfeife mit einem guten Schlag Tabak. In einer anderen fand er einen Shilling und eine kleine Flasche mit geistigem Getränk.

– Bei meiner Seele, sagte er, wenn es auch zutrifft, daß Mühsal und Not die Gaelen immer am schwersten trifft, so doch nicht dieses Schwein. Hören Sie mal, sagte er, seine Aufmerksamkeit dem Schwein zuwendend, wo haben Sie diese Artikel bekommen, Sir?

Das Schwein warf ihm einen scharfen Blick aus seinen zwei kleinen Augen zu, ließ ihm aber keine Antwort zuteil werden.

– Laß ihm die Breeches, sagte meine Mutter. Wissen wir denn, ob er nicht jede Woche zu uns kommt und wunderbare Dinge in den Hosentaschen hat – Perlen, Hosenbänder, Schnupftabak und vielleicht sogar eine Banknote –, gleichgültig, wo er solches in ganz Irland auftreiben mag? Ist dies nicht heutzutage wahrhaftig eine Welt voller Wunder?

– Wie sollen wir wissen, gab ihr der Alte-Graue-Knabe zur Antwort, ob er je wieder zurückkehren wird, und nicht statt dessen sich dort niederläßt, wo er diese feinen Sachen bekommen kann, und wir sind dann für immer ohne den wertvollen Anzug, den er jetzt trägt?

– Da hast du leider in Wahrheit recht, sagte meine Mutter.

Das Schwein wurde daraufhin ausgezogen, bis es splitternackt war, und dann zu den anderen getan.

Es verging ein voller Monat, bevor wir die Erklärung für den komplizierten Vorfall jener Nacht erfuhren. Der Alte-Knabe hörte in Galway ein Getuschel, ein halbes Wort in Gweedore und ein Sätzchen in Dunquin. All das fügte er zusammen, und eines Nachmittags, als der Tag beendet war und der nächtliche Niederschlag heftig auf uns einzuregnen begonnen hatte, erzählte er die folgende interessante Geschichte.

Es gab da einen Gentleman aus Dublin, der das Land bereiste und am Gaelischen überaus interessiert war. Dieser Gentleman hatte vernommen, daß in Corkadoragha Menschen lebten, die in jeder anderen Gegend des Landes unübertroffen waren, und ferner, daß es ihresgleichen nie wieder geben würde. Er besaß ein Instrument namens Grammophon, und dieses Instrument war dazu in der Lage, sich alles, was es hörte, zu merken, wenn ihm jemand Geschichten oder alte Sagen erzählte; es konnte ebenfalls alles, was es gehört hatte, ausspucken, wann immer dies jemandem beliebte. Es war ein Instrument voller Wunder und erschreckte viele Leute in unserem Gebiet und raubte anderen die Sprache; es ist zweifelhaft, ob es seinesgleichen je wieder geben wird. Da die Menschen glaubten, es bringe Unglück, war es für den Gentleman eine schwere Aufgabe, bei ihnen Folklore-Geschichten zu sammeln.

Aus diesem Grunde unternahm er auch niemals den Versuch, die Folklore unserer Alten und Vorfahren zu sammeln, wenn nicht die Dunkelheit sich schützend gesenkt hatte und sowohl er als auch sein Instrument im Winkel einer Hütte verborgen waren, in welchem beide angestrengt lauschten. Es war offenkundig, daß es sich bei ihm um eine wohlhabende Person handelte, gab er doch jede Nacht größere Beträge für geistige Getränke aus, um die Scheu und Unfähigkeit von den Zungen der alten Leute zu verscheuchen. Im gesamten Landstrich genoß er diesen Ruf, und sowie bekannt wurde, daß er Jimmys oder Jimmy Tim Pats Haus einen Besuch abstatten wollte, hastete jeder alte Knabe, der im Umkreis von fünf Meilen wohnte, dorthin, um sich von der zungenlösenden feurigen Medizin etwas zuteil werden zu lassen; hierzu muß angemerkt werden, daß auch viele jüngere Leute sie begleiteten.

In der Nacht, von der die Rede ist, befand sich der Gentleman im Hause von Maximilian O'Penisa, und zwar still in die Finsternis geduckt, die Gehör-Maschine neben sich. Es hatten sich mindestens hundert alte Knaben um ihn gesammelt, und sie saßen, stumm und unsichtbar, im Schatten der Wände und ließen die Flaschen mit dem geistigen Getränk des Gentlemans von Hand zu Hand wandern. Manchmal war über einen kurzen Zeitraum hinweg ein schwaches Wispern zu hören, aber im allgemeinen bestand das einzige Geräusch aus dem Brüllen des Wassers, das draußen aus den düstern Himmeln herniederfiel, ganz so, als leerten jene dort oben Kübel voll übler Nässe über die Welt aus. Wenn es den geistigen Getränken gelang, die Zungen der Männer zu lösen, so war das Ergebnis nicht etwa flüssiges Sprechen, sondern ein Rollen und Lecken, um die gleißenden Tropfen der geistigen Getränke noch besser erschmecken zu können. Auf diese Weise verging die Zeit, und so wurde die Nacht immer später. Die lastende Stille drinnen und das Summen, das draußen der Regen verursachte, entmutigten den Gentleman ein wenig. Er hatte in jener Nacht kein einziges Kleinod unserer Alten sammeln können, statt dessen aber geistige Getränke im Werte von fünf Pfund nutzlos verloren.

Plötzlich bemerkte er einen Aufruhr an der Tür. Dann, beim schwachen Licht des Kaminfeuers, sah er, daß die Tür aufgestoßen wurde (mit einem Riegel war sie nie versehen gewesen), und es kam ein armer, alter Mann herein, bis an die Ohren betrunken, durchnäßt und aufgeweicht, und wegen seiner Trunkenheit schritt er nicht mit aufrechtem Gang herein, sondern er kroch. Das Geschöpf verlor sich unverzüglich in der Dunkelheit des Hauses, doch wo immer es auch auf dem Fußboden liegen mochte –: das Herz des Gentlemans hüpfte vor Freude, als er hörte, wie sich ein gewaltiger, flüssiger Redestrom von der betreffenden Stelle her ergoß. Es war wirklich schnelle, verwickelte, ernsthafte Sprache; man hätte meinen können, der alte Knabe fluche betrunken vor sich hin; aber der Gentleman hielt sich nicht damit auf, sie verstehen zu wollen. Er erhob sich flink und stellte die Maschine neben den, der Gaelisch ausspie. Es hatte den Anschein, als habe der Gentleman dieses Gaelisch für überaus schwer verständlich gehalten, und entsprechend groß war seine Freude, als seine Maschine es trotzdem absorbierte; er wußte nämlich, daß gutes Gaelisch schwierig ist, das beste Gaelisch von allen aber so gut wie unverständlich. Nach etwa einer Stunde versiegte der Redefluß. Der Gentleman war über den Erfolg dieser Nacht sehr freut. Als Zeichen seiner Dankbarkeit steckte er dem alten Knaben, der nunmehr in trunkenen Schlummer gefallen war, eine weiße Pfeife, einen Schlag Tabak und eine kleine Flasche mit geistigem Getränk in die Taschen. Dann machte sich der Gentleman mit seiner Maschine auf den Heimweg durch den Regen, indem er ihnen allen still seinen Segen hinterließ, den jedoch keiner erwiderte, da die Trunkenheit den Schädel jedes Anwesenden mit Macht überschwemmt hatte.

Es wurde später in der Gegend gesagt, der Gentleman sei für die Sagen, die er in jener Nacht in seiner Gehör-Maschine gespeichert hatte, überschwenglich gelobt worden. Er reiste nach Berlin, einer Stadt Deutschlands innerhalb von Europa, und erzählte alles, was die Maschine gehört hatte, den gelehrtesten Köpfen des Kontinents. Diese gelehrten Köpfe sagten, sie hätten noch nie ein Fragment Gaelisch gehört, das so gut, so poetisch und so dunkel gewesen sei wie dieses, und daß sie sicher seien, man brauche sich um das Gaelische keine Sorgen mehr zu machen, solange dergleichen in Irland zu hören sei. Freudig statteten sie den Gentleman mit einem feinen akademischen Rang aus, und, das ist noch interessanter, sie stellten ein kleines Komitee aus ihren eigenen Mitgliedern zusammen, welches eine detaillierte Studie über die Sprache aus der Maschine anfertigen sollte, um herauszufinden, ob man irgendeinen Sinn hineinbringen könne.

Ich weiß nicht, ob es Gaelisch oder Englisch oder sonst ein fremder, ungehöriger Dialekt war, den die alte Rede enthielt, die der Gentleman mit seiner Maschine von uns hier in Corkadoragha eingesammelt hat, aber es steht fest, daß jedes Wort, das in jener Nacht gefallen war, von unserem streunenden Schwein stammte.

Colum McCann

Cathals See

Ein trauriger Sonntag ist das, wenn man schon wieder einen Schwan in der Erde suchen muß. Das Radio knistert und bringt Cathal die Todesnachricht, gerade als er im Bett liegt und kräftig an einer Zigarette zieht. Er seufzt.

Vierzehn Jahre auf dieser Erde, der Junge, und wahrscheinlich nicht mal alt genug, sich zu rasieren. Vielleicht hatte er eine Mähne wie ein Weizenfeld. Oder Augen blau wie Drosseleier. Jung, linkisch und schlaksig, vielleicht mit einem Liverpool-Schal vermummt, die Zunge in die Wolle gesteckt, mit einer ungeheuren Obszönität, die aus der Tiefe seines Magens kommt. Eine Flasche voll Benzin in den Händen, im Flaschenhals ein brennender Lappen aus der Küche seiner Mutter. Sein Arm holt gerade zum Wurf aus. Dann ein Plastikgeschoß, das seine Brust rammt, ganze achtzehn Zentimeter mit 160 Stundenkilometern voll auf die Lunge. Die Flasche fliegt dem Jungen aus den Fingern. Zersplittert auf dem Pflaster unter seinem Rücken. Drosseleier zerbrechen, und Reihen von Weizen gehen in Flammen auf. Die Straße plötzlich still und grau, als, zu spät, andere Jungs ihn in Pfützen hin und her rollen, um die Flammen zu löschen. Ein Bus brennt. Eine Taube fliegt mit klatschendem Flügelschlag über die Dächer von Derry, eine Kruste Weißbrot im Schnabel. Rauch zieht in einem Klagelied über das Scheppern von Mülleimerdeckeln und das Heulen der Sirenen. Und später, ein Dutzend weiterer Sträuße, die unnachgiebig in Milchflaschen die Straße hinuntergeworfen werden.

Cathal hustet Schleim hoch, sein Tribut an dieses Bild. Ach, es ist ein trauriger Sonntag, wenn man wieder graben muß, und wo der See dieses Jahr doch schon fast voll ist.

Er langt über seinen Nachttisch und stellt das Radio aus, steigt wankend aus dem Bett, ein großer Farmer mit breiter Brust. Die Zigarette baumelt zwischen seinen Lippen. Während er nackt zum Fenster geht, streicht er sich über das schüttere Haar und stellt sich die graue Straße vor, wo der Regen auf die Wellblechdächer herabrieselt. Eine Menschenmenge versammelt sich, zornig, Gesichter zucken. Der Junge ist noch am Leben in seinem Haus aus verbrannter Haut. Vielleicht ist seine Lunge kollabiert, und eine Krankenschwester beugt sich über ihn. Eine junge Mutter, hysterisch zerlaufene Wimperntusche im Gesicht, drischt die Luft mit seifigen Fäusten, denkt an eine Seite unerledigter Schulaufgaben, die auf dem Küchentisch liegengeblieben ist, neben einer Vase mit verblühenden Ringelblumen. Oder Kapuziner. Oder Gänseblümchen. Eine Nähnadel, mit Tinte an der Spitze, oben in seinem Zimmer, wo der Junge dabei war, sich ein Wort auf die Knöchel zu tätowieren. *Love* oder *Hate* oder *Fuck* oder *Hope.* Die Sirenen peitschen durch den Regen. Die Reifen knirschen über Glassplitter.

Cathal schaudert, zieht die zerschlissene Gardine zur Seite und sieht, wie ein Nieselregen träge durch die Morgenluft auf den See niedergeht, wo seine Schwäne treiben. So viele da draußen dieses Jahr, daß sie in der Luft zusammenstießen, würden sie alle auf einmal die Flügel ausbreiten und aufsteigen, ein Sperrfeuer von Weiß.

Vom Fenster seines Farmhauses hat Cathal gewöhnlich eine meilenweite Sicht – über die gepflügte schwarze Erde, die jadegrünen Felder, die gewundenen Hügelketten, die wogenden Wälder bis hin zu den fernen graubraunen Bergen. Heute, wegen des Regens, kann er gerade mal den See ausmachen, der selbst schon eine Miniaturlandschaft ist – gesäumt von Kastanien und Brombeerbüschen, auf der Nordseite eine drei Meter hohe Böschung, auf der Ostseite ein weiterer Hügel, von dem oft Froschgesang zu hören ist. Der See ist tief und klar, trotz der einsickernden Jauche aus den Feldern, auf denen sein Vieh weidet. Auf der Oberfläche schwimmen die Schwäne, die Hälse tief nach unten gekrümmt, durch das Schilf und die Wasserlilien. Der See ist von der Straße aus nicht zu sehen, auf der, eine halbe Meile entfernt, gelegentlich Verkehr vorbeirumpelt.

Cathal macht das Fenster auf, steckt den Kopf hinaus, läßt die Zigarette fallen und guckt zu, wie sie im feuchten Gras zischt und erlischt. Er sieht noch einmal auf den See.

»Guten Morgen«, ruft er. »Habt ihr noch Platz für einen neuen?«

Die Schwäne treiben weiter, wie Papier, während die Rufe in einem leisen Echo zu ihm zurückkommen. Er hustet wieder, spuckt aus dem Fenster, schließt es, geht zu seinem zerwühlten Bett, zieht seine Unterwäsche an, ein weißes Hemd mit offenem Kragen, einen großen schmutzigen Overall und ein Paar Wollsocken. Er zockelt langsam über den Treppenabsatz und die Treppe hinunter, um sich sein Frühstück zu machen. All diese jungen Männer und Frauen, die da sterben, denkt er, während seine Socken über den Holzboden rutschen. Verdammter Mist.

Und vielleicht war der Soldat, der das Gewehr abgefeuert hat, selbst noch ein Junge. Cathals Schinken brutzelt und knallt, und der Kessel stößt ein leises Pfeifen aus. Vielleicht war sein einziger Wunsch, als er den Jungen mit dem Liverpool-Schal um den Mund herankommen sah, zu Hause zu sein. Dann, als eine Brandbombe durch die Luft geschleudert wurde, hat der Soldat vielleicht bloß an ein einfaches Pint Watney's gedacht. Oder an eine Reihe Wohnsiedlungen in Tyneside, wo er einen Fußball gegen die Mauer kicken konnte. Oder daran, in irgendeiner kleinen Seitengasse von Newcastle eng umschlungen mit seiner Freundin zu stehen. Vielleicht wünschte er sich, seine Haare würden seine Schultern berühren, so wie früher. Oder daß er mit dem Sold vom nächsten Monat etwas afghanisches Hasch kaufen und mit seinen Kumpels in der Kaserne zusammenhocken könnte, Saturnringe zur Decke blasend. Vielleicht waren seine Augen so tief und grün wie Flaschen in einem Keller. Vielleicht lag ein Buch von Wilfred Owen unter seinem Kopfkissen, um die Pfiffe auf dem Stacheldraht zu ergründen.

Doch hier war er, ganz schlottrig und zittrig, in Londonderry, mit stechender Schulter vom Rückschlag der Waffe, den Blick zum Himmel gerichtet, und sah eine Rauchsäule aufsteigen.

Cathal nimmt den Schinken mit den Fingern aus dem brutzelnden Fett und schlägt zwei Eier auf. Er gießt sich eine Tasse Tee ein, hustet und hinterläßt einen weiteren Schleimpfropfen im Spülbecken. Das Wetter diese Weihnachten war gnadenlos gewesen. Stürme, die einem durch Haut und Knochen schneiden, wie eine Sense durch eine Vogelscheuche, haben ihm eine fürchterliche Erkältung beschert. Nicht einmal die Bushmills, die er gestern abend getrunken hat, konnten seine Brust durchpusten. Was für ein schrecklicher Gedanke. Er reibt sich die Brust. Bushmills und Bomben.

Vielleicht, denkt er, hat der Soldat an der Wand über dem Etagenbett in der Kaserne ein Bild von seiner Freundin hängen. Eselsohrig und leicht vergilbt. Aufgeplusterte Haare und ein glutvolles Lächeln, bei dem der Soldat weiche Knie kriegt. Und er, verzweifelt, muß sie anrufen, sagt: »Es war keine Absicht, Schatz. Wir haben bloß versucht, die Menge zu zerstreuen.« Oder vielleicht auch nicht. Vielleicht hat er ein Gesicht wie eine Ratte, Augen dunkel wie Sumpflöcher, hockt in einem Pub, martialisch in seinen schwarzen Stiefeln, man klopft ihm auf die Schulter und lobt ihn, er hebt sein Glas zu einem Toast und sagt: »Habt ihr das gesehen, Jungs? Verdammt guter Schuß, was? Newcastle United 1, Liverpool 0.«

Dieser ganze wundersame Haß. Gott, man kriegt sein Frühstück nicht mehr runter, weil der Bauch schon so voll davon ist. Cathal stippt ein Stückchen Brot in ein flüssiges Eigelb und wischt sich das Kinn ab. Im Hof streiten sich einige Hühner um ein paar Futterreste. Ein Rabe landet auf einem Zaunpfosten unten bei der roten Scheune. Dahinter kauern sich ein Dutzend Kühe in der Ecke eines Feldes, unter einem Baum, Schutz vor dem Regen suchend, der jetzt in Strömen herunterkommt. Mitten auf dem Feld steht Cathals Traktor. Er gab gestern seinen Geist auf, gerade als Cathal ein paar Säcke Hafer, gemähtes

Gras und geschroteten Weizen hinunter zu den Schwänen bringen wollte.

Während er sich die letzten Bissen seines Frühstücks in den Mund stopft, beobachtet Cathal, wie die Schwäne eng aneinandergedrängt träge über das Wasser gleiten. Du lieber Gott, da draußen ist wirklich nicht mehr viel Platz übrig dieser Tage.

Er läßt das Frühstücksgeschirr im Spülbecken, schließt die Haustür auf, setzt sich auf einen Holzschemel unter dem Verandadach und zieht mit pfeifendem Atem seine Gummistiefel an. Hin und wieder werden Regentropfen unter die Veranda geweht, und er zurrt die Bänder an seiner Anorakkapuze fest. Wingnut, eine dreibeinige Collie-Hündin, die ihr Vorderbein verlor, als der Traktor drüberfuhr, kommt heran und legt den Kopf in Cathals Kniekehle. Er holt eine Schachtel Zigaretten aus seiner Anoraktasche und zündet sich eine hinter der schützenden Hand an. Höchste Zeit, mit diesen verdammten Dingern aufzuhören, denkt er, während er mit knisternder, glühender Zigarette über den Hof geht. Auf ihren drei Beinen humpelnd, jagt Wingnut die Hühner um einige Pfützen herum.

»Wingnut!«

Die Hündin duckt den Kopf und folgt Cathal zur roten Scheune hinunter. Heu ist in kleinen Ballen aufgestapelt, und die Regale sind mit Futtersäcken vollgestopft. In einer Ecke liegt ein Haufen Traktorteile, und an der Wand türmt sich ein chaotisches Durcheinander von Werkzeugen. Cathal schiebt den Zeh unter den Griff einer Heugabel und läßt sie mit einem Schnicken des Fußes quer durch die Scheune segeln. Dann hebt er ein Stemmeisen auf, lehnt es an die Ecke und schnappt sich seine Lieblingsschaufel mit dem blauen Griff.

Gott, was man jetzt alles tun könnte, wenn man nicht dazu verflucht wäre zu graben. Könnte den Verteiler am Traktor reparieren. Oder den Nordzaun ausbessern. Etwas Petroleum in diesen Fuchsbau gießen und dafür sorgen, daß dieser kleine rotschwänzige Dreckskerl keine Hühner mehr jagt. Oder ganz unten im Südfeld nachsehen, ob das Vieh genügend Ballen hat, um die Kälte zu überstehen. Oder einfach vor dem Kamin sitzen, eine rauchen und fernsehen, wie es jeder anständige Mensch mit fünfundsechzig gerne täte.

Dieses jahrelange Graben. Man könnte seinen Bruder in Australien oder seine Schwester in Amerika erreichen oder sogar seine Eltern im Himmel oder in der Hölle, wenn man dieses ganze Gegrabe zu einem Loch zusammensetzen würde.

»Stimmt's, Wingnut?« Cathal langt hinunter, nimmt Wingnuts Vorderbein und führt sie, die Schaufel unter den Arm geklemmt, aus der Scheune hinaus, lacht, als der Collie bellt.

Er geht wieder über den Hof zurück, die Hündin dicht hinter ihm. Beim Gehen fegt er mit dem Schaufelblatt durch die Pfützen und summt ein Liedchen. Ob sie jetzt wohl gerade über dem Leichnam des armen Jungen singen? Die Verbrennungen sind vielleicht kosmetisch aufgehellt, die herbstfarbenen Haare zurückgekämmt, die Augenlider friedlich geschlossen, der Mund bitter und ernst, die tätowierte Hand diskret bedeckt. Ein Priester meckert, weil er nicht will, daß eine Fahne über den Sarg drapiert wird. Ein schlauer Leichenbestatter sagt, daß der Junge nur das Allerbeste verdient hat. Seidene und goldene Tressen. Freunde schreiben für ihn Gedichte bei symbolischem Kerzenlicht. Die verwelkenden Ringelblumen werden weggeworfen und durch Rosen ersetzt – phantastische Rosen mit vollkommenen Blütenblättern. Lappen werden benutzt, diesmal, um Whiskey vom Tresen zu wischen. Ein Aschenbecher quillt über vor Kippen. Milchflaschen sind sehr beliebt bei den Damen, für ihre Tassen Tee.

Er erreicht die Schneise, der Wind peitscht ihm Regentropfen seitlich ins Gesicht. Cathal spürt, wie die Kälte in seine Knochen sickert, während er um die Furchen und Schlaglöcher herummanövriert, wobei er die Schaufel als Gehstock benutzt. In der Ferne treiben die Schwäne weiter, ohne dem Wetter Beachtung zu schenken. Das Seltsamste bei alldem ist, daß sie sich nie zu streiten scheinen. Aber andererseits singen sie auch nicht. Selbst wenn sie ziehen, der ganze Schwarm, jedes Silvester, hört er nie den Schwanengesang. In einer Fernsehsendung an irgendeinem Abend meinte ein Wissenschaftler, der Schwanengesang sei eine mythologische Erfindung, vielleicht sei es ein paarmal passiert, daß ein Vogel in der Luft abgeschossen wurde, und der aus der Luftröhre entweichende Atem klang für irgendeinen törichten Dichter wie Gesang. Aber wenn es wirklich wahr ist, wenn es wirklich so etwas gibt wie einen Schwanengesang, wäre es dann nicht wunderschön, ihn zu hören? Cathal pfeift durch die Zähne, dann lächelt er. So gäbe es jedenfalls kein verdammtes Graben mehr, und man könnte sich endlich mal ausruhen.

Er entriegelt das Torscharnier, geht um die Schlammpfütze hinter dem Weidenrost herum und stapft weiter aufs Feld. Mit jedem Schritt quatscht Wasser um seine Gummistiefel hoch. Die Vögel auf dem Wasser haben ihn noch nicht bemerkt. Ein paar von ihnen folgen einander in einer Reihe durch das Wasser und wirbeln kleine Wellen auf. Ein großer Schwan, vier Fuß hoch, schlingt seinen Hals um den eines Weibchens, ihre leuchtendgelben Schnäbel sind mit schwarzen Flecken durchsetzt. Langsam greifen sie herum und putzen sich gegenseitig das Gefieder. Cathal lächelt. Da schwimmt sie, die Anna Pavlova, ein Spitzname, den er seinem Lieblingsschwan gegeben hat, ein Junges, das in den ersten Tagen des Jahres, bevor der See so brechend voll wurde, über das Wasser tanzte und Gischtschauer in die Luft spritzte. Andere versammeln sich im Schilf. Eine Gruppe von neun Tieren kauert nah am Ufer, die Hälse zum Himmel hochgereckt.

Will verdammt sein, wenn da noch viel Platz für einen weiteren sein soll – vor allem für einen Jungen, der ein bißchen lebendig sein dürfte. Cathal schüttelt den Kopf und schleudert die Schaufel nach vorn zum Rand des Sees. Sie landet mit dem Blatt zuerst und rutscht dann im Schlamm, schliddert fast ins Wasser. Die Vögel blicken auf und schnattern. Einige fangen an, mit den Flügeln zu schlagen. Wingnut bellt.

»Maul halten, allesamt«, brüllt er. »Laßt mir mal ein bißchen Ruhe und Frieden.«

Er holt die Schaufel und wischt das Blatt an der Hüfttasche seines Overalls ab, zündet sich noch eine Zigarette an und klemmt sie sich zwischen die gelben Zähne. Die meisten Schwäne beruhigen sich wieder, blicken zu ihm hinüber. Aber die älteren, die schon seit Januar da sind, wenden sich ab und lassen sich forttreiben. Wingnut läßt sich auf den Boden nieder, legt den Kopf auf die Vorderpfote. Cathal treibt die Schaufel mit Schwung in den feuchten Boden am Rand des Sees, in der Hoffnung, daß er die richtige Stelle erwischt hat.

Sie haben alle mehr oder weniger die gleiche Größe und Gestalt und das gleiche weiße Gefieder. Das Mädchen, das mit der Scheune in die Luft gesprengt wurde, sieht aus wie eine Zwillingsschwester des Soldaten, der zusammengesackt auf dem Vordersitz eines Saracen gefunden wurde, mit einem faustgroßen, mit einem herzgroßen Loch im Kopf. Und er, der Zwillingsbruder des Jungen aus Gavanagh, der ertrunken in einem Graben gefunden wurde, ein Armalite in der Hand und ein Schilfrohr zwischen den Zähnen. Und er, der Zwillingsbruder der Mutter, die aus Versehen erschossen wurde, als sie ihr Baby im Kinderwagen ausführte. Sie, die Zwillingsschwester des Vaters, der erhängt an einer Eiche gefunden wurde, nachdem er seine Tochter in einem Kleid aus Teer und Federn gesehen hatte. Er, der Zwillingsbruder der drei Soldaten, und zwei Scharfschützen, die sich letzten März gegenseitig ermordeten – mein Gott, war das ein Gezische beim Graben. Und letzte Woche, kurz vor Weihnachten, der alte Mann, der am Straßenrand gefunden wurde, ohne Kniescheiben, neben seinem blauen Fahrrad, das war auch eine grausam schwere Arbeit.

Jetzt sinkt das Blatt leicht in den Boden ein. Er knallt den Fuß auf die Schaufel hinunter. Mit einem Stoß aus der Schulter und etwas Druck von seinen Füßen hebt er den ersten Brocken aus – schwer von Wasser und Grasklumpen –, schleudert ihn nach links, blickt dann nachdenklich auf in den Himmel.

Vielleicht gab's Weihnachtsdekoration in der Kaserne. Lametta, Postkarten, Glöckchen und viele bunte Farben. Die Kiefernnadeln eingesprüht, damit sie nicht abfallen. Ein Soldat, der nichts für Truthahn übrig hat. Ein Soldat, der sich über die Fleischpastete hermacht. Irgend jemand, der über die Mutter aller Flaschen kichert. Ein Junge an einer Straßenecke, der einen dunklen Fleck auf dem Pflaster sieht und einen Vorsatz fürs neue Jahr faßt. Ein Lehrer, der alte Aufsätze durchgeht. Eine Freundin auf einer englischen Promenade, rauchend. Eine Großtante mit riesigen Mengen von Resten. Meldungen in der unteren linken Ecke der Zeitungen.

Ein weiterer Klumpen, der Haufen wird höher. Der Wind weht Cathal hart in den Rücken. Wolken fegen über den Morgenhimmel. Zigarettenrauch strömt Cathal aus Nase und Mund. Unter all der schweren Kleidung fängt er an zu schwitzen. Nach ein paar Minuten drückt er die Kippe in die Erde, holt ein rotes Taschentuch hervor und wischt sich die Stirn, bearbeitet dann wieder die Erde. Sachte jetzt, sonst brichst du dem armen kleinen Kerl noch den zarten Hals.

Als der Haufen hoch aufgetürmt und das Loch einen Meter tief ist, sieht Cathal die Spitze einer weißen Feder. Der feuchte Boden zittert. »Ruhig jetzt«, sagt er. »Sachte. Schlag mir jetzt nicht so wild herum.« Er gräbt weiter, einen tiefen breiten Bogen um den Schwan herum, legt dann die Schaufel auf den Boden und stellt sich breitbeinig am Rand des Loches auf. Über das Loch hinweg zwinkert er Wingnut zu, die dies oft genug gesehen hat, so daß sie gelernt hat, nicht mehr zu bellen. Auf dem See, hinter seinem Rücken, hört er einige Schwäne schreien. Er greift in das Loch hinunter und kratzt mit den Fingernägeln an der Erde herum. Wozu dieses ganze Geschwitze im Regen, in einem sauberen weißen Hemd, wenn es eine Million anderer Dinge zu tun gibt? Der Lehm klumpt sich unter seinen Fingernägeln. Der Vogel liegt seitlich im Boden.

Er greift nach unten und um den Körper herum, lockert die Erde noch etwas mehr, aber nicht so viel, daß die Flügel schlagen können. Ein kräftiger Schlag mit einem von den Dingern kann einem den Arm brechen. Er legt dem Tier die Hände auf den Bauch und spürt das Herz flattern. Dann kratzt er noch etwas Erde um die schwimmhäutigen Beine herum weg. Ganz behutsam gräbt Cathal einen Tunnel, aus dem er Hals und Kopf herausziehen kann. Als die Erde locker genug ist, hebt er den langen gewundenen Hals heraus und packt ihn mit einer Hand. »Fang mir jetzt nicht an zu zischen.« Er läßt die andere Hand um den Körper gleiten. Geschickt hebt er den Schwan aus der Erde heraus, legt eines der beiden Beine gegen den Flügel, drückt den anderen Flügel dicht an die Brust. Er hebt den Schwan in die Luft und wirft ihn dann von sich.

»Los jetzt, du kleiner Emporkömmling.«

Cathal hockt auf dem Rand der Grube, läßt die Gummistiefel herabbaumeln und beobachtet, wie herrlich der Schwan über dem See auffliegt, Erde von den Flügeln schüttelnd, merkwürdig und schön, und nach einem Platz zum Landen Ausschau hält. Er beobachtet, wie die anderen Schwäne Platz machen, gleiten, wobei ihre Flügel knirschend aneinanderreiben. Das Neugeborene läßt sich auf einem kleinen Fleck Wasser an der Ostseite des Sees nieder.

Irgendwo mitten in einer Wohnsiedlung stopft eine Mutter Kleider in schwarze Plastiksäcke. Ihr Mund zittert. Im Treppenhaus vor der Haustür sind neue Graffiti an der Wand. Von einer Schlafzimmerwand werden Bilder von Fußballern heruntergenommen. Eine Nähnadel wird in einen leeren Mülleimer geworfen, wo sie klappert. Draußen machen sich Zeitungsreporter Stenonotizen in kleine Ringbücher. Kameras laufen auf Akkubetrieb. Irgend jemand denkt daran, Zucker ins Wasser zu tun, damit die Blumen länger halten. Ein weiterer Mann, mit einer flachen Mütze, gräbt. Ein Soldat ruft seine Freundin an. Oder schnitzt eine Kerbe. Schwäne singen nicht, nur wenn sie ganz weit oben abgeschossen werden, oben, in der Luft. Ihre Luftröhren pfeifen. Das ist bekannt.

Cathal zündet sich seine letzte Zigarette an und denkt daran, wie, in zwei Tagen, der ganze Schwarm wegfliegt und das Graben wohl wieder von vorne losgehen wird. Scheiß drauf, was soll's. Jeder hat seinen eigenen Fluch. Cathal winkt seinen Hund zu sich, hebt die Schaufel auf, stemmt sich dann in seinen grünen Gummistiefeln heimwärts in Richtung Farmhaus. Beim Gehen springen Schlammspritzer hinten auf seinen Anorak.

Rauchspiralen wehen ihm aus dem Mund. Er bemerkt, daß der Zaunpfosten in der hinteren Ecke des Feldes schief steht, etwas bedudelt. Das muß repariert werden, denkt er, während der Regen in Böen heruntergepeitscht kommt.

Liam O'Flaherty

Der Lotse

Der alte Mann hob drohend seinen Stock und verwünschte die Inseln, die jetzt rund und blau vor dem Horizont lagen. Auf der Insel im äußersten Westen blitzte etwas in der Sonne auf, einem riesigen Diamanten gleich. Der alte Mann glaubte, es sei ein Auge, das ihn bedrohe.

»Stirb ohne die Letzte Ölung!« schrie er. »Blinzle nur, du Teufel, es nützt dir alles nichts! Kannst mir nichts antun!«

Dann stützte er sich auf seinen Stock und starrte auf die runde blaue Kuppe, die sich im weißlichen Meer wie eine Henne auf ihrem Nest niedergelassen hatte. Der Diamant hörte zu blitzen auf, als der Sonnenschein gelber wurde und einen weiten, schimmernden Mantel über die felsigen Inseln breitete, die langsam der Sicht entschwanden.

»Heiliger Bimbam!« rief ein Tourist, der braune Knickerbockers trug. »Das Land der Ewigen Jugend! Das Land der Heiligen und Gelehrten! Kein Wunder, daß wir ein Volk der Dichter sind – bei so einer Prachtentfaltung! Sieh nur mal den Himmel über den Inseln!«

Er deutete mit der einen Hand zu den Inseln hinüber, während er mit der andern den Arm seiner Frau packte. Der alte Mann starrte das Touristenpaar voller Verachtung an. Dann trat er auf sie zu und tippte dem Mann mit der Stockzwinge auf den Schenkel.

»Sie wissen eben nicht, wie's da drüben zugeht!« sagte er. »Wenn Sie's wüßten, würden Sie nicht so reden. Nichts als Verfolgung da drüben! Ich bin ein Verfolgter!«

Die Touristen blickten den alten Mann an und lächelten scheu. Er sah wie ein Irrer aus. Sie zogen sich etwas zurück.

Wieder drohte er der westlichen Insel mit dem Stock und rief: »Kannst mir nichts mehr antun! Ich bin dir entwischt!«

Dann bückte er sich weit vornüber, stützte beide Hände auf seinen Stock und streckte der Insel die Zunge heraus. Obwohl der kleine Dampfer auf völlig waagerechtem Kiel durch das ruhige Wasser glitt, stand der alte Mann mit gespreizten Beinen da und paßte sich – nach der Manier alter Seeleute – einem gar nicht vorhandenen Rollen des Decks an.

Er war achtzig Jahre alt. Er war niemals groß gewesen, doch jetzt war er fast zu Zwergengröße zusammengeschrumpft. Obwohl es ein warmer Abend in den ersten Herbsttagen war, trug er mehrere Schichten einer schweren Fries-Kleidung. Aus diesen verschiedenen Schichten ragte sein eingeschrumpfter Kopf wie bei einer Schildkröte heraus. Die fleischlosen Hände waren wie Vogelkrallen. Sein Gesicht hatte die Farbe alten Pergaments – bis auf die Augen und die Lippen. Die Lippen waren noch rosa, aber sehr bleich und zart. Wenn er, zornig grinsend, die Lippen zurückzog, dann waren zwei Reihen vollkommen ebenmäßiger kleiner weißer Zähne zu sehen. Er hatte noch keinen einzigen Zahn verloren. Auch seine Augen hatten noch nichts an Sehkraft eingebüßt. Sie waren von einem wilden Blau, ohne Gefühl, und grausam wie die Augen eines gefangenen Habichts. Wider ihren Willen wurden sie, noch in der Blüte ihrer Lebenskraft, vom nahenden Tod eingefangen. In ihren schimmernden Kugeln hatten sie alle Weisheit und List eines langen Lebens eingeheimst. Und wie er sich nun übers Deck vorbeugte, schwankte und den Inseln die Zunge herausstreckte, da glich er durchaus einem verletzten Vogel, der seinen Kerkermeister anfauchte, und dem zu seiner Verteidigung nichts mehr blieb als die weisen Augen und die geißelnde Zunge.

»Was fehlt Euch denn, Tom?« fragte ein großer hübscher Mann in blauem Anzug, der übers Deck auf ihn zugeschritten kam. »Warum beruhigt Ihr Euch nicht?«

Der alte Mann richtete sich auf und blickte den Neuankömmling an. Er trat rasch ein Schrittchen zur Seite und tat so, als könne er den Sprechenden nicht erkennen. Er trug einen neuen schwarzen Hut mit breiter Krempe. Er hatte den Hut wie ein Schulmädchen mit einer Schnur unter dem Kinn befestigt. Er ging zweimal rund um den andern und machte dabei unvermutete Trippelschritte und beäugte ihn unter der vorgehaltenen Hand: Für einen Mann seines Alters bewegte er sich mit erstaunlicher Behendigkeit und Kraft, vor allem, da er schwere, genagelte Schuhe trug, die ihm mehrere Nummern zu groß waren.

»Du alter Gauner«, sagte der andere, »stell dich bloß nicht so an, als kennst du mich nicht! Wenn ich nicht ein gutes Herz hätte und Mitleid mit deinem hohen Alter, dann würdest du jetzt im Schwarzen Loch stecken, anstatt mit deiner Kuh auf dem Dampfer nach Galway zu fahren.«

Der alte Mann blieb stehen und schlug mit seinem Stock aufs Deck.

»Ha!« rief er. »So, so! Ich würde im Schwarzen Loch stecken? Dann mal angetreten, Sergeant Toomey! Los! Los!«

Er klemmte den Stock unter den Arm, spuckte sich in die Hände und nahm Boxstellung ein.

»Los! Los!« sagte er. »Woll'n mal sehn, wer von uns beiden Sieger wird! Sie sind ja jetzt ohne Uniform, da haben Sie auch nicht das Gesetz hinter sich. Ha! Sie wollen nicht kämpfen? Haben Sie Angst vor mir? Hab's ja gleich gewußt, daß Sie'n Feigling sind!«

Der Sergeant verschränkte die Hände auf dem Rücken und lachte unbehaglich. Eine kleine Gruppe fand sich auf Deck ein, um den Vorgang zu beobachten. Alle Leute lachten.

»Weiß Gott, jetzt hat er Sie gestellt!« rief ein magerer Viehhändler, der eine Brille trug und sich einen hellen Regenmantel über die Schulter geworfen hatte. »Geben Sie nur gut acht, Sergeant!«

Der alte Mann spuckte verächtlich aufs Deck, dem Sergeanten genau vor die Füße. Dann trat er zu den Leuten und redete sie an.

»Pah!« sagte er. »Was für'n Riesenmut die haben, solange sie in der Uniform stecken, aber sonst ist es kläglich bestellt mit ihrem Mut. Was scheren wir Inselleute uns um die Stadtpolizei? Wir haben uns in der alten Zeit nichts aus den englischen Polypen gemacht, und wir machen uns noch viel weniger aus De Valeras Stadtpolizei. Wir sind freie Menschen. All das hier gehört uns!«

Damit streckte er die Arme aus und beschrieb vor und hinter sich einen weiten Kreis. Der Dampfer war jetzt auf der Höhe von Black Head, und die große runde Bastion erhob sich steuerbords majestätisch in Terrassen aus grauem Stein, die vom Licht der sinkenden Sonne golden getüncht waren. Hinter dem Kielwasser des Dampfers, jenseits vom niedrigen Küstenland der Grafschaft Clare, ragten die Riesenklippen von Moher über den Horizont, und die Entfernung färbte ihre schroffen Steilwände violett. Westlich von den Klippen lagen die Inseln jetzt wie ein Speer auf dem Wasser und bildeten einen langen, feinen Grenzwall gegen den Horizont. Auf der Backbordseite flankierte die Connemara-Küste das glatte Wasser der herrlichen Bucht. Hinter der Küste verliefen die Berge wellig gen Westen, wo sich ihre Formen mit dem Ozean vermischten und dem Blick entschwanden. Eine Bootsflotte mit dunkelbraunen Segeln kreuzte über die Bucht und hielt auf Connemara zu. Sie glitten wie Schmetterlinge über die See, scheinbar ohne Substanz und Schwere, und anmutig wie ein Gedicht, im Einklang lavierend, auf der Suche nach dem raren Wind. Hin und wieder hob sich bei einem überraschenden Windstoß ein schwarzer Bug, blitzte silbern und schimmerte in der Sonne.

»All das gehört uns«, rief der alte Mann hochmütig, »uns, den echten Westmännern! Wir sind eine Rasse für uns allein! Wir sind die Leute von den Inseln und von allem Land, das ans Westmeer grenzt. Wir wollen nicht, daß Fremde zu uns kommen und sich einmischen und uns Gesetze um den Hals hängen, wie man bösen Ziegen einen Spannstrick anlegt. Wir haben Mumm in den Knochen, und wir siegen über die Neuen. Wir sind eine Rasse für uns allein!«

Er stampfte mit dem rechten Fuß auf und schnalzte laut mit Daumen und Zeigefinger – dorthin, wo der Sergeant stand.

»Bravo!« rief der Tourist in Knickerbockers. »Männer von solchem Geist brauchen wir! Eine großartige Rasse! Ein Volk von Dichtern und Kriegern!«

Der alte Mann marschierte jetzt im Kreis herum, duckte sich, boxte in die leere Luft, streckte die Zunge heraus, fauchte und knurrte vor sich hin, genau wie ein verletzter Habicht, der seinen Kerkermeister anfunkelt und mit ohnmächtigen Schwingen flattert.

Der Viehhändler ging zum Sergeanten hinüber, der sich gegen die Reling lehnte.

»Was fehlt dem alten Teufelskerl?« fragte der Viehhändler, »ist er verrückt?«

»Ein bißchen schon«, sagte der Sergeant, »aber nicht so sehr, daß man ihn in eine Anstalt stecken könnte. Und jetzt hat er einen Schluck genommen und ist noch aufgebracht, weil er einen Streit mit seiner Tochter und seinem Schwiegersohn hatte!«

»Tatsächlich?« sagte der Viehhändler. »Mir ist übrigens eine Streiterei aufgefallen, auf dem Pier, als das Vieh verladen wurde. Wohin will er denn jetzt? Einen Mann in seinem Alter sollte man nicht so herumstrolchen lassen!«

»Es ist eben so«, sagte der Sergeant, »all seine Kinder sind nach Amerika gegangen, und dann kam die jüngste Tochter wieder heim, im vorigen Jahr, als seine Frau starb. Er hatte viereinenhalben Acker Land, und die hat er der Tochter bei ihrer Heirat mit einem jungen Burschen aus dem Dorf vermacht. Aber der alte Teufelskerl war schlau, als er den Vertrag aufsetzen ließ, denn das zum Land gehörende Vieh hat er ihnen nicht vermacht.«

»Bei der Streiterei ging's also um das Vieh?« fragte der Viehhändler. »So was kommt oft vor. Der alte Knicker wollte also das Vieh nicht rausrücken.«

»Ja«, sagte der Sergeant. »Aber es war nur eine Kuh da, und außerdem ein paar Schafe, und die Kuh war ein Stripper.* Die jungen Leute kauften eine Farse und wollten die alte Kuh verkaufen, aber der Alte nahm sie ihnen weg und trieb sie selber auf den Markt. Die Tochter wollte ihn dran hindern. Sie wollte, daß ich

* = abgemelkte Kuh

ihn festnehme, aber ich hab's nicht getan. Nach Recht und Gesetz gehört die Kuh ihm. Er ist berechtigt, damit zu tun, was er will.«

»Er bringt sie also nach Galway«, sagte der Viehhändler. »Viel Glück!«

»Ja«, sagte der Sergeant. »Und dabei ist er achtzig! Man muß ihn bewundern.«

Der alte Mann war inzwischen in eine Ecke vor der Reling gegangen und hatte sich dort aufs Deck gesetzt. Er zog die grauen Frieshosen bis über die Knie hinauf. Darunter trug er noch ein Paar Hosen aus sauberem weißen Flanell, die ebenso schwer wie die Frieshosen waren. Lange wollene Strümpfe mit gestickter Borte bedeckten die Beinlinge der weißen Hose und reichten fast bis ans Knie. Bindfaden diente ihm als Strumpfhalter. Er knotete sie auf, band sie fester und zog die grauen Hosenbeinlinge wieder darüber. Dann schlug er seine kurzen Beine übereinander und nahm den Hut ab, den er sich mit der Öffnung nach oben in den Schoß legte. Er holte ein Stück Preßtabak und ein Messer aus der Tasche. Dann begann er den Tabak über dem Hut in seine Handfläche zu schnitzeln.

Der Viehhändler kam näher und ließ sich vor dem alten Mann auf ein Knie nieder. Er packte den Regenmantel zusammengefaltet auf das andere Knie und legte seine Arme darauf. Der alte Mann hörte auf, den Tabak zu zerschnitzeln, und wie ein argwöhnischer Vogel, mit auf die Seite gelegtem Kopf, blickte er den Viehhändler feindselig an.

»Recht schönen Tag, mein guter Freund«, sagte der Viehhändler. »Wie ich hörte, haben Sie eine Kuh zu verkaufen. Vielleicht können wir handelseins werden?«

»Sie sind Timoney, der Viehhändler«, sagte der alte Mann. »Ich kenne Sie.«

»Ich bin so bekannt wie ein falscher Penny«, sagte der Viehhändler. »Wahrscheinlich hab ich früher manch Stück Vieh von Ihnen gekauft. Es ist nicht leicht, sich an all die Gesichter zu erinnern, die mir schon begegnet sind.«

»Sie brauchen sich nicht die Mühe machen«, sagte der alte Mann, »und sich an mein Gesicht erinnern. Ich hab mein Vieh niemals an Händler verkauft. Mit allem, was ich zu verkaufen hatte, bin ich immer selbst auf den Jahrmarkt nach Galway gegangen. Aber trotzdem: wenn Sie überhaupt einen Funken von Gedächtnis hätten, dann hätten Sie wohl vom alten Tom, dem Lotsen, gehört. Vielleicht ist ja überhaupt nicht viel an Ihnen dran, vielleicht sind Sie bloß ein magerer, schlaksiger Kerl, der glaubt, er könnte einen alten Mann zum Narren halten und sich die Überfahrt verkürzen? Scher dich weg, du dünner Hering mit der Brille auf der Nase!«

Er spuckte giftig aufs Deck, genau neben das gekrümmte Knie des Viehhändlers, der rasch aufsprang. »Dann hol Sie der Teufel, Sie unmanierlicher alter Bursche!« rief er ärgerlich. »Ich wollt Ihnen nur Ihre Kuh abkaufen, zum Kuckuck nochmal!«

Er ging fort. Der alte Mann streckte ihm die Zunge heraus. Ein gutgekleideter junger Mann von schönem Wuchs und mit Augen, die so blau wie das Meer waren, kam jetzt an und setzte sich auf den Fersen vor den alten Mann. Er trug keinen Hut auf seinem blonden Krauskopf.

»Sie dürfen nicht sich und der Insel Schande machen«, sagte er, »wenn Sie so mit einem Fremden reden, der Ihnen ganz höflich ein Angebot macht. Was fehlt Ihnen überhaupt?«

Der alte Mann nahm eine neue Pfeife aus der Jackentasche und sog daran. Dann stopfte er den Tabak aus seiner Handmuschel in den Pfeifenkopf und blinzelte den jungen Mann in Ruhe an. Seine Augen waren jetzt weich und zärtlich. Er scharrte im Hutkopf herum und sah nach, ob etwas von dem geschnitzelten Tabak hineingefallen sein könnte.

»Du bist vom Nachbardorf«, sagte er sanft und flüsterte leise. »Ich kenn deinen Vater.«

»Natürlich«, sagte der junge Mann. »Sonst müßten Sie ja verrückt sein. Mein Vater ist doch Ihr Vetter dritten Grades!«

Der alte Mann setzte sich den Hut wieder auf den Kopf und befestigte die Schnur unter dem Kinn. Sein graues Haar wuchs ihm noch so dicht auf dem Kopf wie frisches Seegras im April auf einem Felsen. Dann steckte er die Pfeife in den Mund und bat den jungen Mann um ein Streichholz.

»Ich kenn all deine Verwandten«, sagte er. »Sind alles gute Leute, mein Junge, bis auf deinen Onkel Tony. Der ist bloß mittelmäßig, selbst wenn er so gut rudern kann wie die andern. Aber bei grober See wird er seekrank. Und er kann auch nicht gut mit dem Pferd umgehn, wenn am Strand das Seegras geholt wird. Bei dem eiskalten Wetter braucht's einen tüchtigen Mann, der mit dem Pferd fertigwerden kann. Dein Vater wird gut mit dem Pferd fertig und auch mit seinem Land. Warum bist du wie ein Ausländer angezogen, mein Herzblatt? Willst du nach Amerika auswandern?«

»Ich arbeite in einem Laden in Galway«, antwortete der junge Mann mit beschämter Stimme.

»Gott steh dir bei!« sagte der alte Mann und zündete sich seine Pfeife an. »Das ist aber traurig für deines Vaters Sohn, bei einem Nachbarn herumstehn und immer bereit für Leute, die nicht deine Verwandten sind. Aber komm mit mir nach unten, Blut von meinem Blut, ich will dir ein Glas Whisky geben.«

Er stand auf und zog an seinem gestrickten Gürtel. Er war so bunt wie die Regenbogenfarben. Der alte Mann sah sehr ordentlich aus in seinem Frieskittel, der am Hals und an den Handgelenken bestickt war und mit weißen Beinknöpfen schloß, dazu die ärmellose Weste mit grauen und schwarzen Karos auf der Vorderseite und weißen im Rücken.

Der junge Mann blickte jetzt sehr beschämt drein, entweder wegen seiner Festland-Kleidung, die der alte Mann verachtete, oder wegen des Aufsehens, das er in der stürmischen Gesellschaft des alten Mannes erregte.

»Ich bin sehr dankbar für die Aufforderung«, sagte er, »aber ich trinke nicht. Und ich glaube, daß Sie selber heut auch schon genug hatten. Warum wollen Sie nicht einfach stillsitzen, anstatt sich vor Fremden lächerlich zu machen ?«

Der freundliche Blick schwand aus den Augen des alten Mannes. Sie wurden wieder grausam und gefühllos. Der junge Mann war für ihn zum Fremden geworden: ein Verstoßener.

»Hätt's mir denken können«, sagte er verächtlich. »In der Stadt haben sie dir rasch den Mumm aus den Knochen gesaugt!

Scher dich weg, Weiberherz! Besorg dir ’n Zuckerstengel und ’ne Kinderklapper! Wisch dir die Rotznase am Ärmel ab, du Wallach!«

Er spuckte auf seinen Stock und ging nach achtern zum Steuerbord-Rettungsboot, das längsseits vor der Maschinenraumluke lag. Er war sehr krummbeinig. Wegen der zu großen Schuhe mußte er so gehen, als zöge er die Füße bei jedem Schritt aus dem Sumpf. Eine Frau saß im Heck des Rettungsbootes. Er rief ihr etwas zu.

»Was machst du da, Mary?« fragte er. »Siehst aus, als ob du Eier ausbrütetest! Aber aus dem Alter bist du lange raus, sollt ich meinen!«

Die Frau machte eine Handbewegung, als wollte sie etwas werfen, und lachte von Herzen und sehr melodisch. Sie war etwa fünfzig, doch sie sah noch immer sehr hübsch aus mit ihrem langen, blassen Gesicht und dem glatten, lichtgoldnen Haar, das unter der Kapuze ihres grauen Kaschmirschals hervorschaute. Sie trug einen leuchtendroten, sehr guten Rock mit schwarzer Samtfalbel. Sie saß von lauter Wollsäcken umgeben im Boot und erweckte tatsächlich den Eindruck, als ob sie brüte.

»Fahr zur Hölle, Tom!« rief sie vergnügt. »Eine Giftzunge hast du, die nie ein Lobeswort rausbringt, auch nicht, um einen vom Tode zu retten. So, so, ich bin also zu alt?«

Nun warfen sie und der alte Mann sich in raschem Austausch scheinbar beleidigende Ausdrücke an den Kopf und bedienten sich einer so natürlichen Sprache, daß eine Schulmamsell, die mit drei kleinen Kindern in der Nähe saß, Anstoß daran nahm. Sie stand auf und führte die Kinder eiligst an einen entlegenen Platz.

»Da haben wir’s«, rief die goldhaarige Frau und gab dem alten Mann im Scherz einen Stoß gegen die Brust. »Du bist schuld, daß ich bei der Dame und ihren Kindern Ärgernis erregt habe! Sollst dich was schämen!«

»Bah!« sagte der alte Mann. »Das Ärgernis sitzt in ihrem eigenen Herzen. Sie sind nicht von unsrer Rasse, Mary. Wenn sie von unsrer Rasse wären, dann wüßten sie: wo keine Schlechtigkeit, da ist auch kein Ärgernis.«

»Vielleicht hast du recht, Tom«, sagte die Frau. »Aber was treibt dich jetzt zu der dummen Fahrt nach Galway? Ich hab gesehn, wie du dich mit deiner Tochter gestritten hast, und dabei ist sie von Amerika hergekommen, um für dich zu sorgen.«

Bei ihren Worten geriet der alte Mann wieder aus der Fassung. Er stampfte mit den Füßen auf. Seine Augen blickten irr, und er schien die Anwesenheit der goldhaarigen Frau vergessen zu haben, denn er richtete seine Schimpfworte ans Meer und schwang den bis zur Schulter erhobenen Stock.

»Sie ist nicht von Amerika hergekommen, um für mich zu sorgen, sondern um sich das Land zu verschaffen!« schrie er. »Ich brauch keinen, der für mich sorgt. Ich kann allein für mich sorgen, solange Gott mir Atem schenkt! Ach! Wehe! Meine beiden braven Söhne tot in Amerika, und von meinem Blut ist nur noch Weibskreatur vorhanden. Die Weibskreatur, die zu mir gekommen ist, mußte mir einen Mann in mein Haus bringen. Nun ist's ein Fremder, der mein Land pflügt, und er will über mich regieren. Kein Mann darf mich regieren! Hab meine Kuh genommen und will sie verkaufen. Ich stell mich in Galway auf den Markt und will handeln, genau wie immer. Ich hab ihnen erlaubt, das Land zu nehmen, damit's nicht verwildert, wenn keiner es pflügt, oder ausdörrt, weil's ihm an Dung fehlt – denn ich kann's nicht länger selbst bestellen, aber regieren, das kann ich noch. Will meinen Spaß haben in Galway, und dann komm ich mit Geld zurück, mit Geld für meinen Sarg und mein Begräbnis und eine Messe, die für meine Seele gelesen wird.«

»Gott verzeih dir, armer Mann«, sagte die goldhaarige Frau, »daß du in deinem Alter noch mit dem Teufel kämpfst, anstatt friedlich zu leben und voll Versöhnung im Herzen dich auszuruhn am Herd deiner Tochter.«

»Es ist mein Herd, solange ich lebe«, schrie der alte Mann und trampelte mit den Füßen. »Ewiges Unglück soll dich heimsuchen, Frau, weil du für die Verfolger Partei ergreifst!«

Er ging fort und nach vorn; er schwenkte seinen Stock, während die Frau sich bekreuzte, um den Fluch abzuwehren. Im gleichen Augenblick kam eine Schar junger Dubliner Touristen von der Kajüte herauf, wo sie getrunken hatten. Eine von ihnen, eine ungestüme junge Frau, die Hosen und einen gelben Sweater trug, hatte einen Fotoapparat bei sich. Die ganze Gruppe stürzte sich auf den alten Mann, umringte ihn und lachte und schrie, immer angeführt von der jungen Frau mit dem Fotoapparat.

»Ich möchte ein Bild von Ihnen machen«, rief sie dem alten Mann zu. »Ihr müßt euch alle um ihn herum aufstellen und so tun, als ob ihr ihm zuhört, wie er eine Geschichte erzählt, und er muß mit dem Stock auf euch deuten. Alter Mann, stellt Euch mal hierhin und zeigt mit dem Stock auf die Leute da, gerade so, als ob Ihr ihnen eine Geschichte erzähltet. Ihr seht wie ein richtiger Geschichtenerzähler aus. Ich laß das Bild in die Zeitung rücken und schick Euch eins.«

Der alte Mann fauchte und stürzte sich mit erhobenem Stock auf sie. Sie stieß einen Schreckensruf aus, floh vor ihm und klammerte sich an den Arm eines jungen Mannes.

»Schäm dich, du sündiges Mensch«, rief der alte Mann wütend, »so herumzulaufen, in Hosen, ohne Manieren und Respekt vor alten Leuten! Wenn du meine Tochter wärst, würd ich dich auspeitschen und auf die Straße jagen, denn das ist der einzige Ort, wo du hingehörst!«

Der Maat erschien und gab dem alten Mann einen Knuff. Er war klein und o-beinig und hatte eine Hakennase und einen langen Schnauzbart.

»Komm weiter, Tom«, rief er freundlich. »Mußt nicht die Fahrgäste ärgern.«

Der alte Mann streckte dem Maat die Zunge heraus und ging, vor sich hinmurrend, weiter.

»Wer ist denn das?« sagte einer von den Touristen zum Maat.

»Er heißt Tom O'Donnell«, erwiderte der Maat. »In der alten Zeit, als es noch Segelschiffe gab, war er Lotse. Kein Mann kennt die Bucht hier so gut wie er. Aber jetzt ist er ein bißchen angeknackst.«

»Ich finde, er ist ein greulicher alter Kerl!« rief das Mädchen mit dem Fotoapparat.

»Vielleicht hätten Sie auch schlechte Laune, wenn Sie erst achtzig sind«, sagte der Maat. »Dem Alter muß man etwas zugute halten!«

»Achtzig?« rief der junge Mann. »Unmöglich. Er kann nicht älter als siebzig sein.«

»Ich bin über siebzig«, sagte der Maat lachend. »Ich stamme von den Inseln. Wir sind eine andere Rasse.«

Den letzten Satz stieß er mit lautem, hochmütigem Ton hervor und lief dann die kurze Treppe hinab, die zum Achterdeck führte.

»Oh, barmherziger Gott«, murmelte der alte Mann, als er nach vorne ging. »Mach mich nicht zum Gespött der Bösen und Unvernünftigen! Laß mir meine Kraft bis zum Tode!«

Jetzt sah sein Gesicht gepeinigt aus. Er glich nicht länger einem verwundeten Habicht. Seine blauen Augen waren mild und unstet.

»Laß mich stehend und in der Sonne sterben!« stammelte er. »Laß mir meine Kraft, bis ich sterbe!«

Er trat an die Reling des Vorderschiffs und blickte in den nicht zugedeckten Laderaum. Da unten standen ein Dutzend Fohlen und seine eigene Kuh. Sie standen eng zusammengedrängt auf dem eisernen Boden. Die Sonne begann unterzugehen. Ihr Licht fiel in schrägen Bahnen in den Laderaum hinunter und vergoldete die rostigen Eisenwände und die Rücken der Tiere. Die Lichter und Schatten schwankten mit der Schiffsbewegung und spielten auf den Rücken der Tiere hin und her, als hüllte ein gütiger, barmherziger Geist sie liebkosend in einen goldenen Mantel, um ihnen die Gefangenschaft zu erleichtern.

Der alte Mann war so klein, daß sein Kinn nur gerade eben bis an die Reling reichte. Er mußte seine Hände auf die Reling legen und den Rücken strecken, um zu den Tieren hinunterzuschauen. Er brachte unartikulierte Laute hervor, indem er mit der Zunge gegen den Gaumen schnalzte. Sie hatten reglos und mit hängenden Köpfen dagestanden, doch als sie die Stimme des alten Mannes hörten, hoben sie die Köpfe und spitzten die Ohren. Eins von den Fohlen wieherte. Es begann aufs eiserne

Deck zu stapfen und trat zurück. Dabei schlug sein hinterer Huf plötzlich gegen eine lose eiserne Stange, die an Deck lag. Das Fohlen trat auf das eine Ende, und das andere Ende fuhr in die Luft. Es fiel mit einem lauten, dröhnenden Knall wieder herunter, der durch den Laderaum hallte.

Sofort begannen die Kuh und die Fohlen aufgeregt umherzulaufen und vor Entsetzen zu schnauben. Nun hob der alte Mann seine Stimme und redete ihnen vernehmbar zu.

»Habt keine Angst, ihr schönen Tierchen!« rief er. »*Preoil!* Ihr schönen seidnen Geschöpfe! Es tut euch ja keiner was! Alte Frau, du könntest auch mehr Verstand haben, als mit jungen Fohlchen herumzutollen! Sei vernünftig, alte Kuh! Steh still und sei ruhig! *Preoil!* Ihr schönen Darlings!«

Die Fohlen beruhigten sich wieder und standen dicht gedrängt beieinander. Die Kuh stand jetzt vor ihnen und hatte den Kopf ängstlich ausgestreckt. Ihre Flanken flogen auf und ab. Von ihrem Maul hing eine lange Schaumsträhne aufs Deck nieder. Eins von den Fohlen bog seinen glänzenden schwarzen Schweif über seinen dunkelbraunen Rücken, streckte den anmutigen, schlanken Hals vor und schnupperte an der roten Flanke der Kuh. Die Flanke erzitterte. Das Fohlen zog den Hals rasch zurück, krümmte ihn zu einem steifen Bogen und starrte mit aufgerissenen Nüstern. Die Kuh bog den Kopf zur Seite und beleckte ungestüm ihre Flanke. Die Schaumsträhne von ihrem Maul flog auf den Rücken des Fohlens. Das Fohlen zitterte am ganzen Leibe.

»Oh! Ihr herrlichen Geschöpfe!« rief der alte Mann zärtlich. »Ihr tut mir so leid da unten, statt daß ihr in den schönen kleinen Tälern herumlaufen könnt, wo das Gras süß ist. Oh, sie werden euch einen Halfter umlegen, und dann müßt ihr Lasten tragen. Oder vielleicht tragt ihr auch hübsche Damen auf eurem Rücken. Gott segne euch, so oder so, denn ihr seid schöne Tierchen. Aber du, meine gute alte Frau, was soll denn in Gottes Namen aus dir werden? Dir geht's jetzt wie mir: ohne Heim und Freunde. Gott segne dich! Gott segne dich!«

Er machte das Zeichen des Kreuzes über den Tieren und

wandte sich ab. Der Dampfer näherte sich der Stadt. Auf jeder Seite streckte die Bucht lange Arme aus. Das Land nahm Form und Farbe an. Das erlöschende Sonnenlicht schimmerte noch schwach auf den gelben Häusern und den rötlichen Herbstwäldern von Barna. Geradeaus lag die Altstadt als graue Masse, in ein sanftes verträumtes Licht gehüllt, als läge sie im Schlaf. Eine Unzahl dunkelbrauner Segel und kleiner schwarzer Schiffsrümpfe, Connemara-Boote, bedeckten das weiße Wasser. Ein riesiger Ozeandampfer lag vor Anker, und der Rauch aus seinen gemalten Schornsteinen bildete auf dem klaren Himmel einen häßlichen Fleck, als er, schmutzig und in geballten Wolken, wie der faulige Auswurf einer Wunde aufstieg. Eine prächtige Jacht, die in See stechen wollte, segelte an ihnen vorbei: über und über weiß, wie eine Braut auf der Hochzeitsfahrt. Sie fuhr gen Westen, dem Horizont entgegen, wo der Ball der untergehenden Sonne heller wurde, je tiefer er ins Meer sank.

»Heh! Potzteufel nochmal!« rief der alte Mann und schmatzte mit den Lippen. »Oh, du Prachtding!«

Wie ein Kind tanzte er übers Deck und winkte der Jacht mit beiden Händen. Er legte grüßend die Hand an die breite Krempe seines schwarzen Hutes und verbeugte sich vor der Jacht. Alle Fahrgäste stürzten an die Backbord-Reling, um sie vorbeifahren zu sehen, doch der alte Mann hielt sich abseits. Mit hingerissenem Ausdruck stand er auf Zehenspitzen und reckte sich, um sie zu sehen. Er legte den Kopf von einer Seite auf die andere und mußte in seinem Übermaß an Freude nach Atem ringen.

Die Jacht, die nun zurückblieb, fing an, die Segel zu wechseln und zu wenden. Der alte Mann stürzte nach achtern und begann aufgeregt, Kommandos zu rufen. Mit den Händen hißte er nicht vorhandene Segel und beugte sich weit vornüber, als hielte er das Steuer eines krängenden Bootes. Dann richtete er sich wieder auf und seufzte müde, da die Jacht auf ihrem neuen Kurs davonglitt. Er ging weiter, auf den Stock gestützt, und die andere Hand im Kreuz. Die Anstrengung hatte ihn ermüdet.

»Glaubst du, wir haben genug Wasser, Tom?« rief ihm der Kapitän von der Brücke aus zu.

Er blieb stehen und blickte hinauf zum lachenden Gesicht des Kapitäns auf der Brücke: ein hübsches, rosiges Gesicht mit lachenden Augen, darüber ein Schopf grauen Haars und eine Dienstmütze mit gelbem Abzeichen. Der alte Mann duckte sich und schüttelte sich wie ein nasser Hund. Er gab keine Antwort. Er ging vor, bis in den Winkel der Reling, und lehnte sich darüber. Seine Augen hatten jetzt den Ausdruck eines Menschen, der sich verirrt hat. Sein Wahn hatte ihn mit der sinkenden Sonne verlassen.

Sie fuhren am Ozeandampfer vorbei. Ein Schwarm Möwen umflatterte ihn und verschlang den Abfall, den die Bullaugen ausspien. Der alte Mann schauerte zusammen, als er ihn betrachtete. Die Größe und Fremdartigkeit des Riesenschiffs flößten ihm Schrecken ein. Es gehörte zu der neuen Menschenrasse, die ihn und seinesgleichen zugrunde richteten. Er ging weg und erlitt einen neuen Anfall kindischen Zornes. Jetzt ging er geduckt umher, hatte die Arme über der Brust verschränkt und murmelte Gebete.

Auf der Brücke läutete dauernd die Glocke. Der Dampfer rückte langsam vor und suchte sich seinen Weg zum Dock. Ein Leichter kam vorbei, der Passagiere zum großen Schiff brachte. Auf seinem Deck spielte unter einem Sonnensegel eine Jazz-Kapelle. Die Menschen tanzten und sangen. Dicht vor dem Dampfer tauchte schon die Stadt auf. Am Rande des Wassers lagen die hohen grauen Häuser der alten spanischen Stadt, und dahinter erhob sich strahlend und hochmütig die neue Stadt – wie die neue Rasse, die der alten den Untergang bereitete.

Der alte Mann stellte sein Umherwandern ein. Er blickte noch einmal über die Reling auf die Tiere im Laderaum. Im Zwielicht waren sie kaum noch zu erkennen. Nicht ein Laut stieg von ihnen auf. Auch ihnen fehlte die Sonne. Ihr Entschwinden stahl ihnen einen Teil ihres Lebens. Es war ein Glied, das sie mit ihrer Insel verbunden hatte. Die Tränen traten dem alten Mann in die Augen, als er auf sie niederblickte. Jetzt bereute er es, daß er mit seiner Tochter gestritten und ihr die Kuh weggenommen hatte. Es war ihm sterbenseinsam zumute.

Der Dampfer legte am Dock an. Die Tiere wurden auf den Pier gehißt. Zwei Burschen auf grauen Stuten führten die Fohlen weg. Sie liefen in einer geschlossenen Gruppe hinter den Stuten drein, umgeben von turmhohen dunklen Lagerhäusern, vor denen sie entsetzt schnaubten. Das Klappern ihrer noch nicht beschlagenen Hufe klang anders als das Trappeln der beschlagenen Stuten.

Der alte Mann mit seiner roten Kuh ging hinter ihnen drein. Die Kuh war beinahe ebenso mager und altersschwach wie er selber. Sie ging still weiter, erschöpft von der Reise und gleichgültig gegen die fremde Umgebung.

Er ging mit hängendem Kopf neben ihr einher: die eine Hand lag auf ihrem hohen Hüftknochen, die andere stützte sich schwer auf seinen Stock.

Brendan Behan

Red Jam Roll, der Tänzer

(Auszug)

Mir fällt da ein Faustkampf ein, und zwar anläßlich einer Begegnung, die ich heute mit einem früheren Gegner von mir hatte, pugilistisch gesprochen. Damit meine ich nicht, daß unsere heutige Begegnung pugilistischer Natur war, sondern daß wir uns das letzte Mal pugilistisch gesprochen hatten. Und zwar in der Gasse, die entlang den Eisenbahnschienen hinter Croke Park verläuft.

Unsere Straße war eine verrufene Straße, der letzte Außenposten der Verrufenheit, an dem vorbeimußte, wer Nord-Dublin in Richtung der roten Backstein-Ehrbarkeit von Jones's Road, Fitzroy Avenue, Clonliffe Road und Drumcondra im allgemeinen verließ. Die Kinder aus dieser Gegend haßten, verachteten und verabscheuten wir. Und zwar wegen folgender Sünden: Sie wohnten in Häusern, für jede Familie eins, was wir für habsüchtig, unnatürlich und asozial hielten; sie trugen Anzüge von derselben Farbe, sowohl Sakko als auch lange Hosen, wohingegen wir Pullover und Shorts anhatten; sie hatten Schulranzen aus Leder umgeschnallt, während wir entweder Riemen um unsere Bücher schlangen oder billige karierte Stofftaschen bei uns führten. Darüber hinaus bestand der Verdacht, daß einige von ihnen Klavier- und Tanzstunden nahmen, während wir von der North Circular Road alles nahmen, was uns in die Hände fiel, was nicht niet- und nagelfest war.

Eins von diesen Jüngelchen brachten wir an unsere Straßenecke und ersuchten ihn, seine Darbietung fortzusetzen, und jedesmal, wenn wir ihn danach wieder erwischten, wurde er in Fesseln zur Ecke der Russell Street geschleppt und aufgefordert, uns einen traditionellen Volkstanz vorzuführen, als da sind: Hornpipe, Jug, Reel, Slip Jig oder Tap Dance.

Der junge Herr, den wir da auf frischer Tat ertappt hatten, hatte einen roten Haarschopf, und später habe ich oft sagen hören, daß Rotköpfe eine äußerst übellaunige Sorte Leute sind, von welcher Regel er, allen Anzeichen nach, keine Ausnahme darstellte. Denn als er, aufgrund des plötzlichen Auftauchens eines Friedenshüters namens »Dirty Lug«, seiner Beinarbeit entfloh, sauste er zur Kanalbrücke, die unser Territorium begrenzte, und befleißigte sich einer Sprache, die jeden Bewohner der Russell Street zutiefst schockiert und Tausenden, die aus anderen Bezirken stammten, garantiert graue Haare beschert hätte.

Aber unsere Rache für die Beleidigungen, mit denen uns dieser rothaarige Lackaffe überhäufte, nur weil er es so schlimm fand, den Leuten an der Straßenecke mal 'n ollen Stepschritt vorzuführen, ließ nicht lange auf sich warten.

Eines Tages nämlich wurden wir nicht nur seiner selbst habhaft, sondern auch einer Red Jam Roll, einer mit roter Marmelade gefüllten Biskuitrolle, die er sich unter die Achselhöhle geklemmt hatte – dampfend heiß, rösch und frisch aus der Bäckerei. Nun führte der kürzeste Weg von Summerhill bis zu seinem Haus durch unsere Straße. Zweifellos war er müde, weil er immer Anzüge tragen mußte und in einem Einfamilienhaus wohnte und sich mit einem schweren ledernen Schulranzen abschleppte, ganz zu schweigen von den Tanzstunden. Gewiß dachte er, er hätte ein Recht darauf, müde zu sein, und so wählte er mitsamt dem Kuchen für seine Frau Mama den kürzesten Heimweg. Von unserer Clique konnte er niemanden sehen, aber daß er uns nicht sehen konnte, bedeutete nicht etwa, daß wir nicht vorhanden waren. Wir spielten nämlich gerade auf Brennan's Hill bei der Mountjoy-Brauerei Abwerfen, als von einem Späher sein Herannahen gemeldet wurde. Das Spiel wurde auf der Stelle verschoben, und wir setzten den Rotkopf gefangen und inspizierten sein Paket.

Wir schnappten uns die Beute und waren so mit dem Verzehr der Biskuitrolle beschäftigt, daß wir den Gefangenen über die Brücke nach Hause entweichen ließen, wo er finstere Rachepläne ne schmiedete. Er war schon ein schäbiger Schuft. Viele Wochen danach stromerten Scoil (oder Skull, ganz wie Sie wünschen) Kane und ich am Croke Park herum und dachten an nichts Arges. Kerry spielte im Hurling gegen Cavan, oder Derry in irgendeiner anderen Sportart gegen Tyrone, aber außer für Verwandte und Freunde war es keine sonderlich aufregende Begegnung, und der Sonntagnachmittag schleppte sich so dahin, als Scoil (Skull) und ich, man stelle sich nur vor!, von einer Bande aus der Jones's Road umzingelt wurden, mit niemand anders als unserm rotschopfigen Tanzmeister als Anführer.

Aber wir nahmen sie nicht ernst.

»Tüchtig, tüchtig, Jam Roll«, sagte ich, weil ich nicht wußte, wie ich ihn sonst anreden sollte.

»Ich geb dir gleich 'ne Jam Roll«, sagte Jam Roll. »Das finde ich aber hochanständig von dir«, sagte ich, »und wo du schon dabei bist, setzt du mir auch gleich Tee auf?«

»Willste dich kloppen?«

»Na und ob«, sagte ich.

»Nur zum Spaß oder richtig?«

»Richtig«, sagte ich, »oder hältste mich für 'n Hornpieper?«

Er sagte nichts mehr, sondern pfefferte mir eine, daß ich dachte, die Zuschauerbühne wär' über mir zusammengestürzt. Hat mich glatt umgehauen, 'ne knallharte Rechte.

»So«, sagte er, als ich wieder zu mir kam, »mich wirst du nicht mehr Jam Roll nennen.«

»Da haste dich getäuscht, Jam Roll.«

Das Steckrübenschiff

Aus irgendeinem Grund wollte ein Freund von mir Steckrüben von einem Hafen in den Sechs Grafschaften aus verschiffen. Er wollte überhaupt alles von einem Hafen in den Sechs Grafschaften aus verschiffen, weil er nämlich britische Häfen nur mit einem vom britischen Zoll ausgefertigten Ladungsmanifest, oder wie immer Mac Lir die Dinger nannte, ansteuern wollte.

Unser Schiffchen war nicht größer als der Bus nach Terenure. Es hatte sechsundachtzig Registertonnen Rauminhalt oder Ladefähigkeit, brutto oder netto. Auch das überlasse ich lieber den Fachleuten.

Wir fuhren mit einer bunt zusammengewürfelten Mannschaft. Einige waren schon mal auf einem Schiff gewesen, die Mehrzahl aber nicht. Ich war irgendwo dazwischen anzusiedeln. Als Fahrgast auf den Raddampfern *Larssen* und *Royal Iris* hatte ich zwar schon viele Ausflüge zu den umliegenden Pubs hinter mich gebracht, aber noch nie das Kap Hoorn umsegelt oder eine Extraration Rum ausgeteilt.

Richtige Matrosen waren nur der Käpt'n, der Maat und der Heizer. Der Rest der Crew waren kaufmännische Überseespekulanten zusammen mit dem Eigentümer, und ich war sozusagen der Handlanger der Spekulanten.

Die richtigen Matrosen schliefen vorn, und wir hatten unsere Unterkünfte achtern, wo, wie Sammy Nixon bemerkte, Schurkenstücke in aller Ruhe ausgeheckt werden konnten.

Als Sammy an Bord kam, trug er ziemlich geschmackvolle Glacéhandschuhe mit Nadelstreifen und einen Windsorknoten von einigen Ausmaßen. Seinen Hut hatte er schief aufgesetzt. Er trug ihn sogar im Bett, denn zwischen Haupt und Himmel wuchs ihm kein einziges Haar.

Er war geradewegs von einem Pub in London-Belgravia nach Collinstown geflogen und nach einem Zwischenaufenthalt in Grafton Street und Umgebung, wo er sich mit einigen Gläschen eingedeckt hatte, mit dem Taxi zum North Wall gefahren, wo das Schiff vertäut lag.

Sammy hatte noch nie auf einem Schiff irgendeiner Art gestanden. Er hatte vielmehr angenommen, Schiffe seien, wie die Straßenbahnen, längst abgeschafft, bis ihm Eddie Bescheid gab.

Muskel-Morgan, sein Kumpel, wurde mit einem späteren Flugzeug erwartet, und was der olle Muskel sagen würde, wenn er dieses Haufens ansichtig wurde, wollte Sammy sich nicht ausmalen.

Als Muskel eintraf, dieselbe Uniform auf dem Leib wie Sammy, seine ganzen fuffzig Kilo, da sagte er: »Das ist ja wohl 'n Jux, was? Also, die Nummer Eins hier bin ich, Mann.«

Das wiederholte er auf unseren kommenden Seereisen mehrere Male, und Eddie, Sammy, Muskel und ich zogen uns aufs Achterdeck zurück, um Rum zu kippen wie zünftige Matrosen.

Die Mannschaft ließen wir vorne zurück. Sie brauten Tee, stopften ihre Socken, standen auf Hundewache und bauten mit unendlichem Geschick kleine Schiffsmodelle in Flaschen hinein. An Flaschen litten sie keinen Mangel. Noch bevor wir daran dachten, den Käpt'n herbeizurufen, hatte sich schon einiges Leergut angesammelt, in das die kleinen Schiffsmodelle hineinpaßten.

Der Kapitän sank mit Trinken, Glücksspielen und Schniefen auf unser Niveau. Nicht schnupfen, schniefen! Der nationale Katarrh ist mir nicht unbekannt, aber der Mann hatte eine regelrechte Armsündermiene, einen Gesichtsausdruck wie ein Hündchen, das, wenn schon nicht um Freundschaft, dann wenigstens um Duldung bettelt, und sein ganzer Körperbau war der des Muskelpakets Charles Atlas, nur umgekehrt. Das ganze Ausmaß seiner Untauglichkeit und Schwäche drückte sich in seiner Schnieferei aus.

Eddie hatte ihn im West End aufgelesen und auf dem Schiff mit herübergebracht.

Nervös hatte er mich angeschnieft, er sei noch nie in Irland gewesen, aber seine Familie habe ein Haus in der Mount Street, und ob ich möglicherweise, ob es wohl, schnief, zuviel verlangt wäre, schnief, könnte ich ihm nicht, würde ich ihm wohl, wäre es nach so kurzer Bekanntschaft vermessen, ihm den Weg dorthin zu erklären. Es sei das Geburtshaus seines Vaters.

Viel besser noch. Ich würde ihn hinbringen. Das tat ich denn auch, nach einigen Zwischenaufenthalten bei interessanten Sehenswürdigkeiten auf dem Weg. Und er weinte und schniefte, und als ich ihn mit dem Rücken zum Holles Street Hospital aufstellte, blickte er den Fitzwilliam Square und den Fitzwilliam Place hinauf, die waren beschienen von der Sonne über den

Bergen hinter der langen Flucht rotgoldener Backsteinbauten, und er weinte von neuem und sagte, so was Schönes gäb's auf der ganzen Welt nicht noch mal.

So sandte ich Eddie aus, ihn einzuladen, und er setzte sich in eine Ecke und stürzte unter vielen Entschuldigungen einen gesetzlichen Pint Rum und heißen Orangensaft hinunter. Ich glaube, zur Ergänzung nahm er noch zwei Whiskey zu sich, um den Orangensaft wieder wettzumachen.

Denn wenn's was gibt, das mich an einem Menschen fasziniert, dann ist es Schwäche. Da kenn' ich kein Halten mehr. Ich dachte an die Kurzgeschichte von Katherine Mansfield, in der die Töchter des soeben verschiedenen Obristen sich davor fürchten, daß der alte Knabe zwei Tage nach der Beerdigung aus dem Wäscheschrank hervorspringen könnte, und eine von ihnen ruft aus: »Laß uns schwach sein, ach, bitte, laß uns schwach sein.«

An den ersten beiden Tagen auf See entschuldigte er sich sogar schniefend bei Muskel und Sammy für deren Seekrankheit, während sie im Todeskampf lagen und beim Anblick der Tasse Rum, die er ihnen verabreichen wollte, schauderten.

So stürzte er ihn selbst hinunter und begab sich schwankend an Deck, um nach den Saltees Ausschau zu halten. Wir hatten Veranlassung, nach Frankreich zu fahren, bevor das Manifest aus den Sechs Grafschaften uns von Nutzen wäre.

Als wir unsere Steckrüben abholen wollten, mußten die letzten Vereinbarungen mit der, sagen wir, Steckrübenkommission getroffen werden, und am Volkstrauertag marschierten wir die Hauptstraße einer nordirischen Hafenstadt entlang.

Eddie betrat ein Geschäft und kam mit zwei großen Mohnblumen wieder heraus. Ich schüttelte den Kopf.

»Keine Flasche?« fragte ich ihn in seiner Muttersprache.

»Red doch nicht immer so 'n Blech«, erwiderte er. »Es hat schon seinen guten Grund, weshalb ich diesen Kerlen eine Ladung Steckrüben abluchsen muß.«

»Das meine ich nicht. Aber Mohnblumen werden denen gar nicht zusagen.«

»Aber wir sind doch in ›Nordirland‹, oder etwa nicht? Die sind doch für King und Queen und den ganzen Krempel, stimmt's?«

»Nicht hier. Das hier ist ›*Süd*-Nordirland‹.«

Eddie seufzte. »Wieder 'n Pfund umsonst losgeworden«, und ließ seine beiden Mohnblumen, zehn Shilling das Stück, in den Rinnstein fallen. »Kapiere. Wohl fast alles Katholen hier, was?«

In einem Hotel trafen wir uns mit dem Vorsitzenden der Steckrübenkommission, und Eddie schüttelte ihm die Hand.

»Ich finde es eine furchtbare Schande, wie die Protestanten Sie behandeln, Mr. MacConvery.«

Mr. MacConverys Gesicht verfärbte sich pflaumenblau, und sein Bauch hob und senkte sich mit Höchstgeschwindigkeit.

»So eine Frechheit«, quakte er. »Mein alter Freund«, und er deutete auf einen kleinen Mann, der neben ihm saß und wie der Angestellte eines Leichenbestatters wirkte, »Mr. Macanaspie, ein angesehenes Mitglied der presbyterianischen Gemeinde, stellvertretender Vorsitzender der Steckrübenkommission, ein Jahr haben wir den Vorsitz inne, im nächsten Sie, Vorsitzender und Vize, immer abwechselnd … Ich …«

Seine Empörung fiel mangels Atem in sich zusammen, und ich ergriff die Gelegenheit, um auszuführen, daß es sich um einen Scherz handle, und das verschaffte Eddie die Chance, zu erzählen, wie er bei der Heilsarmee einmal einen Preis gewonnen habe. Und im Handumdrehen bekamen wir unsere Steckrüben, und einige Monate später bemerkte Eddie in der Bar im Quartier Latin, in der wir alten Seebären uns immer herumtrieben, wie doch die Teilung Irlands von strategischem Nutzen sei.

Finsterer Blick einer alten Jungfer aus Toronto

Winston Churchill und ich waren einmal in derselben Organisation; er als Vorstandsmitglied von Trinity House und ich als Maler bei den Irish Lights. Seine Position war eher dekorativ als funktional. Ich hingegen gab längsgestreiften Leuchttürmen, quergestreiften Leuchttürmen und gefleckten Leuchttürmen einen neuen Anstrich.

Auf der Fahrt von der Laganbank Road nach Donaghadee saß neben mir im Bus ein Schulbub, der mich auf das Parlamentsgebäude auf der einen Seite der Straße hinwies und erklärte, die Purdysburn-Nervenklinik befinde sich etwas unterhalb auf der gegenüberliegenden Seite.

In meinem breiten südirischen Akzent – tief, aber musikalisch – mußte ich laut herauslachen, und eine säuerlich dreinblickende Dame im Sitz vor mir mahnte den Jungen zur Ordnung. Als der Sitz neben ihr frei wurde, rief sie den Kleinen zu sich und fauchte ihm, während sie mich anfunkelte, ingrimmig etwas ins Ohr. Er antwortete: »Ja, Tantchen« und »Nein, Tantchen«, blieb den Rest der Fahrt über sitzen und starrte gerade vor sich hin.

Es hatte den Anschein, als seien ihr »Südstaatler« verhaßt. Ein solches Theater hatte ich noch nie erlebt, und ich kam mir tragisch und bedeutend vor, wie der Schutzumschlag eines Romans von Peadar O'Connell in der großen Blockschrift der dreißiger Jahre.

Aus dem gleichen Anlaß überlegte ich mir, auf welche Weise Irland eine der vier Himmelsrichtungen der Kompaßrose eingebüßt hatte. Wir haben Lieder, Spottverse und Lobeshymnen für die Männer des Westens, den heldenhaften Süden und das von Gott gesegnete Land im Norden, aber nichts, auch nicht den leisesten Ton über den Osten, außer wo Micheál Óg Ó Longáin uns alten Orientalen in einem Lied über 1798 Auftrieb gibt:

Mo ghreidhn iad, na Laighnigh,
A d'adhain an tine bheo …

Máire MacEntee hat davon eine zündende Übersetzung angefertigt, aber selbst die preist nur die Provinz – keine lobende Erwähnung unserer geographischen Himmelsrichtung, nicht eine Zeile über die Männer des Ostens.

Wenn mich einer als »Südstaatler« bezeichnet, komme ich mir immer vor wie Poor Old Joe.

»Sag, aus welcher Gegend im Süden kommst du, Rastus?«

»Weiß ich wirklich nich', Master. 's war finster, wie ich weg bin.«

Als ich sie am Ende der Fahrt mit dem Jungen sprechen hörte, war ich überrascht, daß sie einen amerikanischen Akzent hatte. An dem Abend erzählte ich davon den Fischern, mit denen ich in der Bar war.

»Ach die«, sagte der alte Andy, »das wird Miss Mackenzie sein. Die ist aus Toronto, ist da drüben Mitglied in irgendeiner Ulster-Gesellschaft, um uns vor euch zu retten. Den Anblick eines Südiren findet sie unerträglich, und das ist wirklich hochanständig von ihr, wo sie doch noch nie in ihrem Leben hier im Lande war.« Und um mich zu trösten, fügte er hinzu: »Aber ihr habt doch in Amerika auch so 'ne Clique, die dauernd über uns herzieht?«

Am folgenden Morgen mußte ich den Hinweis am Leuchtturm erneuern: »Besichtigung des Leuchtturms nur mit Genehmigung des Sekretärs der Irischen Leuchtturmverwaltung, Westmoreland Street, Dublin.« Den neuen Text malte ich auf eine Oberfläche, die ich vorher mit rohem Leinsamenöl bestrichen hatte: »Besichtigung des Leuchtturms nur mit Genehmigung von Éamon de Valera, Leinster House, Dublin.«

Zwar schimmerte nur ein Teil der alten Fassung durch die frische Farbe hindurch, aber doch immer noch genug, um Miss Mackenzie mit der Nase darauf zu stoßen, daß ein Ulster-Leuchtturm Verbindung mit den Rebellen hielt.

Sie stand in einer Gruppe von Feriengästen, die nach dem Frühstück einen Strandbummel machten, und schnaubte wütend. Ich fürchtete schon, sie würde explodieren. In der Menge donnerte sie los, doch die Leute, die im Sommer nach Donaghadee fahren, haben andere Sorgen im Kopf: wie sie den kleinen Sammy aus dem Hafenbecken fischen oder die kleine Bella vor dem Tod durch Eiskremitis erretten. Als sie zum Büro des Hafenkapitäns stürzte, blickten sie mit milder Anteilnahme hinter ihr her.

Wie sie zurückkam, hatte ich das Holzbrett natürlich längst abgewischt und die amtliche Inschrift erneuert. Sie legte die Hand auf die Stirn und suchte verzweifelt nach den anstößigen Worten.

Der Hafenbeamte sah sie an und murmelte etwas von Hitze und alten Leuten, die ohne Kopfbedeckung herumlaufen. Mit unschuldigem Eifer setzte ich meine Arbeit fort.

Elizabeth Bowen

Ein Tag im Dunkeln

Wenn man über die Brücke nach Moher kommt, sieht man vielleicht eine Reihe Häuser am Fluß. Sie liegen links von der Brücke und etwas unterhalb. Ihre geringe Höhe und der verblichene Hauch von Wichtigkeit vermitteln einem den Eindruck, daß man sich einer größeren Stadt nähert. Die sechs Häuser bilden eine einzige Front, vor Jahren aprikosenfarben gestrichen. Sie sehen nach Norden. Die unteren Schiebefenster, die Eingangsstufen und die Türen mit den Fächerfenstern werden von Linden beschirmt, die Ungestörtheit geben. Bestimmte Bereiche sind abgezäunt. Zwischen ihnen und dem Wasser verläuft eine Straße mit einer Brüstung, die vor dem letzten Haus endet.

Auf der anderen Seite der Brücke erhebt sich malerisch eine Schloßruine – die eher den Blick des Touristen einfängt. Wälder, aus denen der Fluß auftaucht, ziehen sich weit bis hinter die Ruine: An klaren Tagen sieht man eine Kulisse aus irischblauen Bergen. Ansonsten hat Moher wenig aufzuweisen. Der kleine Ort gedeiht – ein Marktflecken mit einem Platz, an einer Hauptstraße gelegen. Das Hotel ist weiträumig, fröhlich und hat gut zu tun. Außerdem ist Moher, und das schon seit langer Zeit, eine Mühlenstadt. Verlassene Steingebäude folgen einem eine gewisse Strecke durch das Flußtal, wenn man nach dem Durchqueren Mohers die Straße weiterfährt. Die mehlweißen modernen Mühlen summen anderswo.

Um den Platz herum haben die Kneipen und Läden viele Farben – aber in der Hauptsache sieht Moher wie eine Kreidezeichnung aus. Nicht so aber das Tal mit dem flüchtigen Licht.

Man könnte, das weiß ich, meine Reihenhäuser wegen der Burg, oder aus Gleichgültigkeit oder Eile übersehen. Ich tue es nur nicht, weil ich nach ihnen Ausschau halte. Denn in Nummer 4 wohnte Miss Banderry.

Sie war die letzte aus einer Familie ehemaliger Mühlenbesitzer, das heißt, die letzte, abgesehen von einer verwitweten Nichte, ihrer Mieterin. Ihr gehörte das Haus, und sie bezog Miete aus einem anderen Besitz in der Stadt und hatte einige Meilen außerhalb Mohers eine gewinnträchtige Farm gekauft, die sie einem Verwalter verpachtet hatte. Hätten ihr die Familienmühlen gehört, sie hätte sich nicht von ihnen getrennt – aber so, wie die Dinge standen, mußte sie sich mit einem mißratenen Bruder abfinden: Er war es, der schließlich verkauft hatte. Ihre Forderung nach ihrem Teil des Geldes hatte ihn unfähig gemacht, persönliche Schulden zu begleichen: Man fand ihn erhängt an einem der alten Mühlenbalken. Miss Banderry lebte zurückgezogen, und man dachte um so mehr über sie nach, je weniger sie gesehen wurde – hin und wieder bestellte sie einen Mietwagen und fuhr damit ohne Vorwarnung zu ihrer Farm. Mein Onkel, dessen Land an ihres grenzte, hatte mit ihr zu tun, überwiegend auf freundlicher Ebene – und so gerieten sie miteinander ins Reden. Sie, eine begeisterte Leserin, begann, ihm bedeutende Magazine zu schicken, Besprechungen, Pamphlete und so weiter mit angestrichenen Passagen, über die sie dringend seine Meinung erfahren wollte. Das war ihre Art und Weise, ihn heimzusuchen. Denn mein Onkel, ein gewinnender, vielseitiger und, falls notwendig, erfindungsreicher Gesprächspartner, haßte es grundsätzlich, seinen Verstand anzustrengen. Er versuchte, die Begegnungen mit ihr, so gut es ging, zu vermeiden.

Soviel wußte ich, als ich bei ihr klingelte.

Es war Juli, ein sonnenloser, warmer Nachmittag, totenstill. Das Sträßchen war schwer vom Lindenduft. Oben erkannte man durch die Zweige die Brücke mit Spaziergängern, die sich über die Brüstung beugten und mich beäugten, oder zumindest dachte ich dies. Ich fühlte mich gebrandmarkt, weil ich dieses Haus besuchte, und meine Sinne waren geschärft auf eine Weise, an die ich mich zwar erinnere, die ich jedoch nicht genau zurückrufen kann. Alle sechs Häuser waren verschlossen in kinderlosem Schweigen. Von unterhalb der Brüstung hörte man den trägen, betäubenden Laut des Wehrs und von einem Fenster über meinem Kopf drahtklirrend das Hüpfen eines Vogels im Käfig. Zwischen den anderen schäbigen Türen der Häuserzeile stach die von Nummer 4 heraus, in prächtigem, wenn auch düsterem Rot gestrichen. Sie öffnete sich.

Ich wollte eine Ausgabe von *Blackwoods* zurückbringen. Ich kam dazu mit einem Strauß mickriger Rosen aus dem Garten meines Onkels und der Bitte, ob er den Distelschneider von Miss Banderrys Farm für sein Land borgen könne. Eine Rose warf die Blütenblätter auf der Schwelle ab, dann auf dem Linoleum der Diele. »Gütiger Gott!« rief die Nichte klagend, die mich eingelassen hatte. »Die haben die Reise aber nicht gut überstanden. Fast verblüht, nicht wahr?« (Ich dachte, das träfe auch auf sie zu.) »Und ich wette«, sagte sie, »*er* hat sie nicht geschickt!« Sie war nicht die Vertraute der Tante und wurde mehr oder minder wie eine Sklavin behandelt. Kontrolliert (sagte man), wenn sie zum Einkaufen in die Stadt ging – wagte sie nicht, sich zu unterhalten, wagte nicht einmal, einen Blick in die Hotelbar zu werfen, wenn es dort hoch herging. Für eine Frau, die vierzig sein sollte, mußte das quälend sein. Die verwitwete Nan, die gern gut ausgesehen hätte, wirkte falsch und gierig. Es war bekannt, daß sie beim Tod der Tante zu Geld kommen würde: Bis dahin mußte sie sich begnügen. Was mich anbetraf – wie wagte sie es, schlecht von meinem Onkel zu reden?

Natürlich hatte er niemals an die Rosen gedacht. Er hatte mich beauftragt, auf welche Weise auch immer, nett zu sein, und ich hatte gedacht, diese Blumen seien nicht schlecht zu diesem Zweck, als ich sie aus dem Gewirr des Beetes befreite. Sie mußten nicht nur schmeicheln, sondern auch für diese Ausgabe von *Blackwoods*, die ich zurückbrachte, Abbitte leisten, die an den Rändern fettige Daumenabdrücke trug und auf dem Umschlag einen aufgeworfenen Kreis, wo mein Onkel sein Glas abgestellt haben mußte. »Sie wird verrückt«, hatte er prophezeit. »Sag besser, daß du es warst.« Also opferte ich ein Haarband, um die Rosen zu binden. Ich freute mich, zwischen ihm und diesem Problem zu stehen.

»Die Tante ruht«, warnte mich die Nichte und ließ mich warten. Das enge Wohnzimmer blickte durch dichte Spitze auf das Sträßchen hinaus, das in einem Spiegel am anderen Ende noch einmal zu sehen war. Es war vollgestopft mit häßlichen, wenn auch nach meiner Erkenntnis ehrenwerten Mahagonimöbeln. Ein runder Tisch in der Mitte trug ein Chenilletuch. Dieses Zimmer machte einen respektablen, wenn auch wenig benutzten Eindruck – doch war es auf eine bestimmte Weise bewohnt: Generationen von Ölportraits hingen an den Wänden. Photographien strömten über Kaminsims und Borde bis sogar auf den Mitteltisch. Wo immer ich mich hinwandte, sah ich mich vor einem Mitglied der Familie, denn es konnten nur verblichene Banderrys sein. Es gab eine Marmoruhr, aber sie war stehengeblieben.

Schwere Schritte schleppten sich über die Decke, aber das war alles, für ich weiß nicht wie lange. Ich begann mich zu fragen, was jene Banderrys sahen – und legte Magazin und Rosen auf den Tisch und trat zu dem Spiegel, um mich zu betrachten. Ein hochgeschossenes Mädchen in einem bunten Baumwollkleid. Dünne Arme, kein Anzeichen einer Figur. Haar nach vorn über die Schultern in zwei Zöpfen wie, so sagte der Onkel, eine Indianerin. Barbie hieß ich.

In der Erinnerung überdeckt der Augenblick davor oft den erwarteten Augenblick. Ich erinnere mich, wie ich auf Miss Banderry wartete – dann an nichts mehr, bis sie mit mir im Zimmer war. Ohne Gefühl brachte ich das Händeschütteln hinter mich. Auf ihrem mächtigen Busen stak eine diamantbesetzte Emailleuhr an einer emaillierten Nadel: kurzes Glitzern, als sie Luft holte. »Er hat also dich geschickt?« Sie setzte sich, um mich besser ansehen zu können. Ihre gespreizten Knie spannten den Rock. Ihre cholerische Gesichtsfarbe und die Augäpfel ließen sie wütend erscheinen, wohingegen sie mich mit einem lebendigen, nachsichtigen Lächeln beehrte, um dem Eindruck zu widersprechen, den sie, wie sie wußte, hervorrief.

»Ich höre wahre Wunder über dich«, sagte sie und spielte mir diese Lüge wie eine Karte zu.

Sie saß in Reichweite des Tischs. »Mein Bouquet, was?« Sie griff nach dem Busch Rosen, ohne Rücksicht auf die Dornen, und nahm einen langen, genießerischen Atemzug, als wisse sie nichts über deren Herkunft – zeigte mir, wie man das Spiel spielt, falls ich das noch nicht erkannt hatte –, schob dann die Rosen wieder zu den Photographien und richtete den Blick scharf auf das Magazin. »Es tut mir leid«, begann ich. Vergebens. Alles, was sie von sich gab, war ein polterndes Gekicher – sie streckte mir das Magazin aufgeschlagen bei der Seite mit den Fettflecken entgegen. »Ich wußte, daß die überall sein würden.« Sie überflog ein paar Zeilen des Textes. »Konnte er etwas damit anfangen?«

»Er sagte, ich soll ausrichten, daß es ihm gefallen hat.« (Ich sah, wie mein Onkel es überflog und sich dabei mit gebuttertem Toast vollstopfte.) »Und besten Dank.«

»Du bist ein kleines Echo«, sagte sie, nicht unzufrieden.

Ich starrte sie fest an.

»Ist schon gut«, sagte sie. »Ist ein schmucker Bursche.«

Ich trat von einem Bein aufs andere. Sie warf mir einen Blick zu.

Sie bemerkte. »Es ist schlecht, bei Tisch zu lesen.«

»Er hat sonst nicht viel Zeit, Miss Banderry.«

»Doch es ist kein Kompliment für dich.«

Sie stachelte mich zu der Bemerkung an: »Er tut es nicht oft.«

»Oh, ich bin sicher, du bist eine großartige Gefährtin für ihn.«

Es war, als sähe sie, wie ich mich neben dem Stuhl meines Onkels niederwarf, wenn er den Raum verließ, oder die Lässigkeit seiner Hand beobachtete, wenn er ein Hundeohr streichelte. Mit ihm spürte ich das zarte Band des Geschlechts. Sieben, acht Wochen mit ihm unter einem Dach unter den Blutbuchen, als Frühling zu Sommer und Rosa zu Lila wurde, und ich war in ihn verliebt. Solche Dinge geschehen vermutlich. Er war der Bruder meiner Mutter, aber ich hatte ihn nicht gekannt, als ich noch klein war. Vor seiner Männlichkeit war ich nicht gewarnt worden. Auf natürliche Weise zur Liebe heranwachsend, war ich wie das Gras, das auf seinen ungemähten Wiesen zu Heu wurde. Es herrschte keine Gefahr, bis sie sprach.

»Er freut sich hin und wieder über Gesellschaft«, sagte ich so einfältig, wie ich nur konnte.

Sie zupfte ein Blütenblatt von dem schwarzen Sergerock.

»Nun«, sagte sie. »Danke ihm für den Dank. Und dir für das nette kleine Vergnügen deines Besuchs. – Sonst noch etwas?«

»Mein Onkel möchte …«, begann ich.

»Das überrascht mich nicht«, sagte Miss Banderry. »Nun, heraus damit. Was ist es dieses Mal?«

»Ob er noch einmal Ihren Distelschneider borgen könnte …?«

»Schon wieder? Und was wird er nächstes Jahr machen? Seinen eigenen reparieren? Vermutlich wird er sich diese Mühe kaum machen.«

Sein eigener, das wußte ich, war als Schrott verkauft worden. Manchmal brauchte er Bargeld. Ich sagte nichts.

»Kommt zu mir, um sich aus dem Gefängnis herauszuhalten.« (Das Gesetz verbietet, Disteln wachsen zu lassen.) »Immer wieder das gleiche. Aber zufällig habe ich meine noch nicht geschnitten.«

»Er würde Ihnen gern sein Pony leihen, um Ihnen den Distelschneider zu ziehen.«

»Dieser Kerl! Ich hätte ja nichts zu schneiden, wenn es nicht von seinem schmutzigen Land herüberwehte!« Sie drückte sich mit einem flachen Finger erst den einen Augapfel, dann den anderen zurück in den Kopf. Sie gestand, unvermittelt mit klagender Stimme: »Ich mag es nicht, wenn Geräte von meiner Farm verschwinden.«

»Nun gut«, sagte ich hochmütig. »Ich werde es ihm sagen.«

Sie lehnte sich zurück und rieb die Handflächen auf den Schenkeln. »Nein, warte – du kannst dem Herrn etwas ausrichten. Sag ihm, ich wisse es noch nicht – aber ich würde es mir überlegen. Er könnte eine positive Antwort bekommen, vielleicht aber auch nicht. Wenn der Herr sie hören möchte, soll er doch selbst kommen. Das ist aber ein hübsches Kleidchen«, fuhr sie fort und sah mich abschätzend an, »aber es ist zu knapp. Er hat wohl nichts Besseres zu tun, als sich hinter solchen Röcken zu verstecken.«

»Ich weiß nicht, was Sie meinen, Miss Banderry.«

»Er wird schon wissen.«

»Mein Onkel hatte heute viel zu tun.«

»Davon bin ich überzeugt. Jeden Tag zu tun. Zeit meines Lebens habe ich nur einen einzigen Mann gekannt, der so fleißig wie dein Onkel war. Und soll ich dir sagen, wer das war? Mein armer Bruder.«

Noch nach all diesen Jahren birgt diese Häuserzeile für mich Furcht. Ich kann keine Häuser an einem Fluß ertragen. Vermutlich sehe ich sie mir lieber selbst an (was ich muß, wann immer ich diese Brücke überquere), als durch harmlose andere an sie erinnert zu werden. Sicher, nur eines der Häuser gehörte Miss Banderry, aber die anderen wirkten wie ihre Komplizen. Ein unauslöschlicher Makel liegt auf jener Monotonie – die verschwundene rosa Fassade, die Straße, die zu nichts führt als zu jenen sechs Türen mit den Linden, die, ob sie nun blühen oder nicht, doch zu keinem anderen Schutz dienen. Die Monotonie des Wehrs und des hüpfenden Vogels. Ich war nur in einem einzigen Zimmer dieser Häuserzeile gewesen, und das nur ein einziges Mal.

Meine Unterhaltung mit Miss Banderry endete nicht dort, wo ich den Bericht abgebrochen habe. Aber an diesem Punkt reißt die Erinnerung ab, so, wie man eine unerträgliche Seite zerreißt. Die andere Hälfte fehlt. Aus diesem Grund wäre mein Portrait von ihr unvollständig, wäre es ein Portrait. Sie gab Stoff für einen Roman her, möchte ich behaupten, und in der Tat sind Romane, besonders französische und irische (denn Irland hat in gewisser Weise Ähnlichkeit mit Frankreich), voll von ähnlichen

Typen: überdicke Frauen, isoliert in kleinen Provinzstädtchen. Literatur, wenn man sie einmal kennt, nimmt dem Leben einen Teil des Schockierenden. Aber als ich sie kennenlernte, war ich unbelesen; meine Vermutungen waren unschuldig. Ich weigere mich, rückblickend ihre Umrisse auszufüllen. Ich zeige nur, was ich zu jener Zeit sah. Nicht, wie sie war, sondern was sie mir antat.

Ihre liebevolle Feindseligkeit meinem Onkel gegenüber – oder war es Feindseligkeit, die sich einer Farce bediente? – entblößte sich, als sie ihn mit dem Bruder verglich, den sie in den Tod getrieben hatte.

Als ich meine Furcht erwähnte, meinte ich Furcht, nicht Schuldgefühle. An jenem Nachmittag ging ich um meines Onkels willen zu Miss Banderry, an seiner Statt. Man könnte sagen, mein Verständnis der Vorahnungen hatte mit unserer Verwandtschaft zu tun – aber es gab keine Schuldgefühle, das kann ich schwören! Ich schwöre, wir taten einander nichts zuleide. Ich glaube, alle dachten in diesem Sommer, wie ich auch, daß dies ein Sommer wie kein anderer war und sich niemals wiederholen würde. Bald würde ich erwachsen werden; er würde alt werden. Inzwischen spielten wir gemeinsam am Rand einer Leidenschaft, die unmöglich war. Mein Sehnen galt ihm, nicht einer Umarmung – und was ihn anbetraf, er freute sich über die Gesellschaft, wie ich ihr wahrheitsgemäß berichtet hatte. Er war ein Mann, der seines einsamen Hauses müde war, bis ich zu ihm kam – ein Schulmädchen in den Ferien. Alle lobten seine Gastfreundschaft mir gegenüber. Die Konvention bildete unseren Schutz: Konnte man einen stärkeren haben?

Mein Besuch in Nummer 4 endete, wie es sich gehörte. Man bot mir Himbeerlikör an. Nan trug das Tablett herein mit den fingerhutgroßen Gläsern – erzogen durch gemeinsame Besuche mit meinem Onkel wußte ich, daß ein Ablehnen einen Bruch bedeutet hätte. Als die Gläser geleert waren, führte mich Nan aus ihrer Gegenwart an die Tür – sie und ich blieben müßig auf der Treppe stehen. Auf der anderen Seite des Flusses ragten stolz die riesigen neuen Mühlen auf, und Autos huschten über die baumverhangene Brücke. Die Nichte zögerte wieder hineinzugehen – ich glaube, der Vogel oben gehörte ihr. Sie warf einen Blick nach hinten und sah mich dann verschwörerisch an. »Und jetzt gehst du ins Hotel?«

»Nein. Warum?«

»Warum?« spottete sie. »Wartet er da nicht auf dich? Jedenfalls ist er dort, da drin. Das Auto steht davor.«

Ich sagte: »Aber ich fahre mit dem Bus nach Hause.«

»Aber warum?«

»Ich sagte, ich nehme den Bus. So bin ich auch gekommen.«

»Du bist verrückt. Wo sein Auto auf dem Platz steht?«

Alles was ich herausbringen konnte, war: »Wann denn?«

»Ich bin gerade hinausgeschlüpft«, sagte die Nichte, »wenn du es wissen willst. Nur ins Geschäft. Während du dich mit Tantchen unterhalten hast.« Sie lachte, vielleicht über ihr Leben, und schob mich ungeduldig fort. »Geh, wo immer du hingehst! Jeder würde denken, du hättest eine schlechte Nachricht zu überbringen.«

Erst auf der Brücke hörte ich, wie sich die Tür von Nummer 4 schloß.

Ich lehnte mich über das Geländer auf der Burgseite. Der Fluß, der aus den fernen Wäldern auf mich zu kam, umspülte die Bastionen und brachte ein Papierschiffchen mit, das mit unsicherem Tempo auf der Strömung trieb und krängte, als es unter der Brücke verschwand. Ich hatte nicht das Herz, mich zu fragen, wie es ihm wohl ergehen würde. Vor Wochen, als ich zu meinem Onkel kam, hatten wir hier verweilt, Ellbogen an Ellbogen, hatten flußaufwärts geblickt durch den grünschleierigen Frühlingsdunst auf das ferne Schwanennest, das nun verlassen war. Dann hob ich den Blick zu den großartigen Türmen, geküßt vom Himmel, wo sie eingestürzt waren.

Von der Brücke zur Stadt geht es leicht bergan – Laden und Geschäfte kommen einem entgegen, verwandeln die Landstraße in eine Stadtstraße. Es gibt Lampenpfosten, Schilder, Tore, verklebt mit dicken Papierschichten, und man betritt Pflaster. An jenem Tag war der Weg nach Moher, selbst der rosa

Rittersporn an den Steinmauern, überzogen von einem unwägbaren weißen Staub, als habe man die Mehlsäcke geschüttelt. Für mich war das die Farbe der Spannung. Der Platz war ein fast leeres Theater, das, als ich es von der Seite her betrat, zwischen Nachmittag und Abend pausierte. In der Mitte parkten Autos, sahen vergessen aus – das meines Onkels stand am nächsten zum Hotel.

Das Hotel, glänzend vor grünen Kletterpflanzen, bildete die eine Seite des Platzes. Ein crèmefarbener Windfang mit dem Namen in Goldbuchstaben umrahmte den Eingang – und wenn ich dem auch den Rücken zukehrte, erwartete ich doch jeden Moment, einen Ruf zu hören, als ich die Unabhängigkeit meines Busses suchte. Aber wo *diese* warten sollte, fand ich nichts. Nichts an dieser Bushaltestelle auf dem Platz als eine Ölspur im Staub und eine zerrissene Fahrkarte. »Er ist schon fort, wenn du auf den Bus wartest«, sagte ein Passant. Da fuhr er also, fuhr die Passagiere, zu denen ich nicht gehörte, zu den Szenen der Sicherheit und nahm von mir alle Hoffnung auf Alleinsein. Unerreichbar für mich die Sicherheit des leeren Hauses. Unerreichbar die bis auf den Boden reichenden Fenster, die auf lila Buchen und träges Heu gingen, das geliebte Klima jener Zimmer, wo Schmetterlinge aus- und einflogen, meine Kissen auf dem Boden, mein blaugestreifter Teebecher. Unerreichbar die Milde und Nachsicht des gesamten Hauses meines Onkels, die es am meisten erfüllten, wenn er nicht da war … Ich wollte ihm nicht begegnen, glaube ich.

»Ist heute pünktlich abgefahren, das ist schlimm.«

Mein Haar hing herab in zwei schweren Tauen, als ich mich umdrehte.

Der Platz in Moher ist rechteckig. Auf beiden Seiten traten Menschen aus den Ladentüren, um mich erstaunt anzusehen. Sie kannten mich und wußten, wo er war: Wozu wollte ich mit dem Bus fahren? Sie stellten Überlegungen an. Ich bückte mich, als rieb mich meine Sandale wund, und verbrachte eine Weile damit, den Riemen zu lockern. Dann, als habe ich niemals etwas anderes vorgehabt, begann ich, in Richtung auf das Hotel zu gehen.

Zur gleichen Zeit erschien mein Onkel im Eingang. Er warf eine Zigarette fort, steckte eine Hand in die Tasche und blieb unter den Goldbuchstaben stehen. Er war kein Herr, nur ein Landbesitzer. Er stand vor Moher und war ganz Haltung und Farbe: Er trug sein Leben, wie er seinen Mantel trug – wenn ihn auch nun, da er aus dem Hotel kam, ein leiser Hauch von Melancholie umgab. Er suchte mich nicht, bis er mich sah.

Wir trafen uns beim Auto. Er fragte: »Wie war sie, die Schreckschraube?«

»Ich weiß es nicht.«

»Hat sie dich nicht aufgefressen?«

»Nein«, sagte ich und schüttelte den Kopf.

»Oder dir ein neues Magazin mitgegeben?«

»Nein. Dieses Mal nicht.«

»Gottseidank.«

Er öffnete die Wagentür, berührte meinen Ellbogen und erinnerte mich daran, einzusteigen.

Frank O'Connor

Ja, das Gesetz!

Der alte Dan Bride zerkleinerte Feuerholz, als er Schritte den Weg heraufkommen hörte. Er hielt inne und horchte, auf dem Knie das Bündel dünner Ästchen.

Dan hatte für seine Mutter gesorgt, solange noch ein Lebensfünkchen in ihr war, und seit ihrem Tode hatte keine andere Frau die Schwelle überschritten. Und das sah man seinem Hause auch an. Fast alles hatte er eigenhändig gebastelt, und ganz auf eigene Art. Die Sitze seiner Stühle waren weiter nichts als Holzscheiben und genauso rund und roh und dick, wie sie die Säge vom Klotz geschnitten hatte. Trotz allen Schmutzes und der Politur, die ihnen derbe Hosenböden im Laufe langer Jahre beigebracht hatten, waren die Jahresringe noch deutlich zu sehen. Durch die Sitze hatte Dan starke, knorrige Eschenprügel gejagt, die unten als Beine und oben als Lehne dienten. Der Tannenholztisch, der aus einem Laden stammte, war ein Erbstück von seiner Mutter. Er war sehr stolz darauf und liebte ihn, obwohl er hin und her wackelte, sobald er dagegenstieß. An der Wand hing ungerahmt und fliegenbekleckst in geheimnisvoller Vereinsamung ein Druck von Marcus Stone, und neben der Tür befand sich ein Kalender mit einem Rennpferd. Über der Tür hing seine Flinte – zwar alt, aber gut und in ausgezeichnetem Zustand. Vor dem Kaminfeuer lag lang ausgestreckt ein alter Setter, der den Kopf jedesmal erwartungsvoll hob, sooft Dan aufstand oder sich nur rührte.

Auch jetzt hob er den Kopf, als die Schritte näher kamen, und während Dan das Bündel Reisig hinlegte und sich nachdenklich die Hände am Hosenboden abwischte, schlug er laut an, aber nur, um zu beweisen, wie wachsam er noch war. Er war fast wie ein Mensch und wußte genau, daß die Leute fanden, er sei alt und habe seine besten Jahre hinter sich.

Dan sah sich erst um, als der Schatten eines Mannes über das Rechteck staubigen Lichts fiel, das die obere Halbtür hereinließ.

»Sind Sie allein, Dan?« fragte eine gleichsam um Entschuldigung bittende Stimme.

»Oh, treten Sie ein, Sergeant, treten Sie nur ein, und willkommen!« rief der alte Mann und hastete auf ziemlich unsicheren Füßen zur Tür, die der große Polizist öffnete und nach innen stieß. Dann stand er da, halb im Sonnenlicht und halb im Schatten, und wenn man zu ihm hinblickte, merkte man erst, wie dunkel es in Dans Hütte war. Die eine Seite seines Gesichts fing alles Licht auf, und dahinter reckte eine Esche ihre Zweige mit dem lockeren Blattwerk gen Himmel. Grüne Matten, die hier und dort von verstreut herumliegenden rotbraunen Felsbrocken unterbrochen wurden, fluteten zu Tal, und dahinter dehnte sich fast über den ganzen Gesichtskreis das Meer, das von Licht durchtränkt, ja beinahe durchsichtig war. Das Gesicht des Sergeanten war feist und frisch, und das des alten Mannes, wie es aus der dämmerigen Küche auftauchte, war von Wind und Sonne gebräunt, denn der Kampf mit der Zeit und den Elementen hatte seine Gesichtszüge so bearbeitet, daß man sie gut und gern auch auf einer Felsplatte hätte entdecken können.

»Weiß Gott, Dan«, sagte der Sergeant, »Sie werden immer jünger anstatt älter!«

»'s geht so leidlich, Sergeant, 's geht so leidlich mit mir«, gab der alte Mann mit einem Tonfall zu, der die Bemerkung als ein Kompliment entgegenzunehmen schien, dem man höflichkeitshalber nicht allzuviel Gewicht beimessen durfte. »Ich kann nicht klagen.«

»Das wollt ich meinen! Nur ein geborener Idiot könnte glauben, daß Sie Grund zur Klage hätten! Und der gute Hund sieht auch keinen Tag älter aus!«

Der Hund ließ ein leises Knurren hören, als wollte er dem Sergeant zeigen, daß die leise Anspielung auf sein Alter nicht vergessen bliebe, doch eigentlich knurrte er jedesmal, wenn man von ihm sprach, weil er des Glaubens war, die Leute hätten nur Schlechtes über ihn zu sagen.

»Und wie geht's Ihnen selber, Sergeant?«

»Ach, wie dem Mann in der Geschichte: weder auf dem Schweinerücken noch auf dem Pferdeschwanz. Wir haben auch unsern kleinen Ärger, aber Gott sei Dank hat alles seinen Ausgleich.«

»Und der Frau nebst Anhang?«

»Gut, gelobt sei Gott! Sie waren einen Monat lang fort, waren alle zusammen einen Monat lang fort – auf dem Gehöft von der Schwiegermutter.«

»Was Sie nicht sagen!«

»Ja, ich hatte eine schöne, ruhige Zeit!«

Der alte Mann blickte sich um und verzog sich dann in die anstoßende Schlafkammer, aus der er einen Moment drauf mit einem alten Hemd in der Hand wieder zum Vorschein kam. Feierlich wischte er damit über Sitz und Lehne des alten Klobenstuhls, der dem Feuer am nächsten stand.

»Ruhen Sie sich aus, bitte, ruhen Sie sich aus! Sie müssen doch müde sein nach der langen Fahrt! Wie sind Sie hergekommen?«

»Teigue Leary hat mich ein Stück weit mitgenommen. Aber bitte, Dan, Sie müssen keine Umstände machen! Ich kann mich nicht aufhalten: hab ihm versprochen, daß ich innerhalb einer Stunde wieder zurück wäre.«

»Wer hetzt Sie denn?« fragte der alte Mann. »Als Sie den Fuß auf meinen Weg gesetzt haben, war ich gerade aufgestanden, um Feuerholz aufzulegen.«

»Nein, nein, Sie müssen doch keinen Tee für mich machen!«

»Gut, dann nicht für Sie, aber für mich, und wenn Sie mir nicht Gesellschaft dabei leisten, dann nehm ich's Ihnen mächtig übel!«

»Dan, Dan, daß mich der Schlag treffe: 's ist noch keine Stunde her, seit ich in der Kaserne meinen Tee hatte.«

»Och, *Dhe*, nur stille! Stille, sag ich! Ich hab was, das macht Ihnen großartigen Appetit!«

Der alte Mann hängte den Kessel über das offene Feuer, und der Hund richtete sich auf und schüttelte mit ernsthaft interessierter Miene die Ohren. Der Polizist öffnete seine Uniform, schnallte den Gürtel ab, zog seine Pfeife und eine Tabakrolle aus der Innentasche, schlug die Beine behaglich übereinander und begann den Tabak langsam und sorgfältig mit dem Taschenmesser zu zerkleinern. Der alte Mann trat ans Küchenspind und holte zwei hübsche, gemusterte Tassen herunter, die beiden einzigen, die er besaß. Obwohl sie angestoßen waren und keine Henkel mehr hatten, wurden sie doch, falls überhaupt, nur bei ganz seltenen Anlässen benutzt. Wenn Dan allein war, trank er seinen Tee lieber aus einem Napf. Als er zufällig hineinblickte, bemerkte er, daß sich innen eine beträchtliche Menge von dem feinen Staub angesammelt hatte, der ständig in der verräucherten kleinen Hütte schwebte. Wieder kam ihm das alte Hemd in den Sinn, und mit gewichtiger Gebärde krempelte er sich die Ärmel hoch und wischte die Tassen innen und außen ab, bis sie glänzten. Dann bückte er sich und öffnete die Schranktür. Dahinter stand eine offenbar unangetastete Flasche mit einer blassen Flüssigkeit. Er zog den Korken heraus und roch daran, wobei er einen Augenblick innehielt, wie um sich zu erinnern, wo er dem eigentümlich rauchigen Duft schon begegnet war. Dann war er beruhigt, stand auf und schenkte freigebig ein.

»Versuchen Sie das mal, Sergeant!« sagte er.

Der Sergeant vergaß etwaige Gewissenszweifel, die er beim Gedanken, illegalen Whisky zu trinken, vielleicht verspüren mochte. Er blickte andächtig in die Tasse, schnupperte daran und blickte zum alten Dan auf.

»Er sieht gut aus!« urteilte er.

»Das soll er auch!«

»Und er schmeckt ausgezeichnet!«

»Ach, woher!« sagte Dan, der offenbar in seinem eigenen Hause nicht seine eigene Gastfreundschaft loben wollte, »so besonders ist er gar nicht.«

»Ich glaube, Sie verstehen sich drauf!« meinte der Sergeant, ohne daß er ironisch sein wollte.

»Seit alles so wurde, wie's jetzt ist«, erwiderte Dan und hütete sich sorgfältig vor einer offenen Anspielung auf die Eigentümlichkeiten des Gesetzes, dem sein Gast diente, »seit alles so wurde, wie's jetzt ist, kann der Alkohol nicht mehr sein, was er früher war.«

»Ich hab solche Bemerkung schon öfters machen hören«, sagte der Sergeant nachdenklich. »Ich hab gehört, wie Männer mit großer Erfahrung sagten, der Whisky sei in der guten alten Zeit besser gewesen.«

»Whisky«, sagte der alte Mann, »ist ein Stoff, der seine Zeit braucht. Gut Ding will Weile haben!«

»Es ist eine regelrechte Kunst!«

»Das ist es.«

»Und jede Kunst braucht Zeit.«

»Und Verständnis«, fügte Dan mit Nachdruck hinzu. »Jede Kunst hat ihre Geheimnisse, und die geheimen Rezepte fürs Whiskybrennen gehen genauso verloren, wie die alten Lieder verlorengingen. Als ich ein kleiner Junge war, gab's in der ganzen Baronie keinen Mann, der nicht seine hundert Lieder im Kopf hatte, doch seit die Leute überall und nirgends hinrennen, gingen die Lieder verloren ... Seit alles so wurde, wie es jetzt ist«, wiederholte er mit dem gleichen vorsichtigen Tonfall, »herrscht soviel Unrast, daß die Geheimnisse verlorengingen.«

»Es muß mächtig viele gegeben haben!«

»Ja, das stimmt. Fragen Sie mal jemand, der heute Whisky brennt, ob er welchen aus Heidekraut brennen kann!«

»Wurde denn auch welcher aus Heidekraut gemacht?« fragte der Polizist.

»Allerdings.«

»Haben Sie welchen getrunken?«

»Nein – aber ich kannte Männer, die ihn getrunken haben. Ein reineres, milderes, gesunderes Getränk hat noch nie einem Mann die Gurgel gekitzelt. Säuglingen hat man's gegeben!«

»*Musha*, Dan, manchmal denk ich, es war ein großer Fehler vom Gesetz, dagegen einzuschreiten.«

Dan schüttelte den Kopf. Seine Augen gaben die Antwort, doch es war wider die Natur, daß ein Mann in seinem eigenen Haus den Beruf seines Gastes kritisierte.

»Vielleicht – vielleicht auch nicht«, erwiderte er sachlich.

»Doch, bestimmt, Dan! Was bleibt den armen Leuten denn sonst noch?«

»Die Gesetzemacher werden schon ihre guten Gründe haben.«

»Trotzdem, Dan, trotzdem: 's ist ein hartes Gesetz!«

Der Sergeant wollte Dan an Großzügigkeit nicht nachstehen. Die Höflichkeit verlangte es von ihm, dem alten Mann nicht beizupflichten, wenn er seine Vorgesetzten und deren rätselhafte Beschlüsse in Schutz nahm.

»Mir tut's bloß wegen der geheimen Rezepte leid«, sagte Dan abschließend. »Menschen sterben, und andere werden geboren, und wo ein Mann das Land entwässert hat, kann der nächste schon pflügen, aber ein verlorengegangenes Geheimnis ist auf ewig verloren.«

»Stimmt«, sagte der Sergeant. »Auf ewig verloren!«

Dan nahm die Tasse des Polizisten, spülte sie in einem Eimer mit klarem Wasser aus, der neben der Küchentür stand, und säuberte sie abermals mit Hilfe des alten Hemds. Dann stellte er sie behutsam vor den Sergeanten hin. Vom Küchenspind nahm er einen Krug Milch und eine blaue Tüte, die Zucker enthielt. Danach erschien noch eine Scheibe Landbutter und – ein Zeichen, daß der Besuch nicht ganz unerwartet gekommen war – ein runder Laib hausgebackenes, frisches und noch nicht angeschnittenes Brot. Der Teekessel summte und spuckte, und der Hund bellte ihn ärgerlich an und schüttelte die Ohren.

»Geh fort, du Vieh!« schalt Dan und stieß ihn aus dem Weg.

Er brühte Tee auf. Der Sergeant schnitt sich eine große Scheibe Brot ab und strich dick Butter darauf.

»Es ist genau wie mit der Medizin«, sagte der alte Mann, der mit der unerschütterlichen Ruhe des Alters sein Thema wieder aufnahm. »Jedes geheime Mittel, das es gegeben hat, ist verlorengegangen. Und daß mir ja nicht einer kommt und behauptet, ein Doktor könnte sich mit jemandem messen, der noch die Geheimnisse aus der guten alten Zeit kennt.«

»Ausgeschlossen«, sagte der Sergeant mit vollem Munde.

»Den Beweis haben wir ja deutlich gesehen, als es Doktors und weise Leute gleichzeitig gab.«

»Da waren's nicht die Doktors, zu denen die Leute gingen, könnt ich wetten.«

»Allerdings nicht. Und warum nicht?« Mit ausholender Gebärde umfaßte der alte Mann die ganze Welt außerhalb seiner Hütte. »Da draußen auf den Hügeln gibt's ein sicheres Heilmittel für jede Krankheit. Denn es steht geschrieben« – er trommelte mit dem Daumen auf den Tisch – »es steht geschrieben von den alten Barden: ›*an galar san leigheas go bhfaghair le ceile*‹, und das heißt: ›Wo ihr die Krankheit findet, da findet ihr auch das Heilmittel.‹ Aber die Leute laufen die Berge rauf und die Berge runter, und was sie sehen, ist weiter nichts als Blumen! Als ob Gott der Allmächtige – Ehre und Ruhm sei Ihm! – mit Seiner Zeit nichts Besseres zu tun hätte, als dumme Blumen zu machen!«

»Was kein Doktor heilen konnte, das haben die weisen Leute geheilt.«

»*Ah musha*, als ob ich's nicht wüßte«, rief Dan bitter, »als ob ich's nicht wüßte: nicht in meinem Kopf, aber in meinen eigenen vier Knochen!«

»Wollen Sie etwa sagen, daß Sie immer unter Rheuma leiden müssen?«

»Und wie! Ach, wenn du doch noch am Leben wärst, Kitty O'Hara, oder du, Nora Malley vom Bergtal, dann braucht ich den Bergwind nicht zu fürchten und auch den Seewind nicht, dann müßte ich nicht mit meinem unseligen roten Zettel ins Tal schleichen und mir in ihrer dummen Apotheke ihr blaues und rosa und gelbes Tröpfelzeug holen!«

»Ach, nicht doch!« rief der Sergeant plötzlich sehr entschieden, »da weiß ich Ihnen was und bring eine Flasche!«

»O je, mich kann keine Flasche mehr kurieren!«

»Doch, doch! Sagen Sie nichts mehr, sondern probieren Sie's

erst! Dem Bruder meiner eigenen Mutter, dem hat's geholfen, als er so Schmerzen hatte, daß er sich beide Beine vom Zimmermann mit der Handsäge wollt absägen lassen.«

»Ich gäb fünfzig Pfund, wenn ich's loswerden könnte!« rief Dan. »Bestimmt, sogar fünfhundert!«

Der Sergeant trank mit einem Riesenschluck seine Tasse leer, bekreuzigte sich und zündete ein Streichhölzchen an, das er wieder ausgehen ließ, weil er dem alten Mann eine Frage beantwortete. Ebenso machte er es mit einem zweiten und einem dritten Streichholz, als wollte er durch das Hinauszögern seine Rauchlust kitzeln. Endlich gelang es ihm, die Pfeife anzuzünden, und dann zogen die beiden Männer ihre Stühle etwas herum, steckten die Zehen nebeneinander in die Asche und genossen unter großer Rauchentwicklung, unvermutet lebhaften Gesprächen und langen, stummen Pausen ihre Pfeifchen.

»Hoffentlich halt ich Sie nicht auf?« meinte der Sergeant, als ob ihm plötzlich die Länge seines Besuchs zu Bewußtsein gekommen wäre.

»Ach je, wieso denn?«

»Sonst müssen Sie's mir sagen. Es wär mir wirklich unangenehm, einen Mann von der Arbeit abzuhalten.«

»Och, ich kann mir nichts Besseres wünschen, als daß Sie den ganzen Abend hierbleiben.«

»Ich bin auch sehr für eine nette Unterhaltung!« gab der Polizist zu.

Und wieder versanken sie in tiefsinnige Gespräche. Das Licht wurde matter und farbig und rollte golden durch die Küche, ehe es verschwand. Ein kühles Grau hüllte die Küche ein, und über den Tassen und Näpfen und Tellern auf dem Küchenspind schwebte ein kühler Schimmer. In der Esche fing eine Amsel zu singen an. Im offenen Kamin vertiefte sich das Glühen, bis es warm und gleichmäßig rot durch die Dämmerung glomm.

Auch draußen begann es zu dämmern, als der Sergeant sich erhob, um aufzubrechen. Er schloß seine Uniformjacke und den Gürtel und klopfte sich sorgsam die Sachen ab. Dann setzte er die Mütze auf, die er ein bißchen schief nach hinten trug.

»Dan«, sagte er, »es war einfach großartig!«

»Und für mich war's ein Vergnügen«, sagte Dan.

»Und ich will gern an die Flasche denken!«

»Gott lohn's Ihnen, danke!«

»Dann guten Abend, Dan!«

»Guten Abend, und alles Gute!«

Dan erbot sich nicht, den Sergeant aus dem Haus zu begleiten. Er setzte sich wieder auf seinen alten Platz am Feuer. Er nahm die Pfeife aus dem Mund, blies nachdenklich hindurch, und gerade, als er sich bückte und nach einem Hölzchen griff, um die Pfeife wieder in Gang zu bringen, hörte er Schritte, die zum Haus zurückkehrten. Es war der Sergeant. Er steckte den Kopf zur Halbtür herein.

»Ach – Dan?« rief er leise.

»Ja, Sergeant?« erwiderte Dan und sah sich um, während seine Hand noch nach dem Hölzchen tastete. Er konnte das Gesicht des Sergeanten nicht sehen, sondern er hörte nur seine Stimme.

»Sie haben wohl nicht im Sinn, die kleine Buße zu zahlen, was, Dan?«

Eine kurze Pause entstand. Dan zog das glimmende Ästchen hervor, erhob sich langsam und schlenderte an die Tür, wobei er das Hölzchen in den fast leeren Pfeifenkopf stopfte. Er beugte sich über die Halbtür, während der Sergeant, die Hände in den Hosentaschen, den Blick zwar etwas über den Weg schweifen ließ, aber auch ein gut Teil vom Meere sah.

»So wie ich nun mal bin, Sergeant«, erwiderte Dan gleichmütig, »hab ich's nicht im Sinn.«

»Das dacht ich mir, Dan. Ich hab's mir gleich gedacht, daß Sie's nicht im Sinn haben.«

Eine lange Pause entstand, während der die Stimme der Amsel schriller und fröhlicher wurde. Die schon untergegangene Sonne beleuchtete Inseln purpurner Wolken, die hoch über dem Wind vor Anker lagen.

»Eigentlich«, sagte der Sergeant, »bin ich deswegen hergekommen.«

»Ich dacht's mir schon, Sergeant, es fiel mir ein, als Sie vorhin aus der Tür gingen.«

»Wenn sich's nur um Geld handelte, wäre sicher manch einer mit Freuden bereit, es Ihnen zu geben.«

»Ich weiß, Sergeant. Aber 's ist nicht so sehr wegen des Geldes – sondern ich möcht dem Menschen nicht die Genugtuung geben, daß ich zahle, Sergeant. Weil er mich nämlich so geärgert hat!«

Darüber machte der Sergeant keine Bemerkung, und es folgte wieder ein langes Schweigen.

»Sie haben mir den Haftbefehl mitgegeben«, sagte er endlich in einem Ton, der ihn von jeder Beziehung zu dem Schriftstück freisprach.

»So, so«, sagte Dan teilnahmslos.

»Wenn es Ihnen gelegentlich passen würde …«

»Ach, wenn wir schon davon sprechen«, meinte Dan, als wollte er einen Vorschlag zur Debatte stellen, »ich könnt ja auch jetzt mit Ihnen gehen.«

»Aber nein, tz, tz«, widersprach der Sergeant, wehrte mit der Hand ab und wies den Gedanken, wie es der gute Ton verlangte, weit von sich.

»Oder ich könnte morgen hingehen«, fuhr Dan fort und erwärmte sich für den Einfall.

»Ganz wie Sie wollen«, entgegnete der Sergeant und stellte seine Stimme dementsprechend um.

»Aber eigentlich«, sagte der alte Mann mit sehr viel Nachdruck, »würde es mir Freitag nach dem Essen am besten passen, denn da hab ich sowieso allerhand in der Stadt zu besorgen, und dann hätt ich doch mein Wägelchen nicht für umsonst angespannt.«

»Freitag, das wäre großartig!« rief der Sergeant sehr erleichtert, weil die heikle Angelegenheit jetzt praktisch in Ordnung war. »Sie brauchen nur hineinzuspazieren und zu sagen, ich hätte Sie geschickt.«

»Ich hätt Sie lieber persönlich, Sergeant, wenn's Ihnen nicht allzu lästig ist? Ich wäre sonst doch ein bißchen verlegen.«

»Ach, das brauchen Sie nicht zu sein! 's ist ein Mann von meinem Kirchspiel da, ein Wärter namens Whelan. Sie können nach ihm fragen, und sowie er weiß, daß Sie ein Freund von mir sind, dann macht er's Ihnen bestimmt so gemütlich, als ob Sie zu Hause an Ihrem eigenen Kamin säßen.«

»Da bin ich froh«, sagte Dan befriedigt.

»Schön, dann also nochmals guten Abend, Dan. Jetzt muß ich mich beeilen!«

»Warten Sie doch, warten Sie, damit ich Sie bis an die Landstraße bringe!«

Die beiden Männer schlenderten zusammen den Weg entlang, während Dan erklärte, wie es gekommen sei, daß er, ein angesehener Mann, das große Unglück gehabt habe, einem andern alten Mann den Schädel so zu spalten, daß er ins Krankenhaus geschafft werden mußte, und wieso er dem fraglichen alten Mann nicht die Genugtuung geben konnte, in bar für eine Verletzung zu zahlen, die nur durch die unmanierliche Art des Opfers, Behauptungen zu verfechten, verursacht worden war.

»Es ist nämlich so, Sergeant«, sagte er. »Er sitzt jetzt da und beobachtet uns, so sicher auch nur ein Fünkchen Sehkraft in seinen flinken, flackernden wässerigen Augen ist, und nichts könnte ihm größere Freude machen, als wenn ich zahlen müßte. Aber ich will ihn bestrafen! Ich will mich seinetwegen auf die nackten Holzplanken legen! Ich will seinetwegen leiden, Sergeant, bis er nicht mehr wagt, den Kopf aufrecht zu tragen, und nach ihm auch seine Kinder nicht – weil er solch Leiden über mich gebracht hat.«

Am nächsten Freitag spannte er den Esel vor sein Wägelchen und brach auf. Unterwegs sammelte er eine Anzahl Nachbarn auf, die ihm gern das Geleit geben wollten. Auf der Anhöhe oben hielt er an, um sie wieder heimzuschicken. Ein alter Mann, der in der Sonne saß, eilte schleunigst ins Haus, und gleich danach wurde die Tür seiner Hütte leise geschlossen.

Nachdem Dan all seinen Freunden die Hand geschüttelt hatte, hieb er dem alten Esel eins über, rief: »Hü!« und begab sich allein auf den Weg zum Gefängnis.

William Trevor

Die Hochzeitsreise nach Tramore

Sie wohnten in der Pension St. Agnes's, die von einer gewissen Mrs. Hurley geführt wurde. »Es steht Ihnen im Gesicht geschrieben!« hatte diese Frau gesagt, als sie ihnen die Tür aufgemacht hatte. Sie hatte einen Konfettischnipsel auf dem Revers seines marineblauen Anzugs betrachtet und dann einen kurzen Blick auf die Rundung von Kittys Bauch geworfen. Es war Sommer 1948, ein warmer Julinachmittag.

Mrs. Hurley war eine Pensionswirtin mittleren Alters in einem braunen Mantel, und sie entschuldigte sich dafür, daß sie Gummistiefel trug: Sie habe gerade den Hof gefegt. Ihre Fingernägel waren in einem leuchtenden Rosaton lackiert, und ihr Haar war von einem ordentlichen blauen Haarnetz umschlossen, das ein Arrangement aus Haarnadeln und Lockenwicklern teilweise verbarg. Sie würden sich in St. Agnes's sehr wohl fühlen, sagte sie; sie hätten das ganze Haus für sich, weil sich zur Zeit sonst niemand darin aufhalte. Als sie ihre beiden Koffer nach oben trugen, sagte sie, die Ehe sei eine gottgegebene Einrichtung, und setzte hinzu, ihr Mann sei sein ganzes Leben lang jeden Morgen auf seinem Weg zur Arbeit beim Grafschaftsrat in die Messe gegangen. »Ihr Tee steht Punkt sechs auf dem Tisch«, sagte sie.

Als sie allein waren, umarmten sie sich. Er schob die Hand unter den Rock seiner Frau und tastete nach dem weichen Fleisch über ihren Strümpfen. »Mein Gott, du bist fürchterlich«, murmelte sie ihm undeutlich zu, genau wie im Bus, als er sich ganz dicht an sie gedrängt hatte. Sie schwitzte aufgrund ihres Zustands und wegen der Julihitze. Ihr Gesicht war ganz klebrig vor Schweiß, und auf ihrem Kleid, unter den beiden Achselhöhlen, hatten sich kleine Flecke gebildet. »Mein Gott«, flüsterte sie noch einmal. »O mein Gott, halt dich doch zurück.«

Er wollte sich aber nicht zurückhalten. Sie waren weg vom Hof und von ihrem Vater, ihrer Tante und ihrem Onkel Ned Cauley. Er hatte ein Recht auf sein Verlangen.

»Diese Frau lauscht bestimmt an der Tür«, flüsterte sie genauso undeutlich, aber das spielte für ihn keine Rolle. Es hätte nicht einmal eine Rolle gespielt, wenn die Frau die Tür aufgemacht hätte und hereingekommen wäre. Das Bett knarrte, als sie sich ihm entwand und ihm unter Kichern erneut sagte, daß er fürchterlich sei. Im Zimmer roch es nach Fliegen, als wären die Fenster lange nicht geöffnet worden. »Mein Gott, du bist toll, Kitty«, sagte er, und jetzt nuschelte auch er.

Er war dreiunddreißig, Kitty zwei Jahre älter. Mit fünfzehn hatten ihn Kittys Vater und ihr Onkel Ned Cauley in Cork aus dem Waisenhaus geholt. Die beiden Männer hatten verlautbaren lassen, daß sie auf dem Hof einen jungen Burschen gebrauchen könnten, und Pater Doran, der damals in ihrer Gemeinde Priester gewesen war, hatte in ihrem Namen bei Pater Lyhane im Waisenhaus angefragt. »Davy Toome ist ein guter Junge«, hatte Pater Lyhane gesagt, und ein paar Wochen später, nachdem die Empfehlung an die Bauern weitergeleitet und Pater Doran zugesichert worden war, daß der Kandidat für die Arbeit auf einem Hof kräftig genug sei, hatte man dem Jungen ein Namensschild umgehängt und ihn in den Zug gesetzt. »Und hast du noch nie auf einem Hof gearbeitet?« hatte Kittys Onkel Ned Cauley neben ihm auf dem Wagen gefragt, während sie langsam auf der von der Bahnlinie kommenden Straße fuhren. Aber Davy hatte bis dahin nicht einmal ein Kornfeld gesehen, geschweige denn auf einem Hof gearbeitet. »Ich glaube«, sagte Kittys Onkel, der an der Bahnlinie eine Stunde in Doolins Pub zugebracht hatte, »da haben wir womöglich die Katze im Sack gekauft.« Bei ihrer Ankunft sagte er das in der Küche noch einmal, während seine Frau und sein Schwager Davy musterten und stillschweigend zustimmten, daß er nicht so kräftig sei, wie der Priester behauptet hatte. »Nimm doch um Gottes willen dieses Schild ab!« sagte die Frau zu ihm, und dann fragte sie in freundlicherem Ton nach seinem Namen. Sie sagte, den Namen Toome habe sie noch nie gehört, also erzählte er ihnen, er habe seinen Namen erhalten, als das Waisenhaus ihn als Säugling aufnahm. Damals habe ein Priester die Finger im Spiel gehabt, der daran interessiert gewesen sei, den Waisenkindern Namen zu geben. Sein Vorname diene dem Gedenken an den heiligen David. Toome bedeute Grabhügel. »Ist er noch ganz richtig im Kopf?« hörte er später Kittys Vater seinen Schwager fragen, und ihr Onkel erwiderte, das könne man nicht wissen, so wie der Bursche von Grabhügeln rede.

»Um Gottes willen, jetzt halt dich doch zurück!« wies ihn Kitty in dem Zimmer in St. Agnes's zurecht. »Und laß mich endlich den Hut abnehmen.«

Sie schob ihn weg und sagte ihm, er solle das Fenster öffnen. Sie hatte Tramore für ihre Hochzeitsreise übers Wochenende ausgesucht und hatte gesagt, sie habe gehört der Ort sei wunderschön, mit einem Stück Sandstrand. Kitty wisse, was sie wolle, sagte ihre Tante immer, und wenn sie sich einmal für etwas entschieden habe, könne man sie nicht mehr davon abbringen.

»Würdest du bitte mit mir nach Cork fahren?« hatte sie vor vier Monaten eines Tages vorgeschlagen. »Ich kenn mich in der Stadt nicht aus, Davy.« Er war seit seiner Ankunft auf dem Hof nicht mehr in Cork gewesen, und er fand sich nicht mehr zurecht; aber es stellte sich heraus, daß Kitty in ihrem ganzen Leben noch nie dort gewesen war. »Wir fahren an einem Samstag«, sagte sie, und er war stolz, im Bus neben ihr zu sitzen, einem großen, gutaussehenden Mädchen, der Tochter seines Arbeitgebers: Er hoffte, daß sie vielleicht jemandem aus dem Waisenhaus auf der Straße begegnen würden. Sie hatte die meiste Zeit aus dem Fenster geschaut und kaum ein Wort mit ihm gewechselt, das runde Gesicht rosig vor Aufregung. Sie sah bewundernswert gut aus, besser als all die anderen Mädchen in der Messe oder die Zigeunermädchen, die er einmal dabei erwischt hatte, wie sie auf dem Feld Steckrüben gestohlen hatten, und die ihm über eine Hecke zugerufen hatten, daß ihre Schwester ihn einmal heiraten werde. Ihr Haar war ganz dünn und tiefschwarz, wie ein dunkler Nebel, der ihr Gesicht umhüllte. Er hatte gehört, wie ihre Tante sie träge genannt hatte, aber er selbst hatte das nie so gesehen, obwohl ihre Miene manchmal, bevor sie aus ihren Tagträumen aufschreckte, ganz ausdruckslos war. Mit ihren drei Brüdern hatte von Geburt an etwas nicht gestimmt, und sie waren, noch bevor er auf den Hof gekommen war, im Säuglingsalter gestorben. Niemand verlor ein Wort über sie; er hatte gar nichts von ihren Brüdern gewußt, bevor einer von den Erntehelfern sie beiläufig erwähnt hatte. Ihre Mutter war bei der Geburt des letzten gestorben.

»Alles in Ordnung, Liebling?« fragte Kitty und trug vor der Frisierkommode Lippenstift auf. »Ist es nicht toll, daß wir endlich allein sind?«

Er lehnte sich an den Fensterrahmen, schaute sie an und sah sie auch im Spiegel. Sie müsse zu einem gewissen Mr. Minogue, hatte sie im Bus schließlich gesagt, einem Apotheker in der McHenry Street.

»Prima«, sagte er vom Fenster her.

»Kannst du von da das Meer hören?«

Er schüttelte den Kopf. Nachdem sie sich zur McHenry Street durchgefragt hatten, hatten sie die Apotheke gefunden. Plötzlich sagte sie, daß ihre Mutter mitgekommen wäre, wenn sie noch lebte, und dann, daß sie nicht allein in die Apotheke gehen könne. Ihre Stimme bekam einen anderen Klang. Ihre Füße würden ihr den Dienst versagen, sagte sie, und dann erzählte sie ihm, daß sie in der Patsche sitze. Ihre Tante habe den Apotheker ausfindig gemacht, aber sie habe sich geweigert, mitzukommen. »Toome kann dir ja den Weg zeigen«, habe ihre Tante gesagt.

»Wollen wir runtergehen, Liebling?«

Er ging zur Frisierkommode hinüber, aber als er die Arme um sie legte, sagte sie schroff, daß er nicht schon wieder alles in Unordnung bringen solle. Auf der Glasplatte der Frisierkommode hatte sie Puder verschüttet, und der hatte denselben Pfirsichton wie ihre Wangen. Er konnte riechen, daß sie Parfüm aufgetragen hatte, ein starker, süßer Duft, der in ihm erneut das Verlangen weckte, die Arme um sie zu legen. Aber sie war bereits durchs Zimmer zur Tür gegangen. Sie machte sie auf, und er folgte ihr nach unten.

»Ich habe Blutwurst für Sie«, sagte Mrs. Hurley im Speisesaal und setzte ihnen Teller mit gebratenen Würstchen, Spiegeleiern und der in Scheiben geschnittenen Delikatesse vor, von der sie sprach.

»Mein Gott, ich liebe Blutwurst«, sagte Kitty, und er reichte ihr seine, denn als Kind hatte er im Waisenhaus einen Ekel vor dieser dunklen Mischung aus Schweineblut und Innereien entwickelt. An dem Tisch, an dem sie saßen, gab es keine anderen Gäste, wie Mrs. Hurley versprochen hatte. Er lächelte seine Braut an. Auf dem Weg nach unten hatte sie dauernd gesagt, das sei ihre erste Mahlzeit als Mann und Frau. Darauf legte sie großen Wert. Als sie sich gesetzt hatten, hatte sie es noch einmal gesagt. Durch die hölzerne Durchreiche zur Küche konnte man Mrs. Hurley über einen Windhund fluchen hören.

»Bist du hungrig, Liebling?«

Er schüttelte den Kopf.

»Weißt du was«, sagte Kitty und schnitt in einen Hafermehlfladen, »ich könnte ein ganzes Pferd verdrücken.«

In der Küche hatte sich ein leises Protestgemurmel erhoben, das wohl von Mrs. Hurleys Mann kam. »Mensch, sei doch mal ein bißchen vernünftig, ja?« fiel ihm die Wirtin schrill ins Wort. »Würde ein halbwegs gescheites Tier sich vielleicht ständig in eine Betonmischmaschine legen?«

Kitty kicherte. Sie sagte, sie sei fast gestorben, als Mrs. Kilfedder ihr auf der Hochzeit einen Kuß gegeben habe. »Eins muß man Kilfedder zugute halten«, setzte sie hinzu, »er behält die Hände bei sich.«

In diesem Augenblick betrat ein Mann in Hemdsärmeln den Speisesaal. Er begrüßte sie und stellte sich als Mr. Hurley vor. Er erkundigte sich, ob sie gern noch eine Kanne Tee hätten, hatte die metallene Teekanne bereits ergriffen und ging damit zur Durchreiche. Sie würden sich in St. Agnes's gut erholen, sagte er, im Umkreis von Meilen gebe es keine Kinder. Die Durchreiche wurde geöffnet, und Mrs. Hurleys frisch geschminktes Gesicht erschien. Sie hatte das Haarnetz abgenommen, und das Haar, das sie damit gebändigt hatte und das, wie man jetzt sehen konnte, mit Henna gefärbt war, bauschte sich kunstvoll um ihren Kopf. »Haben sie genug Butter?« wollte sie von ihrem Mann in demselben entschiedenen Ton wissen, den sie angeschlagen hatte, als sie sich über das Treiben des Windhunds beklagt hatte. »Das ist gute Landbutter«, rief sie ihren Gästen zu. »Ganz frisch.«

»Wir haben mehr als genug«, erwiderte Kitty. »Die Butter ist wirklich gut, Mrs. Hurley.«

Die Teekanne kam wieder durch die Durchreiche und wurde auf den Tisch gestellt. »Heute abend gibt's in Tramore eine große Attraktion«, sagte Mr. Hurley. »Haben Sie schon mal was von den Carmodys gehört?«

Als sie verneinten, erzählte er ihnen, daß die Carmodys eine »Todeskurve« betrieben, die in dem Ruf stehe, erstklassige Unterhaltung zu bieten. Sie habe noch nie eine »Todeskurve« gesehen, sagte Kitty, als er weg war. »Schmecken dir die Würstchen, Liebling?«

Er nickte und hielt ihr die Tasse hin, um sich Tee nachgießen zu lassen. Unterm Tisch hatten sie die Waden aneinandergepreßt.

»Coddy Donnegan wollte mich mal mit hinnehmen, aber ich hab gesagt, ich könnte mir das nicht ansehen.«

»Dann sollten wir uns keine Gedanken drüber machen.«

»Mit dir würd ich mir alles ansehen, Davy. Vielleicht könnten wir auch unten am Meer spazierengehen.«

Er nickte wieder, und sie beugte sich vor und sagte, sie fühle sich wohl, eine Anspielung darauf, daß ihr in letzter Zeit öfters übel gewesen war. Nach der Vorführung und dem Spaziergang könnten sie noch ein paar Gläser trinken, schlug sie vor, da es keinen guten Eindruck machen würde, zu früh aufs Zimmer zurückzukehren. Sie zwinkerte und stieß ihn mit dem Knie an.

Unterm Tisch legte er die Hand auf ihr mit einem Nylonstrumpf bekleidetes Bein. »O mein Gott, hör jetzt auf«, flüsterte sie.

Als sie in der McHenry Street vor der Apotheke gestanden hatten, hatte sie ihm gesagt, daß es nicht Coddy Donnegan gewesen sei. Sie sei nie in Coddy Donnegan verliebt gewesen. Bevor diese andere Sache passiert sei, bevor dieser Mann– ein Cousin von Pater Tolan, der selbst Priester werden wollte – sie bei der Hand gefaßt habe, wie Coddy Donnegan das in tausend Jahren nicht hinkriegen würde, sei sie noch nie verliebt gewesen. Er sei in den Sommerferien in der Gemeinde gewesen; für ihn hätte sie ihr Leben hingegeben. »Er würde mich heiraten, wenn er davon wüßte, Davy. Er würde das Priesteramt niederlegen, aber ich erzähl's ihm nicht.«

Sie aßen auf, was Mrs. Hurley ihnen zubereitet hatte. »Ich geh bloß kurz noch mal nach oben«, sagte sie. »Ich bin gleich wieder da, Liebling.«

Während Davy in der Diele wartete, betrachtete er die Bilder an den Wänden. Unter der Jungfrau mit Kind brannte ein Licht; es gab Reproduktionen von viktorianischen Gemälden, eins von einem Streichholzverkäufer, ein andres von einer Frau mit Umhängetuch und einem Korb voll Lavendel. Er wandte sich ab, und das Gesicht des Apothekers schlich sich ihm ins Gedächtnis: das Kinn dunkel und ganz picklig unter einem Dreitagebart, die Augen riesengroß hinter einer Brille mit dicken Gläsern, die Wangen so blaß wie der weiße Kittel, den er trug.

»Kommen Sie rein«, hatte Mr. Minogue sie an jenem Tag begrüßt, da er wußte, was sie wollten, obwohl noch kein Wort gefallen war. Es war der Nachmittag, an dem sein Laden geschlossen blieb, und er führte sie durch die Stille der Apotheke in ein Hinterzimmer, wo es keinen Stuhl gab, auf den man sich hätte setzen können, sondern nur einen Tisch mit einer Gummiunterlage darauf. »Ich gehe ein großes Risiko ein«, verkündete Mr. Minogue ohne lange Vorrede, und sein ernster Gesichtsausdruck spiegelte das deutlich wider. »Die Hilfe, die ich Ihnen in ihrer Notlage anbiete, gebe ich nur aus humanitären Gründen. Aber ich muß mich absichern, verstehen Sie das? Ich bin gezwungen, Ihnen ein Honorar zu berechnen.« Während er das sagte, fixierte er ihre Gesichter die ganze Zeit mit seinen Riesenglubschaugen, umfing sie mit seinem starren Blick und ließ ihn von einem zum anderen wandern. »Sie kennen bestimmt die Höhe des Honorars?« sagte er, und als Kitty ihm das Geld hinlegte, beugte sich sein Kopf mit dem kurzgeschnittenen grauen Haar über die Geldscheine, die er zählte. »Ja, stimmt genau«, sagte er und sprach Davy direkt an, da er zweifellos annahm, daß er der Vater des unerwünschten Kindes und der Geldgeber sei. Er steckte die Scheine in eine Brieftasche, die er aus der Gesäßtasche gezogen hatte, und gab Davy mit einer Kopfbewegung zu verstehen, daß er in den Laden zurückgehen und dort warten solle. Doch bevor Davy das tun konnte, wurden er und der Abtreibungsspezialist davon überrascht, daß Kitty ohne jegliche Vorwarnung schrie, daß sie es nicht tun könne. Dafür würde sie in der Hölle schmoren, kreischte sie in einem plötzlichen, schrillen, unerwarteten Gefühlsausbruch; das könne sie niemals beichten, dafür gebe es keine Buße. »Lieber sterbe ich auf der Stelle, Sir«, sagte sie zu Mr. Minogue und ließ ihren Tränen freien Lauf. Sie flossen ihr auf die geröteten runden Wangen; die Hand noch in der Gesäßtasche, stand der humane Abtreibungsspezialist wie angewurzelt da. »Gegrüßet seist du Maria, Mutter Gottes!« schrie Kitty erneut mit schriller Stimme. »Süße Mutter, verlaß mich nicht!« Das Geld wurde zurückgegeben, und man wechselte kein Wort mehr miteinander. Mr. Minogue zog seinen weißen Kittel aus und geleitete sie zur Ladentür. Bevor er die Tür aufmachte, schielte er an einem Reklameschild für Abführmittel, das an der Schaufensterscheibe klebte, vorbei nach draußen. Die Straße war menschenleer. Es hatte keine Begrüßung gegeben, und jetzt verabschiedete man sich auch nicht.

»Können wir gehen?« fragte Kitty und kam die Treppe herunter.

Er machte die Haustür auf, und sie traten in den Abend hinaus. In der von Reihenhäusern gesäumten Sackgasse, in der

St. Agnes's das letzte Haus war, war es warm und still. Sie konnten das Meer noch nicht hören, und Kitty sagte, dann seien die Wellen nicht hoch. »Tut mir leid«, hatte sie, immer noch schluchzend, vor der Apotheke gesagt, und dann waren sie stundenlang durch die Straßen gelaufen, bis sie in einem Café eine Tasse Tee tranken. Inzwischen hatte sie sich beruhigt; sie sagte, es sei ihr auch nicht einen Augenblick lang in den Sinn gekommen, daß sie es nicht tun könne, aber als sie Mr. Minogue das Geld ausgehändigt habe, habe die Sünde leibhaftig vor ihnen gestanden. »Ich schwör's bei Gott, Davy.« Er sagte, er verstehe, aber das stimmte nicht. Er war verwirrt, weil er so viel zu begreifen hatte – daß sie in der Patsche saß, daß der Zweck ihrer Fahrt enthüllt wurde, und dann der Vorfall mit Mr. Minogue. Er war der Mann, der auf dem Hof und auf den Feldern arbeitete: Es war schon seltsam genug gewesen, daß sie ihn gebeten hatte, mit ihr nach Cork zu fahren. In dem Café sagte sie nach zwei Tassen Tee, daß es ihr besser gehe. Sie aß ein Rosinenbrötchen, aber er konnte nichts essen. Dann führte er sie zu dem Waisenhaus, bloß um es sich von außen anzusehen. »Mein Gott, Davy, was soll ich bloß machen?« rief sie plötzlich, als sie so dastanden, genauso plötzlich, wie sie im Hinterzimmer der Apotheke gesagt hatte, daß sie die Sache nicht fertigbringe.

»Das ist unten am Strand«, sagte ihnen ein Mann, als sie nach der »Todeskurve« fragten. Er wies ihnen die Richtung, und bald hörten sie das Dröhnen des Motorrads und die dazugehörige Begleitmusik. *»… to see again the moonlight over Clara«*, sang eine Tenorstimme, die durch das Kratzen einer Grammophonnadel ihres Wohlklangs beraubt war. *»… and to see the sun going down on Galway Bay«.* Sie zahlten Eintritt und stiegen eine wacklige Treppe hinauf, die einer Leiter ähnelte und auf den oberen Teil der hölzernen Halbkugel führte. Außen herum lief eine Plattform mit einer Balustrade, die verhindern sollte, daß aus der drängelnden Zuschauermenge jemand in die Tiefe stürzte. »Mein Gott, das ist toll«, überschrie Kitty den Lärm, und Davy drückte ihren Arm. Ein kleiner, runzliger Mann in roten Gamaschen und schwarzer Lederkleidung mit einem rot getüpfelten Halstuch bestieg das vibrierende Motorrad, das unten mitten in der Halbkugel aufgebockt war. Er schob es vorwärts, fuhr es unten auf die leichte Schräge und lenkte es dann allmählich die Steilwand hinauf. Mit jeder Runde vergrößerte sich der Winkel seiner Maschine, bis er und sein Motorrad sich am Ende, nahe an der Balustrade, über der die Zuschauer lehnten, in der Waagerechten bewegten. Die Bretter der Wand und der Plattform vibrierten, das Dröhnen des Motors war ohrenbetäubend. Der Fahrer winkte mit den Händen über dem Kopf und lenkte die Maschine in der gleichen Kreisbewegung wieder nach unten. Die Zuschauer klatschten und warfen Münzen hinab. »Alles in Ordnung?« rief Davy, denn Kitty hatte vor Aufregung die Augen geschlossen. Unten wurde das Motorrad wieder auf seinen Ständer gestellt. Der Mann bedankte sich mit einer Verbeugung für das Geld, das immer noch auf dem Boden lag, und warf dann plötzlich mit dramatischer Geste einen Arm in die Luft. Sofort gesellte sich eine Frau zu ihm, die ebenfalls rotschwarz gekleidet war und auf den Soziussitz seines Motorrads und schließlich, auf halber Höhe der Wand, auf seine Schultern stieg. Dort stand sie und ließ sein getüpfeltes Halstuch zwischen den Zähnen hervorflattern. Kitty kreischte und machte wieder die Augen zu. Noch mehr Münzen wurden hinabgeworfen.

»Ist das seine Frau, Davy?« fragte Kitty, als sie weggingen.

»Ich würde sagen, ja.«

»Wäre es nicht furchtbar, wenn sie runterfiele?«

»Ich glaub nicht, daß das passiert.«

»Mein Gott, ich liebe den Geruch des Meeres, Davy.«

Sie sagte, daß sie herumplanschen würde, wenn sie keine Strümpfe anhätte, und er erzählte ihr, wie sie einmal vom Waisenhaus nach Courtmacsherry ans Meer gefahren seien. Während sie in die Stadt zurückgingen und sich auf die Suche nach einem Pub machten, erzählte er immer weiter. Schließlich fanden sie einen, in dem es genauso still war wie in St. Agnes's, eine schummrige Kneipe, die Kitty gemütlich fand. An der Theke saßen zwei ältere Männer und tranken ununterbrochen, ohne sich zu unterhalten. In dem an die Bar angrenzenden Lebensmittelladen stellte der Wirt Mehlsäcke um. Davy rief nach ihm und bestellte zwei Flaschen Stout.

»War's schrecklich im Waisenhaus?« fragte Kitty, als er die Flaschen zu dem Tisch gebracht hatte, an dem sie saß. »War es die ganze Zeit schwer zu ertragen?«

Er verneinte. Es sei nicht so schlimm gewesen; bevor er auf den Hof gekommen sei, habe er gar nichts anderes gekannt. »Mein Gott, das sieht ja aus wie ein Gefängnis«, hatte sie damals gesagt, als sie von der Straße auf das Waisenhaus geblickt hatte.

»Aber es ist doch schrecklich, keine Familie zu haben«, sagte sie jetzt. »Mir geht's zur Hälfte genauso, ohne Mutter.«

»Man gewöhnt sich dran.«

Eine Woche nach ihrer Fahrt nach Cork hatte ihre Tante zu ihm gesagt, daß Kitty ihn heiraten würde, wenn er um ihre Hand anhielte. Währenddessen stand ihre Tante, eine kräftig gebaute Frau, die immer schwarz gekleidet war, im frühmorgendlichen Sonnenlicht. Sie wußte besser als alle anderen, besser als ihr Mann, ihr Bruder oder Kitty selbst, daß er seit seiner Ankunft auf dem Hof mit dem Schild um den Hals ein Auge auf Kitty geworfen hatte. Die Tante hatte die schärfste Beobachtungsgabe, die Augen so schwarz wie ihre Kleider, immer wachsam. Sie hatte bemerkt, wie er Kitty über den Tisch hinweg angesehen hatte, als sie sich alle zum Abendessen hingesetzt hatten; er mußte sie ständig ansehen, und es machte ihn jedesmal verlegen, wenn ihre Tante ihn dabei ertappte. Ahnte sie, daß er sich nachts im Bett Kittys Lippen auf seinem Mund und ihren schönen weißen, weichen Körper vorstellte? Daß ihnen der Hof einmal gehören würde, hatte sie nicht gesagt, weil sich das von selbst verstand: Kitty würde den Hof erben, da sonst niemand in Frage kam, und wenn er sie heiratete, wäre er nicht länger der Knecht, dem man immer die schlimmsten Arbeiten auflud. »Dann halt ich um ihre Hand an«, sagte er, und wegen des Tages, den sie in Cork verbracht hatten, fiel es ihm leichter, seinen Mut zusammenzunehmen. Bis dahin hatte Kitty ihn immer genau wie ihr

Vater und ihr Onkel herumkommandiert, wenn sie zu bestimmten Zeiten zusammen arbeiteten, bei der Heumahd oder bei der Kartoffelernte. Er hatte ihr das nie übelgenommen, genausowenig hatte er gedacht, er habe ein Recht, sich darüber zu ärgern, daß Coddy Donnegans rostiger, alter Vauxhall immer auf den Hof kam und Coddy Donnegan darin wartete, oder wie er die Beifahrertür aufstieß, wenn er ihre Pumps über den Beton klacken hörte. Pater Tolans Cousin hatte sich nie in der Nähe des Hofs blicken lassen; all das war ein Rätsel.

»Ob's hier wohl irgendwas zu essen gibt, Liebling? Meinst du, sie haben Kekse?«

Er bestellte an der Bar noch zwei Flaschen Stout und fragte, ob sie Kekse haben könnten. Der Wirt sagte, er habe Ingwerwaffeln und ging in den Laden, um ein halbes Pfund auszuwiegen.

»Oh, toll«, sagte Kitty. Sie zerkaute eine. Er schenkte das Stout ein. An dem Tag, bevor ihre Tante ihm im Hof den Vorschlag gemacht hatte, hatte er bemerkt, wie Kitty nach der Messe zu Coddy Donnegan gegangen war und dieser sie hatte stehenlassen, als hätten sie Streit gehabt, was im Hinblick auf ihre Freundschaft mit Pater Tolans Cousin durchaus verständlich war. Danach war Coddy Donnegans Vauxhall nie wieder auf den Hof gekommen.

»Wir werden unsere Hochzeitsreise nie vergessen«, sagte Kitty. »Ich wünschte, wir hätten einen Fotoapparat. Ich würde gern ein paar Schnappschüsse von Tramore machen.«

Er wußte, was sie meinte. Für den Rest ihres Lebens würden sie auf dem Hof sein, jeden Morgen und jeden Abend melken, die Milchkannen zur Molkerei hinunterbringen, pflügen, säen und Gräben ziehen. Wie man es auch anstellte, man hatte nie genug Zeit, bis auf die paar Stunden, die es dauerte, in die Messe zu gehen. Er fuhr immer mit dem Fahrrad zur Messe, und Sonntag nachmittags fuhr er zu Doolin's an der alten Bahnlinie hinüber, wo keine Züge mehr fuhren. Bei Doolin's führte jetzt eine neue Straße vorbei, und Sonntag nachmittags lehnten stets ein paar Fahrräder an der Scheibe, und drinnen sah man stets dasselbe Dutzend Gesichter. »Ich hab gehört, du heiratest ein«, sagte einer der Männer an dem Sonntag nach Kittys Jawort zu ihm. »Alles Gute, Davy!« Niemand neidete ihm sein Glück, weder bei Doolin's noch sonstwo. Pater Tolan kam extra auf den Hof und zum Rübenfeld hinunter, um ihm die Hand zu schütteln und zu gratulieren. Selbst Ned Cauley, der selten an etwas ein gutes Haar ließ, nickte ihm anerkennend zu.

»Ingwerwaffeln und Stout schmecken mir unheimlich gut«, sagte Kitty. »Wußtest du denn, daß ich am liebsten Ingwerwaffeln esse?«

»Das war alles, was der Mann da hatte.«

Plötzlich fragte sie ihn, ob er glücklich sei. Sie stellte die Frage noch einmal, formulierte sie aber anders und fragte ihn, ob er mit sich selbst zufrieden sei. Er sagte ja.

»Davy wirst du je den Tag vergessen, als wir nach Cork gefahren sind?«

Er fand, daß ihre Stimme so klang, als würde sie langsam betrunken, als wäre ihr das Stout aufgrund ihres Zustands in den Kopf gestiegen. Sie blickte ihn an und kicherte. Sie beugte sich näher zu ihm und sagte, an jenem Tag im Bus habe sie bei sich gedacht, daß sie nichts dagegen hätte, mit ihm verheiratet zu sein.

»Du warst an diesem Tag gut zu mir, Davy, weißt du das?«

»Du hast mir schon immer gefallen, Kitty.«

»Das hab ich erst an dem Tag gemerkt, Liebling. Da hab ich's zum ersten Mal erkannt.«

Er ging an die Bar und holte noch zwei Flaschen Stout. Er hatte sich gefragt, ob die Männer bei Doolin's wußten, daß sie in anderen Umständen war, und ob sie dachten, es sei sein Kind. Dasselbe hatte er sich bei ihrem Vater, ihrem Onkel und bei Pater Tolan gefragt. Er wußte nicht, ob sich die Sache herumgesprochen hatte oder nicht.

»Ist am Ende nicht alles in Ordnung gekommen?« fragte sie, als er mit dem Stout zurückkehrte. Sie fragte, ob es noch Waffeln gebe, und er ging zurück und kaufte noch ein Viertelpfund. Als er an ihren Tisch zurückkehrte, sagte sie:

»Warst du je eifersüchtig auf Coddy, Liebling?«

Er nickte und schenkte sich sein Stout ein, und sie lachte, weil sie ihn in Verlegenheit gebracht hatte. Er schaute weg und wünschte, sie hätte nicht von Coddy Donnegan angefangen. Dann drehte er sich um und versuchte unbeholfen, sie zu küssen, mußte aber feststellen, daß an ihren Lippen überall Waffelkrümel klebten.

»Oh, Coddy ist ein richtiger Romantiker! Er hat ungefähr zehn- oder elfmal gefragt, ob wir heiraten.«

Er runzelte die Stirn, denn er hatte das Gefühl, daß irgend etwas nicht stimmte, doch im Augenblick wußte er nicht genau, was.

»Hab ich dir schon gesagt, daß der arme Coddy geweint hat?« fragte sie. »An dem Tag, als ich ihm erzählt hab, daß ich dich heirate.«

Danach wurde das Gespräch ziemlich wirr. Kitty erwähnte noch einmal ihre Überraschung, als Mrs. Kilfedder sie auf der Hochzeit umarmt hatte. Sie zählte die ganzen Hochzeitsgäste auf und sagte, es sei wohl die größte Hochzeit seit langem gewesen. Ihr Vater habe zwei Ochsen verkaufen müssen, um alles zu finanzieren. »Hast du den Anzug vom alten Feehy gesehen, ohne Kragen und Krawatte?« Dann ging sie alle Gäste durch, machte eine Bemerkung zu ihrer Kleidung und fragte sich, warum die anderen Frauen sie nicht umarmt hatten. »Wollen wir noch ein paar Flaschen mitnehmen?« schlug sie vor und stieß ihn zwinkernd mit dem Ellbogen an. »He!« rief sie dem Wirt zu. »Packen Sie uns ein Dutzend Stout in eine Tüte, Mister.«

Als Davy bezahlt hatte, verließen sie den Pub, und Kitty redete von einem Mädchen namens Rose, mit dem sie auf der staatlichen Schule gewesen war, und fragte sich, wo das Mädchen jetzt wohl stecken mochte. Sie klammerte sich an seinen Arm; er hörte nur mit halbem Ohr zu. Als sie in die Sackgasse bogen, trafen sie Mr. Hurley, der einen Windhund spazierenführte, ein Tier mit traurigem Blick, von dem Mr. Hurley im Laufe des Gesprächs behauptete, es sei ein Vermögen wert. »Ist das der Hund, der sich immer in die Betonmischmaschine legt?« fragte Kitty, und Mr. Hurley erklärte, daß das nur ab und zu vorkomme.

Kitty lachte schrill. Sie wies darauf hin, daß das Problem an so einer Angewohnheit sei, daß das Tier vielleicht einmal zu Beton verarbeitet werde. »Wollen Sie ein Stout, Mr. Hurley? Wir haben ein paar Flaschen mitgebracht.«

Mr. Hurley fiel sofort mit ihnen in Gleichschritt, und als sie beim Haus ankamen, sperrte er den Windhund in eine Hütte und führte die beiden hinten herum. »Setzen Sie sich«, sagte er in der Küche, und seine Frau brachte Gläser und sagte, es sei nicht üblich, daß die Gäste Alkohol nach St. Agnes's mitbrächten, aber was könne es schon schaden? »Viel Glück!« sagte Mr. Hurley.

Sie erzählten ein paar Einzelheiten von der »Todeskurve« und von der Hochzeit. Die unerwartete Umarmung von Mrs. Kilfedder wurde genauso angesprochen wie der Umstand, daß Kittys Vater »Lily of Laguna« gesungen hatte und der alte Feehy ohne Kragen und Krawatte erschienen war. »Der arme Coddy Donnegan hatte nicht den Mut zu kommen«, sagte Kitty. »Er arbeitet im Schlachthof, Mrs. Hurley. Ich bin drei Jahre mit dem armen Kerl gegangen.«

»Das trifft einen schwer«, stimmte Mrs. Hurley zu.

»Er hat geweint, der arme Coddy.«

»Ich hab mal so was Ähnliches erlebt. Ein Bursche namens O'Gorman.«

»Ein Windhund«, sagte Mr. Hurley im Flüsterton. »Ein richtig schmieriger Typ.«

»O'Gorman konnte mit seinem Charme alles erreichen. Ich hab gehört, wie ihn jemand als schönsten Mann von Tramore bezeichnet hat.«

»Es heißt«, sagte Mr. Hurley in demselben leisen Ton, »er hat einer Nonne ein Kruzifix geklaut.«

»›Jetzt werd ich nie heiraten‹, hat der arme Coddy gesagt, als ich's ihm erzählt hab. ›Ich werd immer auf dich warten, Kitty.‹«

»Aber was hätte das denn für einen Sinn?« warf Mrs. Hurley ein. »Ist der arme Coddy ein bißchen begriffsstutzig?«

»Er formuliert das bloß so, Mrs. Hurley.«

Sie brauchten eine Stunde, um das Dutzend Flaschen zu trinken, und währenddessen gab Mr. Hurley Davy eine Reihe von Tips für Pferderennen. Er sprach von berühmten Windhunden, die er gekannt habe oder an deren Zucht er sogar beteiligt gewesen sei, aber Davy war mehr daran interessiert, worüber die beiden Frauen sich unterhielten, und konnte nicht umhin zuzuhören. Er hörte Kitty sagen, daß der Mann, den sie geheiratet habe, alles für einen tun würde. Er beobachtete, wie sie sich dichter zu Mrs. Hurley beugte, und hörte sie von Pater Tolans Cousin sprechen. »Mensch, kommen Sie, das ist doch nicht Ihr Ernst?« rief Mrs. Hurley und schaute zu ihm herüber, und er erriet sofort, was Kitty ihr erzählt hatte – daß der Cousin des Priesters durch seinen Fehltritt seine Berufung gefunden habe, daß Gott am Ende davon profitiert habe.

»Den ganzen Sommer lang zurückgehalten«, fuhr Mr. Hurley fort. »Setzen Sie jeden Penny drauf, den Sie haben.«

Davy versprach es, obwohl er noch nie in seinem ganzen Leben gewettet und auch nicht gehört hatte, wie das Pferd hieß, das Mr. Hurley empfahl. Kitty stand auf und schwankte hin und her, sie starrte aus trüben Augen. »Vielleicht hätte ich die Ingwerwaffeln lieber nicht essen sollen«, murmelte sie unsicher, aber Mrs. Hurley sagte, Ingwerwaffeln hätten noch niemandem geschadet. Mr. Hurley sprach von einem anderen Pferd, und Davy nickte ständig.

»Sie sind ein guter Mann«, flüsterte die Pensionswirtin, als er an ihr vorbeiging. Er hatte einen Arm um Kitty gelegt und stützte sie. Er schüttelte den Kopf und bestritt wortlos, so gütig zu sein, wie Mrs. Hurley es ihm unterstellte.

»Geht's dir gut?« fragte er Kitty auf der Treppe, doch erst im Zimmer antwortete sie, daß ihr übel sei. Er nahm den Porzellankrug aus der Schüssel auf dem Waschgestell, und nachdem sie sich übergeben hatte, brachte er die Schüssel über den Flur in die Toilette.

»Mein Gott, das tut mir leid, Liebling«, brachte sie gerade noch hervor, bevor sie, quer auf dem Bett liegend, einschlief.

Obwohl sie ihn nicht hören konnte, sagte er, das mache doch nichts. Es war ihm noch nie in den Sinn gekommen, daß ein Cousin von Pater Tolan, der für die Ferien in der Gemeinde war, sonntags hätte in der Messe sein müssen, doch er hatte ihn dort nie gesehen. Und außer Kitty hatte ihn auch nie jemand erwähnt. Sie hatte das Bild eines frommen jungen Mannes gezeichnet, der inzwischen Priester geworden sei, und in betrunkenem Zustand hatte sie auch Mrs. Hurley von ihm erzählen wollen. Sie hatte Mrs. Hurley sagen wollen, daß sich nichts so Geschmackloses zugetragen habe, wie es mit Coddy Donnegan auf dem Rücksitz seines blutbefleckten Vauxhall zu tun.

»Ist schon in Ordnung, Kitty.« Er sprach laut, setzte sich neben sie aufs Bett und blickte ihr ins Gesicht. Im Zimmer hing der ranzige Geruch ihres Erbrochenen; als er ihr das Kleid über den Kopf zog, merkte er, daß auch ihr Atem säuerlich roch. Er blickte ihr erneut ins Gesicht und begriff, warum sie gelogen hatte. Als sie Coddy Donnegan damals nach der Messe angesprochen hatte, hatte er wahrscheinlich entgegnet, daß sie sich habe schwängern lassen, um ihn sich zu schnappen.

Davy stand auf und zog sich langsam aus. Er hatte Glück, daß sie mit Coddy Donnegan gegangen war, denn sonst würde sie jetzt nicht in ihrer Hochzeitsnacht vor ihm auf dem Bett liegen. Noch einmal blickte er ihr ins Gesicht: Achtzehn Jahre lang war sie ihm wie eine Königin vorgekommen, und jetzt hatte er wie durch ein Wunder das Recht, sie zu küssen. Er rückte ihren schlaffen Körper gerade und brachte sie in eine bequeme Lage. Langsam zog er das Bettzeug hoch und schaltete das Licht aus; dann legte er sich neben sie und streichelte sie im Dunkeln. Er war mit einem Schild um den Hals auf den Hof gekommen; er war aus dem Nichts gekommen, aus Zimmern und Fluren, die auf dieselbe trostlose Weise anonym waren wie die Findelkinder im Waisenhaus. Man kannte ihn als den Knecht ihres Vaters, aber jetzt war er ihr Mann. So würden die Leute ihn nennen, und am Ende würde es keine Rolle mehr spielen, wenn sie von

Coddy Donnegan sprach oder die Stimme senkte, um den Cousin des Priesters zu erwähnen. Das war ganz natürlich, da sie von ihrer Heirat weniger profitierte als er.

Claire Keegan

Tanzen ist eine gute Therapie

Keine Ahnung, warum wir ihn Slapper Jim nannten. Meine Mutter prägte mir sein Bild ein, und ich war in einem Alter, in dem das Bild den Mann selbst übertrifft. Die Poster bewiesen es: Thin Lizzy mit einem V-Ausschnitt, nackter Brust, Pat Spillanes Beine, die über meine Schlafzimmerwand jagten, der Ball in der Schwebe. Ich war das Mädchen mit dem Leckermaul und einem Appetit auf Männer. Und auf Bilder.

Ich habe ein photographisches Gedächtnis. Jede kitschige Seite aus dem Hochzeitsalbum meiner Kusine sehe ich vor mir, das Hufeisen auf dem Kuchen, der Mann etwas größer als die Frau, die Füße im Zuckerguß. Ich teile mein Leben in Bilder ein, wie andere Leute sich jeden Monat von ihrem Kalender in umrahmte Abschnitte teilen lassen. Die Zeit mit Slapper Jim aber war die Zeit mit den merkwürdigsten Bildern.

Damals haben wir Schweine geschlachtet, aßen im eigenen Fett gebrutzeltes Fleisch mit einfacher Soße. Plastilingrau und Apfelgrün, das waren die Farben bei uns daheim. Ma hielt meinen Teller mit dem Rockzipfel und erzählte mir von ihrem Tag, während ich zulangte.

»Du solltest mal den neuen Holzfäller sehen, den dein Dad eingestellt hat. Slapper Jim, so nennen sie ihn. Das ist vielleicht ein Brocken! Kam hier reinspaziert, und ich sag dir, als der sich gegen die Trennwand lehnte, da hab' ich ehrlich geglaubt, daß das ganze Ding zusammenkracht.«

Die Hände meines Bruders Eugene formen hinter ihrem Rücken einen Entenschnabel. Ich spieße eine Scheibe Schweinefleisch auf und stelle mir diesen Hünen vor, unter dessen Schritten die Erde bebt. Ein Mann, der seine eigene Kraft nicht kennt. Das kann gefährlich sein. Ich hab' mal gesehen, wie mein

Dad mit der bloßen Faust einer Kuh die Rippen brach, als er einfach nur versuchte, sie im Stall beiseitezuschieben.

»Ich hab' ihm sein Essen hingestellt, aber wenn der nach dem Kochtopf langte, brauchte er nicht mal aufzustehen. Hat elf Kartoffeln verdrückt. Elf Kartoffeln, kannst du dir das vorstellen? Hast Glück, daß überhaupt noch was übrig ist.«

Ma sucht in der Bestecklade nach einem Löffel. Tapioka und Apfelkompott, fürchte ich, hoffe aber auf Sherry-Trifle, klebrigen Karamel und einen ordentlichen Schlag Eiscreme.

»Was gibt's zum Nachtisch?«

Samstags abends lassen sie mich hier allein. Eugene geht auch mit, obwohl er gar nicht tanzen kann. Wäre auch zu weibisch, wenn er bei mir zu Hause bliebe, weil er doch soviel älter ist. Sieben Jahre. Ich wurde mit Dads letzten Spermaresten gezeugt. Das habe ich neulich erst erfahren. Meine Mutter sagt, ich bin der »Ausrutscher« in der Familie. Mein Vater erzählt überall, ich bin der »Bodensatz«, aber das läuft sicher aufs gleiche raus.

Tanzwütig, meine Eltern. Ma sagt, ein Mann, der nicht tanzen kann, ist bloß ein halber Mann. Im Wohnzimmer hat sie mir den Erntetanz beigebracht, Walzer, Quickstep und den *Siege of Ennis*. Sie sagt, Tanzen ist eine gute Therapie, es gibt ihr das Gefühl, mit der Welt im Einklang zu sein. Meist bewegt man sich, wie man eben muß, stemmt sich gegen den Regen oder so, aber Tanzen macht sie locker, sagt sie, ölt ihr die Gelenke. Jeder sollte sich im eigenen Rhythmus bewegen können. Sie legt eine Platte auf, ich schütte Lux aufs Linoleum, und wir wirbeln wie zwei Irre über den Wohnzimmerboden. Ich bin der männliche Irre und tue, als würde ich nicht sehen, wie sie sich im Spiegel der Anrichte betrachtet, wenn wir vorübertanzen. Beim *Walls of Limerick* stehen sich zwei Paare gegenüber, also halten wir unsichtbaren Partnern die Hände hin und schieben sie durch die Gegend, wie es uns paßt. Ich weiß gern, was Ma will, wohin sie geht, noch bevor sie sich rührt, und nicht darüber nachdenken zu müssen.

Die Samstage riechen nach Mädchen: feuchte Wolle, Nagellack und Kamille-Shampoo. Ma macht sich die Haare in der Küche. Im Friseursalon, sagen wir. Ich stecke mir die Klammern zwischen die Lippen, schlinge ihr Haar um die stachligen Lockenwickler und trage zum besseren Halt einen Festiger auf. Ihr Kopf verschwindet im Netz, und sie sitzt unter der Trockenhaube, die wir damals, als *Er+Sie* pleite gemacht hat, im Räumungsverkauf erstanden haben. Ich reiche ihr eine alte *Woman's Weekly* und stelle mir vor, es wäre die *Vogue*. Die letzte Seite ist herausgerissen, damit Dad nichts über Frauenprobleme lesen kann.

»Willst du einen Kaffee?« schreie ich, um den Lärm zu übertönen.

Dabei hat es in diesem Haus niemals Kaffee gegeben. Sie bleibt unter der Haube, hört schwer und redet laut wie eine alte Frau, und ich reiche ihr eine Tasse schaumige Ovomaltine, und eine Stunde später kommt sie erleichtert und rosa wieder zum Vorschein. Dann die Kleckserei mit Schuhcreme, das Zischen des Dampfbügeleisens, das die Falten glättet. Das Rascheln der Veranstaltungsseiten, und Dad, der Seifenschaum für sein Gesicht anrührt, sich die Schlagzeilen ans Kinn klebt, damit das Bluten aufhört. Ma windet sich in ihrem fleischfarbenen Hüftgürtel, der ihren Bauch drinhalten soll. Schmerbauch nenne ich sie: »Willste etwa tanzen gehen, Schmerbauch? Auf dem Weg zum Schönheitswettbewerb, Schmerbauch? Wo ist dein Schmerbauch geblieben, Schmerbauch?«

Sie nennt mich Nervensäge: »Halt den Mund, du Nervensäge.« Mit dem Glasstöpsel tupft sie sich Maiglöckchenparfüm hinter die Ohren, schlüpft mit den ungeduldigen Füßen in ihre Tanzschuhe und ist startklar.

»Fall mir bloß nicht ins Feuer, ja?« Dad hat immer das letzte Wort und klimpert mit den Schlüsseln, als würden sie zum einzigen Auto in der Gemeinde gehören.

»Nein, Dad.«

Eugene zieht seine Kordjacke an und sieht mich an, als wollte er mich umbringen.

Der Film beginnt nach den Neun-Uhr-Nachrichten. Ich ziehe mir den Schlafanzug an und finde die Kekse. Sie versteckt sie in der Waschmaschine, im Akkordeonkasten oder im Butterfaß. Einmal hat Eugene sie alle aufgegessen und einen Zettel geschrieben, auf dem stand: »Such dir nächstesmal ein besseres Versteck«, aber Schmerbauch ist vor Wut fast geplatzt, also schreiben wir ihr keine Zettel mehr, und sie sagt nichts mehr. So ist das eben in unserem Haus, alle wissen was, aber jeder tut, als wüßte er von nichts.

Ich mache alle Lichter aus, lege die Füße hoch, spiele im Dunkeln mit mir und hoffe, die Schauspieler ziehen sich bis auf die Haut aus und springen in Großaufnahme splitternackt ins Wasser. *Die Vögel* heißt der heutige Film. Vögel sammeln sich auf Telegraphenleitungen, mustern die Kinder mit ihren glasigen Augen. Bereit, auf sie herabzustoßen. Selbst die Lehrer können sie nicht beschützen. Ich denke an die Nebelkrähen, die unseren Lämmern die Augen aushacken. Ich höre ein Geräusch, aber es ist nur das Milchsieb, das im Wind ans Glas klopft. Sieht wie eine Metallklaue aus, eine drahtige Hand. Ich schiebe den Riegel vor die Tür und lasse den Setter aufs Sofa. Als die Vögel über die Stadt herfallen, mache ich die Augen zu.

Erst nach Mitternacht streifen die Scheinwerfer durchs Zimmer. Ma wankt herein und öffnet den Kühlschrank, dessen Licht einen rosigen Schimmer auf ihre Wangen wirft. Dad schiebt den Kessel auf die Herdplatte, wärmt sich die Hände und freut sich auf einen kräftigen Happen.

»Hab' Slapper unten in Shillelagh gesehen. Hat mit jemand getanzt.«

»Wie klein die war«, schaltet sich Ma ein. »Kaum größer als ein Zwerghuhn, wenn sie neben ihm saß. Aber beide keine Ahnung von Rhythmus. Hoffnungslose Fälle.« Sie beißt mit Nachdruck in eine Tomate, und Eugene verzieht sich über die Treppe nach oben, bevor sie mit ihrer Ginger-Rogers-Predigt anfangen kann.

»Wie geht's dem Zwerghuhn?« frage ich als erstes, als ich Slapper Jim kennenlerne. Er lacht ein großes, rotes Lachen, das wie der Anfang von etwas klingt. Er hat volle Lippen und blondes Haar, und wenn man neben ihm steht, ist es, als würde man im Schatten stehen. Er ist groß wie ein Kleiderschrank. Ich möchte alle seine Hemdknöpfe aufmachen und hineinschauen. »Hä« ist sein Lieblingswort.

»Und wer soll dieses Zwerghuhn sein, hä?« Klingt, als würde er in einen Brunnen sprechen.

Mein Vater sitzt am Kopfende des Tisches, knetet einen Klumpen Tabak und stopft sich die Pfeife. Er hat keine Zähne, die das Lächeln aus seinen Augen vertreiben könnten.

»Ma sagt, die von dir würde aussehen wie ein Zwerghuhn«, sage ich.

»Hä?«

»Muß sie die ganze Woche im Nest hocken?«

»Vielleicht nistet sie ja gar nicht.«

»Dann mußt du sie rupfen.«

Zwerghuhnwitze gab es bis zum Schluß. Das Ausbrüten und Rupfen, die scheelen Blicke und lahmen Witze begleiteten uns durch den Sommer und noch eine Weile darüber hinaus.

Slapper trägt keinen Gürtel. Wenn er die Hose hochzieht, liegen seine Knöchel frei. An richtig verregneten Tagen bleiben die Männer daheim und erledigen kleinere Arbeiten. Sie reparieren Zäune, stutzen Schafhufe, schweißen dies und das zusammen. Samstags sieht sich Eugene *Sports Stadium* an und knabbert an den Nägeln. Ich helfe Slapper beim Holzhacken. Ich bin ein Mädchen, das ein Scheitende vom anderen unterscheiden kann, das weiß, man stellt das Holz auf den Klotz, wie es gewachsen ist, weil es für Slapper so einfacher ist. Aber wahrscheinlich kümmert es ihn gar nicht. Die Axt saust herab und spaltet das Holz jedesmal, ob Astloch oder nicht. Selbst die Stechpalme, die mein Vater ein »hundsgemeines Holz« nennt, bricht unter seinen lockeren Hieben auf. Wir haben unseren Rhythmus: Ich stelle hin, er spaltet die Scheite. Bei anderen Leuten ziehe ich schnell die Hand zurück, aber nicht bei Slapper Jim. Er und ich, wir sind wie zwei Teile einer Maschine, schnell und reibungslos. Wir vertrauen einander. Und jedesmal rückt er seinen Hosenbund zurecht, wenn ich die Scheite aufstelle, und mit jedem Axthieb sackt die Hose wieder nach unten.

Im Sommer bin ich auch Holzfäller. Schmerbauch sagt, es ist keine Arbeit für ein Mädchen. Mädchen sollten Teigränder rollen und, wenn überhaupt, dann vielleicht noch Autos waschen. Ich sollte mein Zimmer aufräumen und mit einem Buch auf dem Kopf durch die Gegend laufen, um meine Haltung zu verbessern. Hauptsache, ich bleibe zu Hause.

»Halt sie von den Sägen fern. Wenn das Mädchen ohne Füße nach Hause kommt, brauchste dich gar nicht wieder blicken lassen.«

Wir haben so was schon erlebt. Abgesägte Zehen, ein durch die Winde gemangelter Arm, und einmal eine Stute, der die Bremsen derart zugesetzt haben, daß sie durchging, den Stamm auf die Straße zog und den Wagen zerschrammte. Aber wenn der Morgen kommt, bin ich auf den Beinen, ich halte mich bereit und warte darauf, daß Slappers Escort in unseren Weg einbiegt.

Meine Aufgabe ist es, hinter der Stute herzugehen. Eine graue Clydesdale mit weißer Blesse, mindestens siebzehn Handbreit hoch, wenn nicht höher. Allein ihr Geruch, der warme Erdgeruch, wie das Innere eines feuchten Blumentopfs. Ich lege die Nase an ihren Hals und atme ein. Clever ist sie außerdem, weil sie weiß, daß sie stehenbleiben muß, wenn der Haken festsitzt, und sie zieht wieder an, ohne einem die Schulter auszurenken. Ist kein bißchen hinterhältig, auch wenn sie einem den Schweif durchs Gesicht zieht, wenn man nicht schnell genug ist. Wir fällen auf den Hängen jede zweite Reihe. Slapper und Dad sägen und säubern die Stämme, Sitkafichten meist und Lärchen, der Traum von jedem Holzfäller. Ich schlinge die Kette um die Stämme, folge der Stute durch die Baumreihen zur Straße, halte das Holz möglichst eng zusammen und achte darauf, daß die Enden auf einer Höhe liegen. Dann löse ich die Kette, hänge das Zugseil ans Kummet, halte mich am

Schweif der Stute fest und lasse mich dieselbe Strecke wieder hinaufziehen. Weil ich auf diese Idee gekommen bin, sagt Slapper, ich hätte Grütze im Kopf. Und Dad sagt, ich sollte Eugene was davon abgeben, weil der nichts tut, außer den ganzen Tag auf dem Hintern zu hocken mit der Nase in einem Buch.

Es gibt Tee aus der Thermoskanne und Milch aus einer alten Corcoran-Limonadenflasche. Dazu Sodabrot, ganz matschig von Tomaten und Sardinen in roter Soße. Gegen Abend schmeckt der Tee bitter. Da, wo Slapper sitzt, biegt sich die Stoßstange durch; er redet mit vollem Mund.

»Blöde Biester«, sagt er und schlägt nach den Fliegen. Sie sitzen auf den Pferdeäpfeln und auf der Marmelade. Sie jagen mich die Baumreihen entlang und machen die Stute kirre. Ich sitze rückwärts auf ihr, wenn sie am Abhang grast, die Beine über den Flanken, und warte, daß jemand die Kekspackung anbricht. Slapper hebt mich hoch. »Pfirsich«, nennt er mich, dabei habe ich überhaupt nichts von einem Pfirsich. Mein Vater sagt, ich bin eher so wie eine Rhabarberstange, lang und sauer.

»Hast so 'ne Art mit dem Gaul, Pfirsich. Mir würd' sie glatt den Hintern abbeißen.«

»Wenn der auch immer aus der Hose hängt. Hier, Slapper«, sagt Da und gibt ihm ein Stück Schnur, »bis du dir einen Gürtel kaufst.«

»Hä?« Slapper lächelt, bindet seine Hose aber nicht zusammen. Er mustert die Schnur bloß mit so einem Blick, bis Dad sie wieder in die Tasche steckt, und rückt seinen Hosenbund zurecht, wie sich jemand anders die Brille die Nase hochschieben würde.

Slapper bringt mir die Tricks bei. Er hält seinen dicken Finger hoch, beugt sich aber nicht zu mir herunter, wenn er diese Dinge sagt: »Mach den Stamm erst los, wenn du sie abgespannt hast; wenn sie durchgeht, sind deine Finger Mus. Steh nicht vor der Säge. Wenn ein Kettenglied sich lockert und sie reißt, ist es aus mit dir.« Er öffnet mir die verbotene Welt der Erwachsenensprache und lädt mich ein, sie zu betreten. Dann läßt er mich stehen, damit ich allein zurechtkomme.

Wir bleiben bis zur Dämmerung. Abends kommen Forstarbeiter mit ihren Eimern und streichen rosa Gift auf die Stümpfe. Sägen, Öl und Benzinkanister verstecken wir oben unter den Stämmen und lassen die Stute auf der Weide unten an der Straße frei. Die Laster mit ihren Kränen kommen jede Woche und laden die Stapel auf. Fünfundzwanzig Tonnen sind eine Ladung, ein Scheck für uns und ein Pfund Weingummi, nach der Messe eine *Bunty* und eine *Judy* und zweimal Choc-Eis und zwei Riesendrops für mich.

»Was lernste in der Schule?« fragt Slapper, als wir die Stute zur Weide hinunterbringen.

Ich kenne mich in Trigonometrie aus. »Ich weiß, daß das Quadrat über der Hypotenuse gleich der Summe der Quadrate über den anderen beiden Seiten ist.«

»Was is' eine Hüppotenuse?« Jim schiebt den Beifahrersitz zurück, um Platz für seine Beine zu schaffen, aber die Knie drücken noch immer gegen das Armaturenbrett. Er hält die Zügel aus dem offenen Fenster, und die Stute trottet neben dem Wagen her. »Lauf schon, faules Stück, mach! Hüha! Hüha! Du haariges, stinkendes, geiles Miststück. Lauf zu!« Er schlägt von außen mit der linken Hand an die Tür.

»Das Kind, Slapper. Denk an das Kind!« ermahnt ihn Dad.

Slapper sieht mich an. Mein Vater beobachtet mich im Rückspiegel, aber ich tue, als hätte ich kein Wort gehört.

»Was is' denn nun eine Hüppotenuse?«

Das sind die Bilder aus jener Zeit. Drei dreckige Holzfäller, die Bäume aus dem Wald holen, das Holz glatt und weiß unter der Rinde. Die Forstarbeiter, die mich ansehen, weil ich ein Mädchen bin. Ganze Packungen Bourbon-Cream-Kekse essen, spucken, bei Regen Radio One im Auto hören, die Kette anziehen, Feilen, die über Sägezähne knirschen, die runden Schneiden schimmernd wie ein gefährliches Halsband. Slapper fragt, was sie mir in der Schule beibringen, die Feile trifft jedesmal haargenau auf die Schneidkante. Dad sagt, Slapper ist ein Künstler mit der Säge. Der letzte Typ, der für Dad gearbeitet hat, hat ein Streichholz zwischen Zündkerze und Benzintank geklemmt, damit die Säge nicht anspringt, aber Dad ist ihm auf die Schliche gekommen und hat ihm den Laufpaß gegeben. Ich erzähle Slapper, was ich in der Schule gelernt habe. Ich weiß, daß Oliver Cromwell zu den armen Leuten gesagt hat: »Zur Hölle oder nach Connaught« (ich kann ihn auf seinem schwarzen Pferd vor mir sehen, wie er nach Westen zeigt), und daß Jesus die Geduld verloren hat. Ich kann William Blake aufsagen:

Tiger! Tiger! Brand entfacht,
In den Wäldern tiefer kracht,
Welch unsterblich Aug' und Hand
Hat dich in dein Maß gebannt?

Ich sehe es vor mir auf der Seite, das geschwungene Fragezeichen am Ende. Slapper hält meine Hand, stellt mich mitten im Regen oben auf die Motorhaube und will, daß ich Gedichte aufsage. Ich weiß sie auswendig. Er fragt mich, was »Maß« bedeuten soll, aber ich weiß es nicht. Er sagt, ich bin das unnatürlichste Kind in ganz Irland.

»Hol die Kleine aus dem Regen!« Dad verpaßt uns vom Fahrersitz aus einen Dämpfer. »Hörst du mich, Slapper? Sie holt sich noch den Tod, und dann ist es deine Schuld!«

Aber Slapper lächelt bloß. »Sag das Gedicht auf, Pfirsich.«

Ich schieße wie der Rhabarberstengel in die Höhe, der ich in Dads Augen bin, und die Verwandlung beginnt. Ich fange an, mich für die alten Kleider meiner Kusine zu interessieren. Blumige Fetzen mit schmalen Lackledergürteln und passenden spitzen Schuhen, die vorn kneifen. Ich humpele aus der Schule nach Hause und verkündige die Neuigkeit. »Psssst!« sagt Ma, gibt mir den Gummigürtel und Binden, die das Blut aufsaugen. Ich finde, sie sind so was wie die Zeitungsausschnitte für Dads Kinn.

»Sorg dafür, daß dein Vater die nicht sieht«, sagt sie. Ständig versteckt sie die Frauen, als wenn wir was Verbotenes wären.

Jetzt, wo ich dreizehn bin, hält man mich von den Männern fern. Es passiert auch in der Schule, im Sportunterricht. Ich spiele Basketball, springe über Hürden, komme verschwitzt und mit rotem Gesicht wieder und rede in der Klasse ohne Unterlaß. Keiner will neben mir sitzen, weil ich wie eine Nachgeburt stinke. Ich trage die Binden, betupfe mich mit Maiglöckchenparfüm und gehe zum Tanzen in den Pub. Slapper Jim mit seinem Zwerghuhn ist immer dabei. Mit alten Männern, Bekannten von meinem Vater, tanze ich Walzer durch den Zigarettenrauch. Ich sehe Sam Collins in seinen Lackschuhen über den Tanzboden schleifen, Schmerbauch herumwirbeln, die Linke so hoch, daß meine Ma kaum herankommt. Wegen seinem angeklatschten Haar, den silbernen Strähnen und seinen Pferdeaugen nennen wir ihn Foxy. Die Männer umfassen meine Hüfte mit ihren Händen und schleudern mich im Kreis herum, als wäre ich ein Eimer Wasser. Sie drücken mich an sich, nur um mich nicht loszulassen. Ihre Hemden sind hinten feucht. Ich trinke Babychams aus langstieligen Gläsern. Es schmeckt wie Eiscreme und zeichnet die Bilder weich. Eugene hockt an der Bar, Ellbogen aufgestemmt, mustert die Tänzer und trommelt mit dem Schuh den genauen Takt auf die Stuhlsprosse, aber tanzen will er nicht.

Slapper kann nicht tanzen. Wenn sich seine Füße im Takt bewegen, ist das reiner Zufall. Er findet einfach den Rhythmus nicht. Er zieht mich auf die Tanzfläche, legt die Arme um mich und verlagert das Gewicht von einem Bein aufs andere, macht beim Walzer riesige Schritte. Mein Kopf reicht bis zum vierten Knopf an seinem Hemd. Fast könnte ich über seine Schulter sehen, wenn ich mich auf die Zehenspitzen stellen würde. Ich kann ihn riechen, seine Brust dünstet den Geruch von Holzscheiten aus, als würde er Harz ausschwitzen. Erinnert mich an die Stute, sein Haar und die Wärme unter seinem Hemd, die großen Füße, die über den Boden ziehen. Ich versuche, ihn im Rhythmus zu führen, übertreibe meine wiegenden Bewegungen, aber er spürt die Musik nicht, und zu guter Letzt trete ich ihm auf die Füße.

»Hätte meine Schuhe mit Stahlkappen anziehen sollen«, brummt er.

Sein Zwerghuhn ist nicht mal so groß wie ich, eine dunkle, pummelige Frau, ihr Mund wie sein Mund geschnitten. Sie trägt eine königsblaue Bluse, über der Brust einen Hauch goldener Pailletten. Er könnte ihr die Pailletten mit der Gürtelschnalle abstreifen, wenn er einen Gürtel hätte. So komisch sehen die beiden zusammen aus.

Nach der Sperrstunde stehen die Paare draußen, die Frauen mit dem Rücken an der Giebelwand, und die Männer, über sie gebeugt, beide Hände gegen den Stein gestemmt, küssen sie. Knutschen, nennen wir das in der Schule. Ich möchte Slapper zusehen, wenn er mit seinem Zwerghuhn knutscht. Ich weiß nicht, wieso, aber ich will wissen, wie das aussieht. Ich glaube, er muß sie auf ein Bierfaß hieven. Ich suche die beiden, aber sie stehen nie an der Giebelwand. Ich frage mich, wie es sein würde, Slapper zu küssen, wie sich seine starken Hände in meinem Kleid anfühlen würden, seine Lippen auf meinem Mund. Ma legt mir einen Arm um die Schultern und führt mich zum Wagen, blendet diese Welt der Liebe, der einander berührenden Männer und Frauen aus.

Die Winter sind hier dunkel. Die Kälte hinter den Vorhängen läßt mich zittern, ich hocke über der Klobrille, ohne sie zu berühren. Unten wirft die Paraffinlampe tränenförmige Schatten an die Küchendecke. Ma dreht den Docht höher, und wenn Slapper hereinkommt, tanzen die Schatten. Ich muß daran denken, wie sie den Ofen höher stellt, wenn sie das zweite Brot reinschiebt. Sie flicht mein Haar zu zwei langen Zöpfen, während ich Spaghettiringe und eine Bratwurst esse. Sie macht den Daumen an der Zunge naß, fängt die losen Strähnen ein. Ich höre Slapper schlürfen, sehe den rosigen Mund, wie er Tee in sich hineinsaugt, vorm Fenster draußen baumelt der gußeiserne Topf mit dem Stern von Bethlehem. Ich will nicht zur Schule.

Ich zertrete das dünne Eis auf den Pfützen am Weg und rauche Zweige, bis der Bus kommt, blase weißen Atem aus. Von der Schule bringe ich Läuse nach Hause. Dad hält mich mit seinen Bauernhänden fest, während Ma meinen Schädel mit einer nach

Terpentin stinkenden Lösung übergießt. Sie zieht den Kamm über meine Kopfhaut, fängt die Nissen zwischen den Zähnen, zerquetscht sie knackend mit dem Daumennagel auf dem Küchentisch und sagt: »Da, die hätten wir.«

An diesem Samstag ist Schnee gefallen. Ich habe die Stute bis auf die Scheuklappen abgehalftert und lasse die Männer die Sachen zusammenpacken. Ich reite sie den ganzen Weg nach Hause, damit sie im Stall bleibt, bis sich das Wetter bessert. Als das Auto an uns vorbeifährt, wiehert die Stute und trottet hinterher, aber bald sind wir wieder allein. Slapper winkt aus dem Beifahrerfenster. Manchmal könnte man glauben, er hält sich für den Papst persönlich. Die Straße liegt verlassen da, aber die Stute spitzt die Ohren. Ein Stückchen weiter sehe ich drei Hengste, Jährlinge, die sich ans Weidegatter drängen und warten. Ich will die Stute auf die andere Straßenseite lenken, aber sie hat keine Kandare im Maul und reagiert nicht. Sie beschnuppert die Pferde und trompetet. Ich steige ab. Die Jährlinge haben ihre Schwänze ausgefahren, rosig-schwarze Schläuche, die fast bis zur Bauchmitte reichen. Sie schnauben und drücken gegen das Gatter, bis ich fürchte, daß es mich gleich erschlägt. Die Stute keilt mit den Hinterbeinen aus, hockt sich hin und pißt auf die Straße. Ich zerre an den Zügeln, aber sie hat mich völlig vergessen. Ihr Schnauben klingt tiefer, und die Jährlinge schnappen nacheinander, die Mäuler weit aufgerissen. Sie scharren mit den Hufen über die Balken. Ich werfe mit Steinen, und schließlich stürmen sie in furzendem Galopp über die Weide, kehren um und trotten im Graben neben der Stute her. Ich ziehe sie nach Hause und sitze erst auf, als ich weit von den Jährlingen fort bin, weil ich weiß, daß sie jede Unachtsamkeit ausnutzen wird, um zu ihnen zurückzutraben.

Als ich nach Hause komme, steht Slappers grauer Escort noch im Hof. Er kommt aus der Scheune und nimmt mich in seine Arme.

»Durchgefroren, Pfirsich?« fragt er.

»Sie ist rossig, Slapper!« Mir klappern die Zähne, und meine Hände sind steif.

»Hä?«

»Kein Witz. Die Jährlinge wären fast übers Gatter gesprungen und über sie hergefallen.«

Slapper sagt nichts, lächelt aber, als er ihr Hafer in den Futtertrog schüttet. Wir gehen über den gefrorenen Boden zum Haus. Schmerbauch hat Rindfleischeintopf gemacht, der Knochen vom Hüftsteak liegt in der Suppe, Klöße schwimmen an der Oberfläche. Eugene liest ein Buch mit dem Titel: *Sieben Todesnächte am Rande des Universums*. Seit ich ihn zuletzt angesehen habe, sind seine Augenbrauen wieder ein Stück zusammengewachsen. Schmerbauch teilt aus und sagt Slapper, er kann bei diesem Wetter nicht nach Hause fahren. Er soll über Nacht bleiben, und sie duldet keine Widerrede.

Oben stellen wir das Gästebett auf.

»Ich hoffe, der Penner schnarcht nicht so laut, daß Eugene und ich die ganze Nacht wach liegen.« Ich sage das, um jeden Verdacht von mir abzulenken.

»Deine Ausdrucksweise wird auch immer schlimmer, junge Dame. Ich muß wohl mal ein Wörtchen mit Slapper reden.«

Doch das würde sie nie tun. Wie alle anderen glaubt sie, daß Slapper kein Wässerchen trüben kann.

Er weiß nicht, daß ich ihn beobachte. Er steht dort, wo das schräg einfallende bläuliche Licht den Raum teilt. Gut, daß es schneit. Slapper schließt die Tür hinter sich und gibt sich gar nicht erst damit ab, sein Hemd aufzuknöpfen. Statt dessen greift er nach dem Kragen und zieht ihn über den Kopf. Seine Brust ist ganz behaart, sein Bauch ist ein Muskelbrett. Er öffnet den Reißverschluß, entblößt seine Beine, setzt sich, streift den Hosenbund über die Füße. Ich versuche, wie Eugene zu atmen, der im anderen Bett schläft. Slapper kommt in seiner marineblauen Unterwäsche an mein Bett. Er beugt sich über mich. Sein Atem fächelt mein Gesicht. Ich will mich gerade von ihm küssen lassen, da höre ich das andere Bett knarren.

Seine Füße ragen über die Matratze. Die Stille sagt mir, daß es draußen immer noch schneit. Es wird heller. In den Schneewehen sind wir sicher. Eingeschneit. Zugedeckt. Vielleicht türmen sich tatsächlich Schneewehen auf, und er muß noch eine Nacht bleiben.

»Schläfste schon, Slapper?« Ich flüstere das.

»Hä?« Lange sagt er keinen Ton. »Ist ein verdammt kaltes Haus.«

Eingehüllt in meine Decke gehe ich zu ihm, ziehe sein Oberbett beiseite und krieche hinein, so daß sich unsere Wärme vereint. Ich schmiege mich an seinen Rücken und blase ihm meinen Atem in den Nacken. Meine Hand gleitet um seine Hüfte, tastet über den harten Bauch, wandert schüchtern hinab zum lockigen Schamhaar. Ich fühle, wie er steif wird. Ich denke an die Jährlinge. Als er sich umdreht, sind seine Hände kalt. Groß und sanft und präzise. »Mensch, Pfirsich«, höre ich ihn flüstern, als er sich gehen läßt.

Ein Meter Schnee ist in Irland gefallen, heißt es im Radio. Ich stöbere die Kühlerhaube eines alten Volkswagens auf, und Slapper und ich verbringen den Nachmittag damit, vom oberen Feld durch den Graben und über die Straße hinab in einer schönen Kurve auf das untere Feld zu rodeln. Die Bahn wird mit jedem Mal ein bißchen länger, doch wenn wir unten stehen und hinaufschauen, kann ich nicht widerstehen und muß noch einmal fahren. Slapper zieht die Motorhaube in der einen und mich in der anderen Hand nach oben und sagt kaum ein Wort. Plötzlich bin ich jemand, den man besser nicht kennt.

Ich sattle die Stute und drehe mit ihr eine ganze Runde durch den Schnee, die Straße hinunter und hinauf an der Sumpfwiese vorbei. Der Mond erhellt den dunklen Himmel wie eine falsche Sonne, aber das Land ist weiß. Die Welt ist auf den Kopf gestellt. Wie vom Licht eines Fernsehers ist der Abend bläulich eingefaßt. Sämtliche Kettensägen sind verstummt. Ich lausche dem schnaubenden Atem der Stute, höre, wie ihre Hufe eine Spur in den Schnee drücken. Überall ist der Geruch nach Kiefern. Gerade ist sie auf der Straße in Trab gefallen, da scheut sie. Ein Fasan flattert über die Bäume davon. Wenn es windig ist, scheuen Pferde gern. Ich zügele das Tier und horche. Rotwild vielleicht. Ich steige ab und führe die Stute zwischen die Bäume. Der Boden ist dort trocken, sanft gibt das Moos unter den Schritten nach, und die Stute stolpert. Es ist stockfinster unter den Zweigen. Und dann bemerke ich den Geruch. Die Stute zerrt an den Zügeln. Ich bleibe stehen und lausche. Der Wind pustet durch die Wipfel, als wollte er pfeifen lernen. Wir gehen dem Geruch nach, und dann sehe ich, wo er herkommt. Slappers Schuhe sind da, sorgsam geschnürt, die Hosenbeine geben die Knöchel frei. Seine Schuhe sind auf Augenhöhe, unter ihnen ist nichts, gar nichts. Beim Näherkommen sehe ich sein Gesicht: Das Gesicht ist schwarz, und verdammt, der Gestank. Der Wind dreht ihn sanft am Seil hin und her. Ich kann ihn nicht mal abschneiden. Ich lasse ihn in seinem eigenen Kot hängen und galoppiere nach Hause.

Das war das Schwerste, die anderen zu ihm zu bringen, zuzulassen, daß sie ihn so sahen. Wie sie da standen und stierten und fluchten und Herrgott noch mal sagten und Heilige Mutter Gottes und Warum in drei Teufels Namen geht solch ein prima Kerl hin und tut so was, und ihre Mützen abnahmen und ihn den Hügel hinuntertrugen auf der Motorhaube von dem Volkswagen, die wir als Schlitten benutzt hatten, und der Mantel meines Vaters war über seine Leiche gebreitet. Eugene stand da und starrte mich an, als wenn ich es getan hätte.

Wir kommen von der Totenwache nach Hause und sitzen im Wohnzimmer. Hier sieht es wie in einem Trödelladen aus, die Wände hellgrün, und unter der Decke kriecht eine Zierleiste verblichener Rosen entlang. Schmerbauch holt aus der Anrichte eine Flasche Bristol Cream und füllt vier Gläser bis zum Rand. Das Vorhängeschloß am Hoftor schlägt gegen das Schließblech, zerhämmert das Schweigen im Raum. Mein Vater sieht den Funken nach, die im Ruß aufsteigen. Eugene hat keine Nägel mehr, die er knabbern könnte; die Nagelbetten sind blutig. Als unsere Blicke sich treffen, mustert er mich vorwurfsvoll. Ich höre meinen eigenen Atem.

Schmerbauch bringt Kerzen aus der Küche, weiße, geweihte Kerzen, die noch von Ostern stammen, und zündet sie am Streichholz meines Vaters an. Sie verteilt sie im Zimmer und klebt sie mit ihrem Wachs fest. Sie nimmt eine Platte aus der Hülle und macht das Licht aus. Das Zimmer wird von den Flammen erhellt. Auf dem Kaminsims stehen Trophäen, versilberte, mitten im Schwung erstarrte Paare. Sie zittern im Feuerschein. Die Musik setzt ein. Schmerbauch greift nach Eugenes Hand und zieht ihn hoch. Er will nicht tanzen, aber sie ist unerbittlich. Ich weiß, was sie vorhat, und am ausweichenden Blick meines Vaters, an diesem Blick, den er hat, wenn Ma sich umzieht, erkenne ich, daß etwas vorgeht, was meine Eltern abgesprochen haben. Sie haben es geplant. Ma war immer der Meinung, daß ein Mann tanzen können muß. Das Einzige, was sie an Slapper auszusetzen hatte, waren seine staksigen, plumpen Bewegungen auf der Tanzfläche. Allein aus Vorsicht unterrichtet sie deshalb Eugene, als könnte ihm nichts geschehen, wenn er diese Schritte kennt, als würden sie ihn davor bewahren, sich später einmal eine Schlinge um den Hals zu legen.

Sie beginnt mit einem langsamen Walzer, und widerstrebend folgt er ihr, verlagert das Gewicht, der Körper steif, die Füße machen es ihren Füßen nach. Mein Vater hält den Blick ins Feuer gerichtet. Schmerbauch dirigiert Eugene um die Möbel, flüstert eins-zwei-drei, eins-zwei-drei, bis die Musik zu Ende ist. Die Nadel kratzt über die Rillen, es kommt ein anderer Tanz, ein Quickstep. Dad steht auf, zieht den Mantel aus und nimmt mich bei der Hand. Die Klammern seiner Hosenträger drücken mir in die Seite. Die Stimme einer Zigeunerin, klar und streng, drängt uns zusammen. Schmerbauch zählt den Takt in Eugenes Ohr. Eins, eins-zwei, eins. Wir tanzen umeinander herum, achten darauf, genügend Platz zu lassen. Und dann wird aus dem Song ein Reel, und alles ist vergessen, bloß das primitive ta-wumm der Bodhrán bleibt, Holz, das auf gespannte Haut schlägt. Ta-wumm. Ta-wumm. Eine sehr schrille Geige, über

Saiten gezogenes Pferdehaar, das Akkordeon, das einsetzende Schnaufen des Dudelsacks und die leichte Ungenauigkeit live gespielter Instrumente. Wir schieben die Möbel an den Zimmerrand, und ich schütte Lux auf den Boden. Wir kippen unsere Drinks und wechseln die Partner. Eugene beginnt, sich im Rhythmus zu bewegen, sich im Takt zu drehen. Ma zieht die Schuhe aus. Dunkle Schweißflecken zeigen sich auf dem Hemd meines Vaters. Die Musik ist rauh, verspielt. Unsere Schatten sind größer als wir selbst, verdoppeln uns, krümmen uns über die Decke. Ein Vierertanz. Wir stehen uns gegenüber. Wie ein Highland-Tänzer hüpft Eugene auf und ab, kennt zwar die Schritte nicht, hat aber den Rhythmus gefunden. Wir schieben ihn in die richtigen Positionen. Erst wechseln die Damen den Platz, dann die Herren. Wir nehmen den Mann, der uns gegenüber steht, und auf sieben gehen wir vor und wieder zurück. Wir wechseln die Partner und beginnen von vorn. Das Feuer heizt ein, und als das Lied endet, ziehe ich meine Strickjacke aus. Eugene und ich stürzen den Sherry hinunter. Er schmeckt verboten. Ma schnappt sich den Ständer der Trockenhaube, singt und tut, als würde sie ein Mikrophon halten. Eugene hält die Hand so hoch, als wäre er Foxy, streckt den Bauch raus, und wir drehen uns im Kreis.

»Kommen Sie öfters her?« fragt er.

»Nur wenn die Schafe nicht gerade lammen.«

»Dann wohnen Sie in einer armen Gegend?« Er rülpst.

»Klar, ich kriege Stütze.«

»Gott, sind Sie schön. Geht doch nichts über den Duft eines geschorenen Schafes.«

Er haucht mir seinen Sherry-Atem ins Gesicht. Wir drehen uns zum Gewinsel und Gedudel der Sackpfeife, lassen uns vom Blasebalg den Schritt aufdrängen. Das tremolierende, wiegende Spiel der Blechflöte windet sich durch die Dunkelheit. Die lange Strähne, die Dads kahle Stelle verdeckt, fällt herab und reicht ihm fast bis auf die Schulter. Ma zieht ihren Hüftgürtel aus und läßt ihn, die linke Hand in die Hüfte gestemmt, wie einen Hula-Hoop-Reifen um den Zeigefinger kreisen. Das letzte Bild, an das ich mich erinnern kann, zeigt ihren Hüftgürtel, der mit schnappendem Gummiband durchs Zimmer fliegt, und Eugene, der fragt: »Darf ich es wagen, Sie zu fragen, ob ich Sie an der Giebelwand knutschen kann?«, während er mich mit perfektem Schwung im Kreis herumschwenkt.

Übersetzt von Bernhard Robben

Colm O'Gaora

Zwischen den Welten

Im Grunde ihres Herzens wußte Maureen Kelly, daß sie ihren Mann liebte. Während sie im Ehebett neben seiner schlafenden Gestalt lag, versuchte sie, sich an eine Zeit zu erinnern, in der sie ihn nicht geliebt hatte, doch bemühte sie sich vergebens. Nicht etwa, weil das Gedächtnis sie im Alter im Stich ließ, sondern weil ihr Mann nie Anlaß gegeben hatte, an seiner Liebe zu zweifeln. Und in all den vierundfünfzig gemeinsamen Jahren hatte sie diese Liebe erwidert.

Sie wußte auch, daß ihm auf dieser Welt nur noch wenig Zeit blieb. Sein Schlaf wurde immer öfter von heftigen Hustenanfällen unterbrochen, die zwischen seinen Beinen jedesmal einen dunklen, feuchten Halbmond auf dem Laken auftauchen ließen. Helles Blut mengte sich in seinen Speichel, und an jedem Morgen war das Wasser in der Toilettenschüssel blaßrot wie eine Rose. Fast schien es, als würde er langsam auslaufen. Selbst jetzt, während sie neben ihm lag, konnte sie irgendwo in seinem Atem den Tod hören; jeder Luftzug ein Kampf, als wäre es der letzte, jedes Ausatmen ein Todesröcheln. In manchen Nächten lag sie dort in der Dunkelheit und lauschte auf seinen Atem, damit sie, wenn es denn soweit war, seinen letzten Seufzer hören würde. Diese einsamen, verlassenen Nächte ohne Schlaf waren durchdrungen von ahnungsvoller Angst, von der Resignation vor dem Unbekannten jenseits dieses Lebens.

Doch diese Nacht war anders. Heute sah sie dem Mondlicht zu, wie es sich auf der gegenüberliegenden Wand ihres Schlafzimmers ausbreitete; Licht, das seinen Weg durch die Ritzen in den Fensterläden über ihren Köpfen gefunden hatte. Vor Jahren hatte sie oft mitten in der Nacht die Läden geöffnet und sich auf die Kissen gesetzt, um die Sterne auf ihrem Weg über den

Himmel zu betrachten. Nun ließen es ihre gichtigen Knie nicht mehr zu, daß sie sich umdrehte und auf die Kissen setzte, um den Sternen zuzuschauen. Die Knie zwangen sie, flach im Bett zu liegen. Doch fand sie sich nicht damit ab, daß ihr der Körper ein so bescheidenes Vergnügen verwehrte. Also nahm sie, nachdem sie sich mit einem Blick davon überzeugt hatte, daß ihr Mann fest schlief, den messinggefaßten Handspiegel vom Nachtschränkchen, griff nach oben, um einen der Läden aufzustoßen und fing einen schimmernden Ausschnitt des Nachthimmels in dem Spiegel ein, den sie sich vors Gesicht hielt. So konnte sie die zahllosen, namenlosen, im schwarzen Glas erstarrten Sternbilder betrachten, von denen jedes ein abgeschiedeneres und unbeständigeres Leben führte, als sie es in den letzten zweiundachtzig Jahren gekannt hatte.

Am nächsten Morgen war die Küche mit Licht wie bestäubt. Michael stand an der Tür, schaute zum Himmel auf und wischte sich den Speichel von den Lippen, einen Stock in die Hüfte gestemmt. Seine Kleider fielen ihm fast vom Leib und wurden nur vom Gerüst seines Körpers gehalten. Sonne und Regen hatten die braungrüne Joppe bis auf die Farbe trockner Blätter ausgebleicht. Bei jedem Schritt drang ihm Wasser in die von zahllosen, stümperhaften Reparaturen formlos gewordenen Stiefel.

»Maureen«, sagte er, drehte sich aber nicht zu ihr um, obwohl sie hinter ihm am Tisch saß, »ich geh runter zum Patt und hol die Ziege zurück. Die hat schon wieder den Strick durchgeknabbert.«

Sie gab keine Antwort.

Behutsam stakste er mit dem Stock über die Stufe, und kaum war er fort, flutete die Sonne durch die Tür.

Gleich darauf tauchte eine einzelne Henne im Eingang auf und blieb einen Augenblick wie eine tote Seele stehen, die gedankenvoll aus dem Jenseits herüberblickt. Dann stolzierte sie herein und suchte zwischen den Fugen der Steinplatten nach vereinzelten Körnern und Brotkrumen. Maureen hörte, wie der

Schnabel auf den Boden pickte, als wolle er das Ticken der Uhr nachahmen, die auf dem mittleren Regal der Anrichte stand.

Als sie nach draußen sah, hatte Michael die kleine Weide, auf der ihr Haus stand, erst halb überquert. Er schwankte ruckartig von links nach rechts, wenn er einen Fuß vor den anderen setzte und stützte sich gelegentlich auf seinen Stock, um innezuhalten und Atem zu schöpfen. In einiger Entfernung konnte sie die Ziege sehen, wie sie am Löwenzahn rupfte, der am Fuße der Trockensteinmauern wuchs, die den Patt beiderseits von den Feldern abgrenzten. Er würde eine halbe Stunde bis zur Ziege brauchen, und sie zum Eisenpflock an der Hausecke zurückzuziehen würde noch länger dauern. Sie fühlte seinen Schmerz in ihrem Körper und schaute ihm zu, bis er den Patt erreicht hatte, dann ging sie wieder hinein, um etwas zu Mittag zuzubereiten.

Sie nahm einen Laib Sodabrot aus dem Schrank, legte ihn auf den Tisch und schnitt einige Scheiben ab, die eine über die andere fielen, bis ein Viertel vom Laib aufgeschnitten war. Dann wickelte sie ein Stück Butter aus und legte es auf den Tisch. Zwei Becher und zwei Teller wurden Seite an Seite aufgedeckt. Sie füllte den Kessel, setzte ihn auf den Herd, der fast die ganze Küche einnahm, und schob ihn zur Hälfte auf die heißeste Stelle. Als er warm wurde, knackte der Kessel.

Die Henne flatterte auf die Arbeitsfläche und ließ sich auf dem alten Röhrenradio nieder, das schon seit Jahren nicht mehr funktionierte. Maureen ging zu dem Tier und tätschelte seinen geschmeidigen Hals. Sie drehte am Sendeknopf, sah den elfenbeinweißen Zeiger in unsteten Sprüngen über die Skala huschen und beschloß, den Stecker wieder einzustöpseln. Außer einem dumpfen Summen, das die Henne nervös machte, war nichts zu hören.

Vor Jahren hatte sie oft Radio gehört, wenn Michael draußen auf dem Feld war. Sie schaltete sich zur Kochstunde ein, zur Gartensendung, zum Wetterbericht von den Küstenstationen und hörte zu, während sie sich im Haus zu schaffen machte. Am meisten freute sie sich jeden Morgen auf die Talkshow. Sie legte im Fegen und Schrubben eine Pause ein, machte sich einen Tee und setzte sich an den Tisch, um Leuten zuzuhören, die aus ihrem Leben erzählten, ein Leben, das von ihrem Leben so verschieden war. Manchmal, wenn einer der Anrufer etwas Verbittertes oder Trauriges über sein Leben sagte, ging Maureen ans Fenster und schaute zu ihrem Mann hinaus, der auf den Feldern rund ums Cottage arbeitete und dachte, wie froh sie war, diesen Mann zu haben, der ihr gegenüber noch nie seine Stimme im Zorn erhoben, ihr noch nie irgend etwas abgeschlagen hatte. Schier endlos jammerte in ihrem Rücken die monotone Stimme des Anrufers, und der Moderator kämpfte dagegen an, bis es ihm endlich gelang, den Strom der Verbitterung einzudämmen.

Doch jetzt war das Radio stumm. Die Skala glühte nicht mehr auf, wenn sie es einschaltete, auch wenn sie manchmal, so wie jetzt, vom Summen der Lautsprecher getäuscht wurde. Als sie den Stecker herauszog, fiel ihr Blick auf die Rückseite des Radios, und wieder sah sie die Kratzer und Beulen rund um die Schrauben in den vier Ecken.

Sie dachte an den Tag, an dem sie mit dem Tranchiermesser die Schrauben entfernt hatte, daran, wie ihr die Klinge immer wieder abgerutscht war, als sie versuchte, die Rückwand zu lösen. Schließlich konnte sie die Rückwand abnehmen, und die zerbrechlichen Röhren und Schaltkreise lagen vor ihr. In wenigen Augenblicken hatte sie die Röhren zertrümmert und die Transistoren mit dem Messer ausgehebelt. Die Rückwand wieder einzusetzen war weit schwieriger gewesen, aber auch das war ihr schließlich gelungen. Fast eine Woche verging, ehe Michael merkte, daß das Radio nicht mehr funktionierte. Er trauerte ihm nicht nach, und da es längst zum Bestandteil ihres Heims geworden war, kam es ihm auch nicht in den Sinn, das Gerät fortzuräumen.

Die Henne begann leise zu gackern, als Maureen den Stecker herauszog und dem Tier über den Hals strich. Seine Knopfaugen starrten ins Zimmer, während der Schnabel sich kaum wahrnehmbar öffnete und schloß. Dann vergrub es den Kopf in seiner Federkrause, und das Huhn schlief ein. Maureen ging ins Schlafzimmer.

Alle sechs Monate nahmen Maureen und Michael die Matratze vom Bett und stellten sie in die Tür zwischen Schlafzimmer und großer Küche, so daß der Luftzug die zerdrückten, verfilzten Fasern auflockern und den muffigen Geruch nach Schlaf vertreiben konnte. Danach legten sie die Matratze zurück aufs Bett und drehten jeweils die andere Seite nach oben. Seit dem Tag, an dem sie die Matratze vor dreiundfünfzig Jahren in Galway City gekauft hatten, war dieses Ritual streng eingehalten worden.

Maureen räumte die Kissen in die Zimmerecke, zog dann das Laken ab, faltete es flüchtig zusammen und legte es auf den Boden vor den Kleiderschrank. Auf der Matratze waren mehr Flecken als je zuvor zu sehen: dunkle, rote Blutringe und stumpfe, gelbe Urinblüten. Sie konnte sogar die Konturen seiner unteren Gliedmaßen erkennen, dort, wo die Nässe unterm Tuch an seiner Haut entlanggelaufen war. Zahllose unsichtbare Flecken zierten die Matratze, stumme Zeugen ihres Lebens: Die Blutflecken ihrer Hochzeitsnacht, der verspritzte Same vergangener Jahrzehnte und fast vergessener Vergnügen, die Nachgeburt ihres Sohnes und die nutzlos verströmten Wasser zweier nachfolgender Fehlgeburten.

Sie packte den Matratzenrand und zog mit aller Kraft. Nachdem sie fünf- oder sechsmal derart daran gezogen hatte, war die Matratze zur Hälfte vom Bett gerutscht, die äußere Kante ruhte auf dem Boden. Und zehn Minuten später stand sie in der Tür zwischen Küche und Schlafzimmer.

Maureen wedelte Staub und Flusen fort, die vor ihrem Gesicht durch die Luft wirbelten, ging zum vorderen Fenster und stieß es auf. Sie setzte sich aufs Fensterbrett, schaute hinaus und sah Michaels Mütze über der Wegmauer auftauchen. Die Mütze verharrte in unregelmäßigen Abständen, und Maureen stellte sich vor, wie Michael sich auf seinen Stock stützte und eine Pause einlegte oder der Ziege in die Augen stierte und sie auf irisch verfluchte. Sie richtete den Blick auf den Boden vor dem Fenster. Die Sonne stand noch nicht hoch genug am Himmel, um die Giebelseite mit ihren Strahlen umarmen zu können. Maureen konnte deshalb noch die silbrigen Spuren der

Schnecken im Gras und auf dem schweren, flachen Pflugstein ausmachen, der dort nun schon seit Jahren lag, ohne gebraucht zu werden. Mit einem Lächeln erinnerte sie sich, wie Michael früher ein Seil durchs Loch im vorderen Stein geschlungen und ihn dann dem Pferd ans Joch gebunden hatte. Kaum war er am Rand des zu umbrechenden Feldes, sprang er auf den Stein und trieb das Pferd voran, ließ sich mit dem Stein über den Acker ziehen und sah zu, wie die Erdklumpen zerbrachen und zerbröselten, sobald sich der Stein in sie hineinbohrte. Heute wurde auf seiner abgeschliffenen, narbigen Oberfläche höchstens mal das Gehäuse einer Schnecke zerbrochen, die unversehens im frühen Morgenlicht von einer Drossel erwischt worden war.

Als sie hörte, wie er die Ziege an der Hausecke an den Eisenpflock band, spülte sie die Teekanne heiß aus, gab dann drei Löffel Tee hinein und füllte sie mit kochendem Wasser. Dann stellte sie die Kanne am Herdrand ab, um den Tee etwas ziehen zu lassen.

»Diese dumme Ziege ist noch mal mein Tod«, keuchte Michael, als er die Stiefel an der Türschwelle abstreifte. »Keine Ahnung von Recht und Unrecht hat sie. Nimmt einfach keine Rücksicht auf mich, diese Hexe. Weiß sie denn nicht, daß ich Besseres zu tun habe?« Seine Stimme war matt, nur mit Mühe stieß er die Worte hervor. Dann schwieg er, um Atem zu schöpfen, und starrte auf die Steinplatten am Boden, die Daumen in den Hosengürtel gehakt.

Maureen hob die Kanne vom Herd und goß dunklen Tee in seinen Becher, legte ein Messer auf einen Teller, ließ die Klinge ans Porzellan scheppern und signalisierte ihm so, daß sein Essen fertig war.

Er setzte sich und langte mit leberfleckigen Händen nach einer Scheibe Brot vom Schnittbrett mitten auf dem Tisch. Maureen griff nach dem Stock, der an seinem Knie lehnte und hängte ihn über die Rückenlehne. Während er aß, schaute er durch die Tür auf die Felder. Wolkenschatten zogen langsam über Gras und Kartoffelacker, und in der Ferne sammelten sich einige Wolken.

»Es wird Regen geben«, sagte er, den Mund voller Brot.

Maureen nickte in seinem Rücken und folgte seinem Blick auf die Wolken. Sie wußte, er konnte an der Windrichtung erkennen, daß heute kein Regen auf ihr Dach fallen würde, sonst hätte er ihr geraten, die Wäsche hereinzuholen, die sie vorhin zum Trocknen über die Büsche gebreitet hatte. Doch hatte er Regen vorhergesagt, also würde es zweifellos Regen geben, wenn auch irgendwo anders.

Sie zog einen Stuhl vor und setzte sich ihm gegenüber, ehe sie sich selbst Tee einschenkte. Dann goß sie einen Schuß Milch erst in seine und danach in ihre Tasse. Sie war erschöpft, und die Arme taten ihr weh vom Heben und Tragen der Matratze, dennoch hatte sie keinen Hunger. Die Anstrengung steckte ihr noch in den Knochen, und sie lehnte es ab, sich eine Scheibe Brot zu nehmen, als er ihr das Brett zuschob. Während sie gemächlich Tee aus ihrem Becher nippte, aß er stumm und kaute das trockene Sodabrot mit übertriebenen Kieferbewegungen, den Blick unverwandt auf die Felder und den Himmel gerichtet.

Die Henne flatterte von ihrem Platz oben auf dem Radio herab und blieb unter Michaels Stuhl hocken. Ihr Kopf ragte zwischen seinen Beinen hervor, wenn sie versuchte, die Brotkrumen aufzupicken, ehe sie den Boden berührten. Michael schien ihre Anwesenheit nicht wahrzunehmen.

Wie sie sich am Tisch gegenübersaßen, die Henne zu ihren Füßen, kamen Maureen erneut die Schwingungen ihres gemeinsamen Lebens ins Bewußtsein. Es waren die Schwingungen jenes Akkords, der am Tag nach ihrer Hochzeit angeschlagen worden war, als sie in dieses Haus zog, um mit ihm zu leben. Und immer noch hing dieser Akkord lautlos vibrierend in der Luft. Sie spürte ihn durch den Schürhaken, wenn sie die Bodenmatten ausklopfte; sie spürte ihn, wenn sie mit einem Holzscheit an den Kamin klopfte, um den Ruß abzulösen, der sich im Zug angesammelt hatte; und sie hatte ihn in der federnden Matratze an jedem der einhundertacht Abende gespürt, an denen die Matratze hochkant in die Tür zum Schlafzimmer gestellt worden war.

Unvermittelt setzte Michael seinen Becher Tee auf dem Tisch ab. Er verschüttete nichts, doch krachte der schwere Keramikboden mit lautem Widerhall auf die harte Holzfläche. Die Henne gackerte entsetzt auf, flatterte unterm Tisch hervor und durch die offene Tür davon. Maureen schaute ihrem Mann ins Gesicht und folgte seinem Blick zur Matratze, die in der Schlafzimmertür stand, wo sie der Luftzug zwischen den beiden Räumen durchdrang. Michael schluckte den Bissen Brot herunter.

»Die Matratze steht in der Tür, Maureen«, sagte er, die Stimme so heiser, als dränge sie durch rauhes Sackleinen. »Die Matratze steht in der Tür.«

Maureen blickte ihn an und hob die Augenbrauen, die Lippen trotzig zusammengepreßt vor dem, was er nun sagen würde.

»Es ist vierundfünfzig Jahre her, seit einer von uns diese Matratze allein umgedreht hat, Maureen, und ich hatte gehofft, im Grab zu liegen, ehe einer von uns beiden sie erneut allein umdrehen muß.« Er beugte sich vor, auf die Ellbogen gestützt, und hustete einige Sekunden lang, und vor Anstrengung schoß ihm für einen Moment wieder Blut in die Wangen.

Wieder hustete er, und sie schob ihm den Becher Tee in die ausgestreckte Hand, drängte ihn, einen Schluck zu trinken. Da griff er nach ihr und schlang seine Finger eng um ihre Hand. Erstaunt hob sie ihr Gesicht und verlor sich in der Tiefe seiner vom grauen Star getrübten Augen, das eine wolkig vom Glaukom, darum Myriaden feiner Adern wie Fäden, die ihre Leben verbanden und durchdrangen.

»Begräbst du meinen Körper, ehe meine Seele ihn dem Herrn empfohlen hat?« fragte er.

Nein formten ihre Lippen, den Blick unverwandt auf seine Augen gerichtet, die sie nun ein wenig sanfter anschauten.

»Ich glaube dir, Maureen, doch gibt es Dinge, die wir stets zusammen getan haben, Dinge, die wir stets zusammen tun werden.«

Er griff hinter sich, nahm seinen Stock, stieß den Stuhl zurück und stand langsam auf. Er ging nach draußen, die Stockspitze klopfte bei jedem Schritt auf den Boden.

Maureen blieb zurück und starrte auf seinen Teller mit der halb gegessenen Brotscheibe, auf der ein Klecks weicher Butter zerrann. Das Messer lag zwischen Teller und halbleerem Becher, Brotkrumen und Teetropfen betüpfelten den Tisch, wo er gesessen hatte. Gewiß eine Minute lang starrte sie seinen Platz an.

Sie konnte ihm mit Worten nicht antworten, nur mit ihrem Mienenspiel. Ihr Blick wanderte zu den drei Stapeln durch Feuchtigkeit und Schimmel aufgequollener Notizbücher auf der Anrichte in der dunkelsten Küchenecke. Das erste Buch lag dort seit elf, das letzte seit etwa acht Jahren. Sie konnte sich nicht mehr daran erinnern, was in diesen Büchern stand, wußte aber, daß sie, nähme sie eines herunter und blätterte darin herum, ihre ordentliche Schrift, ihre Fragen und Antworten, ihre Nöte und Sehnsüchte vorfinden würde. Eine Selbstwahrnehmung aus jenen ersten Jahren nach der Operation, die ihr das Leben gerettet, doch den Kehlkopf genommen hatte.

Die Henne erschien wieder in der Tür, doch Maureen hatte jetzt keine Zeit mehr für sie. Sie stand auf, scheuchte sie aus der Küche und folgte ihr nach draußen.

Die Regenwolken waren vom Horizont verschwunden und durch einen eigensinnig blauen Himmel abgelöst worden. Der Ruf eines Kuckucks schallte zu ihr herüber, und Maureen suchte die Kronen der Steinmauern nach dem Vogel ab, konnte ihn aber nirgends entdecken. Die Ziege rieb sich die Flanke an der Cottagemauer, und die Tünche färbte ihr Fell. Maureen tat das arme Tier leid, denn es war so kurz angebunden, daß es den Strick mit dem Maul nicht mehr erreichen konnte.

Michael hackte Unkraut im Gemüsebeet zwischen den Kohlreihen längs der Hausseite. Mit der einen Hand auf den Stock gestützt, schwang er mit der anderen die Hacke ungelenk auf und ab und verfehlte sein Ziel beinahe ebensooft, wie er es traf, durchschnitt die zarten Blätter des jungen Kohls und spaltete einer der Pflanzen gar den weichen Kopf. Maureen sah ihn, wie er fluchend vor sich hin brummte und ihm der Speichel von der Unterlippe flog. Eine Brise kam auf, wirbelte eine Handvoll

Staub durch die Luft und warf sie dem alten Mann ins Gesicht. Er kniff die Augen zusammen, hieb aber weiter mit der Hacke zu. Sein Schlag war jetzt nicht ungenauer als mit offenen Augen.

Sie beobachtete ihn und wußte, daß er sich den Ärger aus der Seele riß, der beim Anblick der Matratze in ihm zu keimen begonnen hatte, denn für ihn war das ein Hinweis auf seine Sterblichkeit gewesen, und er wehrte sich gegen die Einsicht, daß seine Stunde nahte, weigerte sich zu glauben, daß er diese Welt, diese Felder, diese Erde verlassen würde.

Er war ein Mann der Erde, des Steins und des Lehms, und für sie *war* er die Erde. Einst hatte er sämtliche Felder rund um ihr Cottage beackert, hatte die Erde mit eigener Hand gewendet, sie mit dem Pflugstein gebrochen und jeden August von Sonnenauf- bis -untergang das Heu gemäht. Jetzt lag das Land in den Händen jüngerer, ehrgeizigerer Männer, die es mit Traktoren bestellten und zur Erntezeit Aushilfskräfte einsetzten.

Michael hatte sie in den vierundfünfzig Jahren ihrer Ehe mit allem Nötigen versorgt, und er war es auch gewesen, der ihr eine Woche nach der Operation das erste Notizbuch ins Krankenhaus gebracht hatte. Sie hatte vor sich hin gelächelt und getan, als wäre ihr der verwaschene Tintenstempel auf dem Deckblatt entgangen – der Stempel jener Schule, an der ihr Sohn unterrichtete. Es war also gar nicht Michaels Einfall gewesen, doch füllte sie drei Jahre lang Seite um Seite mit stummer Rede, bis sich schließlich eine ungeschriebene, wortlose Sprache zwischen ihnen entwickelt hatte und es nicht länger nötig war, die Dinge aufzuschreiben.

Sie hatte ihr Schicksal nie in Frage gestellt, hatte sich nie gegen die Tatsache aufgelehnt, daß sie, so lange sie lebte, nie wieder ein Wort würde reden können. Es war Gottes Wille und sein Wille allein. Sein Wille war untrennbar mit ihrem Leben verknüpft, ebenso untrennbar wie mit dem Lebensende ihres Mannes.

Sie sah ihm noch eine Weile bei der Arbeit zu. Hin und wieder stemmte er sich den Griff der Hacke in die Magengrube, strich über den Rand seiner Mütze und blickte auf. Er schaute nicht zu ihr hinüber, da das Wetter aus Südwesten und nicht aus ihrer Richtung kam. Sie vergrub die Hände in die Taschen ihrer Schürze und atmete tief ein. Der Geißblattstrauch hinterm Haus stand in Blüte, und sie sog seinen Duft in sich auf.

An Tagen wie diesem vermißte sie das Radio am meisten. Schöne, trockene Tage, an denen Michael jede Stunde draußen auf den Feldern verbrachte, sich um die wenigen Tiere kümmerte, die ihnen noch geblieben waren, das Gemüse goß und Unkraut rupfte. An solchen Tagen fühlte sie das Alleinsein so deutlich wie damals in jenen endlosen Krankenhaustagen. Doch wußte sie, daß sie selbst sich in diese Einsamkeit, diese Stille verbannt hatte.

Während sie sich an den breiten Türrahmen lehnte, erinnerte sie sich an jeden einzelnen Schritt, der sie vom Krankenhausbett zum öffentlichen Telefon am Ende der Station geführt hatte. Bei jedem vorsichtigen Schritt hörte sie weiterhin der Talkshow am Transistorradio neben ihrem Bett zu, sagte sich lautlos die Telefonnummer des Senders vor und legte sich zurecht, was sie dem Moderator sagen wollte, sobald sie an die Reihe kommen würde.

Sie kam nie an die Reihe. Als die Telefonistin des Senders ihren Anruf entgegennahm, stand Maureen wie erstarrt, gelähmt von einer Wahrheit, die sie gerade erkannt hatte. Ein dumpfes Gurgeln und Zischeln stieg aus ihrer Kehle auf, als sie zu sprechen begann. Schmerz sprudelte unter ihrer Zunge, und sie legte eine Hand an die Kehle. Zwei- oder dreimal sagte die Telefonistin *hallo*, dann klickte es, und die Leitung war tot. Maureen hielt den Hörer ans Ohr und starrte aus dem Fenster auf vier Männer, die auf dem Platz vor dem Krankenhausgelände Golf spielten. Sie meinte, ihr Lachen hören zu können, wie sie sich aufmunternd zuriefen, wenn sie zum Schlag ausholten, wie sie pfiffen, wenn ein Golfball durch die Luft sauste. Hinter ihr brabbelte ohne Unterlaß das Transistorradio. Und während sie zuhörte und hinausstarrte, gurgelte und zischelte es unaufhörlich aus ihrer Kehle. Tränen rannen ihr über die morphingeschwollenen, papierweißen Wangen, einige tropften aufs

Mundstück des Telefonhörers. Zum ersten Mal stieg Wut in ihr auf, und sie kniff die Augen zusammen, stöhnte vor Schmerz und hob sich vor Verzweiflung auf die Zehenspitzen. Eine Krankenschwester fand sie Augenblicke später, den Hörer überm Arm, die Stirn ans Fenster gelehnt, während Tränen durch den Staubfilm auf der Scheibe rannen.

Elf Jahre später war dieser Schmerz noch immer deutlich zu spüren. Michael erkannte ihn, als er sich von den Kohlreihen abwandte und sie in der Tür zum Cottage stehen sah. Selbst auf diese Entfernung wußte er, woran sie dachte, und als sie aufblickte und in sein ihr zugewandtes Gesicht schaute, wußte sie, daß er es wußte. Er winkte, aber sie konnte seine Hand vor der Helligkeit des Himmels in seinem Rücken nicht erkennen.

Das gute Wetter hielt im Mai und für den Rest des Sommers an. Michael verbrachte seine letzten Monate damit, sich um das Gemüsebeet zu kümmern und hin und wieder die Ziege vom Pattende zurückzuholen. Ende Juli gab er die Ziege einem Bauern in der Nachbarschaft, damit der sie auf dem Markt in Maam Cross verkaufe. Die wenigen Pfund, die sie einbrachte, reichten gerade für einen neuen Anstrich des Cottage. Kaum war die Ziege fort, tauchten an der Hausseite Gänseblümchen, Klee und Schlüsselblumen im Gras auf und färbten die Weide, auf der das Cottage stand, weiß, blaßrosa und gelb. Die Blüten am Fuchsienbusch vorm Tor brachen auf, und die Gartenwicke, die Maureen am Giebel gepflanzt hatte, vermehrte das Farbgewühl.

Michael begann, das Aufblühen jeder einzelnen Blüte zu kommentieren, und Maureen merkte daran, daß jede Winzigkeit des Lebens einen Unterschied für ihn machte, seit sich seine Tage verlangsamten.

Er sprach nicht vom Tod, nur vom Leben. In diesen wenigen Monaten wurde der Tod von Maureens zweitem Vetter in den vier Wänden des Cottage mit keinem Wort erwähnt, die Nachricht von der Geburt einer entfernten Großnichte im August aber von Michael mit fast ungezügelter Freude und, wie Maureen vermutete, auch mit einer Art Erleichterung aufgenommen.

Gegen Ende verbrachte Michael immer mehr Zeit im Haus. Nachmittags lag er im Bett, schlief nicht und starrte nur an die Decke, während sein Atem in der Spätsommerhitze rasselte. Lag er nicht auf dem Bett, saß er am Fenster und sah den Bauern zu, die auf den angrenzenden Feldern Heu mähten. Er wagte sich höchstens hinaus, um einen Strauß zierlicher Blumen für die Vase auf der Anrichte zu pflücken. Das Haus war ihr Reich, die Felder das seine, doch wollte sie ihm in seinen letzten Tagen diesen Trost nicht mißgönnen.

Am Abend vor seinem Tod lag Maureen im Bett, die Arme über die Decke gekreuzt, die Augen weit offen, so betrachtete sie nachdenklich das Lichtspiel auf der gegenüberliegenden Wand des Schlafzimmers. Immer wieder blickte sie zur Küchentür, hinter der Michael noch saß und die warme Milch schlürfte, die sie ihm vor einer halben Stunde bereitet hatte. Während sie auf seinen Husten lauschte, fragte sie sich, wieviel Zeit ihm noch blieb, ehe er aus dieser Welt in die nächste hinübergehen würde. Sie langte nach oben und stieß einen der Fensterläden auf. Mondlicht strömte ins Zimmer und färbte alles zu dunklem Kadmium. Maureen nahm den Handspiegel vom Nachtschränkchen, hielt ihn vors Gesicht und drehte ihn, bis er die Sterne einfing.

Diese fernen, sterbenden Sonnen schienen stärker als je zuvor zu leuchten, als wollten sie alle zugleich enden, und schleuderten nun jegliches Energieelement in einem letzten, gloriosen Ausbruch aus sich heraus.

Sie starrte auf die Sternbilder, kartographierte sie nach ihrer Erinnerung und merkte, wie sich ihre Stellungen am Himmel mit dem Lauf der Erde um die Sonne geändert hatten. Doch während sie die Sterne beobachtete, verlangten die Mühen des Tages ihren Zoll, und bald überkam sie der Schlaf.

Als sie aufwachte, lag das Zimmer noch immer im Dunkel. Mit den Fingern strich sie über den kühlen Handspiegel auf ihrem Bauch. Sie streckte die Hand nach Michael aus, doch seine Bettseite war leer. Dann erinnerte sie sich, und sie schaute zur Küchentür. Plötzlich hatte sie Angst.

Sie öffnete die Tür und blieb einige Augenblicke lauschend in der offenen Tür stehen. Doch drang nichts als das Pulsieren der Nacht an ihre Ohren, das Klopfen ihres Herzens, der stockende Atem. Die Küche war in undurchdringliche Dunkelheit gehüllt. Mit ausgestreckten Händen schob sie sich langsam über den Boden auf jene Stelle zu, wo sich die Petroleumlampe befinden mußte. Doch ihre Hände fanden nur ein leeres, poliertes Regal, auf dem die Lampe hätte stehen sollen. Sie konnte die Wachsflecken fühlen, die im Laufe der Jahre von den Kerzen herabgetropft waren, mit denen sie gewöhnlich den Docht anzündete. Ihr Atem ging rascher, als eine ungeahnte Furcht in ihr wuchs. Sie dröhnte in ihren Ohren, als sie sich umdrehte und sich der Weite des dunklen Raumes zuwandte.

Michaels Gesicht war so blaß, daß es in der tiefen Schwärze der Küche nahezu unsichtbar schien. Er stand aufrecht vor dem Herd und ließ die Arme hängen, den Blick unverwandt auf die Gestalt seiner Frau gerichtet, wie sie durch die tintenblaue Dunkelheit auf ihn zukam.

Kaum stand sie vor ihm, sah sie die Feuchtigkeit in seinen Augen, sah, wie sein ganzer Körper vor Angst bebte. Sie wußte, daß er sich schließlich der Wahrheit seines Lebens gestellt hatte.

»Ich bin jetzt zwischen dieser und einer anderen Welt«, sagte er, als lese er ihre Gedanken. Seine Stimme klang weich und klar, doch resigniert. Eine Stimme, die sie zuvor noch nie gehört hatte.

Sie griff nach seinem Handgelenk und stellte überrascht fest, daß sie es mit Daumen und Zeigefinger umfassen konnte. Wie mager er war! Nichts als Sehnen und dürre Knochen. Sie hob seine Hand und legte sie an ihre Kehle. Seine Finger tasteten nach der Narbe an ihrem Hals.

»Wenn du wieder reden könntest, Maureen, was würdest du mir jetzt sagen?«

Seine Worte verletzten sie, wie sie keine seiner Bemerkungen in den letzten elf Jahren verletzt hatte. Hier, in dieser Dunkelheit am Ende seines Lebens, in der er kaum ihr Gesicht zu erkennen vermochte, zerschnitten seine Worte die Luft, und ihre Unfähigkeit zu reden machte sie traurig. Sie konnte ihm nicht antworten, konnte nur bestätigend nicken und wußte nicht einmal, ob er sie sehen konnte oder nicht.

Kühl glitten seine Finger über ihre Haut, als sie der geschwungenen Linie der flachen Narbe nachfuhren. Sie spürte, wie eine Gänsehaut ihren Hals überzog, hob die Hände, berührte seine Wange, und auch die fühlte sich kühl an. Da wollte sie sich in seine Arme sinken lassen, wollte ihm sagen, daß sie ihn liebte und ihn nicht von sich lassen würde, doch dieses Privileg war ihr seit Jahren nicht mehr vergönnt gewesen, und auch diesmal war es nicht anders.

Michael begann, auf irisch vor sich hin zu murmeln. Die sperrigen Worte füllten den Raum mit dem wuchtigen Rhythmus alter Sprichworte oder Gebete. Seine haspelnden Lippen formten Silbenfolgen beim Ein- und Ausatmen. Sie begriff nun, wie verzweifelt er seinen Frieden mit der Welt zu machen suchte, ehe er sie verließ. Sie erwog, den Priester zu holen, damit er Michael die letzte Beichte abnahm, aber sie verwarf den Gedanken aus Furcht, er könne sterben, ehe sie zurückkehrte.

Seine Finger glitten von der Narbe fort und fuhren in ihr dünnes, feines Haar. Das Beten hatte aufgehört, und er zog ihren Kopf an seine Schulter. Sie lehnte sich an ihn, spürte die Kante seines Schulterknochens an ihrer Stirn. Seine Arme schlossen sich um ihren Rücken, als er sie enger und enger an sich zog, und sie fühlte das Zittern, das seinen ganzen Körper in Besitz genommen hatte. Sie fühlte auch, daß er auf eine Weise müde war, wie er es nie zuvor gewesen war, daß ihn die Wunder und Qualen des Lebens durchströmt und diese dürre, brüchige Gestalt und erschöpfte Seele zurückgelassen hatten.

Mit ihren Fingern fand sie seinen Mund. Seine Lippen waren trocken und gesprungen, Vermächtnis zahlloser Jahreszeiten. Sie spürte, wie sich seine Zunge von innen gegen die Lippen preßte, und begriff, daß sie nicht weiter vordringen konnte, daß auch sein Mund trocken war. Also benetzte sie ihre eigenen Lippen und führte sie zu seinem Mund. Während sie sich küßten, öffnete sie die Augen und schaute ihn an. Seine Augen, diese Augen, die sie seit einem halben Jahrhundert kannte, waren in dieser Sekunde offen, saugten die schattige Landschaft ihres Gesichtes in sich auf, erinnerten sich im Dunkeln ihrer Züge.

»Du … hast mich … genug geliebt, Maureen«, sagte er, als sie ihre Lippen abwandte.

Sie küßte ihn noch einmal, diese unvertraute, doch unvergessene, einfache Geste sprach für sie, sagte ihm, daß sie ihn immer lieben würde.

Er starb, wie er gelebt hatte, auf dem Feld. Früh am nächsten Morgen fand ihn Maureen zusammengekauert in Klee und Schlüsselblumen am Rand des Cottage. Wie sie im dünnen Licht der Morgendämmerung zu ihm ging, bemerkte sie silbernen Tauschimmer auf Jacke und Nacken, und sie wußte, daß er tot war. Sie blieb nicht stehen; sie sah, daß die Sonne über dem Turm der fernen Pfarrkirche aufstieg.

Er war im Sterben vornüber gefallen und hielt die Hände ausgestreckt vor sich. Eine graue Nacktschnecke kroch über seinen linken Handrücken. Verschlungen zwischen seinen Fingern lagen die zerrissenen Hälften einer Gänseblumenkette, die Blüten nun schlaff und verwelkt, die Stengel dort schwarz angelaufen, wo er sie mit seinem Fingernagel aufgeschlitzt hatte. Maureen bückte sich und schnipste die Schnecke von seiner kalten Haut. Sie hob die Blumenkette auf und barg sie sorgsam in ihrer Schürzentasche. Ohne sich umzuschauen, machte sie sich anschließend auf den zwei Meilen weiten Weg ins Dorf.

Frank McCourt

Die Asche meiner Mutter

(Auszug)

Auf dem Postamt gibt es Tage mit wenig zu tun, und wir sitzen auf der Bank und reden. Wir dürfen reden, aber wir dürfen nicht lachen. Miss Barry sagt, wir sollen dankbar sein, daß wir dafür bezahlt werden, hier herumzusitzen, Bande von Müßiggängern und Gassenjungen, die wir sind, und sie bittet sich aus, daß das Lachen unterbleibt. Fürs Sitzen und Schwatzen bezahlt zu werden ist nämlich nichts zum Lachen, und beim allerersten Gekicher von einem von uns, egal, von wem, heißt es, nichts wie raus, bis wir wieder bei Sinnen sind, und wenn das Gekicher nicht aufhört, werden wir bei den zuständigen Stellen gemeldet.

Die Jungens flüstern über sie. Toby Mackey sagt, was die alte Ziege braucht, ist, daß sie mal ordentlich durchgerubbelt wird, ordentlich mit der harten Bürste, von allen Seiten. Ihre Mutter ist noch aus Liebe zum Beruf auf den Strich gegangen, und ihr Vater ist aus der Klapsmühle ausgebrochen, mit Klumpen an den Klöten und Pusteln am Pimmel.

Auf der Bank wird gelacht, und Miss Barry ruft zu uns herüber, ihr seid gewarnt, es wird nicht gelacht. Mackey wovon faselst du da?

Ich habe gesagt, bei diesem schönen Wetter wäre es für uns viel besser, draußen an der frischen Luft zu sein und Telegramme zuzustellen, Miss Barry.

So siehst du aus, Mackey. Dein Mund ist ein Abort. Hast du mich verstanden?

Hab ich, Miss Barry.

Ich habe genau gehört, was du gesagt hast, Mackey.

Wie schön, Miss Barry.

Halts Maul, Mackey.

Gern, Miss Barry.

Kein Wort mehr, Mackey.

Nein, Miss Barry.

Halts Maul, hab ich gesagt, Mackey.

In Ordnung, Miss Barry.

Schluß jetzt, Mackey. Stell mich nicht auf die Probe.

Würde ich nie tun, Miss Barry.

Muttergottes, gib mir Geduld.

Bestimmt, Miss Barry.

Jajaja, behalte ruhig das letzte Wort, Mackey. Behalt es ruhig, behalt es ruhig, behalt es ruhig.

Mach ich, Miss Barry.

Toby Mackey ist ein befristeter Telegrammjunge wie ich. Er hat den Film Extrablatt gesehen, und jetzt will er irgendwann nach Amerika und ein knallharter Zeitungsreporter werden, mit Hut und Zigarette. Er hat ein Notizbuch in der Tasche, weil ein guter Reporter aufschreiben muß, was passiert. Fakten. Fakten muß er aufschreiben, nicht jede Menge gottverdammte Lyrik, und was anderes kriegt man ja von den Männern in den Kneipen hier in Limerick nicht zu hören, wenn sie sich über unser großes Leid und die Engländer auslassen. Fakten, Frankie. Er schreibt auf, wie viele Telegramme er zustellt und wie weit er fährt. Wir sitzen auf der Bank, passen auf, daß wir nicht lachen, und er sagt mir, wenn wir vierzig Telegramme pro Tag zustellen, sind das zweihundert pro Woche, und das mache zehntausend pro Jahr und somit zwanzigtausend in zwei Jahren, die wir hier arbeiten. Wenn wir pro Woche einhundertzwanzig Meilen per Fahrrad zurücklegen, macht das dreizehntausend Meilen in zwei Jahren, und das ist einmal halb um die Welt, Frankie, und kein Wunder, daß wir kein Gramm Fett auf dem Arsch haben.

Toby sagt, niemand kennt Limerick so gut wie der Telegrammjunge. Wir kennen jede Avenue, Allee, Landstraße, Straße, Gasse, Siedlung, jeden Platz, Hof, Gang. Jesus, sagt Toby, es gibt in ganz Limerick keine Tür, die wir nicht kennen. Wir klopfen an alle Arten von Türen, Eisen, Eiche, Sperrholz. Zwanzigtausend Türen, Frankie. Wir klopfen, treten, stoßen. Wir drücken auf Knöpfe, und es klingelt oder summt. Wir pfeifen, und wir rufen, Telegrammjunge, Telegrammjunge. Wir werfen Telegramme in Briefkästen, schieben sie unter Türen durch, schmeißen sie oben durchs Oberlicht. Wir klettern zum Fenster hinein, wo die Menschen bettlägerig sind. Wir wehren jeden Hund ab, auf dessen Speisezettel wir stehen. Man weiß nie, was geschehen wird, wenn man Menschen ihre Telegramme aushändigt. Sie lachen und singen und tanzen und weinen und schreien und kriegen einen Schwächeanfall und brechen zusammen, und man weiß nicht, ob sie überhaupt wieder aufwachen werden und einem das Trinkgeld geben. Es ist kein bißchen wie die Telegrammzustellung in Amerika, wo Mickey Rooney in dem Film Menschliche Komödie herumsaust, und die Leute sind angenehm und fallen sich gegenseitig über die Beine, um einem ein Trinkgeld zu geben, und bitten einen herein und geben einem eine Tasse Tee und ein Rosinenbrötchen.

Toby Mackey sagt, er hat in seinem Notizbuch jede Menge Fakten, und nichts schert ihn auch nur einen Fiedlerfurz, und so wäre ich auch gern.

Mrs. O'Connell weiß, daß ich Zustellungen für auswärts mag, und wenn die Sonne scheint, gibt sie mir einen Packen von zehn Stück, mit dem ich den ganzen Vormittag unterwegs bin, und ich brauche erst nach der Mittagspause um zwölf wieder zurück zu sein. Es gibt schöne Herbsttage, an denen der Shannon funkelt, und die Felder sind grün und glitzern vom silbernen Morgentau. Rauch weht über Weiden, und süß ist der Geruch von Torffeuern. Kühe und Schafe grasen auf den Feldern, und ich frage mich, ob dies die Nicht-Menschenwesen sind, von denen der Priester gesprochen hat. Es würde mich nicht überraschen, denn ohne Ende klettern die Stiere auf Kühe, Hengste auf Stuten, und sie haben alle so große Dinger, daß ich vom Zugucken in Schweiß ausbreche, und alle weiblichen Geschöpfe auf der Welt tun mir leid, die derlei zu erdulden haben, obwohl ich persönlich nichts dagegen hätte, ein Stier zu sein, weil die tun können, was sie wollen, und für ein Tier ist es nie eine Sünde. Ich hätte auch nichts dagegen, hier Hand an mich zu legen, aber man weiß ja nie, wann vielleicht ein Bauer die Straße entlangkommt, der Kühe und Schafe auf einen Jahrmarkt oder ein anderes Feld treibt, seinen Stock hebt und einem ein herzliches Guten Tag, junger Bursch, herrlicher Morgen, Gott und Seiner Gebenedeiten Mutter sei Dank! entbietet. Ein so frommer Bauer würde es vielleicht übelnehmen, wenn er einen sähe, wie man im Gehege seines Feldes das sechste Gebot bricht. Pferde stecken gern den Kopf über Zäune und Hecken, um zu sehen, was so alles vorbeikommt, und ich halte an und rede mit ihnen, weil sie große Augen und eine lange Nase haben, woran man sieht, wie intelligent sie sind. Manchmal zwitschern zwei Vögel sich über ein Feld hinweg etwas zu, und ich muß anhalten und ihnen zuhören, und wenn ich lange genug bleibe, werden andere Vögel einstimmen, bis jeder Baum und Busch lebendig ist von Vogelgezwitscher. Wenn ein Bächlein unter einer Brücke rauscht und Vögel zwitschern und Kühe muhen und Lämmer mähen, dann ist das besser als jede Band in einem Film. Der Geruch von Speck und Kohl, der von einem Bauernhaus herüberzieht, macht mich vor Hunger so schwach, daß ich über den Knick klettere und mich auf einem Feld eine halbe Stunde lang mit Brombeeren vollstopfe. Ich tunke mein Gesicht in den Bach und trinke eisiges Wasser, und das schmeckt besser als die Limonade in jedem Fisch-mit-Fritten-Laden.

Wenn ich die Telegramme fertig zugestellt habe, ist noch genug Zeit, um zum alten Klosterfriedhof zu fahren, wo die Verwandtschaft meiner Mutter beerdigt ist, die Guilfoyles und die Sheehans, wo meine Mutter sich auch beerdigen lassen will. Von dort kann ich die ragenden Ruinen von Carrigogunnell Castle sehen, und es ist immer noch viel Zeit, um dorthin zu radeln, mich auf die allerhöchste Mauer zu setzen und den Shannon zu betrachten, wie er auf seinem Weg nach Amerika hinaus zum Atlantik fließt, und von dem Tag zu träumen, an dem ich auch davonsegle.

Die Jungs auf dem Postamt sagen mir, ich habe Glück, daß ich das Telegramm für die Familie Carmody zugeteilt gekriegt habe, ein Shilling Trinkgeld, eins der dicksten Trinkgelder, die man in Limerick je kriegen kann. Warum also wird mir das Telegramm zugeteilt? Ich bin der Dienstjüngste. Sie sagen, ja, manchmal macht Theresa Carmody die Tür auf. Sie hat die Schwindsucht, und sie haben Angst, sich bei ihr anzustecken. Sie ist siebzehn, immer mal wieder in der Lungenheilanstalt, und sie wird nie achtzehn werden. Die Jungs auf dem Postamt sagen, kranke Menschen wie Theresa wissen, daß sie nicht mehr viel Zeit haben, und das macht sie verrückt nach Liebe und Romantik und allem. Und allem. So verändert die Schwindsucht den Menschen, sagen die Jungs auf dem Postamt.

Ich radle durch nasse Novemberstraßen und denke an diesen Shilling Trinkgeld, und als ich in die Straße von den Carmodys einbiege, rutscht unter mir das Fahrrad weg, und ich glitsche über das Pflaster und zerkratze mir das Gesicht und reiße mir den Handrücken auf. Theresa Carmody öffnet die Tür. Sie hat rotes Haar. Sie hat grüne Augen wie die Felder außerhalb von Limerick. Ihre Wangen sind strahlend rosa, und ihre Haut ist grellweiß. Sie sagt, oh, du bist ja ganz naß und blutest.

Ich bin mit dem Rad ausgerutscht.

Komm rein, dann tu ich dir was auf deine Wunden.

Ich weiß nicht, soll ich da reingehen? Vielleicht kriege ich die Schwindsucht, und das ist dann mein Ende. Ich will aber noch leben, wenn ich fünfzehn bin, und ich will den Shilling Trinkgeld.

Komm rein. Du holst dir ja noch den Tod da draußen.

Sie setzt den Kessel für Teewasser auf. Dann tupft sie Jod auf meine Wunden, und ich versuche, ein Mann zu sein und nicht zu wimmern. Sie sagt, du bist ja schon ein richtig großer Mann. Geh in den Salon und trockne dich vor dem Kamin. Sag mal, warum ziehst du nicht auch die Hose aus und hängst sie über den Kaminschirm?

Ach nein.

Ach doch.

Na gut.

Ich drapiere den Kaminschirm mit meiner Hose. Ich sitze da und beobachte, wie der Dampf sich hebt, und ich beobachte, wie bei mir sich etwas hebt, und ich habe Angst, sie könnte hereinkommen und mich in meiner Aufregung sehen.

Da ist sie mit einem Teller voll Marmeladenbrot und zwei Tassen Tee. Gott, sagt sie, du bist zwar ein magerer Philipp, aber dafür hast du da einen ziemlichen Lümmel.

Sie stellt den Teller und die Tassen auf einen Tisch beim Kamin, und da bleiben sie. Mit Daumen und Zeigefinger nimmt sie die Spitze meiner Aufregung und führt mich durchs Zimmer zu einem grünen Sofa an der Wand, und die ganze Zeit ist mein Kopf voller Sünde und Jod und Schwindsuchtangst und dem Shilling Trinkgeld und ihren grünen Augen und sie ist auf dem Sofa hör jetzt nicht auf sonst sterbe ich und sie weint und ich weine weil ich nicht weiß was mit mir geschieht ob ich mich umbringe wenn ich mir die Schwindsucht von ihrem Munde hole ich reite in den Himmel hinein ich falle von der Klippe und wenn dies eine Sünde ist schert mich das keinen Fiedlerfurz.

Wir machen es uns noch ein bißchen auf dem Sofa gemütlich, bis sie sagt, mußt du nicht noch mehr Telegramme zustellen? und als wir uns aufsetzen, stößt sie einen kleinen Schrei aus, oh, ich blute.

Was ist denn mit dir?

Ich glaube, weil es das erste Mal ist.

Ich sage ihr, Augenblick. Ich hole die Flasche aus der Küche und spritze ihr ordentlich Jod auf die Verletzung. Sie springt vom Sofa, tanzt im Salon herum wie eine Wilde und rennt in die Küche, um sich mit Wasser abzuspülen. Nachdem sie sich abgetrocknet hat, sagt sie, Gott, du bist aber unschuldig. Man soll doch Jod nicht so auf Mädchen schütten.

Ich dachte, du hättest dich geschnitten.

Danach stelle ich noch wochenlang das Telegramm zu. Manchmal haben wir die Aufregung auf dem Sofa, aber es gibt andere Tage, da hat sie den Husten, und man kann ihr die Schwäche ansehen. Sie sagt mir nie, daß sie die Schwäche hat. Sie sagt mir nie, daß sie die Schwindsucht hat. Die Jungs auf dem Postamt sagen, mir geht es doch bestimmt ganz prima mit dem Shilling Trinkgeld und Theresa Carmody. Nie sage ich ihnen, daß ich den Shilling Trinkgeld nicht mehr nehme. Nie erzähle ich ihnen von dem grünen Sofa und der Aufregung. Nie erzähle ich ihnen von dem Schmerz, der kommt, wenn sie die Tür öffnet und ich ihr die Schwäche ansehen kann, und alles, was ich dann noch will, ist Tee für sie machen und mit ihr auf dem grünen Sofa sitzen und sie in den Armen halten.

Eines Samstags soll ich das Telegramm Theresas Mutter an ihrem Arbeitsplatz bei Woolworth zustellen. Ich versuche, beiläufig zu scin. Mrs. Carmody ich stelle immer Ihrer, was ist sie? Ihrer Tochter? Theresa? die Telegramme zu.

Ja, sie ist im Krankenhaus.

Ist sie in der Lungenheilanstalt?

Ich habe gesagt, sie ist im Krankenhaus.

Sie ist genau wie jeder in Limerick, schämt sich wegen der Tbc, und sie gibt mir keinen Shilling und auch sonst kein Trinkgeld. Ich fahre zum Lungensanatorium, um Theresa zu sehen. Sie sagen, man muß verwandt sein und man muß erwachsen sein. Ich sage ihnen, ich bin ihr Cousin, und im August werde ich fünfzehn. Sie sagen mir, geh weg. Ich fahre zur Franziskanerkirche, um für Theresa zu beten. Heiliger Franziskus, würdest du bitte mit Gott sprechen. Sag Ihm, es war nicht Theresas Schuld. Ich hätte das Telegramm Samstag um Samstag um Samstag ablehnen können. Sag Gott, Theresa war nicht verantwortlich für die Aufregung auf dem Sofa, denn die Schwindsucht verändert den Menschen. Es ist sowieso egal, heiliger Franziskus, denn ich liebe Theresa. Ich liebe sie so sehr, wie du einen Vogel oder ein Tier oder einen Fisch liebst, und willst du Gott bitte sagen, Er soll die Schwindsucht wegmachen, dann komme ich nie wieder in ihre Nähe.

Am nächsten Samstag geben sie mir das Telegramm für die Carmodys. Auf der Straße kann ich schon auf halbem Wege sehen, daß die Rolläden heruntergelassen sind. Ich kann den schwarzen Kranz aus Krepp an der Tür sehen. Ich kann die weiß-lila Trauerkarte sehen. Ich kann durch Tür und Wände hindurch sehen, wo Theresa und ich nackt und wild auf das grüne Sofa getaumelt sind, und ich weiß, jetzt ist sie in der Hölle und alles meinetwegen.

Ich schiebe das Telegramm unter der Tür durch und fahre zurück zur Franziskanerkirche, um für die ewige Ruhe von Theresas Seele zu beten. Ich bete zu jeder Statue, zu den bemalten Fenstern, zu den Stationen des Kreuzwegs. Ich schwöre, ich werde ein Leben führen, welches dem Glauben, der Liebe und der Barmherzigkeit geweiht sein wird, der Armut, der Keuschheit und dem Gehorsam.

Am nächsten Tag, Sonntag, gehe ich in vier Messen. Ich mache die Stationen des Kreuzwegs dreimal. Ich bete den ganzen Tag Rosenkränze. Ich esse und trinke nichts, und wo immer ich ein stilles Fleckchen finde, weine ich und bitte Gott und die Jungfrau Maria, sie sollen Erbarmen haben mit der Seele von Theresa Carmody.

Am Montag folge ich der Beerdigung bis zum Friedhof auf meinem Postfahrrad. Ich stehe etwas vom Grab entfernt hinter einem Baum. Mrs. Carmody weint und stöhnt. Mr. Carmody schnieft und sieht verwirrt aus. Der Priester sagt die lateinischen Gebete auf und besprengt den Sarg mit Weihwasser.

Ich möchte zum Priester gehen, zu Mr. und Mrs. Carmody. Ich möchte ihnen sagen, daß ich es war, der Theresa zur Hölle geschickt hat. Sie können mit mir machen, was sie wollen. Mich beschimpfen. Mich schmähen. Friedhofserde nach mir schmeißen. Aber ich bleibe hinter dem Baum, bis die Trauernden gehen und die Totengräber das Grab zuschaufeln.

Der Frost färbt die frische Erde auf dem Grab schon weiß, und ich denke an Theresa, kalt in dem Sarg, das rote Haar, die grünen Augen. Ich verstehe nicht, was ich empfinde, aber ich weiß, daß ich bei all den Menschen, die in meiner Familie gestorben sind, und bei all den Menschen, die rings um mich her in den Gassen gestorben sind, und bei all den Menschen, die weggegangen sind, noch nie so einen Schmerz im Herzen hatte, und ich hoffe, ich habe ihn nie wieder.

Es wird dunkel. Ich schiebe mein Fahrrad vom Friedhofsgelände. Ich habe Telegramme zuzustellen.

James Joyce

Ein Porträt des Künstlers als junger Mann

(Auszug)

Gedenke der letzten Dinge, so wirst du nie eine Sünde begehen – Worte, meine lieben jungen Brüder in Christo, aus dem Buch Ecclesiastes, im siebenten Kapitel, Vers vierzig. Im Namen des Vaters und des Sohnes und des Heiligen Geistes. Amen.

Stephen saß in der vordersten Bank der Kapelle. Pater Arnall saß an einem Tisch links vom Altar. Er trug einen schweren Umhang um die Schultern; sein bleiches Gesicht war verzerrt und seine Stimme brüchig vor Schleim. Diese so sonderbar auferstandene Gestalt seines alten Lehrers brachte Stephen sein Leben in Clongowes wieder ins Gedächtnis: die weiten Spielfelder, die von Knaben wimmelten, den Abtrittsgraben, den kleinen Kirchhof hinter der breiten Lindenallee, wo er geträumt hatte, daß er begraben würde, den Feuerschein an der Wand des Infirmariums, wo er krank lag, das klagenvolle Gesicht Bruder Michaels. Seine Seele wurde wieder, wie ihm diese Erinnerungen kamen, zu der eines Kindes.

– Wir sind heute hier versammelt, meine lieben jungen Brüder in Christo, um einen kurzen Augenblick fern von dem geschäftigen Getriebe der Außenwelt einen der größten Heiligen zu feiern und zu ehren, den Apostel Indiens, den Schutzpatron auch eures College, den heiligen Franz Xaver. Jahr um Jahr, viel länger als irgendeiner von euch, meine lieben jungen Knaben, sich erinnern kann, oder als ich mich erinnern kann, haben die Knaben dieses College sich in dieser Kapelle hier versammelt, um vor dem Fest ihres Schutzpatrons ihre Exerzitien zu halten. Die Zeit ist weitergegangen und hat ihre Veränderungen mit sich gebracht. Selbst in den letzten paar Jahren – an welche Veränderungen können sich die meisten von euch nicht erinnern? Viele der Knaben, die vor ein paar Jahren in diesen vorderen

Bänken saßen, sind jetzt vielleicht in fernen Landen, in den sengenden Tropen oder in berufliche Pflichten verstrickt oder in Seminaren oder sie reisen über die weite Tiefe der See oder, auch das kann sein, sind bereits von dem großen Gott zu einem anderen Leben abberufen und zur Aufgabe ihrer Haushalterschaft bestellt worden. Und immer noch, wie die Jahre vorüberrollen und Veränderungen zum Guten wie zum Schlechten mit sich bringen, wird das Andenken des großen Heiligen von den Knaben seines College geehrt, die jedes Jahr ihre Exerzitien an den Tagen, die seinem Fest vorangehen, halten, dem Fest, das von unserer heiligen Mutter Kirche eingesetzt ward, damit allen Zeitaltern Name und Ruhm eines der größten Söhne des katholischen Spanien mitgeteilt werde.

– Was bedeutet nun dieses Wort *Exerzitium* und warum versteht man allenthalben darunter eine äußerst heilsame Übung für all jene, die vor Gott und in den Augen der Menschen ein wahrhaft christliches Leben zu führen wünschen? Mit Exerzitium, meine lieben Knaben, ist gemeint, sich eine Weile von den Sorgen unseres Lebens zurückzuziehen, den Sorgen dieser tagtäglichen Welt, um den Zustand unseres Gewissens zu erforschen, über die Mysterien der heiligen Religion nachzudenken und besser zu verstehen, warum wir hier sind in dieser Welt. Während dieser paar Tage habe ich mir vorgesetzt, einige Gedanken vor euch zu entfalten, die die vier letzten Dinge betreffen. Diese sind, wie ihr aus eurem Katechismus wißt, Tod, Gericht, Hölle und Himmel. Wir wollen versuchen, sie während dieser paar Tage gänzlich zu verstehen, auf daß wir aus diesem Verständnis dauernden Nutzen für unsre Seelen ziehen mögen. Und denkt daran, meine lieben Knaben, daß wir nur aus einem Grund, aus einem einzigen Grund, in die Welt geschickt worden sind: Gottes heiligen Willen zu tun und unsere unsterblichen Seelen zu erretten. Alles andere ist ohne Wert. Ein Einziges tut not, die Rettung unserer Seele. Was hülfe es dem Menschen, die ganze Welt zu gewinnen, wenn er seine unsterbliche Seele verlöre? Ach, meine lieben Knaben, glaubet mir, da ist nichts in dieser elenden Welt, das einen solchen Verlust wieder gutmachen könnte.

– Ich will euch darum bitten, meine lieben Knaben, während dieser wenigen Tage alle weltlichen Gedanken aus euren Köpfen zu verbannen, Gedanken des Studiums, des Vergnügens, des Ehrgeizes, und all eure Aufmerksamkeit der Verfassung eurer Seelen zu schenken. Ich brauche euch kaum zu erinnern, daß während der Exerzitientage von allen Knaben erwartet wird, daß sie ein stilles und frommes Gebaren beobachten und alle lauten ungehörigen Vergnügungen meiden. Die älteren Knaben werden natürlich darauf sehen, daß gegen diese Regel nicht verstoßen wird, und ich erwarte im besonderen von den Präfekten und Offizieren der Sodalität Unserer Lieben Frau und der Sodalität der heiligen Engel, daß sie ihren Mitschülern mit gutem Beispiel vorangehen.

– Laßt uns darum versuchen, diese Exerzitien zu Ehren des heiligen Franz mit ganzem Herzen und mit ganzem Sinn zu vollziehen. Gottes Segen wird dann das ganze Jahr auf euren Studien ruhn. Aber, vor und über allem andern, laßt diese Exerzitien solche sein, daß ihr in späteren Jahren auf sie zurückblicken könnt, wenn ihr vielleicht fern von diesem College seid und in sehr verschiedener Umgebung, daß ihr auf sie zurückblicken könnt mit Freude und Dankbarkeit und Gott Dank sagt, weil er euch die Gelegenheit geschenkt hat, den ersten Grundstock zu einem frommen ehrbaren eifrigen christlichen Leben zu legen. Und wenn, was nicht unmöglich ist, zu diesem Augenblick in diesen Bänken eine arme Seele sitzt, die das unsagbare Unglück gehabt hat, Gottes heilige Gnade zu verlieren und sich in schwere Sünde zu stürzen, so bete und vertraue ich inbrünstig darauf, daß diese Exerzitien der Wendepunkt im Leben dieser Seele sind. Ich bete zu Gott durch die Verdienste seines eifrigen Dieners Franz Xaver, daß eine solche Seele zu aufrichtiger Reue geführt werden und daß die heilige Kommunion am diesjährigen Tag des heiligen Franz ein dauernder Bund zwischen Gott und dieser Seele sein möge. Mögen diese Exerzitien für den Gerechten und den Ungerechten, den Heiligen und den Sünder gleichermaßen unvergeßlich sein.

– Helft mir, meine lieben jungen Brüder in Christo. Helft mir mit eurer frommen Aufmerksamkeit, mit eurer eigenen Andacht, mit eurem äußeren Gebaren. Verbannt aus eurem Sinn alle weltlichen Gedanken und denkt nur an die letzten Dinge, Tod, Gericht, Hölle und Himmel. Wer dieser Dinge gedenkt, so spricht Ecclesiastes, der wird nie eine Sünde begehen. Wer der letzten Dinge gedenkt, der wird sie stets bei seinem Tun und Denken vor Augen haben. Der wird ein gutes Leben führen und einen guten Tod sterben, glaubt er und weiß er doch, daß, opferte er auch viel in diesem irdischen Leben, es ihm hundert- und tausendfach im künftigen Leben, in dem Reich ohne Ende vergolten wird – ein Segen, meine lieben Knaben, den ich euch von ganzem Herzen wünsche, jedem und allen zumal, im Namen des Vaters und des Sohnes und des Heiligen Geistes. Amen.

Als er mit schweigenden Gefährten heimwärts ging, schien ein dichter Nebel seinen Geist zu umschließen. Er wartete in geistiger Stumpfheit, daß er sich höbe und offenbare, was er verborgen hatte. Er aß sein Essen mit grämlichem Appetit, und als die Mahlzeit vorüber war und die fettverschmierten Teller verlassen auf dem Tisch standen, stand er auf und ging zum Fenster, räumte den dicken Schaum mit der Zunge aus dem Mund und leckte ihn von den Lippen. So war er also auf die Stufe eines Tiers gesunken, das sich nach dem Fleisch die Lefzen leckt. Das war das Ende; und ein schwacher Angstschimmer begann durch den Nebel seines Geistes zu stechen. Er preßte sein Gesicht an die Fensterscheibe und schaute auf die dunkel werdende Straße hinaus. Formen streiften hierhin und dahin durch das trübe Licht. Und das war das Leben. Die Lettern des Namens Dublin drückten schwer auf seinen Geist, stießen einander mit langsamem stoffeligem Stehvermögen grämlich nach hier und nach da. Seine Seele wurde dick und dicker und gerann zu feistem Fett, tauchte in ihrer trüben Angst immer tiefer in eine düstere drohende Dämmerung, während dieser Körper, der ihm gehörte, teilnahmslos und entehrt dastand und aus dunkel gewordenen Augen, hilflos, verstört und menschlich, ausschaute nach einem bovinen Gott, auf den er seinen Blick heften könnte.

Der nächste Tag brachte Tod und Gericht und störte langsam seine Seele aus ihrer teilnahmslosen Verzweiflung auf. Der schwache Angstschimmer wurde zu geistlichem Terror, als die heisere Stimme des Predigers Tod in seine Seele blies. Er durchlitt ihre Agonie. Er spürte den Todesschauder seine Glieder berühren und herzhin kriechen, spürte wie die Todestrübung die Augen verschleierte, die hellichten Zentren des Hirns eins ums andre ausgelöscht wurden wie Lampen, der letzte Schweiß auf der Haut ausdünstete, die Kraftlosigkeit der sterbenden Glieder, die Rede sich verdickte und irrging und versagte, das Herz schwach klopfte und noch schwächer, schon fast bezwungen, der Atem, der arme Atem, der arme hilflose Menschengeist, wie er schluchzte und seufzte, gluckste und rasselte in der Kehle. Keine Hilfe! Keine Hilfe! Er, er selber, sein Körper, dem er nachgegeben hatte, lag im Sterben. Ins Grab mit ihm! Nagelt ihn ein in eine Holzkiste, den Kadaver. Tragt ihn aus dem Haus auf den Schultern von Mietlingen. Werft ihn, verbannt vom Angesicht der Menschen, in ein langes Loch im Grund, ins Grab, zu faulen, die Masse seiner kriechenden Würmer zu füttern und von trippelnden dickbäuchigen Ratten verschlungen zu werden.

Und während die Freunde noch in Tränen an der Bettseite standen, wurde die Seele des Sünders gerichtet. Im letzten Augenblick des Bewußtseins zog das ganze irdische Leben vor dem Blick der Seele vorüber und, ehe denn sie Zeit zum Nachdenken hatte, war der Körper gestorben und die Seele stand erschreckt vor dem Richterstuhl. Gott, der lang barmherzig gewesen war, würde nun gerecht sein. Er war lange duldsam gewesen, hatte mit der sündigen Seele gerechtet, ihr Zeit gegeben zu bereuen, eine Weile noch sie verschont. Doch diese Zeit war um. Es hatte eine Zeit zu sündigen und sichs wohl sein zu lassen, eine Zeit, Gott und die Warnungen Seiner heiligen Kirche zu höhnen, eine Zeit, Seiner Majestät zu trotzen, Seinen Geboten ungehorsam zu sein, die Mitmenschen hinters Licht zu führen, Sünde um Sünde und Sünde um Sünde zu begehen und die eigene Verderbnis vorm Angesicht der Menschen zu verbergen. Doch diese Zeit war vorüber. Nun war Gott an der Reihe: und Er ließ sich nicht hinters Licht führen oder täuschen. Jede Sünde käme da aus ihrem Schlupfloch hervor, die rebellischste gegen den göttlichen Willen und die für unsere arme verderbte Natur erniedrigendste, die winzigste Unvollkommenheit und die verruchteste Ungeheuerlichkeit. Was half es da, ein großer Kaiser gewesen zu sein, ein großer General, ein fabelhafter Erfinder, der Gelehrteste der Gelehrten? Alle waren eins vor dem Richterstuhl Gottes. Er würde die Guten belohnen und die Bösen strafen. Ein einziger Augenblick genügte, um eine Menschenseele abzuurteilen. Einen einzigen Augenblick nach dem körperlichen Tod war die Seele ausgewogen. Das Besondere Gericht war vorüber und die Seele war an der Stätte der Seligen angekommen oder im Verlies des Fegfeuers oder war heulend zur Hölle geschleudert worden.

Noch war das alles. Gottes Gerechtigkeit mußte sich noch vor allen Menschen dartun: nach dem Besonderen blieb noch das Weltgericht. Der Jüngste Tag war gekommen. Doomsday war nahe. Die Sterne des Himmels fielen auf die Erde wie die Feigen vom Feigenbaum, den der Wind erschüttert hat. Die Sonne, der größte Lichtträger des Alls, war ein härener Sack geworden. Der Mond war blutrot. Das Firmament war ein zusammengerolltes Buch. Der Erzengel Michael, der Fürst der himmlischen Heerscharen, erschien glorreich und schrecklich am Himmel. Mit einem Fuß auf dem Meer und einem Fuß auf der Erde blies er aus der erzangelischen Posaune den ehernen Tod der Zeit. Die drei Posaunenstöße des Engels erfüllten das ganze All. Zeit ist, Zeit war, doch Zeit wird hinfort nicht mehr sein. Beim letzten Posaunenstoß kommen die Seelen der gesamten Menschheit scharenweise zum Tal Josaphat, reich und arm, gelinde und einfältig, klug und töricht, gut und böse. Die Seele jeden Menschenwesens, das je gelebt, die Seelen all jener, die hinfort geboren werden, alle Söhne und Töchter Adams, alle sind an diesem höchsten Tag versammelt. Und siehe, der höchste Richter erscheint! Nicht länger das demütige Lamm Gottes, nicht länger der sanftmütige Jesus von Nazareth, nicht länger der Schmerzensmann, nicht länger der Gute Hirte, erscheinen sieht man Ihn nun auf den Wolken, mit großer Kraft und Herrlichkeit, geleitet von neun Engelchören, Engeln und Erzengeln, Fürstentümern, Gewalten und Tugenden, Thronen und Herrschaften, Cherubim und Seraphim. Gott den Allmächtigen, Gott den Ewig-Vater. Er spricht: und Seine Stimme hört man selbst an den fernsten Grenzen des Raumes, selbst in der bodenlosen Tiefe. Höchster Richter, gegen Sein Urteil wird es und kann es keinen Einspruch geben. Er ruft die Gerechten auf Seine Seite und heißt sie in das Reich eintreten, die ewige Glückseligkeit, die für sie bereitet ist. Die Ungerechten stößt Er von Sich und ruft in Seiner beleidigten majestätischen Herrlichkeit: *Gehet hin von mir, ihr Verfluchten, in das ewige Feuer, das bereitet ward dem Teufel und seinen Engeln.* O welche Todesqual für die erbärmlichen Sünder! Der Freund wird vom Freunde gerissen, Kinder werden von ihren Eltern gerissen, Gatten von ihren Weibern. Der arme Sünder streckt seine Arme aus nach denen, die ihm teuer waren auf dieser Erdenwelt, nach denen, deren einfältige Andacht er vielleicht verspottet hatte, nach denen, die ihm rieten und ihn auf den rechten Weg zu führen versuchten, nach einem freundlichen Bruder, nach einer liebenden Schwester, nach Mutter und Vater, die ihn so sehr liebten. Doch es ist zu spät: die Gerechten wenden sich ab von den elenden verdammten Seelen, die nun vor aller Augen in der Scheußlichkeit und Bosheit ihres Charakters erscheinen. O ihr Heuchler, O ihr übertünchten Gräber, O ihr, die ihr der Welt ein glattes lächelndes Gesicht zeigt, während eure Seele inwendig ein ekler Sündenpfuhl ist, wie wird es euch ergehen an diesem schrecklichen Tag?

Und dieser Tag wird kommen, soll kommen, muß kommen; der Tag des Todes und der Tag des Gerichts. Es ist dem Menschen gesetzt, zu sterben, und nach dem Tode das Gericht. Der Tod ist gewiß. Seine Zeit und seine Art sind ungewiß, ob nach langer Krankheit oder nach einem unerwarteten Unglücksfall;

Gottes Sohn kommt zu einer Stunde, wenn du Ihn wenig erwartest. Sei darum jeden Augenblick bereit, da du siehst, daß du in jedwedem Augenblick sterben kannst. Der Tod ist unser aller Ende. Tod und Gericht, durch die Sünde unsrer ersten Eltern in die Welt gebracht, sind die dunklen Pforten, die unser Erdendasein schließen, die Pforten, die sich ins Unbekannte und Ungesehne öffnen, Pforten, durch die jede Seele ziehen muß, allein, ohne Unterstützung, es sei denn durch ihre guten Werke, ohne Freund oder Bruder oder Eltern oder Herr, ihr zu helfen, allein und zitternd. Lasset diesen Gedanken euch stets vor Augen sein, und dann können wir nicht sündigen. Der Tod, Grund des Schreckens für den Sünder, ist ein gesegneter Augenblick für den, der auf dem rechten Weg gewandelt ist, die Pflichten seines Amtes im Leben erfüllte, seine Morgen- und Abendgebete beobachtete, häufig zum heiligen Sakrament schritt und gute und barmherzige Werke tat. Für den frommen und gläubigen Katholiken, für den Gerechten, ist der Tod kein Grund des Schreckens. War nicht Addison es, der große englische Schriftsteller, der auf seinem Totenbett nach dem sündigen jungen Earl of Warwick schickte, damit er sähe, wie ein Christ seinem Ende begegne? Er, er allein ist es, der fromme und gläubige Christ, der in seinem Herzen sprechen kann:

Grab, wo ist dein Sieg?
Tod, wo ist dein Stachel?

Jedes dieser Worte galt ihm. Gegen seine Sünde, ekel und heimlich, zielte der ganze Zorn Gottes. Das Messer des Predigers war tief in sein sieches Gewissen gedrungen und er spürte jetzt, daß seine Seele in Sünde schwärte. Ja, der Prediger hatte recht. Gott war an der Reihe. Wie ein Tier in seiner Hürde hatte seine Seele sich in ihrem eigenen Dreck niedergelegt, aber die Stöße der Engelsposaune hatten ihn aus der Finsternis der Sünde hinausgetrieben ins Licht. Die Worte der Verdammnis, von dem Engel gerufen, erschütterten in einem Augenblick seinen vermessenen Frieden. Der Wind des Jüngsten Tages wehte durch seinen Geist; seine Sünden, die edelsteinäugigen Huren seiner Einbildung, flohen vor dem Hurrikan, quiekten wie Mäuse in ihrem Entsetzen und kauerten unter einer Mähne Haars.

Als er den Platz überquerte, auf dem Heimweg, traf das leichte Gelächter eines Mädchens sein brennendes Ohr. Der zerbrechliche heitere Klang schlug sein Herz stärker denn ein Posaunenstoß und, da er seine Augen nicht zu erheben wagte. wandte er sich zur Seite und schaute, wie er ging, in den Schatten des struppigen Buschwerks. Scham stieg aus seinem geschlagenen Herzen hoch und überflutete sein ganzes Wesen. Das Bild Emmas erschien vor ihm und, unter ihrem Blick, stürzte die Schamflut erneut aus seinem Herzen hervor. Wenn sie wüßte, zu was sein Geist sie sich gefügig gemacht hatte oder wie seine tierische Lust ihre Unschuld zerrissen und auf ihr herumgetrampelt war! War das knabenhafte Liebe? War das Ritterlichkeit? War das Poesie? Die eklen Einzelheiten seiner Exzesse stanken ihm in die Nase: das rußverschmierte Päckchen Bilder, das er im Rauchfang des Kamins versteckt hatte und in Gegenwart von deren schamloser oder gespielt verschämter Lüsternheit er stundenlang gelegen und in Gedanke und Tat gesündigt hatte; seine monströsen Träume, von affenartigen Kreaturen bevölkert und von Huren mit schimmernden Edelsteinaugen; die eklen langen Briefe, die er in der Freude lästerlicher Beichte geschrieben und heimlich Tage und Tage bei sich getragen hatte, nur um sie im Schutz der Nacht ins Gras am Rand eines Feldes zu werfen oder unter eine Tür, die aus den Angeln war, oder in eine Einbuchtung in den Hecken, wo ein Mädchen im Vorübergehen vielleicht auf sie stieße und sie heimlich läse. Irr! Irr! War es möglich, daß er all das getan hatte? Kalter Schweiß brach auf seiner Stirn aus, als die eklen Erinnerungen sich in seinem Hirn verdichteten.

Als die Agonie der Scham von ihm gegangen war, versuchte er seine Seele aus ihrer verworfenen Ohnmacht zu erheben. Gott und die Gebenedeite Jungfrau waren für ihn zu weit: Gott war zu groß und streng und die Gebenedeite Jungfrau zu rein und heilig. Aber er stellte sich vor, daß er neben Emma in einem weiten Land stand und, demütig und in Tränen, sich beugte und den Ellbogen ihres Ärmels küßte.

In dem weiten Land, unter einem zarten lichten Abendhimmel – eine Wolke trieb inmitten des bleichgrünen Himmelsmeers gen Westen –, standen sie beisammen, Kinder, die geirrt hatten. Ihr Irren hatte Gottes Majestät tief beleidigt, obschon es das Irren zweier Kinder war, doch es hatte nicht sie beleidigt, deren Schönheit *nicht irdischer Schönheit gleicht, gefährlich sie anzuschaun, sondern gleich dem Morgenstern, der ihr Emblem ist, hell-licht und wie Musik.* Die Augen waren nicht beleidigt, die sie auf sie richtete, noch vorwurfsvoll. Sie legte ihre Hände zusammen, Hand in Hand, redete zu ihren Herzen und sprach:

– Nehmt euch an den Händen, Stephen und Emma. Es ist im Himmel jetzt ein wunderschöner Abend. Ihr habt geirrt, doch ihr seid immer meine Kinder. Es ist ein Herz, das ein andres Herze liebt. Nehmt euch zusammen an den Händen, meine lieben Kinder, und ihr werdet glücklich zusammen sein und eure Herzen werden einander lieben.

Die Kapelle war von dem trüben scharlachroten Licht erfüllt, das durch die herabgezogenen Vorhänge sickerte; und durch den Spalt zwischen dem letzten Vorhang und dem Schieberahmen drang ein Strahl fahlen Lichts herein wie ein Speer und berührte die embossierten Messingverzierungen der Kerzenständer auf dem Altar, die wie die schlachtgestählte Panzerrüstung von Engeln schimmerten.

Regen fiel auf die Kapelle, auf den Garten, auf das College. Es würde für immer regnen, tonlos. Das Wasser würde steigen, Zoll um Zoll, das Gras und Buschwerk bedecken, die Bäume und Häuser bedecken, die Denkmäler und die Bergesgipfel bedecken. Alles Leben würde erstickt sein, tonlos: Vögel, Menschen, Elefanten, Schweine, Kinder: tonlos treibende Kadaver zwischen den Trümmern der schiffbrüchigen Welt. Vierzig Tage und vierzig Nächte würde der Regen fallen, bis die Wasser das Gesicht der Erde bedeckten.

Das könnte doch sein. Warum nicht?

– *Schon öffnet die Hölle ihre Seele und sperrt ihren Rachen maßlos auf* – Worte, meine lieben jungen Brüder in Christo Jesu, aus dem Buch Jesaja, im fünften Kapitel, Vers vierzehn. Im Namen des Vaters und des Sohnes und des Heiligen Geistes.

Der Prediger zog eine kettenlose Uhr aus einer Tasche in seiner Soutane, und nachdem er über dem Zifferblatt einen Augenblick in Schweigen sinniert hatte, legte er sie schweigend vor sich auf den Tisch.

Er begann mit leiser Stimme zu sprechen.

– Adam und Eva, meine lieben Knaben, waren, wie ihr wißt, unsere ersten Eltern und ihr werdet euch erinnern, daß sie von Gott geschaffen wurden, auf daß die Stühle im Himmel, die durch den Fall Luzifers und seiner rebellischen Engel frei geworden waren, wieder besetzt würden. Luzifer, heißt es, war ein Sohn der Morgenröte, ein strahlender und mächtiger Engel; dennoch fiel er: er fiel und da fiel mit ihm ein Dritteil der himmlischen Heerscharen: er fiel und ward mit seinen rebellischen Engeln zur Hölle geschleudert. Welches seine Sünde war, können wir nicht sagen. Die Theologen ziehen die Sünde des Stolzes in Erwägung, den sündigen Gedanken, der in einem Augenblick empfangen und geboren ward: *non serviam: Ich will nicht dienen.* Dieser Augenblick war sein Untergang. Er beleidigte die Majestät Gottes durch den sündigen Gedanken eines Augenblicks und Gott stieß ihn aus dem Himmel in die Hölle für immer.

– Adam und Eva wurden dann von Gott geschaffen und nach Eden gesetzt, in die Gegend von Damaskus, diesen lieblichen Garten, funkelnd vor Sonnenlicht und Farben, strotzend vor üppigem Pflanzenwuchs. Die fruchtbare Erde schenkte ihnen ihre Gaben: Tiere und Vögel waren ihre willfährigen Diener: sie kannten nicht die Übel, die unsers Fleisches Erbteil, Krankheit und Armut und Tod: alles was ein großer und edelmütiger Gott für sie tun konnte, ward getan. Aber es gab eine Bedingung, die ihnen von Gott auferlegt war: Gehorsam gegenüber Seinem Wort. Von der Frucht des verbotenen Baumes sollten sie nicht essen.

– Aber ach, meine lieben jungen Knaben, es fielen auch sie. Der Teufel, einst ein glänzender Engel, ein Sohn der Morgenröte, nun ein ekler Erzfeind, kam in Gestalt einer Schlange, des listigsten aller Tiere auf dem Felde. Er beneidete sie. Er, der gefallene Große, konnte den Gedanken nicht ertragen, daß der Mensch, ein Geschöpf aus Erde, das Erbe besitzen sollte, das er durch seine Sünde für immer verwirkt hatte. Er kam zu der Frau, dem schwächeren Gefäß, und goß das Gift seiner Rede in ihr Ohr und versprach ihr – O über die Lästerung dieses Versprechens! –, wenn sie und Adam von der verbotenen Frucht äßen, würden sie sein wie Götter, nein mehr: wie Gott Selbst. Eva gab den Ränken des Erzversuchers statt. Sie aß den Apfel und gab ihn auch Adam, der nicht den moralischen Mut hatte, ihr zu widerstehen. Die giftige Zunge Satans hatte ihr Werk getan. Sie fielen.

– Und dann war die Stimme Gottes im Garten zu hören, der Seine Kreatur, den Menschen, zur Rechenschaft rief: und Michael, der Fürst der himmlischen Heerscharen, erschien mit einem Flammenschwert in der Hand vor dem schuldigen Paar und trieb sie fort aus Eden und in die Welt, die Welt der Krankheit und des Haders, der Grausamkeit und der Enttäuschung, der Arbeit und der Mühsal, um sich im Schweiße ihres Angesichts ihr Brot zu verdienen. Doch wie barmherzig war Gott selbst dann noch! Er empfand Mitleid mit unseren armen erniedrigten Eltern und versprach, daß Er, wenn die Zeit erfüllt wäre, vom Himmel Einen herabschicken würde, der sie erlösen, sie wieder zu Kindern Gottes und zu Erben des Himmelreichs machen werde: und dieser Eine, dieser Erlöser des gefallenen Menschen, sollte Gottes eingeborener Sohn sein, die Zweite Person der Allerheiligsten Dreifaltigkeit, das Ewige Wort.

– Er kam. Er wurde von einer reinen Jungfrau geboren, von Maria, der jungfräulichen Mutter. Er wurde in einem armen Kuhstall in Judäa geboren und lebte dreißig Jahre lang als bescheidener Zimmermann, bis die Stunde Seiner Sendung gekommen war. Und dann, von Liebe zu den Menschen erfüllt, ging Er hin und rief den Menschen, das neue Evangelium zu hören.

– Taten sie die Ohren auf? Ja, sie taten die Ohren auf, doch hörten nicht. Er wurde ergriffen und gebunden wie ein gemeiner Verbrecher, verhöhnt als ein Narr, beiseite geschoben um eines berüchtigten Räubers willen, gegeißelt mit fünftausend Streichen, gekrönt mit einer Dornenkrone, gestoßen durch die Straßen vom jüdischen Pöbel und der römischen Soldateska, Seiner Kleider beraubt und an einen Galgen gehängt und mit einer Lanze in Seine Seite gestochen, und aus dem verwundeten Leib Unseres Herrn strömten Wasser und Blut fort und fort.

– Doch sogar da, in jener Stunde höchster Todespein hatte Unser Barmherziger Erlöser Mitleid mit der Menschheit. Doch sogar dort, auf dem Kalvarienberg, gründete Er die heilige katholische Kirche, die, wie es verheißen ist, die Pforten der Hölle nicht überwältigen sollen. Er gründete sie auf den Fels der Jahrhunderte und begabte sie mit Seiner Gnade, mit Sakrifizium und Sakramenten, und verhieß, wenn Menschen dem Wort Seiner Kirche gehorchten, daß sie dann dennoch ins ewige Leben eingehen würden, wenn sie aber, nach all dem, was für sie getan worden wäre, dennoch in ihrer Sündhaftigkeit verharrten, daß dann für sie nur eine Ewigkeit der Qual bliebe: die Hölle.

Die Stimme des Predigers sank. Er hielt ein, legte einen Moment seine Handflächen aneinander, trennte sie wieder. Dann fuhr er fort:

– Nun wollen wir versuchen, uns einen Augenblick, soweit wir das können, die Natur jener Stätte der Verdammten zu vergegenwärtigen, welche die Gerechtigkeit eines beleidigten Gottes ins Dasein rief zur ewigen Strafe der Sünder. Die Hölle ist ein enger und dunkler und ekelriechender Kerker, eine Stätte von Dämonen und verlorenen Seelen, voller Feuer und Rauch. Die Enge dieses Kerkerturms wurde ausdrücklich von Gott erdacht, um jene zu strafen, die die Bindung an Seine Gesetze verweigerten. In irdischen Kerkern hat der arme Gefangene wenigstens eine gewisse Bewegungsfreiheit, und wenn auch nur innerhalb der vier Wände seiner Zelle oder auf dem düsteren Hof seines Kerkers. Nicht so in der Hölle. Dort sind, aus Gründen der großen Anzahl der Verdammten, die Gefangenen zusammengepfercht in ihrem furchtbaren Kerker, von dessen Mauern es heißt, sie seien viertausend Meilen dick: und die Verdammten sind so ganz und gar gebunden und hilflos, daß sie, wie ein seliger Heiliger, der heilige Anselm, in seinem Buch über die Gleichnisse schreibt, nicht einmal imstande sind, aus dem Auge den Wurm zu entfernen, der an ihm nagt.

– Sie liegen und Finsternis ist um sie her. Denn, erinnert euch, das Feuer der Hölle spendet kein Licht. So wie, auf Gottes Geheiß, das Feuer des babylonischen Ofens seine Glut verlor aber nicht sein Licht, so brennt, auf Gottes Geheiß, das Feuer der Hölle in ewiger Finsternis, bewahrt jedoch die Stärke seiner Glut. Es ist ein niemals endender Sturm aus Finsternis, finstern Flammen und finsterm Rauch aus brennendem Schwefel, worin die Leiber gedrängt liegen, einer über dem andern, ohne auch nur einen Schimmer von Luft. Von allen Plagen, mit denen das Land Pharaos geschlagen ward, wurde nur eine einzige, die der Finsternis, grauenhaft genannt. Wie sollen wir dann die Finsternis der Hölle heißen, die nicht drei Tage nur währen soll, sondern die ganze Ewigkeit?

– Das Grauen dieses engen und dunklen Kerkers wird erhöht durch seinen grauenhaften Gestank. Aller Dreck der Welt, aller Unrat und Abschaum der Welt, heißt es, läuft dort zusammen, wie in einer weiten stinkigen Gosse, wenn die schreckliche Feuersbrunst des Jüngsten Tages die Welt reingefegt hat. Auch der Schwefel, der dort in so ungeheuren Mengen brennt, erfüllt die Hölle mit seinem unerträglichen Gestank; und die Leiber der Verdammten selber dünsten einen so pestilenzialischen Ruch aus, daß, wie der heilige Bonaventura sagt, ein einziger genügen würde, die ganze Welt anzustecken. Die Luft selbst dieser Welt, dies reine Element, wird faul und nicht mehr atembar, wenn sie lange abgeschlossen worden ist. Rechnet euch danach aus, wie die Fäule der Höllenluft sein muß. Stellt euch einen fauligen und verwesten Leichnam vor, der modernd und zerfallend im Grab gelegen hat, eine gallertartige Masse flüssiger Zersetzung. Stellt euch vor, wie solch ein Leichnam eine Beute der Flammen wird, verschlungen wird vom Feuer brennenden Schwefels und dichte erstickende Schwaden ekelerregender widerwärtiger Fäulnis von sich gibt. Und dann stellt euch diesen Gestank, von dems einem übel wird, vor, millionen- und abermillionenfach vervielfacht durch die Millionen um Millionen mephitischer Kadaver, die in der stinkigen Finsternis aufgetürmt sind, ein riesiger und modernder menschlicher Fungus. Stellt euch all das vor und ihr habt eine gewisse Idee vom Grauen des Höllengestanks.

– Doch dieser Gestank ist nicht, greulich wie er ist, die größte Körperqual, der die Verdammten ausgesetzt sind. Die Feuerqual ist die schlimmste Qual, der die Tyrannen je ihre Mitgeschöpfe ausgesetzt haben. Steckt euren Finger einen Augenblick in die Flamme einer Kerze und ihr werdet den Schmerz des Feuers spüren. Doch unser irdisches Feuer wurde von Gott zum Wohle des Menschen geschaffen, um den Lebensfunken in ihm zu erhalten und ihm in den praktischen Künsten zu helfen, wohingegen das Höllenfeuer von anderer Beschaffenheit ist und von Gott geschaffen wurde, um den unbußfertigen Sünder zu foltern und zu strafen. Ferner verzehrt unser irdisches Feuer mehr oder weniger rasch, abhängig von der mehr oder weniger großen Brennbarkeit des Gegenstandes, den es angreift, so daß es dem menschlichen Geist sogar gelungen ist, chemische Präparate zu erfinden, um seine Wirkung einzudämmen oder zu verhüten. Doch die Schwefelverbindung, die in der Hölle brennt, ist eine Substanz, die eigens erdacht wurde, um für immer und ewig mit unsagbarer Wut zu brennen. Überdies zerstört unser irdisches Feuer zur gleichen Zeit, da es brennt, so daß seine Dauer um so kürzer ist, je intensiver es ist: doch das Höllenfeuer hat die Eigenschaft, das zu erhalten, was es verbrennt, und obwohl es mit unglaublicher Intensität wütet, wütet es immerfort.

– Unser irdisches Feuer ist ferner, wie wild oder weit es auch sein mag, stets nur begrenzt ausgedehnt: doch der Feuersee in der Hölle ist grenzenlos, uferlos und bodenlos. Es ist überliefert, daß der Teufel selbst, als ein gewisser Soldat ihn danach befragte, bekennen mußte, daß, würde ein ganzer Berg in den brennenden Ozean der Hölle geworfen, er in einem Moment verbrannt wäre wie ein Stück Wachs. Und dieses schreckliche Feuer plagt die Leiber der Verdammten nicht allein von außen, denn jede verlorene Seele wird sich selber eine Hölle sein, da das grenzenlose Feuer in ihrem Mark wütet. O wie schrecklich ist das Los dieser elenden Wesen! Das Blut siedet und kocht in den Adern, das Hirn ist im Schädel am Kochen, das Herz in der Brust am Glühen und Zerspringen, die Eingeweide eine rotglühende Masse brennenden Breis, die zarten Augen flammen wie geschmolzene Kugeln.

– Und doch, was ich über die Stärke und Beschaffenheit und Grenzenlosigkeit dieses Feuers gesagt habe, ist wie nichts verglichen mit seiner Intensität, einer Intensität, die es daraus hat, daß es das von dem göttlichen Plan zur Bestrafung von Leib und Seele gleichermaßen auserwählte Werkzeug ist. Es ist ein Feuer, das dem Zorne Gottes direkt entspringt und nicht aus seiner eigenen Kraft heraus wirkt, sondern als Werkzeug der göttlichen Rache. Wie die Wasser der Taufe die Seele mit dem Leibe reinigen, so foltern die Feuer der Bestrafung den Geist mit dem Fleisch. Jeder Sinn des Fleisches wird gefoltert und jedes Vermögen der Seele mit dazu: die Augen durch undurchdringliche äußerste Finsternis, die Nase durch verderbliche Gerüche, die Ohren durch Geschrei und Geheul und Verwünschungen, der Geschmack durch faule Materie, lepröse Zersetzung, namenlosen würgenden Dreck, der Tastsinn durch rotglühende Stacheln und Dornen, durch grausame Flammenzungen. Und mittels der verschiedenen Qualen der Sinne wird die unsterbliche Seele in ihrem innersten Kern ewiglich gefoltert inmitten der Meilen und Meilen glühender Feuer, die die beleidigte Majestät des Allmächtigen Gottes im Abgrund entzündet hat und die der Odem des Zornes der Gottheit zu immerwährender und immerwachsender Wut anfacht.

– Bedenket schließlich, daß die Qual dieses infernalischen Kerkers durch die Gesellschaft der Verdammten selber noch wächst. Böse Gesellschaft auf Erden ist bereits so verderblich, daß selbst die Pflanzen sich, wie durch Instinkt, von der Gesellschaft all dessen abziehen, was für sie tödlich oder schädlich ist. In der Hölle sind alle Gesetze umgestülpt: es gibt keinen Gedanken an Familie oder Vaterland, an Bindungen, an Verwandtschaft. Die Verdammten heulen und kreischen aufeinander ein, und ihre Folter und Raserei intensiviert sich durch die Gegenwart von Wesen, die wie sie gefoltert werden und rasen. Jegliche menschliche Regung ist vergessen. Die Schreie der leidenden Sünder reichen bis in die fernsten Ecken des weiten Abgrunds. Die Münder der Verdammten platzen vor Lästerungen gegen Gott und vor Haß gegen die, die mit ihnen leiden, und vor Flüchen gegen jene Seelen, die ihre Komplizen waren in der Sünde. In alten Zeiten war es der Brauch, den Parrizida zu bestrafen, den Mann, der seine mörderische Hand gegen den eigenen Vater erhoben hatte, indem man ihn in einem Sack in die Tiefen des Meeres warf, in dem ein Hahn, ein Affe und eine Schlange steckten. Es war die Absicht jener Gesetzgeber, die ein solches Gesetz, das in unseren Zeiten grausam erscheint, ersannen, den Verbrecher durch die Gesellschaft schändlichen und schädlichen Viehzeugs zu bestrafen. Doch was ist die Wut des dumpfen Viehs verglichen mit der Wut der Verwünschungen, die aus den ausgedörrten Lippen und wehen Kehlen der Verdammten in der Hölle hervorbricht, wenn sie in ihren Gefährten im Jammer jene erkennen, die ihnen in der Sünde beistanden und Vorschub leisteten, jene deren Worte die ersten Samenkörner böser Gedanken und böser Lebensführung ihnen ins Gemüt säten, jene deren schamlose Einflüsterungen sie in die Sünde trieben, jene deren Blicke sie versuchten und weglockten vom Pfad der Tugend. Sie stehen auf gegen diese Komplizen und stellen sie zur Rede und fluchen ihnen. Doch sie sind ohne Hilfe, ohne Hoffnung: zu spät ist es jetzt für die Reue.

– Zu allerletzt bedenkt die furchtbarliche Qual, die den verdammten Seelen, Versuchern und Versuchten gleichermaßen, von der Gesellschaft der Teufel erwächst. Diese Teufel werden die Verdammten auf zweierlei Arten plagen, durch ihre Gegenwart und durch ihre Vorwürfe. Wir können uns keine Vorstellung machen, wie greulich diese Teufel sind. Die heilige Katharina von Siena sah einmal einen Teufel, und sie hat geschrieben, lieber als noch einmal auch nur einen einzigen Moment ein solch furchtbarliches Monstrum zu schauen, würde sie bis ans Ende ihrer Tage auf einem Weg roter Kohlen wandeln. Diese Teufel, die einstens wunderschöne Engel waren, sind so scheußlich und häßlich geworden, wie sie einst schön waren. Sie verspotten und höhnen die verlorenen Seelen, die sie hinunter in den Untergang schleiften. Sie sind es, die eklen Dämonen, aus denen in der Hölle die Stimme des Gewissens geworden ist. Warum hast du gesündigt? Warum hast du dein Ohr den Versuchungen der Erzfeinde geliehen? Warum hast du dich abgekehrt von deinen frommen Übungen und guten Werken? Warum hast du nicht die Gelegenheiten zur Sünde gemieden? Warum hast du diesen bösen Gefährten nicht verlassen? Warum hast du diese unzüchtige Gewohnheit nicht aufgegeben, diese unkeusche Gewohnheit? Warum hast du nicht auf den Rat deines Beichtigers gehört? Warum hast du nicht, selbst nachdem du das erste Mal gefallen warst, oder das zweite oder das dritte oder das vierte oder das hundertste Mal, deine Schlechtigkeit bereut und dich an Gott gewandt, der nur auf deine Reue wartete, um dich von deinen Sünden loszusprechen? Nun ist die Zeit für die Reue vorbei. Zeit ist, Zeit war, doch Zeit wird hinfort nicht mehr sein! Es hatte eine Zeit, heimlich zu sündigen, Trägheit und Stolz zu frönen, Ungesetzliches zu begehren, den Einflüsterungen deiner niedrigeren Natur nachzugeben, wie die Tiere auf dem Felde zu leben, nein schlimmer als die Tiere auf dem Felde, denn sie sind immerhin nur animalische Geschöpfe und haben keinen Verstand, der sie leitet: Zeit war, doch Zeit wird hinfort nicht mehr sein. Gott sprach zu dir in so vielen Stimmen, doch du wolltest nicht hören. Du wolltest diesen Stolz und diesen Zorn in deinem Herzen nicht zerstampfen, du wolltest jenes ungerechte Gut nicht zurückerstatten, du wolltest den Geboten deiner heiligen Kirche nicht gehorchen noch deine religiösen Pflichten beobachten, du wolltest diese bösen Gefährten nicht aufgeben, du wolltest jenen gefährlichen Versuchungen nicht aus dem Weg gehen. Solches ist die Sprache dieser erzfeindlichen Peiniger, Worte des Spottes und des Vorwurfs, des Hasses und des Ekels. Des Ekels, jawohl! Denn sogar sie, sogar die Teufel, sündigten, als sie sündigten, allein durch eine solche Sünde, die solchen englischen Naturen angemessen war, durch eine Rebellion des Geistes: und sie, sogar sie, die eklen Teufel, müssen sich abkehren, angewidert und voll Abscheu, von der Betrachtung dieser unsagbaren Sünden, durch die der erniedrigte Mensch den Tempel des Heiligen Geistes entehrt und schändet, sich selber schändet und befleckt.

– O meine lieben jungen Brüder in Christo, möge es unser Los nie sein, diese Sprache zu hören! Möge es unser Los nie sein, sage ich! Am Jüngsten Tag der schrecklichen Abrechnung, des bitte ich Gott inbrünstig, möge da nicht eine einzige Seele von denen, die heute in dieser Kapelle sind, unter den erbärmlichen Wesen zu finden sein, die der Große Richter auf immer von seinem Angesicht hinzugehen heißt, möge nicht *einer* von uns das grauenhafte Urteil der Verwerfung je in seinen Ohren gellen hören: *Gehet hin von mir, ihr Verfluchten, in das ewige Feuer, das bereitet ist dem Teufel und seinen Engeln!*

Er kam das Seitenschiff der Kapelle herunter, die Beine bebten ihm und seine Kopfhaut zitterte, als hätten Geisterfinger sie berührt. Er ging die Treppe hinauf und in den Korridor, an dessen Wänden die Überzieher und Regenmäntel wie Übeltäter am Galgen hingen, kopflos und tröpfelnd und formlos. Und bei jedem Schritt fürchtete er, daß er schon gestorben wäre, daß seine Seele aus der Hülle seines Leibs gezerrt sei, daß er kopfüber durch den Raum stürze.

Er konnte keinen Halt mit den Füßen auf dem Boden finden und setzte sich schwer an sein Pult, schlug ein Buch irgendwo auf und brütete darüber. Jedes Wort für ihn! Es war wahr. Gott war allmächtig. Gott konnte ihn jetzt rufen, ihn rufen wie er da an seinem Pult saß, bevor er Zeit hätte, sich des Aufrufs bewußt zu werden. Gott hatte ihn gerufen. Ja? Was? Ja? Sein Fleisch schrumpfte zusammen, als es die Nähe der heißhungrigen Flammenzungen spürte, trocknete aus, als es den Wirbel erstickender Luft um sich spürte. Er war gestorben. Ja. Er war gerichtet. Eine Feuerwoge fegte ihm durch den Leib: die erste. Wieder eine Woge. Sein Hirn begann zu glühen. Noch eine. Sein Hirn wallte und brodelte im knackenden Schädelgehäus. Flammen schlugen wie eine Koralle aus dem Schädel und kreischten wie Stimmen:

– Hölle! Hölle! Hölle! Hölle!

Stimmen sprachen neben ihm:

– Über die Hölle.

– Er hats euch wohl mal ordentlich gegeben.

– Da können Sie Gift drauf nehmen. Der hat uns allen sagenhaft Schiß gemacht.

– Das tut euch Burschen nur gut; und nicht zu knapp, damit ihr was schafft.

Er lehnte sich schwach in seinem Pult zurück. Er war nicht gestorben. Gott hatte ihn noch verschont. Noch war er in der vertrauten Schulwelt. Mr. Tate und Vincent Heron standen am Fenster, redeten, scherzten, sahen hinaus in den trüben Regen, bewegten ihre Köpfe.

– Ich wünschte, 's würde sich aufklären. Ich hab mit ein paar Leuten per Rad einen Spritzer nach Malahide machen wollen. Aber die Straßen müssen knietief sein.

– Vielleicht klärt sichs auf, Sir.

Die Stimmen, die er so gut kannte, die gewöhnlichen Wörter, die Stille des Klassenzimmers, als die Stimmen verstummten und das Schweigen vom Geräusch leise grasenden Viehs erfüllt war, wie die anderen Knaben gelassen ihre Brote mampften, das lullte seine wehe Seele ein.

Es war immer noch Zeit. O Maria, Zuflucht der Sünder, lege Fürsprache für ihn ein! O Unbefleckte Jungfrau, rette ihn aus des Todes Schlund!

Sean O'Faolain

Sünder

Der Domherr streifte die beiden wartenden Beichtkinder nur mit einem flüchtigen Blick und betrat den Beichtstuhl. Von dort aus schaute er müde auf zwei Reihen von Büßern, die rechts und links von Father Deeleys Beichtstuhl still wie Statuen an die Wand gelehnt dasaßen oder sich vornüberbeugten, damit das Licht der einsamen elektrischen Birne hoch oben im zugigen Gebälk auf ihr Gebetbuch fallen konnte. Für jeden einzelnen würde Deeley zehn Minuten opfern, und das bedeutete, daß er dem letzten nicht vor Mitternacht die Absolution erteilen konnte. »Noch mehr Ärger mit dem Sakristan«, seufzte der Domherr, schloß die Vorhänge und hob die Hand auf, dem Schieber des Gitters entgegen.

Dann hielt er inne. Um eine jähe Unruhe zu verscheuchen, sprach er ein Gebet, die Anmutungen gegen den Zorn. Er sprach das Gebet sehr oft. Es war ihm eingefallen, daß hinter dem Gitter das kleine Dienstmädchen wartete, das er Samstag vor acht Tagen aus dem Beichtstuhl geschickt hatte, weil sie seit fünf Jahren nicht zur Beichte gekommen war und es nicht die Spur zu bedauern schien. Er hob die Hand, hielt aber nochmals inne. Um die Sache noch schwieriger zu machen – denn es half ihm nichts, etwas zu wissen, was er unter dem Sigillum angeblich nicht wußte –, war ihm soeben in der Sakristei von der Dienstherrschaft des Mädchens erzählt worden, daß der Dame ein Paar ihrer besten Überschuhe fehlten. Weshalb, um Himmelswillen, mußten ihm die Leute so etwas anvertrauen, dachte er seufzend. Wollte er denn die Sünden seiner Beichtkinder wissen? Wurde die Beichte vor ihm abgelegt – oder vor Gott? War sie … Er ließ die Hand sinken, schämte sich seiner Gereiztheit und wiederholte das Gebet. Dann zog er den Schieber, hielt die Hand ans Ohr, um besser zu hören, und sah, wie sie die Hände faltete und wieder öffnete, als ob ihr Mut wie ein kleiner Vogel in ihrer Handmuschel steckte und ausreißen wollte.

»Mein armes Kind«, sagte er mit größter Sanftmut und tat pflichtgemäß so, als wisse er nichts über sie, »sage mir, wie lange es her, ist, seit du zuletzt gebeichtet hast!«

»Es ist lange her, Father«, flüsterte sie.

»Wie lange?« Um sie zu ermutigen, fragte er: »Länger als ein Jahr?«

»Ja, Father!«

»Wie lange? Sag's mir, mein armes Kind, sag's mir! Zwei Jahre?«

»Länger, Father!«

»Drei Jahre?«

»Länger, Father!«

»Oh, oh! Aber du mußt es mir sagen, hörst du!«

Gegen seinen Willen klang seine Stimme ein wenig verdrießlich. Auch daß sie ihn nur mit ›Father‹ anredete, ärgerte ihn. Sie merkte den Wechsel in seinem Tonfall und sagte hastig:

»Ja, Father!«

»Was soll das heißen, ›Ja‹?« fragte er eine Kleinigkeit zu laut.

»Es ist länger als drei Jahre her, Father«, erwiderte sie ausweichend.

Er fragte sich, ob er solche Ausflüchte durchgehen lassen solle – aber sein Gewissen ließ es nicht zu.

»Mein liebes Kind, wieviel länger als drei Jahre ist es her?«

»Es ist ... es ist ... Father, es ist ...«

Der Domherr wollte der Lüge zuvorkommen.

»Mein liebes Kind, wieviel länger als drei Jahre ist es her? Vier Jahre? Und würdest du mich bitte mit Herr Kanonikus anreden?«

Ihr Atem ging schneller.

»Ja, Father. Ich meine, es ist schon länger her, Father. Herr Kanonikus.«

»Also wie lange ist es her? Ich kann doch nicht deine Beichte für dich ablegen!«

»Ein bißchen länger ist es her, Father!«

»Aber wieviel länger?« entfuhr es dem Domherrn.

»Zwei Monate«, log das Mädchen, und ihre Hände flatterten weiß durchs Dunkel.

Der Domherr dachte bei sich, wenn er doch nur das Beichtgeheimnis lüften und ihr klarmachen dürfte, daß er genau wisse, wer sie sei und wie lange sie nicht gebeichtet habe. Doch wagte er nicht, mehr zu sagen als:

»Ich fürchte, du lügst mir etwas vor!«

»O Gott, Father, 's ist die reine Wahrheit!«

»Aber« – der Domherr trommelte aufs Kissen – »es nützt gar nichts, wenn du etwas erzählst, was nicht wahr ist. Um Gotteswillen, mein armes Kind – es wird doch nicht fünf Jahre her sein?«

»Ja, fünf Jahre«, gab das Mädchen mit so leiser Stimme zu, daß er es kaum vernahm.

Er seufzte befriedigt. Er strich sich das Haar auf der Stirne glatt, dann beugte er sich näher heran, um ihre Sünden zu hören, näher und immer näher, bis er sein Ohr ans Gitter preßte.

»O je, das ist sehr lange, mein Kind!« mahnte er. »Aber Gottseidank bist du endlich wiedergekommen! Du mußt dir große Mühe geben und dich an all deine Sünden erinnern, an alle! Ich will dir dabei helfen, mein armes Kindchen! Fange mit dem ersten Gebot an!«

Aber als er hörte, wie ängstlich sie ihren Atem ausstieß, begriff er, daß er einen großen Fehler begangen hatte: sie sah gewiß eine lange Liste übertretener Gebote vor sich und würde über manche ihrer Sünden hinweghuschen, um die Qual abzukürzen.

»Ich wollte sagen«, fuhr er fort und ärgerte sich über seine eigene Torheit, »man kann's auf diese Art oder auch anders machen. Willst du auf diese Art beichten?«

»Ja, Father!«

»Gut denn!«

»Das erste Gebot …« Sie brach verwirrt ab, und er begriff, daß sie das erste Gebot vergessen hatte.

»Bist du manchmal sonntags nicht zur Messe gegangen?« half er ihr weiter, obwohl seine Knie vor Ungeduld zu hüpfen begannen.

»O doch, immer, solange ich lebe!«

»Gut! Hast du schon mal geflucht? Den Namen Deines Herrn leichtfertig oder im Zorn ausgesprochen?«

»Tz, tz, tz!« machte das Mädchen und war schon über die bloße Vorstellung entsetzt.

»Warst du ungehorsam zu deinen Eltern, hast du ihnen Kummer bereitet und frech geantwortet?«

»Ich habe keine Eltern, Father! Mrs. Higgins – meine Herrschaft hat mich aus dem Waisenhaus geholt.«

»Ach so. Und wie steht's mit dem Lügen? Hast du gelogen oder bist du zornig geworden?«

»*Wisha*, ich glaub's, Father! Ich glaube schon, daß ich hin und wieder mal ein bißchen gelogen habe.«

»Wie oft in den letzten fünf Jahren? Durchschnittlich? Ich meine, neigst du dazu? Ist es eine Gewohnheit?«

»Gott steh mir bei, Father, ich lüge nicht oft. Ich lüge bloß, wenn ich Angst habe!«

»Also sagen wir, daß du hin und wieder gelogen hast. Und jetzt das sechste Gebot! Hast du je in Gedanken, Wort oder Tat gegen die Heilige Reinheit verstoßen? Dem andern Geschlecht gegenüber zum Beispiel? Hast du dich je mit Männern schlecht benommen?«

»Huh!« ächzte das Mädchen, und die Stimme versagte ihr.

»Hast du gestohlen?« half er ihr weiter und erwartete, sie würde zugeben, daß sie Mrs. Higgins' Überschuhe gestohlen hatte.

»Nie im Leben hab ich auch nur eine einzige Stecknadel gestohlen, Father! Nur, als ich ganz klein war, hab ich mal bei den Nonnen im Obstgarten einen Apfel gestohlen. Und da haben sie mich erwischt und mich abgeschwartet. Und mir das letzte Stückchen aus dem Mund geholt.«

»Hast du nie Kleidungsstücke gestohlen?« fragte der Domherr drohend und merkte plötzlich, daß nur noch drei Gebote übrigblieben, gegen die sie wohl kaum verstoßen hatte. »Kleider? Hüte? Handschuhe? Schuhe?«

»Nie, Father!«

Eine lange Pause entstand.

»Überschuhe?« flüsterte er.

Plötzlich begann das Mädchen furchtbar zu schluchzen.

»Father«, stieß sie weinend hervor, »Mrs. Higgins hat Ihnen lauter Lügen über mich erzählt! Ich kann sie nicht ausstehen! Hassen tu ich sie! Jawohl, hassen! Immer knufft sie mich und stichelt und schnüffelt. Vor fünf Jahren hat sie mich von den Nonnen weggeholt, und seitdem hab ich keine Minute Ruhe gehabt! Sie wirft mir Schimpfwörter an den Kopf! Sie sagt, ich kann nicht gut und brav sein, weil ich aus dem Waisenhaus komme. Sie hackt von früh bis spät auf mir herum. Sie ist eine alte Hexe!«

»Aber Kind! Kind!«

»Ich hab die Überschuhe genommen. Genommen hab ich sie. Aber nicht gestohlen. Hab nicht einen einzigen Überschuh, und sie hat die Hülle und Fülle! Ich hätt sie ihr ja wieder hingestellt!«

»Mein Kind, wegnehmen ist das gleiche wie stehlen!«

»Wofür braucht sie sie denn? Sie ist so geizig! Ihre eigene Tochter ist vor zwei Jahren von ihr fortgerannt und hat einen Engländer geheiratet, der ein halber Freimaurer ist! Vorige Woche erst hat mir das arme Ding erzählt, daß der Mann sie halb verhungern läßt, und sie haben so wenig Geld, daß sie nicht mal Kinder haben können. Aber denken Sie, daß die Mutter ihr auch nur einen Penny gibt?«

Das Mädchen weinte. Der Domherr ächzte und richtete sich auf, weil er steif geworden war. Er hörte, wie der Wind oben übers Dach pfiff, und er sah die lange Reihe der Wartenden zu beiden Seiten von Father Deeleys Beichtstuhl, und alle saßen sie in der Dämmerung des Seitenschiffs so still wie Statuen. Als er sie so sah, stöhnte er wieder, als dächte er bei sich: »Was nützt das alles? Sie betrügen sich alle. Sie glauben alle, jeder sei ein Sünder, nur nicht er selber. Oder wenn sie bekennen, daß sie

Sünder sind, und es sogar glauben, dann dauert es doch nur so lange, wie sie in der Kirche sind. Dann gehen sie hinaus und sind neidisch und stolz und unbarmherzig.« Er lehnte sich zurück.

»Mein Kind! Mein Kind! Mein Kind! Fünf Jahre lang bist du Gott ferngeblieben! Wenn du gestorben wärst, dann wärst du mit dieser Todsünde auf dem Herzen gestorben und für alle Ewigkeit in die Hölle gekommen. Es ist das Gebot der Kirche und das Gebot Gottes, daß man mindestens einmal im Jahr zur Beichte gehen *muß* – jawohl, *muß!* Warum bist du ferngeblieben? Sieh doch selbst, wie sich dein Herz schon verändert hat, so daß du eine Sünde nicht einmal mehr erkennen kannst, wenn du sie begehst! Weißt du vielleicht noch eine Sünde, von der du mir nicht erzählt hast, weil du dich zu sehr schämst?«

»Nein, Father!«

»Hat dich deine liebe Herrschaft während der fünf Jahre nicht mindestens einmal monatlich zur Beichte geschickt?«

»Sie hat mich jede Woche geschickt. Aber immer war's am Samstagabend. Und an einem Samstagabend bin ich nicht gegangen, weil ich mir eine Bluse kaufen wollte, ehe die Geschäfte zumachen. Und auf einmal war ein halbes Jahr vergangen, und ich hab's kaum gemerkt, und danach hatt ich eben Angst, beichten zu gehen. Und überhaupt, was sollt ich denn groß beichten?«

Der Domherr hob kraftlos die Hände und fragte mit sehr viel Sarkasmus:

»Hast du *niemals* eine Sünde begangen?«

»Ich hab wohl mal gelogen, Father. Und dann die Sache mit dem Apfel im Obstgarten von den Nonnen!«

Wütend wandte sich der Priester ihr zu: er war fest entschlossen, die Wahrheit aus ihr herauszupressen. Er hörte Lady Nolan-White, sein zweites Beichtkind, ungeduldig vor dem Gitter hüsteln.

»Mein liebes Kind, du *mußt* einfach Sünden begangen haben während all der fünf Jahre! Sei vor dir selber ehrlich! Komm! Sieh her: nehmen wir die üblichste von allen Sünden! Hast du niemals das gehabt, was wir, vulgär ausgedrückt, einen … hm … Burschen nennen?«

»Doch, Father – einmal!«

»Aha!« Er rieb sich die Stirn, als sei ihm sehr heiß, und neigte sich so angespannt ihr entgegen, als müsse er mit ihrem Dämon kämpfen. »Du bist also … sagen wir mal … mit ihm gegangen?«

»Ja«, ächzte das Mädchen. »In der Hintergasse.«

»So. Und hat – sagen wir mal, hat eine Intimität stattgefunden?«

»Das weiß ich nicht, Father!«

»Du weißt doch, was unsittlich ist, nicht wahr?«

Ihre Brust hob und senkte sich, so flog ihr der Atem. Sie sagte nichts. Sie blickte ihn an.

»Mein armes, armes Kind, du scheinst nur sehr wenig Lebenserfahrung zu haben. Aber wir müssen der Wahrheit auf die Spur kommen. Ist er – bist du ist einer von euch über die Grenzen des Schicklichen hinausgegangen?«

»Ich weiß nicht, Father.«

Der Domherr schnaufte hörbar. Er fühlte sich allmählich erschöpft, aber er wollte nicht locker lassen. Er fuhr sich in der verkehrten Richtung durchs Haar, was ihm ein wildes Aussehen verlieh. Er nahm seinen Kneifer ab und putzte die Gläser.

»Du verstehst doch Englisch, nicht wahr? Dann erzähle mir mal, oder vielmehr, erzähle dem Allmächtigen Gott die Wahrheit! Hast du ihm jemals erlaubt, sich Freiheiten herauszunehmen?«

»Ja, Father. Ich meine: nein, Father. Wir waren in der Hintergasse. Wir haben nichts nicht getan. Nicht viel, meine ich.«

»Fünf Jahre!« stöhnte der Domherr und hämmerte mit der Faust auf seinen Oberschenkel. »Nichts zu beichten! Was für Christen …« Er entschloß sich zu einem letzten Versuch, nur einem einzigen noch. »Hat er je deinen Körper berührt?« fragte er offen heraus.

»Nein, Father. Ich meine – nein, Father.«

Er merkte, daß sie schon wieder zu wimmern begann, und warf die Hände hoch.

»Gut, gut, mein Kind«, sagte er sanft. »Sprich dein Reuegebet, und ich will dir Absolution erteilen!«

»Father«, flüsterte sie, und ihre Augen glommen schwarz hinter dem Gitter, »ich war einmal mit ihm im Bett!«

Der Domherr sah sie an. Sie zuckte zurück. Er bog sich weg und schaute aus der Entfernung auf das Karo-Gesicht hinter dem Gitter. Dann begann er zu lächeln, und sein Mund wurde immer breiter, bis er vor Erleichterung strahlte.

»Mein Kind«, flüsterte er, »hat wohl mal jemand davon gesprochen, daß du ein wenig beschränkt bist? Ich meine, du warst in der Schule gewiß nicht sehr gut, nicht wahr?«

»Ich war immer die Allerbeste, Father, und Mutter Mary Gonzaga wollte immer, daß ich Lehrerin werden soll.«

Der Domherr hätte aus der Haut fahren können. Er hüpfte von den Fersen auf die Zehenspitzen, als müßte er die qualvollsten Zahnschmerzen erdulden, und knurrte sie an: »Bildest du dir ein, du könntest dort knien und mir erzählen, es sei keine Sünde, mit einem Mann ins Bett zu gehen? Mit dem du nicht verheiratet bist?« setzte er beiläufig hinzu.

»Ich hab nichts Schlimmes tun wollen, Father«, stammelte sie, »und es ist auch gar nicht das gewesen, wo Sie dran denken, denn wir haben nichts gemacht, und wenn ich nicht so Angst vor dem Donner und dem Blitz gehabt hätte, dann hätt ich's überhaupt nicht gemacht. Mrs. Higgins war in Crosshaven bei Mrs. Kinwall, was ihre Tochter ist, und ich war ganz allein im Haus, und ich hab mich so vor der Nacht und dem Donner gefürchtet, und darum hat Mikey gesagt, daß er bei mir bleibt, und darum ist er geblieben, und dann ist es spät geworden, und ich hab solche Angst gehabt, ganz allein im Bett zu liegen, und darum hat er gesagt: ›Ich paß auf dich auf!‹, und da hab ich gesagt: ›Schön, Mikey, aber weiter auch nichts!‹, und er hat gesagt: ›Gut, Madgie, weiter auch nichts nicht‹, und darum war auch gar nichts nicht gewesen, Father!«

Sie blickte den Domherrn an, der die Lippen aufblies und

durch die Nase schnob und den Kopf schüttelte, als sei die ganze Welt plötzlich übergeschnappt.

»Es war nichts Schlimmes dabei, Father«, jammerte sie, als sie sah, daß er ihr nicht glaubte.

»Einmal?« fragte er kurz. »Hast du's einmal gemacht?«

»Ja, Father.«

»Bereust du es?« fragte er knapp.

»Wenn's eine Sünde war? War's eine, Father?«

»Jawohl!« brüllte er sie an. »So etwas darf man nicht tun. Es war die nächste Gelegenheit zur Sünde. Es hätte wer weiß was passieren können. Bereust du es?« Und im stillen fragte er sich, ob er sie wieder aus dem Beichtstuhl jagen solle.

»Ich bereue es, Father.«

»Berichte mir eine Sünde aus den vergangenen Jahren!«

»Das mit dem Apfel im Obstgarten, Father!«

»Sprich ein Reuegebet!«

Sie rasselte es schnell herunter und blickte ihn dabei fortwährend an. Auf ihrer Oberlippe sproßten Schweißtröpfchen.

»Sprich zur Buße drei Rosenkränze!«

Er schloß den Schieber und sank erschöpft zurück. Rein aus Gewohnheit öffnete er den gegenüberliegenden Schieber, und sofort stieg ihm süßer Jasminduft in die Nase, aber als Lady Nolan-White in der Mitte ihres *Confiteor* war, fuhr er mit beiden Händen heftig durch die Luft und sagte hastig:

»Entschuldigen Sie mich einen Augenblick ... es ist alles widersinnig ... es ist unmöglich ...«

Und er zog den Schieber vor das erstaunte, schöne, geschminkte Gesicht. Er setzte sein Birett auf, tief über die Stirn, und stelzte ins Seitenschiff. Er zog die Vorhänge um Lady Nolan-White beiseite und sagte:

»Es ist ganz unmöglich ... Sie verstehen es nicht ... Gute Nacht!«

Er stolzierte durch das trübe Seitenschiff, und als er zwei Schlingel traf, die in einem Winkel miteinander schwatzten, ballerte er ihnen die kleinen Schädel zusammen, ärgerte sich aber sofort über sich selbst, als er sah, wie furchtsam sie sich vor ihm duckten. Er ging weiter, und seine Hand ließ den Ärmel seines Chorhemds auf- und abhüpfen. Als er unter der großen Kreuzigungs-Darstellung zwei alte Weiber erblickte, die in Magdalenas Fuß Speichel rieben und sich dann den Speichel auf ihre eigenen Augen strichen, stöhnte er laut: »Mein Gott! Mein Gott!« und ging zu Father Deeleys Beichtstuhl hinüber. Dort zählte er die Köpfe – vierzehn Beichtkinder auf der einen Seite und zwölf auf der andern –, blickte auf seine goldene Uhr und sah, daß es Viertel nach acht war.

Er ging zur Mitte und schleuderte die Vorhänge beiseite. Aus dem Halbschatten schaute ihn das erhitzte Cherubsgesicht des jungen Vikars an: ein rotwangiger italienischer Heiliger! Langsam erlosch auf seinem Gesicht die Inbrunst geistiger Ekstase, während das nachdrückliche Geflüster des Domherrn auf ihn niederzischte:

»Father Deeley, es geht nicht! Glauben Sie mir, es ist völlig unmöglich! Halb neun, und noch sechsundzwanzig wartende Beichtkinder! Und Sie lassen sich von ihnen irreführen! Nur schwatzen wollen sie! Ich bin ein alter Mann, ich verstehe sie. Und denken Sie an den Sakristan! Auch ans elektrische Licht! Und das Gas wird bis nach Mitternacht verbraucht! Die Organisation der Kirche …«

Und so weiter. Während der ganzen Zeit zwang er sich zu seinem liebenswürdigsten, mechanischen Lächeln und sprach mit vollendeter Höflichkeit. Doch Deeleys Gesicht zeigte zuerst Unruhe und dann Kummer, und der Domherr stöhnte insgeheim. Er dachte an einen Vikar, den er einmal gehabt hatte, der tagtäglich stundenlang Orgel spielte, bis die Pfarrkinder sich beklagten, sie könnten nicht beten, weil er solchen Lärm mache, und der Domherr erinnerte sich, wie er zur Empore hinaufgestiegen war und ihn gebeten hatte, aufzuhören, und wie der Vikar zuerst mit einem engelhaften Gesicht zu ihm aufgeblickt hatte, das sich innerhalb von einer Minute in das Gesicht eines harten, verbitterten alten Mannes verwandelte.

»Gut, gut, Father Deeley«, sagte er rasch, um Einwänden zuvorzukommen. »Sie sind jung. Ich weiß …«

»Ich bin nicht jung«, zischte Deeley empört. »Ich kenne meine Pflicht. Es ist eine Gewissenssache. Ich kann auch im Dunkeln sitzen, wenn Sie zu geizig sind, um …«

»Gut, gut, gut!« lächelte der Domherr wütend. »Heutzutage sind wir alle alt. Auf die Erfahrung kommt es nicht mehr an.«

Deeley drückte voller Inbrunst beide Hände auf die Brust und sagte: »Als ich noch auf dem Seminar war, habe ich mir stets gesagt, ›Deeley‹, habe ich mir gesagt, ›wenn du erst Priester bist …‹«

»Oh«, bat der Domherr, und ein Lächeln spaltete sein Gesicht, »bitte nicht, ich flehe Sie an: erzählen Sie mir nicht Ihre Lebensgeschichte!«

Und damit wirbelte er von dannen, erhobenen Hauptes, und ließ das elektrische Licht seines Lächelns über Beichtkindern aufflammen und erlöschen, die er nicht kannte und noch nie im Leben gesehen hatte. Dann stand er vor dem Hochaltar. Er bemerkte den Sakristan auf einer Stehleiter davor, wie er für den nächsten Morgen den Blumenschmuck anordnete, und er hielt es für richtig, sich bei ihm zu entschuldigen, daß Deeley wieder so lange mache. Doch der Sakristan drehte eine Vase immer rundherum, und endlich begriff der Domherr, daß der kleine Mann bereits böse auf ihn war und absichtlich oben auf der Leiter zauderte und nicht herunterkommen würde, bis er, der Domherr, außer Sicht war.

Seufzend ging er weg. Nachdem er ein paar Briefe geschrieben hatte, merkte er, daß sein Magen ihm nicht länger gehorchte, sondern bis zum folgenden Morgen eigene Wege gehen würde – wie ein Hund, der aus dem Zwinger ausbricht. Müde nahm er Hut und Stock und beschloß, einen langen Spaziergang zu machen, um seine Nerven zu beruhigen.

Es war eine milde Nacht voll flutenden Mondlichts, und es besänftigte ihn, auf die Stadt hinunterzublicken, deren Dächer weiß und wie bereift aussahen. Etwas ruhiger kehrte er zurück. Der Fluß war milchig. Die Straßen schliefen längst. Er summte leise vor sich hin und fühlte sich mit allen Menschen im Einklang. Die Uhren der Stadt läuteten einander gutgelaunt und gemächlich zu – mit silbrigem, singendem Widerhall. Dann hörte er die Stimme einer Frau vom hochgelegenen Fenster eines weiß verputzten Hauses rufen, und er stellte fest, daß es Mrs. Higgins' Haus war. Sie trug ein weißes Nachthemd.

»Das ist mir eine schöne Geschichte!« schalt sie zum Bürgersteig hinunter. »Nichts als Unsinn und Geschwafel! Warte nur, bis ich mit dem Domherrn spreche! In der Beichte wärst du die ganze Zeit gewesen? Warte nur, bis ich mit den Nonnen spreche! O du Herumtreiberin! Du unselige arme Sünderin!«

Er sah die schmale Mädchengestalt unten im Hauseingang kauern.

»Mrs. Higgins«, jammerte sie, »es ist die reinste Wahrheit! Der Domherr hat mich wieder aus dem Beichtstuhl verjagt. Ich hab ihm alles mögliche vorgelogen. Dann mußt ich zu Father Deeley gehen, und der hat mich ne halbe Stunde dabehalten. Oh, Mrs. Higgins«, jammerte die Kleine, »'s ist die reinste Wahrheit!«

»Ha!« predigte das Nachthemd. »Du bist mir die Richtige! Aber warte nur, bis ich ...«

Der Domherr spürte, wie der Hund, sein Magen, wieder ausreißen wollte. Die Eingeweide stiegen ihm buchstäblich bis zur Kehle hinauf. Schnaufend und prustend ging er weiter.

»O mein Gott!« greinte er. »Hab Erbarmen mit mir! O mein Gott! Hab Erbarmen mit mir!«

Er ging auf das dunkle Pfarrhaus zu, das inmitten der dunkelsten Gassen lag.

Bernard McLaverty
Der wundersame Prüfling

Im Alter von vierzehn Jahren begann John sich Sorgen um die Auswirkungen seiner Frömmigkeit zu machen. Zunächst verspürte er nur ein prickelndes, schmerzhaftes Gefühl in den Handflächen und an den Fußsohlen. Doch eines Nachts stellte sich ein beunruhigenderes Symptom ein: Wie er inbrünstig den Schlaf herbeibetete, merkte er, daß er einen halben Meter über dem Bett schwebte – mit Bettzeug und allem Drum und Dran. Als er anderntags darüber nachdachte, tat er das Ganze als einen Traum oder als Hirngespinst seiner Prüfungsangst ab.

Am Tage seiner naturwissenschaftlichen Prüfung fühlte sich sein Magen so leer und flau an, als hätte er zum Frühstück Federn verspeist. Vor der Turnhalle fochten einige Jungen mit ihren neuen gelben Linealen oder saßen nur da und trommelten mit ihnen auf den Knien. Die Älteren, die die Reifeprüfung ablegten, standen in Gruppen herum und sahen alle sehr bleich aus. Nur einer drehte sich hin und wieder um und spuckte über die Schulter, um zu zeigen, wie einerlei ihm das alles war. John befühlte seine Prüfungskarte, die seine Großmutter ihm am Abend vorsorglich in die Innentasche geschoben hatte. Sie hatte ihm auch eine Heiliggeistmedaille unter den Rockaufschlag gesteckt, wo niemand sie sah, ihm seinen Blazer übergezogen und abgebürstet. Ausgefragt hatte sie ihn, worum es denn in den Naturwissenschaften überhaupt gehe, und als John es ihr auseinanderzusetzen versuchte, war sie ihm ins Wort gefallen: »Wenn du mit der Feder genauso geschwätzig bist wie mit dem Mund, wirst du's schon schaffen.«

Einer der Oberkläßler sagte, es sei nun schon fast halb, und alles drängelte zur Turnhallentür. Für den Fall, daß John seine Mittelstufenprüfung bestand, war ihm eine Uhr versprochen worden.

Die Tür wurde geöffnet, und einer nach dem andern begaben sie sich leise an ihre Plätze. Johns Pult befand sich am hinteren Ende der Halle; in der oberen rechten Ecke stand mit Kreide seine Prüfungsnummer geschrieben. Er setzte sich hin, zog seinen Füllfederhalter hervor und legte ihn in die Vertiefung. Auf jedem Pult gab es ein offenes Loch für das Tintenfaß. Während der Matheprüfung hatte sich einer der Schüler schräg gegenüber, der keine einzige Frage zu beantworten wußte, mit Kugelschreiber ein Gesicht auf den Finger gemalt, diesen durch das Loch gesteckt und vor John auf und ab tanzen lassen. Es schien ihn nicht zu kümmern, ob er durchfiel oder nicht.

John saß da und betrachtete die Sprossenwände der Turnhalle. Der aufsichtführende Lehrer hielt ein in braunes Packpapier eingewickeltes Paket in die Höhe und wies auf das unversehrte Siegel. Dann erbrach er es und riß geräuschvoll das Packpapier ab. Er hatte einen Klumpfuß, der in einer Art Stiefel steckte, welcher bei jedem Schritt knarrte. Sein Gesicht war bleich und voller Argwohn. Als hätte er jemanden auf frischer Tat ertappt, sprang er ständig wie von der Tarantel gestochen auf, wobei er sich die Haarsträhnen aus der Stirn schleuderte. Wenn er den Tee und die Kekse zu sich nahm, die man ihm um elf Uhr vor die Tür stellte, schossen seine Blicke immerfort im Raum umher. John fiel auf, daß er »manschte« – ein Ausdruck, den seine Großmutter verwendete, wenn jemand noch während des Kauens Tee schlürfte. Beim Lesen hielt er die Zeitung nie hoch, sondern legte sie flach aufs Katheder, stellte sich mit aufgestützten Ellbogen hin und balancierte seinen großen Stiefel auf der Zehenspitze, um ihn nicht zu belasten.

»Falls du ihm mal begegnest: Den Teufel erkennt man an seinem gespaltenen Huf«, hatte ihm seine Oma beigebracht. Fromme Frau, die sie war, hatte sie es sich zur Angewohnheit gemacht, ihm jeden Sonntag aus dem Leben der Heiligen vorzulesen, wobei er sich ihr zu Füßen setzen mußte. Während sie vorlas, ließ sie ihre Brillengläser bis zur Nasenspitze vorrutschen und schielte ihn hin und wieder an, um zu sehen, ob er ihr auch noch zuhörte. Am Kinn hatte sie ein Muttermal, aus dem ein Haar von der Größe einer Uhrfeder hervorsproß. Sie las in einem ernsten Tonfall, der ganz anders anmutete als ihre normale Stimme, und bevor sie mit zitternden Fingern die seidenpapierdünnen Seiten umblätterte, blies sie sie stets erst auseinander. Sie war tiefgläubig und wußte für jede Notlage einen eigenen Heiligen: »St. Blaise ist gut gegen Halsweh, und falls du mal etwas verlieren solltest, wird der hl. Antonius es schon wiederfinden.« Unter das Gnadenbild des Prager Jesuskindes legte sie immer ein Sixpencestück, weil sie sich dann nie mehr um ihr Auskommen zu sorgen brauchte. Den höchsten Rang aber nahm der hl. Joseph von Copertino ein. Für Prüfungen war er genau der richtige Mann. Oft las sie John aus seinem Leben vor.

»Setz dich nicht mit dem Rücken zum Feuer, oder dein Knochenmark wird schmelzen«, und er veränderte seine Stellung zu ihren Füßen und lauschte gespannt.

Der hl. Joseph stand Gott so nahe, daß er beim Beten zuweilen vom Boden abhob. Oder er verfiel, wenn er Teller trug – denn er hatte es nur zum Tellerwäscher gebracht –, in einen heiligen Trancezustand und ließ sämtliche Teller auf dem gekachelten Fußboden zerschellen. Er wollte Priester werden, aber er war so einfältig, daß er aus der ganzen Bibel nur eine einzige Zeile auswendig wußte. Doch siehe da – und das war die schönste Stelle in der ganzen Geschichte –, als seine Prüfung heranrückte, bewirkte Gott, daß der Bischof ihn just nach der einen Zeile fragte, die er auswendig kannte, und er bestand die Prüfung mit Bravour. Wenn sie fertig gelesen hatte, sagte seine Oma immer: »Zu mehr taugte er nicht, Gott steh' ihm bei, als nur zu dieser einen Zeile.«

Der aufsichthabende Lehrer bewegte sich knarrend auf John zu und schnippte ihm ein rosa Prüfungsblatt aufs Pult. John fing es mit der Hand ab. Seine Augen huschten über die Zeilen und suchten nach vertrauten Fragen. Die Federn in seinem Magen wirbelten fast bis in seine Kehle auf. Panische Angst überwältigte ihn. Es gab keine einzige Frage – *nicht eine* –, über die er Bescheid wußte. Er versuchte sich zu beruhigen und konzentrierte sich auf die erste Frage:

Legen Sie das Newtonsche Gravitationsgesetz dar. Führen Sie Argumente für und gegen die These an, daß »ein Apfel nur deswegen auf die Erde fällt, statt daß die Erde auf den Apfel fällt, weil die Erde aufgrund ihrer größeren Masse eine größere Anziehungskraft ausübt«. Die Masse des Mondes beträgt ein Einundachtzigstel der Erdmasse und sein Radius ein Viertel des Erdradius. Wie hoch ist die Schwerebeschleunigung an seiner Oberfläche, wenn …

Es hatte keinen Sinn. Er konnte sich nicht denken, was schiefgelaufen war. Das ganze Jahr lang war er Tag für Tag zur Messe und zur Kommunion gerannt und hatte die richtigen Fragen erfleht. Die ganze Familie hatte die richtigen Fragen erfleht. Was für eine Gegenleistung war das denn? Er unterdrückte den Gedanken, weil es vielleicht … Gottes Wille war. Vielleicht brachte ihn eine Uhr vom Pfade der Tugend ab.

Er schaute sich nach den anderen Jungen um. Die meisten schrieben fieberhaft. Andere saßen da, lutschten am Füller oder kritzelten Männchen auf ihr Notizpapier. John sah auf die große Uhr, die man an den Sprossenwänden aufgehängt hatte: Der Minutenzeiger drehte sich langsam. Zwanzig Minuten waren bereits verstrichen, und noch immer hatte er nichts zu Papier gebracht. Er mußte etwas unternehmen.

Er schloß fest die Augen, preßte die geballten Fäuste gegen die Schläfen, befahl sich in Gottes Hand und begann zu beten. Die Stimme seiner Großmutter drang zu ihm: »Der Schutzheilige der Prüfungen. Bete zu ihm, wenn du völlig steckenbleibst.« Er besah sich seine feuchtglänzenden Handflächen und drückte sie gegen das Gesicht. Nunmehr bot er sein ganzes Wesen auf und konzentrierte es bis zur Weißglut. Alle seine guten Taten – in der Vergangenheit und in der Zukunft –, alle seine Gebete, seine gesamte Substanz konzentrierte er auf den Namen des Heiligen. Er kniff die Augen so fest zusammen, daß ihm die Ohren dröhnten. Seine Fingernägel gruben sich in seine Wangen.

Seine Lippen bewegten sich, und er murmelte: »Heiliger Joseph von Copertino, steh mir bei!«

Als er die Augen wieder öffnete, sah er, daß er auf irgendeine Weise über dem Pult schwebte. Nicht sehr hoch – er hatte etwa einen halben Meter abgehoben, und sein Körper befand sich noch immer in Sitzstellung. Der Aufsichtführende blickte von seiner Zeitung auf, und John versuchte sich wieder auf seinen Stuhl hinabzulassen. Aber er hatte seine Gliedmaßen nicht mehr unter Kontrolle. Rasch kam der Lehrer um sein Katheder herum mit knarrendem Stiefel über die Kokosmatten auf ihn zu gelaufen.

»Was ist denn mit dir los?« zischte er ihn durch die Zähne an.

»Nichts«, flüsterte John. Er fühlte, wie er immer röter wurde, bis ihm vor Scham das Blut in den Schläfen hämmerte.

»Versuchst du etwa zu spicken?« Das Gesicht des Lehrers befand sich auf gleicher Höhe wie das des Jungen. »Du kannst ja jedes Wort sehen, das der Junge vor dir schreibt, oder?«

»Nein, Sir, ich versuche nicht zu ...«, stammelte John. »Ich habe nur gebetet, und da ...« Der Mann sah aus wie ein Protestant. Das Ministerium rekrutierte Lehrer aus anderen Schulen. Aus protestantischen Schulen. Das mit den Heiligen würde er gar nicht verstehen.

»Es ist mir ganz gleich, was du daherredest. Ich glaube, du wolltest abschreiben, und wenn du nicht auf der Stelle herunterkommst, muß ich dich von der Prüfung ausschließen.« Der kleine Mann lief ebenso rot an wie John.

»Ich kann aber nicht, Sir.«

»Wie du willst.« Der Lehrer schnalzte zornig mit der Zunge und hinkte knarrend zum Katheder zurück.

Erneut konzentrierte John sein ganzes Wesen und vereinigte es im Brennpunkt eines weißglühenden Gebets.

»Heiliger Joseph von Copertino. *Bitte, hilf mir runter.*« Doch es passierte nichts. Der aufsichtführende Lehrer hob den Manuskripthalter mit den Namen der Prüflinge hoch und ging wieder auf John zu. Einige Jungen in den hintersten Reihen hatten aufgehört zu schreiben und lachten. Der Lehrer blieb vor ihm stehen.

»Kommst du nun von dort oben herunter oder nicht?«

»Ich kann nicht.« John stiegen Tränen in die Augen.

»Dann muß ich dich auffordern, den Prüfungssaal zu verlassen.«

»Ich kann nicht«, sagte John.

Der Aufsichtführende lehnte sich vor und klopfte dem Jungen, der vor John saß, auf die Schulter.

»Gestattest du einen Augenblick?« fragte er und drehte den Antwortbogen des Jungen um. Während er sich abwandte, sann John fieberhaft auf einen Ausweg. Sein Gebet hatte nichts gefruchtet ... vielleicht würde eine Sünde etwas ausrichten ... Der Aufsichtführende wandte sich ihm wieder zu.

»Ich fordere dich zum letztenmal ...«

»Ich scheiße auf den Papst«, sagte John, und sogleich plumpste er auf seinen Stuhl, wobei er sich an der Kante des Pults das Schienbein abschürfte.

»Wie bitte? Was hast du gesagt?« fragte der Lehrer.

»Nichts, Sir. Es ist alles wieder in Ordnung. Es tut mir leid, Sir.«

»Was ist bloß mit dir los, Junge?«

»Ich weiß die Antworten nicht, Sir – keine einzige.« John zeigte auf das Blatt. Der Lehrer wirbelte es mit dem Finger im Kreis herum.

»Daran hättest du einige Monate früher denken sollen ...« Seine Worte verhallten. »Das tut mir aber leid. Warte mal einen Augenblick«, sagte er und humpelte eilends zu seinem Katheder. Er kam mit einem weißen Prüfungsblatt zurück, das er John hinlegte.

»Tut mir wirklich leid«, wiederholte er. »Das kann schon mal vorkommen.«

Zum erstenmal sah sich John auf dem rosa Blatt die Überschrift an. *Matura. Physik.* Jetzt las er sich hastig die Fragen auf dem weißen Blatt durch, das der Aufsichtführende ihm gebracht hatte. Da waren sie ja alle: Archimedes im Bade, die Eigenschaften von NaCl, die Allotropen des Schwefels, die Anatomie der Butterblume. Der Lehrer lächelte mit seinen schaufelartigen Zähnen.

»Kommst du damit besser zurecht?« fragte er. John nickte. »... und falls du mehr Zeit benötigst, um wieder aufzuholen, das geht in Ordnung.«

»Danke sehr, Sir«, sagte John. Der Aufseher ging neben ihm in die Hocke und flüsterte vertraulich:

»Dieses geringfügige Versehen wird doch wohl unter uns bleiben, nicht wahr ...?« Er blickte auf sein Klemmbrett. »... Johnny?«

»Gewiß, Sir.«

Er gab John einen Klaps auf den Rücken und entfernte sich knarrend über die Kokosmatten. John ließ den Kopf aufs Pult sinken und stieß ein Dankgebet an den hl. Joseph von Copertino hervor. Diesmal achtete er darauf, daß sich seine Inbrunst in Grenzen hielt.

Samuel Beckett

Schluß jetzt

All das Vorhergehende vergessen. Zuviel auf einmal ist zuviel. Das läßt der Feder Zeit zum Notieren. Ich sehe sie nicht, aber ich höre sie da hinter mir. Solche Stille. Wenn die Feder anhält, mache ich weiter. Manchmal sträubt sie sich. Wenn sie sich sträubt, mache ich weiter. Zuviel Stille ist zuviel. Oder es ist meine manchmal zu schwache Stimme. Jene, die aus mir hervordringt. Soviel über die Art und Weise.

Ich tat alles, was er wünschte. Ich wünschte es auch. Für ihn. Jedesmal, wenn er etwas wünschte, wünschte ich es auch. Für ihn. Er brauchte nur zu sagen was. Wenn er nichts wünschte, wünschte ich auch nichts. So lebte ich nicht ohne Wünsche. Wenn er etwas für mich gewünscht hätte, hätte ich es auch gewünscht. Glück zum Beispiel. Oder Ruhm. Ich hatte nur die Wünsche, die er äußerte. Aber er mußte sie wohl alle äußern. All seine Wünsche und Bedürfnisse. Wenn er schwieg, mußte er wohl so sein wie ich. Wenn er mir sagte, ich solle ihn am Penis lecken, stürzte ich mich darauf. Ich bezog Befriedigung daher. Wir mußten wohl die gleichen Befriedigungen haben. Die gleichen Bedürfnisse und die gleichen Befriedigungen.

Eines Tages sagte er mir, ich solle ihn lassen. Eben dieses Verbum gebrauchte er. Er mußte es wohl nicht mehr lange machen. Ich weiß nicht, ob er damit meinte, ich solle ihn verlassen oder nur einen Moment beiseite gehen. Ich habe mir die Frage nie gestellt. Ich habe mir immer nur seine Fragen gestellt. Wie dem auch sei, ich machte mich davon, ohne mich umzudrehen. Außer Reichweite seiner Stimme war ich außer seinem Leben. Das war es vielleicht, was er wünschte. Es gibt Fragen, die man sieht, ohne sie sich zu stellen. Er mußte es wohl nicht mehr lange machen. Ich hingegen mußte es noch lange machen. Ich gehörte einer ganz anderen Generation an. Es hat nicht lange gedauert. Nun, da ich in die Nacht dringe, habe ich so etwas wie Lichtschimmer im Schädel. Unfruchtbare Erde, aber nicht ganz. Mit drei oder vier Leben hätte ich es zu etwas bringen können.

Ich mußte etwa sechs Jahre alt gewesen sein, als er mich bei der Hand faßte. Ich war kaum der Kindheit entwachsen. Aber es dauerte nicht lange, bis ich ihr ganz entwuchs. Es war die Linke. Zur Rechten sein war ihm ein Greuel. Wir schritten also Seite an Seite, Hand in Hand voran. Ein Paar Handschuhe genügte uns. Die freien oder äußeren Hände hingen nackt da. Er litt keine fremde Haut an seiner Haut. Die Schleimhäute sind etwas anderes. Es kam nichtsdestoweniger vor, daß er sich den Handschuh auszog. Dann hatte ich das Gleiche zu tun. Wir legten so etwa hundert Meter zurück, verbunden durch unsere nackten Extremitäten. Selten mehr. Das genügte ihm. Wenn man mir die Frage stellte, würde ich sagen, daß ungleiche Hände sich kaum zur Intimität eignen. Meine fand nie ihren Platz in seiner. Manchmal ließen sie einander los. Der Druck wurde schwächer und jede für sich fiel hinab. Oft dauerte es lange Minuten, bevor sie sich wieder erfaßten. Bevor seine meine wieder erfaßte.

Es waren ziemlich enganliegende Baumwollhandschuhe. Anstatt die Formen abzurunden, ließen sie sie schärfer hervortreten, indem sie sie vereinfachten. Meiner war natürlich jahrelang zu schlaff. Aber es dauerte nicht lange, bis ich ihn ganz ausfüllte. Er fand, daß ich Wassermann-Hände hätte. Der Wassermann ist ein Haus des Himmels.

Alles habe ich von ihm. Ich werde es nicht jedesmal bei Erwähnung dieses oder jenes bißchen Wissens wiederholen. Die Kunst zu Kombinieren ist nicht meine Schuld. Es ist ein Fluch des Himmels. Im übrigen würde ich für unschuldig plädieren.

Unsere Begegnung. Obwohl er schon sehr krumm war, machte er auf mich den Eindruck eines Riesen. Sein Rumpf war schließlich waagerecht. Um diese Anomalie auszugleichen, spreizte er die Beine und beugte die Knie. Seine immer platter werdenden Füße drehten sich nach außen. Sein Horizont beschränkte sich auf den Boden, auf den er trat. Ein winziger, sich bewegender Teppich aus Rasen und zertretenen Blumen. Er gab mir die Hand wie ein großer, müder Affe, den Ellbogen so hoch wie möglich hebend. Ich brauchte mich nur aufzurichten, um ihn um dreieinhalb Kopflängen zu überragen. Eines Tages blieb er stehen und erklärte mir, nach Worten suchend, die Anatomie sei ein Ganzes.

Anfangs sprach er immer im Gehen. Wie mir nun scheint. Dann bald im Gehen, bald stehend. Schließlich nur noch stehend. Außerdem immer leiser. Damit er nicht das Gleiche zweimal hintereinander zu sagen brauchte, mußte ich mich tief vorbeugen. Er blieb stehen und wartete darauf, daß ich meine Haltung einnähme. Sobald er aus dem Augenwinkel meinen Kopf neben seinem erblickte, gab er sein Gemurmel von sich. Neun von zehn Malen betraf es mich nicht. Aber er wollte, daß alles gehört wurde, sogar die Ausrufe und Gebetsbrocken, die er dem blumigen Boden entgegenschleuderte.

Er blieb also stehen und wartete, bis mein Kopf erschien, bevor er mir sagte, ich solle ihn lassen. Ich zog flink meine Hand zurück und machte mich davon, ohne mich umzudrehen. Zwei Schritte, und er verlor mich für immer. Wir hatten uns gespalten, wenn es das war, was er wünschte.

Er redete selten über Geodäsie. Aber wir haben mehrmals das Äquivalent des irdischen Äquators zurücklegen müssen. Im Tempo von durchschnittlich fünf Kilometern pro Tag und Nacht. Wir nahmen unsere Zuflucht zur Arithmetik. Wieviel Kopfrechnungen wir tief gekrümmt Hand in Hand gemacht haben! So erhoben wir ganze ternäre Zahlen zur dritten Potenz. Bisweilen in strömendem Regen. Sich schlecht und recht nach und nach in sein Gedächtnis prägend, häuften die Kubikzahlen sich an. Im Hinblick auf die umgekehrte Operation in einem späteren Stadium. Wenn die Zeit ihr Werk vollbracht hätte.

Wenn man mir in gebührender Form die Frage stellte, würde ich sagen, ja, in der Tat, das Ende dieses langen Spaziergangs war mein Leben. Sagen wir die etwa elftausend letzten Kilometer. Von dem Tage an, da er mir gegenüber zum ersten Mal ein

Wort über seine Gebrechlichkeit erwähnte, indem er sagte, daß sie seiner Ansicht nach ihren Gipfel erreicht habe. Die Zukunft gab ihm recht. Jedenfalls jene, aus der wir gemeinsam Vergangenheit machen sollten.

Ich sehe die Blumen zu meinen Füßen, und es sind die anderen, die ich sehe. Jene, auf die wir im Gleichschritt traten. Es sind übrigens die gleichen.

Entgegen der Annahme, zu der ich lange geneigt hatte, war er nicht blind. Nur faul. Eines Tages blieb er stehen und beschrieb mir, nach Worten suchend, seine Sehkraft. Er schloß, indem er sagte, daß sie seiner Ansicht nach nicht noch mehr nachlassen würde. Ich weiß nicht, in welchem Maße er sich Illusionen hingab. Ich habe mir die Frage nie gestellt. Wenn ich mich vorbeugte, um die Mitteilung zu empfangen, sah ich flüchtig, wie er mit rosigblauem, augenscheinlich beeindrucktem Blick nach mir schielte.

Er blieb manchmal stehen, ohne etwas zu sagen. Sei es, weil er schließlich nichts zu sagen hatte, sei es, weil er, obwohl er etwas zu sagen hatte, sich schließlich entschloß, es nicht zu sagen. Ich beugte mich wie gewöhnlich vor, damit er nichts zu wiederholen brauchte, und wir verharrten so. Tief gekrümmt mit einander berührenden Köpfen. Stumm, Hand in Hand. Derweil rings um uns herum immer mehr Minuten vergingen. Früher oder später riß sein Fuß sich von den Blumen los, und wir gingen weiter. Um womöglich nach wenigen Schritten wieder stehenzubleiben. Damit er endlich sagte, was er auf dem Herzen hatte, oder sich von neuem entschlösse, es nicht zu sagen.

Andere markante Vorgänge tauchen im Gedächtnis auf. Unverzügliche, ununterbrochene Mitteilung mit unverzüglichem Wiederaufbruch. Das Gleiche mit verzögertem Wiederaufbruch. Verzögerte, ununterbrochene Mitteilung mit unverzüglichem Wiederaufbruch. Das Gleiche mit verzögertem Wiederaufbruch. Unverzügliche, unterbrochene Mitteilung mit unverzüglichem Wiederaufbruch. Das Gleiche mit verzögertem Wiederaufbruch. Unterbrochene, verzögerte Mitteilung mit unverzüglichem Wiederaufbruch. Das Gleiche mit verzögertem Wiederaufbruch.

Damals also werde ich gelebt haben, damals oder nie. Zehn Jahre, gelinde gesagt. Seit dem Tage, da er mit dem Rücken seiner linken Hand lange über sein ruiniertes Kreuz fuhr und seine Prognose verkündete. Bis zum Tage meiner vermutlichen Ungnade. Ich sehe die Stelle wieder, einen Schritt vor dem Gipfel. Zwei Schritte weiter geradeaus, und ich lief schon den anderen Abhang hinab. Zurückblickend hätte ich ihn nicht mehr gesehen.

Er kletterte gern und ich demnach auch. Er verlangte nach den steilsten Hängen. Sein menschlicher Körper zerfiel in zwei gleiche Segmente. Dies dank der Beugung der Knie, die das zweite verkürzte. Bei einer Steigung von fünfzig Prozent streifte sein Kopf den Boden. Ich weiß nicht, welchem Umstand er diese Neigung verdankte. Der Liebe zur Erde und zu den tausend Düften und Farben der Blumen. Oder ganz einfach Imperativen anatomischer Art. Er hat die Frage nie aufgeworfen. Einmal oben angelangt, mußte man leider wieder hinab.

Um sich von Zeit zu Zeit des Himmels erfreuen zu können, bediente er sich eines kleinen, runden Spiegels. Nachdem er ihn behaucht und dann an seiner Wade blankgerieben hatte, suchte er darin die Sternbilder. Ich hab's! rief er, von der Leier oder vom Schwan sprechend. Und oft fügte er hinzu, daß dem Himmel nichts fehle.

Wir waren jedoch nicht im Gebirge. Ich ahnte dann und wann am Horizont ein Meer, dessen Niveau mir höher zu sein schien als unseres. Sollte es der Grund irgendeines weiten, verdunsteten oder nach unten abgeflossenen Sees sein? Ich habe mir die Frage nie gestellt.

All diese Kenntnisse habe ich von ihm. Ich kombiniere sie nur auf meine Weise. Mit vier oder fünf Leben wie jenem hätte ich eine Spur hinterlassen können.

Trotzdem ragten recht häufig solche wohl hundert Meter hohe Kuppen empor. Ich blickte ungern auf und entdeckte die nächste oft am Horizont. Oder statt uns von jener, die wir gerade hinabgestiegen waren, zu entfernen, stiegen wir sie von neuem hinauf.

Ich spreche von unserem letzten Jahrzehnt zwischen den beiden erwähnten Ereignissen. Es überdeckt die vorhergehenden, die ihm haben gleichen müssen wie ein Ei dem anderen. Wenn ich es recht überlege, ist meine Bildung jenen versunkenen Jahren zuzuschreiben. Denn ich erinnere mich nicht, während der Jahre, an die ich mich erinnere, irgend etwas gelernt zu haben. Mit dieser Überlegung beruhige ich mich, wenn all mein Wissen mir die Sprache verschlägt.

Ich habe meine Ungnade ganz nahe bei einem Gipfel situiert. Aber nein, es war in der Ebene, in tiefer Stille. Mich umdrehend, hätte ich ihn an der gleichen Stelle erblickt, wo ich ihn verlassen hatte. Die kleinste Kleinigkeit hätte mich mein Mißverständnis verstehen lassen, wenn es ein Mißverständnis gegeben hätte. In den folgenden Jahren schloß ich die Möglichkeit, ihn wiederzufinden, nicht aus. Eben da, wo ich ihn verlassen hatte, wenn nicht woanders. Oder ihn nach mir rufen zu hören. Wobei ich mir jedoch sagte, daß er es nicht mehr lange machen würde. Aber ich rechnete nicht zu fest damit. Denn ich hob den Blick kaum von den Blumen. Und er hatte keine Stimme mehr. Und als ob das nicht genügte, hörte ich nicht auf, mir immer wieder zu sagen, daß er es nicht mehr lange machen würde. So daß es nicht lange dauerte, bis ich überhaupt nicht mehr damit rechnete.

Ich weiß nicht mehr, wie das Wetter jetzt ist. Aber zeit meines Lebens war es ewig mild. Als sei die Erde im Frühling eingeschlafen. Ich spreche von unserer Hemisphäre. Schwere, lotrechte, kurze Niederschläge trafen uns unversehens. Ohne merkliche Trübung des Himmels. Ich hätte die Stille des Windes nicht bemerkt, wenn er nicht davon gesprochen hätte. Des Windes, der nicht mehr da war. Der Stürme, denen er getrotzt hatte. Freilich gab es da nichts zum Fortwehen. Selbst die Blumen hatten keine Stengel und klebten wie Seerosen am Boden. Keine Rede mehr davon, daß sie im Knopfloch prangten.

Wir zählten die Tage nicht. Wenn ich zehn Jahre zusammenbekomme, dann dank unserem Schrittzähler. Endstrecke geteilt durch durchschnittliche Tagesstrecke. Anzahl der Tage. Teilen. Eine gewisse Zahl am Vorabend des Tages mit seinem Kreuz. Eine gewisse andere am Vorabend meiner Ungnade. Tagesdurchschnitt immer bis auf den laufenden Tag errechnet. Abziehen. Teilen.

Die Nacht. Lang wie der Tag in diesem endlosen Äquinoktium. Sie bricht herein, und wir machen weiter. Wir brechen vor Tagesanbruch wieder auf.

Ruhestellung. Doppelt gekrümmt, ineinander verkeilt. Zweiter Knick an den Knien. Ich an der Innenseite. Wie ein Mann drehten wir uns herum, wenn er den Wunsch äußerte. Ich fühle ihn nachts an mir, in seiner ganzen verdrehten Länge. Es ging nicht so sehr darum zu schlafen, als sich auszustrecken. Denn wir gingen in einem Halbschlaf. Mit der oberen Hand hielt er mich und berührte mich, wo er wollte. Bis zu einem gewissen Punkt. Die andere war mit meinem Haar verflochten. Er sprach ganz leise von Dingen, die es für ihn nicht mehr gab und für mich nicht hatte geben können. Vom Wind in den oberirdischen Stengeln. Vom Schatten und Obdach der Wälder.

Er war nicht redselig. Im Durchschnitt hundert Worte auf Tag und Nacht verteilt. Kaum mehr als eine Million insgesamt. Viele Wiederholungen. Ausrufe. Mit denen der Stoff kaum zu streifen war. Was weiß ich vom Schicksal des Menschen? Ich habe mir die Frage nie gestellt. Ich bin über die Radieschen besser auf dem laufenden. Die hatte er geliebt. Wenn ich eines davon sähe, würde ich ohne Zögern seinen Namen nennen.

Wir lebten von Blumen. Soviel über den Unterhalt. Er blieb stehen und packte, ohne sich bücken zu müssen, eine Handvoll Blütenblätter. Dann ging er kauend weiter. Sie übten im großen und ganzen eine beruhigende Wirkung aus. Wir waren im großen und ganzen ruhig. In zunehmendem Maße. Alles war es. Diese Idee der Ruhe habe ich von ihm. Ohne ihn hätte ich sie nicht gehabt. Ich mache mich nun daran, alles auszuwischen, außer den Blumen. Keine Regengüsse mehr. Keine Kuppen mehr. Nur wir zwei, wie wir uns durch die Blumen schleppen. Schluß jetzt, meine alten Brüste fühlen seine alte Hand.

John Banville

Doktor Kopernikus

(Auszug)

Die Sonne, die zur Dämmerung die wenigen verbliebenen Fragmente seines Lebens aus der Dunkelheit klaubte, rief ihn schließlich zurück in die Gegenwart. Argwöhnisch schaute er zu, wie das Zimmer sich um ihn ordnete: Dieser Rückweg war so weit, so unermeßlich weit, daß er ohne einen solchen Beleg nicht glauben würde, ihn zurückgelegt zu haben. Draußen tobte im Osten tief am Himmel ein Feuersturm unter den Wolken und schüttete wie einen Regen aus brennenden Pfeilen Licht auf den großen, stählern glitzernden Bogen der Ostsee. Nichts davon war noch gänzlich real, war nur ein Melodram, statisch und kalt. Die Welt war geschrumpft, bis sie zur Gänze in seinen Schädel paßte, und alles war, die geschrumpfte Sphäre ausgenommen, eine Reihe wechselnder, oberflächlicher Bilder im leeren Raum, denen es vollständig an Bedeutung mangelte, zu jenen seltenen Gelegenheiten ausgenommen, in denen ein bestimmtes Bild half, den Augenblick zu beglaubigen, wie eben nun die Fragmente seiner Zelle, von der nahenden Dämmerung aus dem Dunkel geschält, illuminierte, ganze Zahlen waren, die im Zwielicht eine Konstellation skizzierten, eine sternenhelle Formel, die, genauer als Worte es vermochten, all das benannte, was blieb von dem, was er einstmals war, all das, was von seinem Leben übrig war. Eines Morgens, an einem Morgen ähnlich diesem, war ein feuriger Glanz wie die Sonne selbst in seinem Hirn explodiert, und als das gräßliche Glühen verblaßte, hatte sich alles verändert. Danach begannen seine letzten Wanderungen. Er kehrte zurück in die Vergangenheit, denn er konnte nirgendwo anders hin. Er starb.

Verstohlen hatte sich die Krankheit an ihn herangeschlichen. Anfangs war es kaum mehr als ein gelegentlicher Schwindel gewesen, eine Stufe, die er verfehlte, ein Stolpern auf der Treppe. Dann folgten die Migräneanfälle wie in seinem Hirn gefangene Donnerschläge, die ihn stundenlang zwangen, in seiner verdunkelten Zelle flach auf dem Rücken zu liegen und essiggetränkte Umschläge auf die Stirn zu pressen, während Kaskaden aus zersplittertem, vielfarbigem Glas gezackte Bilder der Qual hinter seinen Augen formten. Dennoch stritt er beharrlich ab, was der Arzt in ihm längst zweifelsfrei erkannt hatte, daß nämlich sein Ende gekommen war. Ein Anfall von Wechselfieber, mehr nicht, sagte er sich; ich bin siebzig, da ist derlei zu erwarten. Doch eines Morgens dann in der ersten Aprilwoche wollte er sich bei Dämmerung von seiner Bettstelle erheben, als ihn die ganze rechte Seite plötzlich schrecklich schmerzte, als wäre ein Beutel Schrot oder Kügelchen aus heißem Quecksilber aus dem Schädel in sein Herz gekippt und von dort herausgepumpt worden, so daß sie nun die Arterien seiner Arme hinunter und durch den Brustkorb in die Beine kollerten. Stöhnend ließ er sich achtsam wieder sinken, bettete sich mit großer Sorgfalt, wie eine Mutter ihr Kind in die Wiege legt. Im trüben Dämmer huschte eine eifrige Spinne über das Trampolin ihres Netzes, das sich zwischen zwei Deckenbalken spann. Von draußen hörte er das lauter werdende Lärmen und Peitschenknallen eines sich nähernden Reiters. Gelassen, begierig beinahe erwartete er auf das Streckbett seines Schmerzes gespannt die Ankunft der schwarzen Katastrophe. Doch der Reiter hielt nicht an, ritt unterm Fenster vorbei, und da begriff er und war nicht überrascht, eher ein wenig enttäuscht, daß man ihn nicht gehen ließ, ehe er nicht zuvor einen letzten Schmerz erlitten hatte, und statt Tod raffte ihn der Schlaf, diese ultimative Banalität, umstandslos unter die Fittiche und trug ihn rasch davon.

Es war Schlaf, ja, und doch mehr als Schlaf, ein erregtes Horchen, eine Rast im Zwielicht am verlassenen Gestade, ein letzter Blick zurück auf das bald zu verlassende Land, ja, ja: Er wartete noch. Auf was? Er wußte es nicht. Stumm und gespannt stierte er in die trübe Ferne. Sie waren alle dort, ungesehen, doch zu spüren, all seine abgelegten Toten. Nagende Sehnsucht durchbohrte sein Herz. Doch warum waren sie hinter ihm? Warum nicht vor ihm? War er denn nicht endlich auf dem Weg, sich zur schweigsamen Menge zu gesellen? Und warum zauderte er hier an diesem trostlosen Ufer? Ein nebliger, gelber Himmel, des Strandguts voll, sank langsam in der Ferne, und Dunkelheit wallte um ihn auf. Dann entdeckte er die nahende Gestalt, die massigen Schultern und das breite, dunkle, wie polierter Stein schimmernde Gesicht, die weit auseinander stehenden Augen, der grausame, irre Mund.

Wer seid Ihr? rief er und mühte sich vergebens, die Hände zu heben, um diese Erscheinung abzuwehren.

Ich bin der, den Ihr sucht.

Sagt mir, wer Ihr seid!

Als mein eigener Vater bin ich schon tot, als meine eigene Mutter lebe ich noch und werde älter. Ich bin gekommen, Euch auf eine Reise mitzunehmen. Ihr habt viel zu lernen und nur wenig Zeit.

Was? Was wollt Ihr mich lehren?

Wie man stirbt.

Oh … Dann seid Ihr Bruder Tod?

Nein. Er ist noch nicht. Ich bin der, der ihm vorhergeht. Ich bin, so könntet Ihr sagen, der Gott des Schwelgens und des Vergessens. Ich mache die Menschen verrückt. Ihr seid jetzt für eine kurze Weile in meinem Reich. Kommt mit mir. Hier beginnt der Abstieg zur Hölle. Kommt.

Und mit diesen Worten wandte der Gott sich um und ging zurück zum dunklen Land.

Kommt!

Und der Sterbende schaute noch einmal vor sich zum unsichtbaren, unentrinnbaren Meer, wollte gehen, konnte nicht gehen, kehrte schon um, sogar gegen seinen Willen, kehrte um zur wartenden Menge.

Kommt …

Und wie ein Soldat sich unwillig vom herzzerreißenden Traumbild der Liebe und der Heimat abkehrt, nur um mitten ins Gesicht den tödlichen Schuß zu bekommen, so kehrte er sich um, und sogleich zerplatzte die große Sphäre sengenden Feuers in seinem Hirn, und er erwachte.

Der Schmerz stak in seiner rechten Seite, doch schien er dies mehr zu wissen als zu spüren, war diese Seite doch von Kopf bis Fuß gelähmt. Mit abgewandtem Blick und ohne es recht wahrhaben zu wollen, schickte er zaghaft einige einfache Befehle an Arm, Flanke und Hüfte, doch half es nichts, die Kommunikationskanäle waren unterbrochen. Es kam ihm vor, als hätte sich eine Hälfte von ihm losgelöst und lag nun neben ihm, ein grimmiges, graues Biest, störrisch, unbeweglich und gefährlich. Gefährlich, ja: Er mußte darauf achten, es nicht zu provozieren, sonst hob dies Biest gewiß seine mächtige, mörderische Schmerzpranke und erschlug ihn. Glitzerndes Aprillicht schimmerte durchs Fenster. Er konnte die Ostsee sehen, stahlblau und ruhig trug sie ein Schiff mit schwarzem Segel landeinwärts. War es denn zuviel verlangt, daß ihm diese beschwerliche Klarheit, diese Bewußtheit genommen wurde, war es zuviel verlangt, ihm wenigstens diese Erleichterung zu gewähren? Unten regte sich Anna Schillings und setzte den knarrenden Mechanismus eines weiteren Tages in Gang. Trotz der Schmerzen überkam ihn nun ein heißes Gefühl voller Sorge und Skrupel und sonderbarerweise ein vernichtendes Gefühl der Verlegenheit. Seit seiner Kindheit hatte er keine derart brennende Verzweiflung mehr gespürt, als er, abgesondert durch die ein oder andere ungezogene Tat, zerbrochenes Geschirr etwa oder eine Lüge, mit hängenden Schultern, alle Schlupflöcher versperrt, im Pfad der schrecklichen, unvermeidlichen Maschine der Vergeltung stand. Ertappt zu werden! Es war absurd. Anna würde jeden Augenblick mit Brei und Würzwein hereinkommen, und dann würde sie ihn ertappen. Behutsam ertastete er sein Gesicht, da er prüfen wollte, ob er noch lächeln konnte, und dann begann er leise gegen seinen Willen zu schluchzen; das war ein kleiner Luxus, und immerhin fühlte er sich so besser.

Als sie seufzend die Treppe hinaufkam, hatte er die Tränen bereits getrocknet, doch spürte sie natürlich gleich die Katastrophe. Es war der Gestank seiner Scham, der ihn verriet, der Gestank des Kindes, das in die Hose genäßt hat, des verkrüppelten Tieres, das bebend auf dem Lager aus Blättern lag. Langsam stellte sie mit resolut abgewandtem Gesicht den dampfenden Becher mit Würzwein und die Schale mit Brei auf den Boden neben seinem Bett.

»Ihr seid noch nicht auf, Kanonikus?«

»Es ist nichts, Anna, macht Euch keine Umstände. Ich bin krank.« Das Sprechen fiel ihm schwer, die genuschelten Worte lagen wie weiche Steine in seinem Mund. »Sagt dem Kapitel Bescheid und bittet Kanonikus Giese zu mir.« Nein, nein, Giese war nicht mehr hier, sondern in Löbau; er mußte vorsichtig sein; sonst glaubte sie, wenn er weiterhin so phantasierte, daß es schlimmer um ihn bestellt war, als es den Anschein hatte. Reglos stand sie da, den Kopf gesenkt, die Hände vorm Bauch gefaltet, noch immer etwas abgewandt, da sie sich dem Unglück, das in ihr Leben eingebrochen war, nicht stellen wollte oder konnte. Sie zeigte den verletzten, verblüfften Blick eines bitterlich und zu Unrecht gekränkten Menschen, doch schien sie vor allem verwirrt und einfach nicht zu wissen, wie sie sich verhalten sollte. Er hatte Mitleid mit ihr, kannte er doch das Gefühl: Für den Tod ist kein Platz im vertrackten Gefüge gewöhnlicher Tage. Er wünschte sich, ihm fielen die rechten Worte ein, die für diesen neuen, aus den Fugen geratenen Zustand eine vernünftige Erklärung gaben.

»Ich liege im Sterben, Anna.«

Natürlich bedauerte er gleich, daß er das gesagt hatte. Sie begann leise und mit einer Zurückhaltung, einer Umsicht zu weinen, die ihn weit stärker rührte, als es das wilde Gejammer getan hätte, das er erwartet hatte. Schniefend ging sie davon und kehrte kurz darauf mit einer Schüssel Wasser zurück, um ihn zu waschen, sowie mit einem Topf, damit er sich erleichtern konnte. Geschickt kümmerte sie sich um ihn und sprach dabei kein Wort. Er bewunderte ihre Tüchtigkeit, ihre Unverwüstlichkeit; wirklich eine bewundernswerte Frau. Etwas der alten, fast vergessenen Zärtlichkeit regte sich in ihm. »Anna? ...« Sie sagte noch immer nichts. Vielleicht hatte sie von ihm gelernt, Worten zu mißtrauen, und war es zufrieden, die spürbaren Handreichungen all das ausdrücken zu lassen, was nicht gesagt werden konnte. Traurig und ein wenig verwundert schaute er sie an. Was besagte sie, was hatte sie zu *bedeuten*? Zum ersten Mal fand er es seltsam, daß sie in all den Jahren nie gelernt hatten, zueinander *du* zu sagen.

Tag um Tag war die Krankheit mal stärker, mal schwächer, trommelte auf ihn ein, schleuderte ihn hinab in tiefe Dunkelheit, nur um ihn gleich darauf in quälendes Licht hinaufzuzerren, schüttelte ihn, bis er meinte, seine Knochen klappern zu hören, verschnürte abends seine Gedärme, riß dafür am Morgen die Fluttore seiner Körperöffnungen weit auf und ließ ihn stundenlang hilflos und angeekelt im Gestank seines eigenen Schmutzes liegen. Helle, schimmernde Schmerzmuster rannen durch ihn hindurch, als würde die Krankheit wie ein verzückter Tuchhändler vor einem wählerischen Kunden eine Reihe von zunehmend feineren und ausgesuchteren Rollen seidener Folter für ihn ausbreiten. Stets hatte er angenommen, daß er eines trockenen Todes sterben würde, doch kamen Fieberanfälle, die Tage dauerten, ein endloses Schweißgetröpfel aus seinem Fleisch wrangen und ihm jene Verstandesklarheit raubten, die ihm anfangs eine solche Last erschienen war.

Manchmal waren seine Gedanken jedoch so klar, daß ihn der eigene Gleichmut angesichts des Todes überraschte und gar faszinierte. Der Schrecken jenes Augenblicks, der ihm nun bevorstand, hatte ihn auf seiner Reise hierher stets begleitet, war in jeder Landschaft gleich einem reglosen Schatten gegenwärtig gewesen, wie hell und verschieden die Szenen auch immer waren, und doch empfand er nun keine Angst: Er spürte nur vage Melancholie und Bedauern und eine gewisse Sorge, er könnte diese letzte und gewiß höchst bemerkenswerte Erfahrung versäumen, die ihm die Welt zu bieten hatte. Er war überzeugt, daß ihm vor dem Ende Einblick gewährt würde, eine Vision von tiefgründiger Bedeutung. War er so ruhig und angstfrei, weil dieses rätselhafte Etwas, dem er sich so begierig näherte, das wahre Antlitz des Todes vor ihm verbarg? Und erklärte dies seine in die Länge gezogene Qual, die eben keine Todesqual war, sondern eine Art Reinigung, ein rituelles Opfer, das er vor seiner Initiation zu transzendentem Wissen zu erdulden hatte? Obwohl er jetzt dem Tod zu nahe war, um glauben zu können, daß er, was er auch immer erfahren sollte, daß er also diese Lektion zu lebensnahem Nutzen anzuwenden vermochte, würde doch, so glaubte er, die Tiefgründigkeit der Erfahrung dadurch nicht gemindert werden. War die Erlösung selbst in dieser äußersten Situation noch möglich?

Auf der Suche nach einer Antwort auf diese außergewöhnliche Frage stocherte sein fiebernder Verstand wie ein Lumpensammler in den Überresten seines Lebens und wühlte sich anfallartig durch die vereinzelten Brocken und Stücke, die ihm noch verblieben waren. Nirgendwo fand er Sinn für signifikante Bedeutung. Manchmal jedoch verfiel er in ruhiges, tiefes Träumen, und dann wanderte er friedvoll durch die Felder und Paläste seiner Erinnerung. Dort war die Vergangenheit noch wunderbar intakt. Zwischen Szenen aus seiner Kindheit und seiner Jugend staunte er über den Reichtum an Details, die während all der Jahre bei ihm geblieben waren, eingelagert wie Winterobst. Er besuchte das alte Haus in der St.-Annen-Straße und spazierte erneut in stillem Verzücken durch die Straßen und Gassen der Stadt. Dort war das Schultor von St. Johann, Jungen, die im Staub spielten. Ein weicher, goldener Glanz lag über allem wie stilisiertes Sonnenlicht. Zärtlichkeit und Sehnsucht durchbohrten sein Innerstes. Hatte er Thorn in Wahrheit je verlassen? Vielleicht war dort sein wahres, sein eigentliches Selbst geblieben und hatte geduldig auf seine Rückkehr gewartet, damit er, so wie jetzt, seinen wahren Platz einforderte. Dort steht auch die Linde in vollem Laubschmuck, beständig und schön, das wahre Bild des Sommers und des Schweigens, des Glücks.

Doch stets kehrte er von diesen Reisen in die Vergangenheit müde, entmutigt und ohne eine Antwort zurück. Verzweiflung blühte in ihm auf, eine geile, garstige Blume. Betäubt von zuviel Grog, einer unerwartet wirksamen Kräutermischung oder einfach von Müdigkeit zog er sich aus dem Reich des Lebens zurück und lag, ein formloses Stück Fleisch, etwas Schweiß und Phlegma, einfach nur im primitivsten, rudimentärsten Seinszustand da, ein dumpfer, kaum noch atmender Halbtoter. Diese Stunden waren am schlimmsten.

Bei anderen Gelegenheiten kam die Vergangenheit zur Gegenwart in Gestalt kleiner Geschöpfe, pomphafter Homunkuli, die in sein Krankenzimmer marschierten, vor seinem Bett auf und ab stolzierten und ihn wegen zugefügter Kränkungen ausschalten, oder sie hockten neben seiner Schulter und rechtfertigten und beschuldigten, schwatzten und erklärten. Sie waren komisch und traurig zugleich. Kanonikus Wodka kam und Professor Brudzewski, Novara und die Italiener, sogar Onkel Lukas, prunkvoll wie eh und je, auch der König von Polen, beschwipst, mit schiefer Krone. Anfangs hielt er sie für Halluzinationen, doch dann begriff er, daß es Bedeutsameres mit ihnen auf sich hatte: Sie waren real genug, so real wie nur etwas sein kann, das nicht man selbst ist und von außen kommt, denn hatte er nicht stets geglaubt, daß andere Menschen nicht gekannt, sondern erfunden werden, daß die Welt einzig aus einem selbst besteht und alles andere folglich ein Phantom ist? Also stand es ihnen zu, ihn zu schelten, denn wer, wenn nicht er, war schuld an dem, was sie waren, diese armen, zerbrechlichen, prahlerischen Geschöpfe, Bewohner seines Verstandes, die er erfunden hatte, die er mit sich in den Tod nehmen würde? Von allen blieb allein Girolamo stumm. Er hielt sich im Schatten abseits vom Bett mit jener typischen, unnachahmlichen Mischung aus Distanz und Zuneigung, lächelnd, eine Augenbraue in liebenswertem Spott hochgezogen. O ja, Girolamo, Ihr habt mich gekannt, nicht so gut wie jener andere, stimmt, doch Ihr habt mich gekannt – und ich konnte es nicht ertragen, so gekannt zu werden.

Wo?

In eine schreckliche Dunkelheit war er hinabgetrieben, in der alles stumm und völlig still war. Er hatte Angst. Er wartete. Nach langer Zeit, nach scheinbar langer Zeit sah er in ungeheurer Entfernung ein kleines Etwas in der Dunkelheit, das nicht Licht genannt werden konnte, war es doch kaum mehr als ein Nichts, das absolut vorstellbare Kleinste, und er hörte von fern, undeutlich, ach, so undeutlich, ein leises Kreischen, Gran eines Lautes, der kaum etwas war, der nur dazu diente, die unendliche Stille zu erkennen. Und dann, es war seltsam, es war, als hätte sich die Zeit irgendwie zweigeteilt, als würden das *Jetzt* und das *Noch nicht* zur gleichen Zeit geschehen, war er sich bewußt, daß er etwas durch die dunkle Ferne näherkommen sah, während es doch bereits angekommen war, ein riesiger, stählern schimmernder Vogel, der reglos auf gestreckten, großen Schwingen schwebte, schrecklich, ja, unbeschreibbar schrecklich, doch erhaben schön, so trug er in seinem furchteinflößenden Schnabel ein Bruchstück blendenden Feuers, und er versuchte aufzuschreien, das Wort zu rufen, doch vergebens, denn die Kreatur trudelte den langen Bogen seiner Flugbahn hinab, war schon über ihm, noch während sie kam und brannte das brennende Siegelzeichen in seine Stirn.

Wort!
O Wort!
Du bist, was mir fehlt!

Und dann war er wieder an dem dunkelnden Gestade, hinter ihm das Meer und vor ihm das zugleich rätselhafte und vertraute Land. Dort war auch der grausame Gott, der ihn fortführte vom Meer, dorthin, wo ihn die anderen erwarteten, die vielen anderen, alle. Er konnte nichts sehen, doch er wußte diese Dinge, wußte auch, daß das Land, zu dem er sich nun hinabbegab, jedes Land war, das er in seinem Leben gekannt hatte, jedes, doch auch alle Städte, Ebenen und Wälder, Preußen wie Polen wie Italien, Thorn, Krakau, Padua, Bologna und Ferrara.

Und auch der Gott, der ihm ganz das breite, steinern glasierte Gesicht zuwandte, war viele in einem, war Caspar Sturm, war Novara und Brudzewski, war Girolamo, war mehr, war sein Vater und seine Mutter und deren Mutter und Vater, war die unzähligen Millionen und war auch der andere, der unentrinnbare andere. Der Gott sprach:

Hier nun ist, was Ihr gesucht habt, das, was es selbst und nichts anderes ist. Erkennt Ihr es an?

Nein, nein, so war es nicht! Hier war nur Dunkelheit und Unordnung und ein großes Lärmen von zahllosen Stimmen, die in Lachen und Schmerz und Verwünschung aufschrien; von dieser Schändlichkeit und diesem Chaos wollte er nichts wissen.

Laßt mich sterben!

Doch der Gott antwortete:

Noch nicht.

Rasch fühlte er sich hinaufgetragen, aufstrebend in die Welt, und hier war seine Zelle und die Dämmerung auf dem großen Bogen der Ostsee; es war Maienzeit. Er hatte Schmerzen, und seine Glieder waren tot, doch zum ersten Mal seit vielen Wochen war sein Verstand wunderbar klar. Diese Klarheit jedoch war unheimlich, anders als alles, was er je zuvor erfahren hatte; er traute ihr nicht. Um ihn herum herrschte eine immense, eisige Stille, als schwebe er in enormer Höhe am unendlichen Himmel. Konnte es sein, daß er derart erhoben wurde, um das Elend bezeugen zu können? Denn er wollte nicht mehr, kein Mühen mehr und keine Qual. War dies nun endlich die wahrhaftige Verzweiflung? Wenn sie es war, war sie ein einmalig gewöhnliches Ding.

Er schlief ein wenig, wurde aber wieder von Anna geweckt, als sie mit Schüssel und Rasiermesser kam, ihn zu rasieren. Konnte sie ihn nicht in Frieden lassen, nicht mal für einen Moment! Doch dann schalt er sich für seine Undankbarkeit. In den langen Wochen seiner Krankheit hatte sie große Fürsorge bewiesen. Das Rasieren, das Füttern, das Abwischen und Waschen, das waren die unabdingbaren Rituale, die das Wissen darum zurückhielten, daß sie bald allein sein würde. Er sah ihr zu, wie sie sich eifrig um sein Bett zu schaffen machte, die Schüssel hinstellte, die Klinge schärfte, seine eingesunkenen Wangen einschäumte und dabei leise mit sich selbst redete, eine große, übergewichtige, käsebleiche Frau in staubigem Schwarz. Seit einiger Zeit neigte sie dazu, ihn anzuschreien, diese unbewegliche, graue Puppe, wie sie einen Taubstummen oder ein Kind anschreien würde, nicht aus Wut oder Ungeduld, sondern aus einer gewissen verzweifelten Fröhlichkeit heraus, als glaubte sie, ihn so vom dunklen Abgrund zurückholen zu können. Ihre Art irritierte ihn über die Maßen, vor allem morgens, und er stieß dann verärgerte Laute aus und versuchte manchmal sogar, in hilfloser Wut nach ihr zu schlagen. Heute jedoch war er ruhig, und ihm gelang sogar ein schiefes Lächeln, auch wenn sie es als solches nicht zu erkennen wußte, da sie ihn nur aufmerksam anschaute und fragte, ob er Schmerzen leide. Arme Anna. Er starrte sie voller Staunen an. Wie alt sie geworden war! Aus der reifen, wohlgestalteten Frau, die vor zwanzig Jahren in seinen Turm gekommen war, hatte sie sich, ohne daß er es recht wahrgenommen hatte, in eine klapprige, aufgeregte, ein wenig dumme Matrone verwandelt. Empfand er wirklich so wenig Achtung vor ihr, daß er nicht mal das gewöhnliche Phänomen ihres Alterns bemerkt hatte? Sie war seine Haushälterin gewesen und zu drei Gelegenheiten mehr als das, drei seltsame, nun völlig unwirkliche Begegnungen, zu denen ihn Verzweiflung, unerträgliche Selbstkenntnis und Selbstaufgabe getrieben hatten; dreimal also war sie mehr gewesen, doch nicht viel mehr, jedenfalls nicht genug, um Dantiscus' grobe, gnadenlose Jagd zu rechtfertigen. Nun jedoch fragte er sich, ob jenen drei Nächten nicht größere Bedeutung zukam, als er ihnen einräumen wollte. Für Anna waren sie vielleicht Grund genug gewesen, um bei ihm auszuharren. Denn sie hätte ihn verlassen können. Ihre Kinder waren nun erwachsen. Heinrich, ihr Sohn, hatte letztens die Lehre in der Bäckerei der Kathedrale abgeschlossen, und Carla stand bei einem Bürger der Stadt in Haushaltsdiensten. Sie hätten sie unterstützen können, wenn sie ihn verlassen hätte. Sie entschied sich zu bleiben. Sie hatte ausgehalten. War dies, was sie besagte, was sie bedeutete? Er erinnerte, sich an die erste Zeit mit ihr, an Frühjahrsstürme und Herbstlaunen, an winterlichen Kummer. Er hätte ihr also mehr Achtung erweisen sollen. Jetzt war es zu spät.

»Anna.«

»Ja, Kanonikus?«

»*Du*, Anna.«

»Ja, Herr Kanonikus. Ihr wißt, daß heute der Doktor kommt? Ihr erinnert Euch, ja? Der Herr aus Nürnberg?«

Wovon redete sie? Welcher Doktor? Und dann fiel es ihm wieder ein. Deshalb also war ihm diese letzte Klarheit vergönnt! All das, sein Werk, die Veröffentlichung und so weiter, das hatte seine Bedeutung verloren. Er konnte sich an seine Hoffnungen und Ängste im Zusammenhang mit dem Buch erinnern, aber er konnte sie nicht mehr fühlen. Er hatte versagt, ja, doch was machte das schon? Dieses Versagen war gering verglichen mit der allgemeinen Katastrophe, die sein Leben gewesen war.

Andreas Osiander kam am Nachmittag. Anna, ganz aufgeregt von der Ankunft einer Person solchen Ansehens, eilte die Treppe hinauf, ihn anzumelden, stotterte und rang vor Verzweiflung die Hände. Zu spät fiel dem Kanonikus ein, daß er sie hatte fortschicken wollen, ehe der Nürnberger kam, da ihre Anwesenheit unter seinem scharfen, mißbilligenden Blick gewiß all diesen *focaria*-Unsinn wieder aufbringen würde – nicht, daß es den Kanonikus noch gekümmert hätte, was Dantiscus oder sonst jemand sagen oder tun mochte, doch wollte er nicht, daß Anna neue Demütigungen zu erleiden hätte; nein, das wollte er nicht. Sie hatte kaum seinen Namen herausgebracht, da drängte sich Osiander bereits an ihr vorbei und begann sogleich auf seine brüske, anmaßende Art zu reden. Doch beim Anblick der verdorrten Gestalt auf dem Bett geriet er ins Stocken und wandte sich unsicher an die im Türrahmen harrende Frau.

»Ein Hirnschlag, Herr Doktor«, sagte Anna nickend und sich verbeugend, »von einem Blutgerinnsel im Kopf, sagt man.«

»Oh, ich verstehe. Nun, das wäre alles, danke, Weib, du kannst gehen.«

Dem Kanonikus wäre es lieber gewesen, sie wäre geblieben, doch machte sie eine besänftigende Geste und ging geduckt hinaus. Er spitzte die Ohren, um ihren schweren Schritt auf der Treppe zu hören, ein Laut, der ihm plötzlich allen auf dieser Welt verbliebenen Trost zu enthalten schien, doch redete Osiander bereits wieder mit dröhnender Stimme auf ihn ein, und Anna schied lautlos aus seinem Leben.

»Ich hätte nicht geglaubt, Euch so daniederliegend anzutreffen, Freund Koppernigk«, sagte Osiander in leicht anklagendem Ton, als vermute er, man habe ihn absichtlich über den Gesundheitszustand des anderen getäuscht.

»Ich sterbe, Doktor.«

»Ja, doch das widerfährt uns letzten Endes allen, begebt Euch also in Gottes Hut. Lieber so, als plötzlich in der Nacht mit unvorbereiteter Seele dahingerafft zu werden, nicht wahr?«

Er war ein stattlicher, arroganter Mann, dieser Lutheraner, laut, aufgeblasen, gefühllos und von sich selbst überzeugt; der Kanonikus hatte ihn schon immer zutiefst verabscheut. Er lief mit stetem Schritt im Zimmer auf und ab, die aufgeplusterte Hühnerbrust ein undurchdringlicher Schild gegen jede Opposition, so sprach er von Nürnberg, vom Druck und seinen rückhaltlosen Anstrengungen zugunsten des Werkes des Kanonikus. Rheticus nannte er *diese elende Kreatur*. Armer, dummer Rheticus! Noch ein Opfer, dargebracht auf dem Altar des Anstandes. Der Kanonikus seufzte; er hätte sie alle ignorieren sollen, Dantiscus, Giese und Osiander, er hätte seinem Schüler die Anerkennung geben sollen, die er verdient hatte. Was machte es schon, wenn er ein Sodomit war? Das war wohl kaum das schlimmste aller denkbaren Verbrechen, womöglich nicht schlimmer als grobe Undankbarkeit.

Osiander wühlte in der geräumigen Mappe, die er über die Schulter geschlungen hatte und brachte einen hübschen, in Leder gebundenen Band hervor, dessen Buchrücken mit Goldbuchstaben verziert war. Der Kanonikus reckte den Hals, um einen besseren Blick darauf werfen zu können, doch dieser gräßliche Kerl schien vergessen zu haben, daß er sich in der Anwesenheit des Autors befand, der trotz allem Anschein noch lebte, und statt das Buch unverzüglich ans Bett zu bringen, ging er damit ans Fenster, leckte einen Daumen an und blätterte rasch und mit der sorglosen Mißachtung eines Mannes darin herum, für den alle Bücher, die Bibel ausgenommen, im Grunde wertlos sind.

»Ich habe den Titel geändert«, sagte er geistesabwesend, »doch hatte ich Euch meine Absicht gewiß längst mitgeteilt. Das Wort *mundi* wurde so durch *coelestium* ersetzt, da es mir sicherer schien, statt von der *Welt*, einem doch recht unmittelbaren Ausdruck, vom *Himmel* zu reden, um so Distanz und Objektivität zu bekunden.«

Nein, mein Freund, das habt Ihr nicht erwähnt, wenn ich mich recht erinnere, aber das ist jetzt nicht mehr wichtig.

»Und natürlich habe ich ein Vorwort hinzugefügt, wie wir es vereinbart hatten. Ich glaube, das war eine weise Entscheidung. Wie ich Euch in diversen Briefen schrieb, lassen sich die Aristoteliker und Theologen leicht besänftigen, wenn ihnen gesagt wird, daß zur Erklärung der gleichen, sichtbaren Bewegungen mehrere Hypothesen möglich sind und daß die vorliegenden Hypothesen nicht aufgestellt wurden, weil es in Wirklichkeit sich so verhält, sondern weil sie am zweckdienlichsten zur Berechnung der scheinbaren, zusammengesetzten Bewegungen sind.« Er hob das glatte Gesicht verträumt zum Fenster, ein zufriedenes, leises Lächeln der Bewunderung für die Präzision und den Stil seines Vortrags auf den Lippen. Ebenso posierte er, wie der Kanonikus sehr wohl wußte, wenn er vor seinen unflätigen Studenten in Nürnberg dozierte. »Ich für meinen Teil«, fuhr der Lutheraner fort, »war immer der Meinung, daß Hypothesen keine Glaubensartikel sind, sondern Grundlagen für Berechnungen, weswegen es nichts ausmacht, wenn sie falsch sind, sofern sie bloß die Phänomene genau wiedergeben … Und im Lichte dieses Glaubens habe ich das Vorwort verfaßt.«

»Es darf nicht sein«, sagte der Kanonikus, und sein trüber Blick heftete sich an die Decke. Osiander starrte ihn an.

»Was?«

»Es darf nicht sein: Ich will nicht, daß dieses Buch veröffentlicht wird.«

»Aber ... aber es ist bereits veröffentlicht, mein lieber Herr. Seht Ihr, ich habe ein Exemplar dabei, gedruckt und gebunden. Petreius hat eine Auflage von tausend Stück gemacht, genau wie Ihr es wolltet. Sie wird jetzt verteilt.«

»Es darf nicht sein, sage ich!«

Verblüfft dachte Osiander einen Augenblick schweigend nach, dann ging er ans Bett, setzte sich langsam auf einen Stuhl und starrte den Kanonikus mit unsicherem Lächeln an. »Fühlt Ihr Euch nicht wohl, mein Freund?«

Wäre der Kanonikus dazu in der Lage gewesen, hätte er gelacht.

»Ich sterbe, Mann!« rief er. »Habe ich Euch das nicht bereits gesagt? Aber ich phantasiere keineswegs. Ich will dieses Buch zurückhalten. Geht zu Petreius, bittet ihn, alle Bände zurückzuordern, die er bereits versandt hat. Versteht Ihr? *Es darf nicht sein!*«

»Beruhigt Euch, Doktor, bitte«, sagte Osiander, erschrocken von der aufgestauten Vehemenz des Gelähmten, dem vorgeschobenen Kinn und wilden, besorgten Blick. »Braucht Ihr Hilfe? Soll ich die Frau rufen?«

»Nein, nein, tut nichts.« Der Kanonikus beruhigte sich ein wenig, und das Gliederzittern ließ nach. Fieber setzte ein, und ein Schmerz, wie er ihn zuvor noch nicht gekannt hatte, krachte und dröhnte in seinem Schädel. Furcht streckte einen dünnen, schwarzen Tentakel aus. »Vergebt mir«, murmelte er. »Ist Wasser da? Laßt mich trinken. Danke, Ihr seid zu gütig. Ah!«

Stirnrunzelnd setzte Osiander den Wasserkrug ab. Seine Miene spiegelte nun eine Mischung aus Verlegenheit und Neugier: Er wollte aus der Gegenwart dieses unwürdig Sterbenden fliehen, wollte aber ebenso den Grund für diesen außergewöhnlichen Sinneswandel des alten Mannes erfahren. »Vielleicht«, schlug er vor, »sollte ich später wiederkommen, wenn

Ihr nicht mehr gar so ermattet seid, um weiter mit Euch über das Buch zu reden?«

Doch der Kanonikus hörte ihm nicht zu. »Sagt mir, Osiander«, bat er, »sagt mir ehrlich: Ist es zu spät, die Veröffentlichung aufzuhalten? Denn aufhalten würde ich sie gewiß.«

»Warum, Doktor?«

»Habt Ihr das Buch gelesen? Dann kennt Ihr den Grund. Es ist mißlungen. Mir ist mißlungen, was ich mir vorgenommen hatte: Die Wahrheit zu erkennen, die Bedeutung der Dinge.«

»Wahrheit? Ich verstehe nicht, Doktor. Eure Theorie ist nicht ohne Makel, aber –«

»Mich interessiert die Mechanik der Theorie nicht.« Er schloß die Augen. Ein Brennen, welch ein Brennen! »Das Unterfangen selbst, die Gesamtheit ... Versteht Ihr? Hunderttausend Worte habe ich benutzt, Tabellen, Sternentafeln, Formeln, und doch habe ich nichts gesagt ...«

Er konnte nicht weiterreden. Was machte es auch schon aus? Osiander seufzte.

»Ihr solltet Euch nicht derart sorgen, Doktor«, sagte er. »Das sind nur Skrupel, und wäre es mehr als das, so müßt Ihr begreifen, daß ein Erfolg der Art, wie Ihr ihn suchtet – oder nun glaubt, gesucht zu haben! –, sich nicht erringen läßt. Euer Werk, wie mangelhaft es auch immer sei, wird anderen eine Grundlage sein, um darauf aufzubauen, dessen dürft Ihr versichert sein. Was nun Euer Mißlingen betrifft, die wahre Natur der Dinge zu erkennen, wie Ihr es nanntet, so glaube ich, werdet Ihr mir beipflichten, daß ich diesem Mißlingen in meinem Vorwort Rechnung trug. Wollt Ihr hören, was ich schrieb?«

Er war offensichtlich stolz auf sein Werk und als geborener Prediger begierig, daraus vorzutragen. Der Kanonikus fühlte Panik aufkommen: Er wollte nichts davon hören, nein! Doch er sank hinab, konnte nicht mehr sprechen, konnte nur noch knurren und vor wütendem Widerwillen mit den Zähnen knirschen. Osiander wertete diese Anstrengungen jedoch als Zeichen eifriger Vorfreude. Er legte das Buch zur Seite, und mit dem verzerrten, gequälten Lächeln desjenigen, der sich gedrängt sieht, einen Kretin berühren zu müssen, erhob er sich, faßte den Kanonikus unter die Arme, richtete ihn auf und lehnte ihn sorgsam gegen den Wall schmutziger Kissen, als richte er eine Zielscheibe ein. Dann begann er erneut, würdevoll auf und ab zu schreiten, und hob mit donnernder Kanzelstimme zu lesen an.

»Da die neuen Hypothesen dieses Werkes – das die Erde in Bewegung setzt und eine unbewegliche Sonne in den Mittelpunkt des Weltalls rückt – bereits große Aufmerksamkeit auf sich gezogen haben, zweifle ich nicht daran, daß manche Gelehrte Anstoß daran nehmen und es falsch finden, Unruhe unter den freien Wissenschaften aufzubringen, die schon im Altertum auf eine rechte Grundlage gestellt wurden. Allein bei reiflicher Überlegung werden sie finden, daß der Autor dieses Werkes nichts Tadelnswürdiges unternommen hat. Denn es ist Aufgabe des Astronomen, die Geschichte der Bewegungen am Himmel nach sorgfältigen und genauen Beobachtungen festzustellen, um dann – da er schlechterdings die wahren Ursachen dieser Bewegungen nicht herauszufinden vermag (habt Ihr das gehört, Doktor?) – beliebige Hypothesen auszudenken und zusammenzustellen, vermittels derer man ebenjene Bewegungen nach geometrischen Sätzen sowohl für die Zukunft als auch für die Vergangenheit richtig zu berechnen vermag. Das vorliegende Werk des Künstlers ist in beiderlei Hinsicht wahrhaft herausragend: Denn es ist nicht erforderlich, daß diese Hypothesen wahr oder nur wahrscheinlich sind; es reicht vollkommen aus, wenn sie zu einer Berechnung führen, die den Himmelsbeobachtungen gemäß sind …«

Der Kanonikus hörte verwundert zu: War es stichhaltig, dieses Dementi, dieses Spucken auf sein Lebenswerk? Wahrheit oder Fiktion … Ritual … notwendig. Er konnte sich nicht konzentrieren. Er stand in Flammen. Andreas Osiander marschierte ins Fensterlicht und wieder hinaus, verwandelte sich bei jeder Kehre in wandernde Dunkelheit, eine Feuerwolke, ein Phantom, und auch draußen änderte sich alles so seltsam, nicht die Sonne war Licht und Hitze, die Welt träge, vielmehr trug die

Welt einen Nimbus sengenden Feuers, und die Sonne war nur ein toter, erfrorener Globus am westlichen Himmel.

»... denn es ist genugsam bekannt, daß diese Kunst die Ursachen der ersichtlichen Bewegungen schlechterdings nicht kennt. Und wenn sie Gründe konstruiert und erfindet – und gewiß hat sie viele erfunden –, so ersinnt sie dieselben keineswegs mit dem Anspruch, irgend jemanden zu überreden, daß die Sache sich wirklich so verhalte; es soll eben nur eine richtige Grundlage für die Berechnung erstellt werden. Da eine und dieselbe Bewegung aber zuweilen durch verschiedene Hypothesen zu erklären ist – etwa eine Exzentrizität und ein Epizyklus für die Bewegung der Sonne –, so wird der Astronom am liebsten derjenigen folgen, welche die leichtest verständliche ist. Der Philosoph aber wird vermutlich Ähnlichkeit mit der Wahrheit verlangen. Keiner von beiden wird jedoch etwas Gewisses zu ermitteln oder zu lehren imstande sein, wenn es ihm nicht durch göttliche Offenbarung enthüllt worden ist ...«

Die Mauern des Turms hatten alle Festigkeit verloren, waren Scheiben der Dunkelheit, aus der nun auf schrecklichen Schwingen große stählerne Vögel stürzten, Flammen im Gefolge, und in den Schnäbeln die feurige Sphäre, nicht länger allein, sondern erste in einem Schwarm ihresgleichen, alle in Flammen, alle leuchtend und schrecklich und herrlich, so stiegen sie kreischend aus der Dunkelheit auf.

»Übrigens möge niemand in betreff der Hypothesen Gewißheit von der Astronomie erwarten – da die Astronomie uns nichts Gewisses zu bieten vermag –, auf daß er nicht jene Ideen für Wahrheit halte, die zu anderem Zwecke ersonnen sind, und er am Ende seiner Studien ein größerer Narr als am Anfang sei!«

Nein! O nein. Er schleuderte seinen stummen Widerspruch in die brennende Welt. Du, Andreas, du hast mich verraten, du ...

Andreas?

Die auf und ab wandernde Gestalt kam näher, stürzte plötzlich zu ihm herab und preßte ihr gräßliches Gesicht an seines.

Du!
Ja, Bruder: Ich. Wir begegnen uns wieder.

Andreas lachte, setzte sich auf den Stuhl am Bett und legte das Buch auf seinen Schoß unter den schwarzen Flügel seiner Kutte. Er war ebenso wie damals, als der Kanonikus ihn zuletzt gesehen hatte, ein wandelnder Leichnam, an dem sich die voreiligen Maden ans Werk machten.

Du bist tot, Andreas, ich träume dich.

Ja, Bruder, doch ich bin es nichtsdestotrotz. Ich bin so wirklich wie du es jetzt bist, denn an diesem letzten Ort, an dem wir uns hier treffen, bin ich dem Leben so nah wie du dem Tod, und das ist dasselbe. Ich muß dir danken für diese kurze Reinkarnation.

Was bist du?

Nun, ich bin Andreas! So hast du selbst mich angeredet. Doch da du Bedeutung in allen Dingen suchst, können wir sagen, daß ich der Engel der Erlösung bin – ein unwahrscheinlicher Engel, zugegeben, mit schrecklich zugerichteten Flügeln, doch trotz alledem ein Erlöser.

Du bist der Tod.

Andreas lächelte, dieses vertraute, gequälte Lächeln.

Oh, das auch, Bruder, das auch, doch das ist von untergeordneter Bedeutung. Nun aber genug dieser metaphysischen Wortklauberei, du weißt, daß mich derlei stets gelangweilt hat. Solange noch Zeit ist, laß uns lieber in aller Ruhe über die wichtigen Dinge reden. Siehst du, ich habe hier dein Buch…

Hinter der düsteren, sitzenden, lächelnden Gestalt pulsierte helles Licht im Gewölbefenster, hinter dem die stahlblaue Ostsee ihren Rücken spannte, als wäre es der Rücken einer riesigen, wassergeborenen Bestie, bösartig und allgegenwärtig. Oben, in der Dunkelheit unter der Decke, kreisten und segelten die Metallvögel, flogen an unsichtbaren Streben und Drähten, füllten die trübe Luft mit ihrem wilden Lärmen. Das Fieber stieg unerbittlich durch seine Adern an wie eine geschmolzene Flut. Die Fingernägel krallte er ins eisige, feuchte Laken unter ihm, als wollte er die Welt festhalten. Er hatte Angst. Dies war das Sterben, ja, dies war unzweifelhaft das bestimmte Etwas. Winzige Splitter seiner Vergangenheit fielen ihn an: eine verlassene Straße in Krakau in schwarzer Mittwinternacht; ein irres Kind, das ihn aus dem Türrahmen einer Absteige vor den Mauern von Padua beobachtete, ein verfallener Turm irgendwo in Polen, in dem ein Schwarm weißgefiederter Tauben hauste. Das waren des Todes geheime Signale. Mit leisem, hämischem, doch keineswegs mitleidslosem Lächeln beobachtete ihn Andreas.

Warte, Bruder, noch ist es nicht Zeit, noch nicht. Sollen wir über dein Buch reden, über den Grund für dein Mißlingen? Denn mißlungen ist es dir, darüber will ich mit dir nicht streiten. Da du unfähig warst, das Ding an sich zu erkennen, konntest du dich mit weniger nicht zufriedengeben; in deinem Stolz hast du heroisches Mißlingen dem prosaischen Erfolg vorgezogen.

Damit bin ich nicht einverstanden! Was weißt denn du auch schon von diesen Dingen, du, der du für die Wissenschaft nur Verachtung übrig hattest, für die Früchte des Geistes, für all das, was ich liebte?

Komm schon, komm: Du hast gesagt, daß du mich träumst, also mußt du hinnehmen, was ich sage, denn wenn ich lüge, sind es deine Lügen in meinem Mund. Und das Lügen hast du aufgegeben, nicht wahr? Ja. Mit den Lügen bist du fertig. Deshalb bin ich hier, da du endlich willens bist, … ehrlich zu sein. Siehst du, zum Beispiel bist du in meiner Gegenwart nicht mehr verlegen. Das war immer dein stürmischstes Gefühl, diese penible, panische Verlegenheit angesichts des Aufruhrs und des Vulgären des Gewöhnlichen, das du so verachtet hast.

Jetzt war Bewegung im Zimmer, die fahle, flackernde Unangemessenheit von Kerzenschein bei Tageslicht. Blasse, gesichtslose Gestalten traten murmelnd an ihn heran. Eine Zeremonie fand statt, ein Ritual, seltsam und doch vertraut, und dann, mit plötzlichem Entsetzen, so wie man im Traum begreift, daß man stürzt, begriff er, daß man ihn für die Letzte Ölung vorbereitete.

Achte nicht darauf, Bruder, sagte Andreas. All das ist nur ein Mythos, dein Glaube, den du schon lange aufgegeben hast. Es wird dir keinen Trost spenden.

Ich möchte glauben.

Doch du sollst nicht.

Dann bin ich verloren.

Nein, du bist nicht verloren, denn ich bin gekommen, dich zu erlösen.

Dann sag nur also … mein Buch …? Mein Werk …?

Du hast geglaubt, das Ding an sich zu erkennen, die ewigen Wahrheiten, die reine Gestalt, die hinter dem Chaos dieser Welt ruht. Du hast zum Himmel emporgeschaut: Was hast du gesehen?

Ich sah … Planeten tanzen und hörte sie auf ihren Bahnen singen.

O nein, Bruder, nein. Das hast du dir vorgestellt. Laß mich dir sagen, wie es war. Du hast das Triquetrum auf ein am Himmel leuchtendes Licht ausgerichtet und geglaubt, derart ein unversehrtes, unzweideutiges, dauerhaftes Fragment der Wirklichkeit einzufangen, doch so war es nicht. Was du gesehen hast, war *ein Licht, das am Himmel leuchtete*; und was immer es sonst gewesen sein mag, war es nur dank deines Glaubens, deines Glaubens an die Möglichkeit, die Wirklichkeit verstehen zu können.

Was ist das für ein Unsinn? Wie sollen wir denn sonst leben, wenn nicht in dem Glauben daran, *wissen* zu können?

Die Art des Wissens ist bedeutsam. Wir kennen die Bedeutung eines einzelnen Dinges nur so lange, wie wir uns damit zufriedengeben, sie inmitten anderer Bedeutungen zu kennen: Isoliere sie, und alle Bedeutung ist dahin. Nicht das Ding zählt, verstehst du, nur die Interaktion zwischen den Dingen und, natürlich, die Namen …

Du predigst Verzweiflung.

Ja? Nenne es lieber *erlösende* Verzweiflung oder, noch besser, nenne es Akzeptanz. Die Welt wird anderes als Akzeptanz nicht ertragen. Schau dir diesen Stuhl an: Da ist das Holz, ein Splitter, dann die Fasern, dann die Partikel, in die man die Fasern aufteilen kann, die kleineren Partikel dieser Partikel und schließlich nichts mehr, ein Zusammenfluß ätherischer Kräfte, eine Art energisches, unwillkürliches Träumen im Vakuum. Siehst du? Die Welt erträgt sie einfach nicht, die leidenschaftslose Analyse.

Willst du mich etwa zu dieser Philosophie glücklicher Ignoranz, der Sklaverei, der hoffnungslosen Akzeptanz einer elenden Welt verleiten? Ich will nichts davon hören!

Du willst nichts davon hören …

Du lachst, aber sag mir in deiner Weisheit: Wie sollen wir die Wahrheit erkennen, wenn wir nicht versuchen, sie zu entdecken und unsere Entdeckungen zu verstehen?

Es besteht keinerlei Notwendigkeit, nach der Wahrheit zu suchen. Wir kennen sie bereits, noch ehe wir auch nur daran denken, uns auf unsere Suche zu machen.

Und wie kennen wir sie?

Nun, ganz einfach, Bruder: Wir *sind* die Wahrheit. Die Welt und wir selbst, das ist die Wahrheit. Sonst gibt es nichts, und wenn es etwas gäbe, wäre es uns nur als ein Ideal zunutze, das uns hin und wieder ein wenig Trost, ein wenig Hoffnung gibt.

Und diese Wahrheit, die wir sind, wie können wir die in Worte fassen?

Sie läßt sich nicht in Worte fassen, Bruder, doch vielleicht läßt sie sich … zeigen.

Wie? Sag mir wie?

Indem wir akzeptieren, was ist.

Und dann?

Mehr nicht; das ist alles.

O nein, Andreas, auf den Trick falle ich nicht herein. Wenn wahr wäre, was du sagst, hätte ich meine Seele an eine verderbte Welt verkaufen müssen, hätte demütig die Scheußlichkeit umarmen müssen, ja – doch ich würde derlei nicht tun! Das kann ich immerhin von mir behaupten, daß ich sie nicht verkauft habe, meine –

Deine Seele? Ach, aber du hast sie verkauft, sogar an den höchsten Bieter. Wie wollen wir ihn nennen? – Wissenschaft? Die

Suche nach Wahrheit? Transzendentes Wissen? Eitelkeit, nichts als Eitelkeit und zudem noch eine Art Feigheit, jene Feigheit, die entsteht, weil man sich weigert einzusehen, daß es allein auf die Namen ankommt, jene Feigheit, die eine wahre und unrettbare Verzweiflung ist. Mit großem Mut und großer Mühe hättest du vielleicht auf die einzige Weise Erfolg haben können, wie man Erfolg haben kann, wenn du nämlich das Gewöhnliche, die Namen, zu einem schönen und geordneten Muster angerichtet hättest, das allein durch seine Schönheit und Ordnung das Treiben der jenseitigen Wahrheiten in unserer armen Welt aufzuzeigen weiß. Aber du wolltest die gewöhnlichen Wahrheiten zugunsten der transzendenten Ideale ablegen und hast daher versagt.

Ich verstehe nicht.

Doch, du verstehst. Wir sagen nur, was wir auch in Worte fassen können: Es ist genug.

Nein!

Es ist genug. Wir müssen uns damit zufriedengeben.

Die Flammen der Kerzen durchbohrten seinen Blick wie glühende Klingen, und über ihm toste die ernste Stimme, hob an zum letzten Segen.

Zu spät! –

Du dachtest, die Welt zu überkommen, doch ehe du diese Erhabenheit erstreben konntest, mußten sich deine Bedürfnisse zufriedengeben mit … nun, Bruder womit eigentlich?

Zu spät! – Das glühende Siegel des Todes brannte sich in seine Stirn, und was er abgelegt hatte, war auf immer fort. Das Licht, oh, und die schrecklichen Vögel! Dieser große, brennende Bogen hinterm Fenster!

Mit mir, Bruder! Ich war das, mit dem du zufrieden sein mußt.

Du, Andreas? Was war an dir? Du hast mich verachtet und betrogen, mein Leben zur Hölle gemacht. Wohin ich auch ging, da warst du, hast mein Leben verpestet, meine Arbeit.

Eben darum. Ich war das eine absolut Notwendige, denn ich war immer da, dich daran zu erinnern, was du überkommen mußtest. Ich war der gespannte Bogen, von dessen Sehne du dich fliegen ließest über die elende Welt hinaus.

Ich habe dich nicht gehaßt!

Da mußte ein wenig Achtung dasein, ja, jene Achtung, die der Pfeil für den Bogen erübrigt, doch nie jenes andere, das Ding an sich, das lebhafte Ding, das sich in keinem Buch findet, noch am Firmament oder in der absoluten Form. Du weißt, was ich meine, Bruder. Es ist jenes Etwas, leidenschaftlich und doch gelassen, wild und von weit her, märchenhaft und doch gewöhnlich, jenes Etwas, auf das allein es ankommt, da es das große Wunder ist. Du hast es kurz an unserem Vater wahrgenommen, an unserer Schwester Barbara, an Fracastoro, an Anna Schillings, an all den anderen und ja, sogar an mir, hast es wahrgenommen und ausgeschlagen, bestürzt und … verlegen. Nenne es Akzeptanz, nenne es Liebe, wenn du magst, doch sind dies nur armselige Worte, die nichts derart Ungeheures auszudrücken vermögen.

Zu spät! – Denn er hatte seine Seele verkauft, und nun mußte er auf Heller und Pfennig zahlen. Die Stimme des Priesters hüllte ihn ein.

»Erst nach dem Tode werden wir wieder mit dem All vereint sein, wenn der Körper sich in jene vier Grundelemente auflöst, aus denen er besteht. Dann steigt der spirituelle Mensch, dessen Seele frei auflodert, durch die sieben kristallinen Sphären des Firmaments auf, streift mit jedem Schritt einen Teil seiner sterblichen Hülle ab, bis er, allen irdischen Übels ledig, Erlösung im Empyreum findet und sich mit der Weltseele vereint, die überall und alles und ewig ist!«

Andreas schüttelte langsam den Kopf.

Nein, Bruder, höre nicht auf diese Stimme aus der Vergangenheit. Die Erlösung ist im Empyreum nicht zu finden.

Zu spät! –

Nein, Nikolas, nicht zu spät. Nicht ich bin es, der heute all diese Dinge gesagt hat, sondern du.

Er lächelte, und sein Gesicht war geheilt, die schrecklichen Narben verblaßt, und er war wieder, wie er einstmals gewesen war, und als er sich nun erhob, legte er seine Hand auf die brennende Stirn seines Bruders. Die schrecklichen Vögel schwebten still ins Dunkel, das grelle Licht wurde sanft, und die steinernen

Wände des Turms kehrten zurück. Die Ostsee glitzerte, ein helles Meer trug ein Schiff mit schwarzem Segel fort. Andreas holte unter seiner Kutte das Buch hervor, legte es aufs Bett, nahm seines Bruders Hand und führte die schlaffen Finger, bis sie die unruhigen Seiten berührten.

Ich bin der Engel der Erlösung, Nikolas. Willst du nun mit mir kommen?

Und bei diesen Worten lächelte er erneut, ein letztes Mal, und hob sein zartes, feines Gesicht, wandte sich zum Fenster und zum Licht, als lauschte er auf etwas Leises, weit Entferntes, eine Musik aus Himmel und Erde, Feuer und Wasser, die überall und alles und ewig war, und Nikolas mühte sich, die Melodie zu vernehmen, hörte die Stimmen des Abends, die ihm von draußen entgegenkamen: Der Ruf des Hirten, das Geschrei spielender Kinder, polternde Karren, die vom Markt zurückkehrten; und da waren noch andere Laute, Kirchenglocken, die behäbig die Stunde schlugen, Hunde, die in der Ferne bellten, das Meer, die Erde selbst, wie sie auf ihrer Bahn sich drehte, und der Wind aus weitem blauem Himmel, der seufzend in die Blätter der Linde fuhr. Alle riefen sie, riefen ihn und riefen, riefen ihn fort.

D.C.

»ES WAR WIE AUFWACHEN ...«

John McGahern

Auf hoher Warte

Auf dem Fluß ließ ich das Boot unter dem niedrigen Brückenbogen hindurchgleiten – als ich die Untiefe vor Walshs' durchquerte, kratzte der Kiel auf den Kieseln –, vorbei am Bootshaus an der Mündung und auf den See hinaus. Nur daran, daß sich der Abstand zum Schilfgürtel am Ufer allmählich vergrößerte, war zu merken, daß sich das Boot auf dem See überhaupt bewegte. Noch langsamer aber schwand das Licht des Augustabends.

Ich war bleiern vor Müdigkeit, aber schlafen wollte ich nicht. Ich war auf den Fluß hinausgefahren, um allein zu sein, so wie man allein in eine Dunkelkammer geht.

Am Abend zuvor hatten die Brüder der christlichen Schulen einen Tanz zugunsten des Baufonds abgehalten. Auf dem Gelände hinter dem Kloster war ein großes Festzelt errichtet worden. Die meisten meiner früheren Schulkameraden, unbeholfen in ihrer neuen Würde, waren anwesend, ebenso fast alle Ordensbrüder, die uns unterrichtet hatten: Joseph, Francis, Benedictus, Martin. In einer schwarzen Reihe standen sie unter dem niedrigen Zeltdach in der Nähe des Eingangs und warteten darauf, daß ihre ehemaligen Schüler zu ihnen kämen. Als sie wieder unter sich waren und uns beim Tanzen zusahen, flogen knappe Bemerkungen hin und her, und Joseph und Martin, unfähig oder unwillig, ihre Belustigung zu verhehlen, krümmten sich vor Lachen; um Mitternacht jedoch waren sie gegangen, und die Nacht gehörte gewissermaßen uns. Vom Boden wirbelte ein feiner Staub auf und vermischte sich, während wir zu der dröhnenden Musik tanzten, mit Parfüm, Schweiß und Haaröl.

Es war Vollmond, als ich Una in dem geliehenen Ford Prefect nach Arigna heimfuhr, und das weite Gewässer des Lough Allen nahm die wunderbare Rätselhaftigkeit seines Lichts an. Wir saßen im Wagen, küßten und unterhielten uns, und ehe wir uns versahen, war es schon Morgen. Nach den Härten des Heranwachsens schien eine nebelhafte Welt der Liebe, der Schönheit und des Lachens, der Gärten und der Kleider, eine Frau in schimmernder Entfernung zum Greifen nahe. Wir würden in diese Welt eintreten. Für uns würde sie Wirklichkeit werden.

Kurz bevor meine Familie auf den Beinen war, kam ich nach Hause, legte mich aufs Bett und wartete, bis alle aufgestanden wären, dann zog ich mir alte Kleider an. Ich half meinem Vater, das Dach unseres Hauses neu zu decken. Weil ich so müde war, mußte ich mich ganz auf die Arbeit konzentrieren und hätte doch einige Male zwischen den nackten Balken beinahe den Halt verloren. Manchmal wurde mein Vater ärgerlich, weil ich ihm die falsche Latte oder das verkehrte Werkzeug reichte. Doch als der Abend nahte, war mir an nichts weniger gelegen als an Schlaf. Ich wollte allein sein, um die Nacht noch einmal an mir vorüberziehen zu lassen, um zu versuchen, sie in deutlicherem Licht zu sehen, was darauf hinauslief, sich wieder und wieder mit dem Rad der Träume zu drehen.

»Heda! He! Moran junior, hörst du mich?«

Die Stimme hallte mit verblüffender Klarheit über das Wasser und wurde von den Feldern auf der anderen Seite des Sees als Echo zurückgeworfen: »Heda! He! Moran junior, hörst du mich?«

Ich sah mich suchend um. Die Stimme kam von der Straße. Zuerst konnte ich die Gestalt nicht erkennen, die da in einer Mauerlücke über dem See lehnte, doch als sie mir wieder etwas zurief, wußte ich, daß es Eddie Reegan war, Senator Reegan.

»Heda, Moran junior! Wenn der Berg nicht zum Propheten kommt, muß der Prophet eben zum Berg kommen. Rudere doch eben mal herüber. Ich möchte mit dir reden.«

Ich ruderte sehr langsam und beobachtete, wie sich jeder Ruderschlag im Spiegel des Wassers vom Boot fortstahl. Ich mochte Reegan nicht, vielleicht weil ich mir unbewußt die Vorbehalte meiner Familie zu eigen gemacht hatte. Er war mittellos hierhergezogen und hatte für wenig Geld Lynchs kleine Farm gekauft. Bald danach war der Bauernhof niedergebrannt. Von der Versicherungssumme hatte er sich prompt ein größeres Haus näher an der Straße gebaut, aber auch das sollte schon bald abbrennen, um durch die jetzige Villa ersetzt zu werden. Inzwischen war die Zypressenallee sieben Jahre alt. Innerhalb kurzer Zeit kaufte er weitere kleine Bauernhöfe auf, und doch hatte ihn noch nie jemand mit Schaufel oder Spaten arbeiten sehen. Stets war er tadellos gekleidet. Es war, als habe er instinktiv begriffen, daß zwischen Erscheinung und Wesen nur der kleinste aller kleinen Schritte liegt. »Wer arbeitet, der verdient nicht gut. Der hat ja gar keine Zeit aufzupassen, wo sich Geld verdienen läßt«, prahlte er mit Vorliebe. Er ließ sich als Auktionator nieder. Er ging in die Politik. Er heiratete Kathleen Relihan, die älteste Tochter des alten Paddy Relihan, der reichste Mann der Gegend und Vorsitzender des Grafschaftsrates. Es hieß, einem Freund gegenüber habe er bemerkt: »Siehst du die beiden Mädels da? Eine von den beiden werde ich heiraten.« – »Welche denn?« – »Das ist mir gleich. Sie sind beide Paddy Relihans Töchter.« Und als Paddy sich zur Ruhe setzte, war es nicht etwa einer seiner Söhne, der seine Nachfolge im Grafschaftsrat antrat, sondern Reegan. Nun, da er Paddy Relihan übertrumpft hatte und Senator geworden war und es nur noch eine Frage der Zeit schien, bevor er in den Dáil gewählt wurde, scherzte er nicht mehr über »die ollen Zündeleien«, sondern zeigte sich ernstlich besorgt über den Widerwillen der Versicherungsgesellschaften, die Wohnhäuser in unserer Gegend gegen Feuer zu versichern. Die Haselnußsträucher und das Dorngestrüpp auf den Hügeln über dem See hatte er eingeebnet, und als ich mich umdrehte, um zu prüfen, wie dicht das Boot an der Mauer trieb, sah ich hinter ihm, zwischen den elektrischen Zäunen auf der anderen Flanke des neu besäten Hügels, seine schwarzweißen Holstein-Friesinnen grasen.

Ich ließ das Boot abdrehen, damit ich mich an den Steinen festhalten konnte; doch der Abend war so windstill, daß es auch ohne jede Hilfe unterhalb der hohen Mauer angelegt hätte.

Während ich herbeiruderte, hatte sich der Senator auf die Mauer gesetzt, seine Schuhe baumelten zwei bis drei Meter über dem Boot.

»Es ist nicht das erste Mal, daß ich dir meinen Glückwunsch aussprechen muß, auch wenn ich zu weit oben sitze, um dir die Hand zu schütteln. Und ich bin mir sicher, es wird auch nicht das letzte Mal sein«, setzte er an.

»Danke, sehr freundlich von Ihnen«, erwiderte ich.

»Hast du irgendeine Vorstellung, was du als nächstes vorhast?«

»Nein. Ich habe mich um ein Hochschulstipendium beworben. Es kommt ganz darauf an, ob ich das Stipendium bekomme oder nicht.«

»Was hast du denn vor, wenn du es bekommst?«

»Weitermachen, nehme ich an. Ein bißchen weiterkommen ...«

»Und danach?«

»Ich weiß nicht. Früher oder später werde ich mich wohl um eine Stelle bemühen müssen.«

»Genau darauf wollte ich hinaus. Du hast doch einen Lehrerabschluß, oder?«

»Ja. Aber ich habe erst ein paar Monate unterrichtet. Bevor ich die Chance bekam, auf die Uni zu gehen.«

»Hat dir der Unterricht keinen Spaß gemacht«, fragte er in scharfem Ton.

»Doch.« Ich war auf der Hut. »Er hat mir schon Spaß gemacht. Es war halt ein Job.«

»Mir gefällt deine Offenheit. Und was ich gerne gewußt hätte, ist – angenommen, dir würde eine ausgezeichnete Stelle angeboten, würdest du sie annehmen?«

»Was für eine Stelle?«

»Ich will nicht lange um den heißen Brei herumreden. Ich spreche von der Stelle als Rektor der hiesigen Schule. Eine glänzende Position für einen jungen Mann. Du wärst unter deinesgleichen. Du würdest Gutes dort bewirken, wo du hingehörst. Ich höre, du interessierst dich für eine sehr attraktive junge Dame, die nicht gerade hundert Kilometer von hier wohnt. Solltest du dich entschließen, zu heiraten und dich hier niederzulassen, wäre ich in der Lage, dir auch noch andere Vorteile zu verschaffen.«

Rektor der Schule war Master Leddy. Er war Rektor gewesen, solange ich zurückdenken konnte. Er hatte mich unterrichtet und viele andere vor mir. Erst drei Tage zuvor hatte ich ihn besucht. Die Vorstellung, ihn ablösen zu sollen, war mir entsetzlich. Und außerdem wußte ich, daß die Politiker mit der Einstellung von Lehrern nichts zu tun hatten. Schließlich verwaltete der Priester die Schule. Was er da sagte, ergab überhaupt keinen Sinn, aber man hatte mich schon vor seiner Hinterlistigkeit gewarnt, und daher war ich argwöhnisch. »Sie scherzen wohl. Ist nicht Master Leddy Rektor?«

»Noch ist er es, aber nicht mehr sehr lange – nicht, wenn es nach mir geht.«

»Wie das?« fragte ich, angesichts dieses Ausbruchs äußerst gelassen.

»Darüber zerbrich du dir mal nicht den Kopf. Wenn du mir dein Wort gibst, daß du die Stelle annimmst, kann ich dir versprechen, daß dir die Stelle so gut wie sicher ist.«

»Aber das geht doch nicht. Jetzt kann ich Ihnen gar nicht mehr folgen. Werden die Lehrer denn nicht von Kanonikus Gallagher berufen?«

»Nun hör mir mal zu. Es gibt viele Leute, die ebenso denken wie ich. Wenn ich im Namen all dieser Leute zum Kanonikus gehe und ihm mitteile, daß du gewillt bist, die Stelle anzunehmen, dann gehört sie dir. Selbst wenn er nicht wollte, er hätte gar keine andere Wahl, als dich einzustellen ...«

»Weshalb sollten Sie das für mich tun wollen? Selbst wenn es möglich wäre?« Inzwischen war ich eher neugierig als beunruhigt.

»Es ist mehr als möglich. Es ist absolut notwendig, verdammt noch mal. Ich will ganz offen sein. Ich habe drei Söhne. Sie gehen auf diese Schule. Sie haben nichts, worauf sie zurückgreifen könnten, außer ihrer Schulbildung. Und bei der Schulbildung, die sie da oben genießen, werden sie nie für irgend etwas anderes taugen, als Gräben auszuheben. Nun habe ich zwar selber noch nie Gräben ausgehoben, aber selbst in meinem Alter würde ich lieber den Mantel ablegen und in einen Graben steigen, als irgendeinem meiner Söhne beim Graben zusehen zu müssen. Die ganze Schule ist doch ein einziges Chaos. Erst kürzlich hat jemand sie als Tollhaus bezeichnet.«

»Und wie kommen Sie darauf, daß ich es besser machen würde?«

»Du bist jung. Du bist qualifiziert. Du bist ehrgeizig. Für jemanden in deinem Alter ist es eine sehr gute Stelle. Ich gebe dir jede Rückendeckung, die du brauchst. Du hättest allen Grund, deine Sache gut zu machen. Wenn du dort tätig wärst, hätte ich das Gefühl, daß meine Kinder noch einmal eine Chance bekämen. In ein, zwei Jahren wäre die nicht mehr gegeben.«

»Ich verstehe nicht, weshalb Sie meine Zusage jetzt schon wollen«, versetzte ich ausweichend, in der Hoffnung, mich irgendwie drücken zu können. Im letzten Licht des Spätsommers konnte ich erkennen, wie sein Gesicht wieder den gewohnten Ausdruck der Gerissenheit annahm.

»Wenn ich jetzt zum Kanonikus ginge, wäre das doch nur eine Beschwerde unter vielen. Aber wenn ich zu ihm gehen und ihm sagen kann, daß man der Sache endlich einen Riegel vorschieben muß und daß wir hier einen jungen Mann haben, aus gutem Hause, ortsansässig und mehr als qualifiziert, der bereit ist, die Stelle anzutreten, der die Unterstützung aller genießt, dann erhält mein Vorschlag doch ein ganz anderes Gewicht. Und hier und heute verbürge ich mich dafür, daß du, wenn im September das neue Schuljahr beginnt, Rektor dieser Schule sein wirst.«

Zum ersten Mal fiel es mir wie Schuppen von den Augen.

»Und was wird aus dem Master? Was soll er anfangen?«

»Ich bin mehr daran interessiert, was meine Kinder anfangen sollen, wenn er bleibt«, platzte er wieder heraus. »Aber damit brauchst du dich nicht zu befassen. Laß das mal anderer Leute Sorge sein.«

Drei Abende vorher war ich zu dem baufälligen Bauernhof hinterm Dorf gelaufen und hatte dem Master einen Besuch abgestattet. Er hatte sämtliche Mahlzeiten des Tages im Bett eingenommen und war gerade dabei aufzustehen. Er rasierte sich oben und kleidete sich an, wobei er einmal nach einem Handtuch rief, ein andermal nach einem gebügelten Hemd.

»Ist das Moran junior?« Er mußte mich an der Stimme erkannt haben, aber vielleicht hatte er auch meinen Namen gehört. »Mach ihm eine schöne Tasse Tee. Er kann ja dann zusammen mit mir zurücklaufen.«

Ein uralter Windhund, ein Bastard, wurde aus dem ledernen Armsessel auf der einen Seite des Kamins verscheucht, und die Frau des Masters setzte mir Tee und Butterbrotschnitten vor. Sie war klein und gebrechlich, mit blasser Haut und hübschen braunen Augen, und plauderte, ohne eine Antwort abzuwarten, munter drauflos, während sie sich in der riesigen, vollgestellten Küche zu schaffen machte, in der es nicht einen Quadratzentimeter Platz zu geben schien. Überall standen und lagen Eimer herum, alle möglichen Stühle, Schüsseln, Säcke mit Schrot- und Weizenmehl, Katzen, der Windhund, Töpfe und Pfannen. Das Muster der gewellten Tapete, ein dunkles Ockergelb, war verblichen, und einige der zahlreichen Kalender, die an den Wänden hingen, waren mit der Tapete eins geworden. Nur mit Mühe hätte man auf dem langen Holztisch eine zusätzliche Tasse oder Untertasse unterbringen können. Offensichtlich gab es keine festen Essenszeiten. Während ich wartete, kam erst einer, dann ein anderer der Söhne des Masters, inzwischen erwachsene Männer, von der Feldarbeit herein. Sogleich wurden Speck und Leber und ein Becher Tee serviert. Sie nahmen sich von dem Teller Brot, der bereits auf dem Tisch stand, von der Butter, dem Zucker, dem Salz und der Flasche mit Sauce. Sie hielten sich nicht länger als ein paar Minuten mit der Mahlzeit auf, bekreuzigten sich zum Abschluß und verließen die Küche ebenso plötzlich, wie sie sie betreten hatten. Mir lächelten und nickten sie zwar freundlich zu, unternahmen jedoch kaum Anstalten, sich am Gespräch zu beteiligen. Allerdings fragte Gerald, bevor er nach seinem Hut langte, der, wie ich sah, zu meiner Schulzeit dem Master gehört hatte – ein brauner Hut mit einer blauen Kriekentenfeder und einem kleinen Brandloch in der Seite –: »Na, wie läuft's denn so in der großen Stadt?« All das machte auf mich den Eindruck eines völlig verwilderten, aber trefflichen Obst- und Gemüsegartens.

»Du hättest keinen günstigeren Augenblick wählen können. Wir können zusammen zurücklaufen«, sagte der Master, als er in Strümpfen die Treppe heruntergestapft kam. Er war rasiert und trug einen grauen Anzug mit Schlips und Kragen, vor dem schweren Bauch hing die goldene Uhrkette. Seit ich ihn das letzte Mal gesehen hatte, hatte sich sein Gesundheitszustand verschlechtert: Das Gesicht war rot und geschwollen, sein weißes Haar hatte sich gelichtet, und auf einem Wangenknochen hatte er einen Bluterguß. Er mußte gestürzt sein. Der alte Hund lief auf ihn zu und leckte ihm die Hand.

»Brav! Brav!« sagte er, als er auf mich zutrat, und tätschelte den Hund. Sobald wir uns die Hände geschüttelt hatten, steckte er die Füße in die Schuhe, die neben dem Ledersessel gestanden hatten. Er brauchte sich nicht zu bücken oder sich hinzusetzen: Während er sich mit mir unterhielt, bemerkte ich, wie die kleine, vogelartige Frau zu seinen Füßen ihm die Schnürsenkel band.

»Das ist wirklich etwas Schönes, von ehemaligen Schülern Besuch zu bekommen. Auch wenn mir nicht alle soviel Ehre machen wie du, ist es doch etwas sehr Schönes. Treue ist eine löbliche Eigenschaft. Eine äußerst löbliche Eigenschaft.«

»So«, seine Frau richtete sich wieder auf, »jetzt brauchst du nur noch deinen Hut und deinen Stock«, und sie ging und holte beides herbei.

»Danke. Hab vielen Dank. Ich weiß gar nicht, was ich ohne meine liebe Frau anfangen würde«, sagte er.

»Nun hören Sie sich das an! An Charme hat es ihm noch nie gemangelt. Jetzt aber dalli, bevor du meine Hand zu spüren bekommst«, ulkte sie, und als wir langsam zum Tor gingen, rief sie uns nach: »Möchtest du, daß einer der Jungen dich abholt?«

»Nein. Es sei denn, sie hätten selber im Dorf irgendwelche Besorgungen zu machen. Nein«, sagte er würdevoll und wandte sich schwerfällig um.

Er redete ununterbrochen, als wir langsam zum Dorf gingen. Andauernd schien er hinter meinem Schneckentempo zurückzubleiben. Weil er außer Atem geriet, blieb er manchmal stehen und klopfte mit dem Rohrstock auf die Straße. Selbst wenn unsere Schritte beinahe ganz stockten, für ihn waren sie anscheinend bei weitem noch zu schwungvoll.

»Ich nenne dich immer meinen Musterschüler. Wenn das ganze Unternehmen mehr oder weniger schiefzugehen scheint, verweise ich stets auf den jungen Moran: wenigstens eine gute Sache, die ich zuwege gebracht habe. Sollen sich doch die Narren den Mund fusselig reden!«

Vornübergebeugt lief ich neben ihm her und zügelte meinen langsamen Schritt, verlegen, beschämt, verwirrt. Einst hatte ich wie betört zu ihm aufgeschaut, ihn gegen jedes unbedachte Flüsterwort in Schutz genommen. Er hatte geleuchtet wie ein Stern am Firmament. Ich hatte mich in etwas verliebt, von dem ich kaum zu hoffen wagte, daß ich es jemals werden könnte. Jetzt kam es mir furchtbar vor, daß ich auf diese Weise enden könnte.

»In meiner Familie war nie jemand begabt«, vertraute er mir an. »Das war eine große Enttäuschung. Und doch sind sie deswegen vielleicht glücklicher. Das Leben ist schon seltsam. Ein sehr großes Rätsel. Wundervoll … empörend.«

Jede seiner stockenden Reden schien wahllos in die nächste überzugehen.

»Jetzt, wo du ins Leben eintrittst, mußt du ständig auf der Hut sein. Zuallererst mußt du dich vor intellektuellem Hochmut hüten. Das ist die ärgste Sünde, die Sünde des Satans. Und sei immer freundlich zu den Frauen. Sei ihnen behilflich. Frauen sind schwach. Sie werden sich zu dir hingezogen fühlen.« Ich lächelte trübselig – ein Massenandrang in meine Richtung war mir noch nie aufgefallen. »Da gab es einmal dieses Mädchen, das ich von einem Tanz nach Hause brachte«, fuhr er fort. »Und als wir uns ihrem Haus näherten, merkte ich, daß sie immer verliebter wurde, bis ich ihr sagen mußte: Laß das bleiben, Mädchen. Dafür ist jetzt nicht der rechte Zeitpunkt. Später, als wir beide alt und verheiratet waren, hat sie es mir gedankt. Sie sagte, ich sei ein richtiger Gentleman.«

Der kurze Spaziergang schien eine Ewigkeit zu dauern, doch sobald wir vor Ryan's Tür standen, verabschiedete er sich rasch von mir. »Ich werde dich nicht hineinbitten. Wenn ich auch selbst ein schlechtes Beispiel abgebe, will ich doch niemanden mit hineinnehmen. Meinen Schülern sage ich immer: Nehmt euch in acht vor dem Barhocker. Das Gefälle von einem Barhocker ist länger und steiler als das vom Gipfel des Mount Everest. Gott segne und schütze dich, Moran junior. Komm doch noch einmal vorbei, bevor du wieder in die Stadt zurückfährst.« Und damit ließ er mich stehen. Ich blickte auf die Milchglasscheibe der Tür und auf die kleingedruckte Inschrift darüber: *Konzessionierter Ausschank von Wein, Bier und Spirituosen an sieben Tagen der Woche.* Wie kann er wissen, was er weiß, und trotzdem tun, was er tut, sagte ich in die plötzliche Stille und wandte mich ab.

»Wird der Master dann auf der Straße sitzen?« fragte ich Senator Reegan vom Boot aus, noch immer verwundert über die Wendung, die das Gespräch genommen hatte.

»Da brauchst du keine Angst zu haben. Hinter ihm steht eine ganze Gewerkschaft. In unserer aufgeklärten Zeit gilt Trunksucht als eine Art Krankheit. Und dann wundern sie sich, daß es um unser Land so schlecht steht«, lachte er sarkastisch. »Nein. Vermutlich wird man ihm eine Entziehungskur bei vollem Gehalt anbieten. Ich bezweifle, daß er sie annimmt. Wenn ja, würde es die offizielle Bestätigung deiner Einstellung um ein paar Monate hinauszögern, das wäre alles, eine reine Formalität. Das Schlimmste, was ihm widerfahren könnte, wäre, daß man ihn vorzeitig in den Ruhestand versetzt, was sein Leben vermutlich um Jahre verlängern würde. Dann würde die Pension, mit der er sich frühzeitig ins Grab trinkt, eben ein bißchen bescheidener ausfallen. In dieser Hinsicht brauchst du dir keine grauen Haare wachsen zu lassen. Wenn du die Stelle annähmst, würdest du allen einen Gefallen tun, einschließlich ihm selbst. Also, was meinst du? Ich könnte noch heute abend zum Kanonikus gehen. Es ist zwar spät, aber noch nicht zu spät. Der wird sich gerade seinen heißen Whiskey genehmigen. Es könnte gerade der rechte Zeitpunkt sein, um zum Angriff anzusetzen. Also, was meinst du?«

»Ich muß es mir erst durch den Kopf gehen lassen.«

»Für einen jungen Mann wie dich, der gerade ins Leben eintritt, ist es eine ausgezeichnete Position.«

»Ich weiß. Ich bin Ihnen sehr dankbar«

»Spar dir deine Dankbarkeit. Dankbarkeit ist keinen Pfifferling wert. Das ist einer dieser Schachzüge, von denen alle Beteiligten profitieren. Du wirst schon noch merken, daß es im Leben nicht viele Schachzüge dieser Art gibt.«

»Ich muß es mir erst durch den Kopf gehen lassen.« Eine direkte Auseinandersetzung wollte ich auf jeden Fall vermeiden.

»Sehr viel länger kann ich nicht mehr warten. Es muß etwas geschehen, und zwar bald.«

»Ich weiß, aber ich muß es mir trotzdem erst durch den Kopf gehen lassen.«

»Hör zu. Wir wollen ja heute abend nichts übereilen. Natürlich mußt du alles in Betracht ziehen. Warum schaust du nicht morgen abend bei mir vorbei? Da hast du Gelegenheit, meine Jungs kennenzulernen. Und meine Frau hat schon immer davon gesprochen, daß sie dich gern einmal kennenlernen würde. Komm doch so gegen neun. Bis dahin sind alle Hindernisse aus dem Weg geräumt.«

Ich tauchte die Ruder behutsam ein und ruderte in der vollkommenen Stille des Halbdunkels ganz langsam davon. Ich sah, wie Reegan die Straße überquerte und den Hügel erklomm. Ab und zu hielt er bei den weißen Tupfern seiner Friesinnen inne. Dann verharrte die Gestalt eine Weile auf der Hügelkuppe und schien zum Boot und zum Wasser zurückzublicken, bevor sie verschwand.

Als ich nach Hause kam, schliefen schon alle, außer einer jüngeren Schwester, die auf mich gewartet hatte. Die kleine schwarze Katze auf den Knien, saß sie vor dem Kamin und las.

»Sie sind alle schon ins Bett gegangen«, erklärte sie. »Weil du auf dem Fluß warst, durfte ich aufbleiben, um auf dich zu warten. Aber es gibt keinen Tee. Ich habe gerade gemerkt, daß wir keinen Tropfen Wasser mehr im Haus haben.«

»Dann gehe ich mal eben zum Brunnen. Sonst muß morgen jemand in aller Herrgottsfrühe losgehen. Du brauchst meinetwegen nicht aufzubleiben.« Zu aufgewühlt, um gleich ins Bett zu gehen, war ich froh über jede Ablenkung, die ich mir verschaffen konnte.

»Ich warte auf dich«, sagte sie. »Ich warte auf dich und mache dir Tee, wenn du zurückkommst.«

»Ich bin in weniger als zehn Minuten zurück.« Die späte Stunde hatte für sie den Reiz des Gestohlenen.

Ich schritt rasch aus und schlenkerte mit dem Eimer. Unter dem milden Mond schien das ganze Dorf wie ausgestorben, doch als ich an der Kirchenmauer vorbeiging, hörte ich Stimmen. Sie kamen aus Ryan's Bar. Sie war verschlossen, und die Rolläden waren herabgelassen, aber dann bemerkte ich entlang den Rändern des großen blauen Rolladens Ritzen gelben Lichts. Sie tranken auch noch nach der Sperrstunde weiter. Ich blieb stehen, um zu hören, ob ich irgendeine der Stimmen ausmachen konnte, doch bevor ich dazu kam, zischte Charlie Ryan: »Werdet ihr wohl leise sein, ihr! Wenn ihr so weitermacht, holt ihr noch den Sergeant aus dem Bett«, und die Stimmen senkten sich zu einem Geflüster. Aus Angst, in der Stille entdeckt zu werden, ging ich weiter, um den Eimer am Brunnen mit Wasser zu füllen, doch als ich zurückkam, war das Stimmengewirr wieder in vollem Gange. Ich stellte den Eimer leise in den Staub auf den Boden und blieb im Schatten der Kirchenmauer stehen, um zu lauschen. Die nuschelnde Stimme des Masters erkannte ich sofort, danach die Stimmen einiger Männer, die bei der Sägemühle im Wald arbeiteten.

»Die Abgangsklasse von 1933 war eine prima Klasse, Master.« Das war die Stimme von Johnny Connor, dem Sägemechaniker. »In Irisch habe ich ja nicht viel getaugt, aber in Mathe war ich ein As, besonders in Geometrie.«

Es schauderte mich, als ich unter der Kirchenmauer lauschte. Neunzehnhundertdreiunddreißig war das Jahr vor meiner Geburt.

»Du warst ein Mordskerl. In Mathematik warst du ein Mordskerl«, hörte ich den Master sagen. Seine Stimme war voller Autorität. Er schien keine Ahnung zu haben, daß er in Gefahr schwebte.

»Tommy Morahan, der nach England gegangen ist, war von uns allen der Beste«, spann eine Stimme den Faden fort, eine Stimme, die ich nicht identifizieren konnte.

»Er war nicht halb so gut, wie er sich eingebildet hat. Der litt doch unter Größenwahn«, warf Johnny Connor ein.

»Ach was, ihr wart alle Mordskerle. Alle wart ihr Mordskerle«, sagte der Master verbindlich.

»Eins ist sicher. Sie haben aus uns etwas gemacht, Master. Sie waren ein großartiger Lehrer. Ich habe bis heute nicht vergessen, was Sie uns über den Orinoko beigebracht haben.«

»Das war nicht der Rede wert. Ihr hattet den Grips. In dieser Gegend gibt es Leute, die Gräben ausheben, dabei könnten sie Ingenieure oder Ärzte, Richter oder Philosophen sein, wenn man ihnen die Chance geboten hätte. Aber die Chance hatten sie eben nicht. Das war das einzige, was ihnen gefehlt hat.« Wieder sprach der Master mit großer Autorität.

»Das gleiche noch mal, Charlie«, befahl eine Stimme. »Und einen großen Brandy für den Master.«

»Immerhin, wir haben uns über Wasser gehalten, nicht wahr, Master? Das ist die Hauptsache. Wir haben uns über Wasser gehalten.«

»Ihr hattet den Grips. Die Leute in dieser Gegend hatten mächtig Grips.«

»Wenn Sie sich für eins entscheiden müßten, Master, worauf würden Sie den Grips zurückführen?«

»Werdet ihr wohl endlich leise sein? Der Sergeant braucht ja nicht einmal draußen vorbeizugehen, um euch zu hören. Bald kann er euch schon in der Wachstube hören«, zischte Charlie.

Wieder trat eine Pause ein, in der eine Münze hinzufallen und über den Boden zu rollen schien.

»Nun ja, die Leute mit Grips sind meist hiergeblieben. Mußten sie ja auch. Sie hatten keine Wahl. Die sind nicht in die Städte abgewandert. Also ist der Grips auf die nächste Generation weitervererbt worden. Dann sind da die Bäume. Und das Wasser. Und wir wohnen hier sehr weit oben. Wir befinden uns praktisch an der Quelle des Shannon. Wenn ich mich für eins entscheiden müßte, würde ich es darauf zurückführen. Ich würde es auf die hohe Warte zurückführen.«

Neil Jordan

Verführung

»Du glaubst mir nicht, stimmt's«, sagte er, »du glaubst gar nichts, aber ich habe sie gesehen«, und er wiederholte es noch einmal, doch diesmal mußte ich nicht zuhören, weil ich es lebhaft vor mir sah. Die Kleider der nackten Frau stapelten sich auf einem Haufen unterhalb der Straßenböschung, wo Steine und Kiesel den Strand verunzierten, und ihr fetter Körper lief über den Ufersand, daß die Wellen gegen ihre dicken Knöchel spritzten. Dieses Bild war wie der ganze Sommer, es pulsierte vor geheimen Erwartungen. Ich war seit zwei Tagen wieder in der Stadt, und jeden Tag trieben wir uns bis zur Abenddämmerung herum, wenn die Stunden am längsten zu sein schienen, wenn der Tag seinen Tod hinauszögerte, bis er fast platzte, der Himmel über ihm eine Art ausgebreitete Gaze, grau, melancholisch, und doch unendlich verlockend und fremd. In diesem Jahr hatte ich ein wenig Angst vor ihm, obwohl er immer noch kleiner war als ich. Mir gefielen seine spitzen Schuhe, die nach oben zeigten und weiß abgewetzt waren, um die beneidete ich ihn und um seine lockigen Haare, getränkt mit Öl, das sie zu einer Entenschwanzfrisur bändigen sollte. Mir gefiel seine Selbstsicherheit, wie er lässig den Essig aus der Pommestüte auf seine nicht mehr ganz weiße Hemdbrust tropfen ließ. Doch das behielt ich alles für mich, schließlich wußte ich, daß er auch mich um manches beneidete. Ich glaube, jeder von uns kultivierte diesen Neid, wollte unbedingt wissen, wie sich der andere verändert hatte, hielt es aber für unter seiner Würde zu fragen. Wir unterhielten uns einsilbig, in dem Bewußtsein, von dem anderen beneidet zu werden, eine wie Blut dahinfließende unterschwellige beiderseitige Freude. Wir wohnten beide in derselben Pension wie letztes Jahr. Ich hatte ein Zimmer mit Meerblick, er eins mit Blick auf das Klostergelände, auf den Basketballplatz mit dem gespannten Tennisnetz, wo die Nonnen mit schrillem mädchenhaften Gelächter die Schläger schwangen. Wir rochen den Duft von Äpfeln, der vom Klostergarten dahinter über die Stadt wehte, und in diesem Jahr bedeutete Apfelduft für mich etwas anderes, genau wie die Abenddämmerung. Letztes Jahr wäre er eine Aufforderung zum Diebstahl gewesen. Ich fragte mich, ob er für ihn dasselbe bedeutete. Vermutlich, bei so einer Frisur. Doch damals war er härter, obszöner gewesen.

»Guck mal, jetzt kommt sie raus.« Er nickte seitlich in Richtung Pommesbude, und ich schaute durch das feuchte, beschlagene Fenster. Innen sah es warm aus, warm und fettig. Ich sah die Frau aus dem winzigen Gang kommen, wo die Pommes fritiert wurden, und sich gegen den Tresen lehnen. Ein paar auf ihre Bestellungen wartende ältere Jungen machten spöttische Bemerkungen. Sie lachte kurz, fischte eine Zigarette aus der Packung, steckte sie sich in den Mund und zündete sie an. Ich wußte, wenn sie die Zigarette wieder rausnahm, würde der Filter lippenstiftbeschmiert sein, so wie in Filmen. Als sie die Münzen von den Jungen entgegennahm, rutschten zwei goldene Armreifen auf ihr dickes Handgelenk. Sie hatte etwas Mysteriöses, Hartes und Müdes an sich, hinter den Make-up-Schichten lag ein Geheimnis, das diese älteren Jungen kannten. Ich sah sie lachen und spürte die heftige Erregung der Abenddämmerung, der Äpfel. Und da glaubte ich ihm, obwohl ich wußte, wie oft er log. Ich glaubte ihm, weil ich es glauben, es mir vorstellen wollte, die Nacktheit dieser fetten Blondine, die älter aussah als ihre fünfundzwanzig Jahre und die jeden Samstagabend bei der Tanzveranstaltung im Hotel am Ort sang.

»Leanche heißt sie. Leanche der Löwe.«

»Die Löwin«, korrigierte ich, schließlich war ich der Gebildete. Er sah mich an und spuckte aus.

»Wann hältst du bloß mal den Rand.« Ich spuckte auch aus. »Hier.« Er hielt mir die Pommestüte hin.

Ich nahm mir etwas. So war es gewesen, als ich in der Pension eintraf und er schon einen Tag länger da war. Er stand in der

Auffahrt und zupfte Blätter vom Rhododendronbusch, während wir Sachen vom Gepäckträger unseres Fords nahmen. Ich sah zu ihm rüber, genau wie im Jahr davor, entdeckte aber einen neuen Mißmut in seiner Miene. Ich hoffte, daß mein Gesicht noch ausdrucksloser war. Als ich rübersah, wandte er sich ab, rührte sich aber nicht vom Fleck, zupfte an den dreckigen Blättern, bis wir fertig ausgeladen hatten. Dann ging ich rüber, um mit ihm zu reden. Er sagte, die Stadt sei dieses Jahr ein Drecksloch, und im hiesigen Kino laufe ein Elvis-Streifen. Er sagte, Ford-Autos mit hohem Heck seien schon seit der Arche Noah nicht mehr angesagt. Als ich fragte, ob seine Alten inzwischen ein Auto hätten, verneinte er. Doch irgendwie kam es einem schlimmer vor, ein Auto mit hohem Heck und rostigen Türen zu haben als gar keins. Er sagte: »Los, komm mit in die Stadt«, und dann gingen wir zum Tor, zur Straße, die vom Pier zum Ort führte, wo alle Häuser weiß-gelb gestrichen und im Sommer Pensionen waren.

»Gehen wir rein«, sagte er, als es gerade dunkel wurde und der letzte Kunde die Pommesbude verließ. »Wir haben kein Geld«, erwiderte ich. »Außerdem glaube ich dir nicht.« Ich hoffte, daß meine Angst nicht zu offensichtlich war. »Es stimmt aber«, sagte er. »Der Mann im Kino hat's mir erzählt.« – »Hat er sie gesehen?« fragte ich. »Nein, aber sein Bruder.« Der in dieser Aussage steckenden Verachtung hatte ich nichts entgegenzusetzen.

Wir stießen die Glastür auf, dabei holte er einen Kamm heraus und fuhr sich damit durch die Haare. Ich ging rüber zu der gelben Musikbox und drückte gedankenlos ein paar Knöpfe. »Steckst du nun Geld rein, Junge?« hörte ich. Ich drehte mich um, und da sah sie mich an, die lächerlich kleinen Löckchen kringelten sich um ihr breites Gesicht. Sie hatte rote Wangen, und durch das tief ausgeschnittene Kleid zeichnete sich weiß ihr gewaltiger Busen ab, passend zu den Fettflecken auf ihrer Schürze. »Nein«, sagte ich und errötete bis an die Haarwurzeln, »wir wollten bloß wissen …«

»Wieviel Uhr es ist«, platzte Jamie dazwischen.

»Habt ihr keine Augen im Kopf?« gab sie zurück. Dann hob sie den Arm und wies auf eine über ihr hängende Wanduhr. Zwanzig nach zehn.

Wir waren am Hafen, der Pommesbude und dem Hotel Great Northern vorbeigegangen, die alle noch genauso aussahen wie letztes Jahr. Der Sohn des reichen Hoteliers, der seine Priesterausbildung abgebrochen hatte und ein bißchen ausgeklinkt war, lag wieder am Strand und drehte sich gerade um, damit jetzt, da sein Rücken braun war, auch der Bauch Sonne abbekam. Jamie erzählte von den zwei protestantischen Schwestern aus Belfast, die Nylonstrümpfe trugen und jeden Abend im Kino hockten und auf etwas warteten. Er wollte wissen, ob ich schon mal was mit 'nem Mädchen gehabt hätte, das Nylonstrümpfe trug. Ich stellte ihm dieselbe Frage. Er antwortete nicht, spuckte aber auf den Boden und rührte mit seiner Schuhsohle den Speichel um. Die Stadt war in diesem Jahr völlig verändert, greller, sie umschloß uns. Ich pumpte mir seinen Kamm und fuhr mir damit durch die Haare, aber die wollten einfach keine Tolle bilden und fielen jedesmal zurück in die Stirn, unverbesserlich glatt und sandfarben.

Die Frau in der Pommesbude stützte lächelnd den Arm auf den Tresen und legte ihr Kinn auf die Faust. Um die goldenen Armreifen wölbten sich Fettwülste. »Wollt ihr sonst noch was wissen?« Auf einmal verspürte ich den idiotischen Drang, mich selbst zu übertreffen, Jamies Entenschwanzfrisur zu überbieten. »Ja«, fing ich an, »haben Sie ...« Dann brach ich ab. Sie war mir ein wenig dumm vorgekommen, doch etwas anderes als Dummheit ließ mich verstummen. »Hab ich!« sagte sie und wandte mir den Kopf zu, sah mir direkt in die Augen. Und in der grünen Iris unter der unbeholfen aufgetragenen Wimperntusche lag ein spöttisches Leuchten, das mir angst machte. Ich mußte an den von grünem Dunst umgebenen Mond denken, wie der Engel des Todes in »Die zehn Gebote«. Ich sah ihre Wangen, hörte die Meeresbrandung und stellte mir vor, wie ihre Füße über den Sand stapften. Und mich schauderte beim Gedanken an die tiefere unendliche Dummheit, die ekelhafte Idiotie, die

Paare ins hohe Gras lockte, damit sie sich dort einer Sache hingaben, über die ich mir nicht so ganz im klaren war. Ich errötete vor Scham, vor Sehnsucht, Bescheid zu wissen, wurde aber von ihrer Hand gerettet, die auf den Tresen schlug. »Wenn ihr keine Fritten wollt, zieht Leine.« – »Keine Sorge«, sagte Jamie und zog sich den Kamm durch die Haare. »Keine Sorge«, sagte ich, hörte seine Haare ölig schmatzen und ging Richtung Glastür. »Ich glaub dir immer noch nicht«, sagte ich draußen zu ihm. »Willst du warten und es selber sehen?« Ich antwortete nicht. Jamie malte einige Kurven auf das beschlagene Fenster, die eine nackte Frau bildeten. Wir sahen beide zu, wie sie langsam zu wäßrigen Schlieren zerliefen.

An diesem ersten Abend waren wir ins Kino gegangen, durch den mit gelber Emulsionsfarbe gestrichenen Eingang in die Finsternis des langen Flurs, dessen Fenster mit braunen Papierbahnen verhängt waren. Ich nahm die Gerüche des letzten Jahres in mich auf, den schweißgetränkten abgewetzten Plüsch der Sitze und den aufwirbelnden Staub, den der Lichtkegel von oben in Diamanten verwandelte. Im Saal saßen vereinzelt einige ältere Pärchen, auf der Leinwand war Elvis, in einer geblümten Badehose am Strand, aber Schwestern aus Belfast waren Fehlanzeige. »Wo sind sie?« fragte ich Jamie in leicht triumphierendem Tonfall. Er rettete sich, indem er eine Kippe rausholte, sie anzündete und heftig daran zog. Wir sogen Elvis schweigend auf. Später steckte der Filmvorführer seinen Kopf zwischen unseren Schultern durch und fragte: »He, Jungs, wollt ihr den Vorführraum sehen?« Genau wie im letzten Jahr roch sein Atem nach Zigaretten und Pfefferminze. Aber dieses Jahr lehnten wir ab.

Später hatte ich in meinem Zimmer gesessen und das Ufer beobachtet, wo zwei Nonnen auf einem Platz, den sie in den Sand gekratzt hatten, Tennisschläger schwangen. Es war zehn nach neun, die Dämmerung weit fortgeschritten, Blau und Grau hielten sich beinahe die Waage. Ich saß auf dem Bett und zog die Knie an den Oberkörper, wiegte mich leicht, lauschte dem perlenden Lachen der Nonnen und beobachtete, wie sich ihre Habite bei jedem Ausholen bauschten. Bald gingen auch die Nonnen, und der Strand war leer, abgesehen von dem improvisierten Tennisplatz und den Abdrücken ihrer Stiefel mit hohen Absätzen. Doch ich beobachtete immer noch, lauschte der Brandung, ließ das Licht im Zimmer um mich her verlöschen und weinte der Unschuld des vergangenen Jahres nach.

Wir preßten uns gegen die Mauer unterhalb der Straße, um zu verhindern, daß unsere Füße auf den großen runden Kieseln wegrutschten. Von der Auffahrt zur Pension her rief mein Vater meinen Namen. Seine Stimme schien bis hinunter an den Strand zu hallen, sie klang besorgt und müde. Bald erstarb auch das Echo, und Jamie kletterte nach oben, spähte über den Rand und bedeutete mir, die Luft sei rein. Dann gingen wir ans Ufer, im Halbdunkel eine lange Fährte von Fußabdrücken hinterlassend. Wir setzten uns hinter ein umgedrehtes Boot und warteten. Wir warteten stundenlang, bis Jamies Gesicht blaß und schmal wurde und meine Zähne klapperten. Er starrte aufs Meer, brach die Zähne aus seinem Kamm, einen nach dem anderen, und verstreute sie zu seinen Füßen. Ich spuckte in den Sand und beobachtete, wie die Spucke winzige Sandkügelchen bildete. Das Meer näherte sich und zog sich zurück, näherte sich und zog sich zurück, enthielt aber keine dicken Frauen. Dann fing Jamie an zu reden, über Küsse mit offenem und geschlossenem Mund, darüber, wie unterschiedlich sich ein Busen unter einem und durch einen Pullover anfühlte, über den Unterschied zwischen Nylonstrümpfen und weißen Söckchen. Er redete stundenlang, so schien es, und irgendwann hörte ich nicht mehr zu, daß er log, wußte ich ja sowieso. Irgendwann merkte ich, daß er nicht mehr redete. Ich wußte nicht, wie lange er schon schwieg, wußte aber, daß es mir erst nach einer ganzen Weile aufgefallen war. Als ich mich umdrehte, sah ich, daß er mit hochgezogenen Schultern dahockte, das Gesicht leer wie das eines Kindes. Sämtliche Zähne seines Kamms waren abgebrochen, er hielt ihn, ohne es zu merken, umklammert und weinte leise. Seine Haare waren wirr und lockig, Öl tropfte ihm auf die Stirn, seine Lippen waren von der Kälte lila angelaufen. Ich berührte ihn am Ellbogen, und als sein leises Schluchzen nicht aufhörte, zog ich meine Jacke aus und legte sie ihm sanft um die Schultern. Zitternd rückte er näher an mich ran, bis sein Kopf meinen Oberkörper berührte und dort liegenblieb. So hielt ich ihn fest, während er schlief, und dachte, wieviel kleiner er doch war als ich.

Als er aufwachte, erschien gerade ein dünner Lichtstreifen am Horizont. Sein Gesicht war blaß – wenn auch nicht so grau wie das Licht –, und inzwischen klapperten seine Zähne. »Was ist passiert?« fragte er und schüttelte meine Jacke ab. »Du hast geschlafen«, antwortete ich, »du hast es verpaßt«, und berichtete ausführlich, wie die Frau vom Landungssteg aus losgelaufen und an mir vorbei bis zum Ende des Strandes gerannt sei und wie ihre Brüste gewippt hätten, als das Meer ihre dicken Knöchel umspülte. »Lügner«, sagte er. »Stimmt«, gab ich zu. Dann dachte ich an zu Hause. »Was machen wir jetzt?« fragte ich. Er rieb sich mit der Hand über die feuchten Augen und verschmierte sich dabei beide Wangen. Dann stand er auf und ging aufs Meer zu. Ich folgte ihm, wußte, die See würde seine Tränen versiegen lassen und auch die, die in mir emporsteigen mochten. Sobald er ans Wasser kam, fing er an zu laufen, wühlte mit den Füßen die Wellen auf, und ich rannte hinterher, aber weniger hemmungslos, und als er mit dem Gesicht nach unten ins Wasser fiel, fiel ich auch. Ich konnte ihn durch das Salzwasser sehen und merkte, daß er ein irres Lachen ausstieß, vermischt mit Tränen, und daß er den Kopf wie beim Schwimmen ins Wasser tauchte und wieder herausstreckte. Ich rappelte mich auf und versuchte ihn hochzuziehen, doch seine Kleider klebten an jedem einzelnen Knochen seines mageren Körpers. Dann spürte ich, wie ich rutschte, wie mir die Beine weggerissen wurden und ich wieder ins Wasser fiel, und ich spürte, wie seine Arme meine Hüften umklammerten, immer fester, so wie Knaben miteinander ringen, aber dann ruhiger, und ich spürte, wie sich sein nicht mehr kleiner Körper gegen meinen drückte. Ich hörte ihn sagen: »So machen es Liebespaare« und spürte seinen Mund auf meinem Hals, wehrte mich aber nicht; ich wußte, im Wasser konnte er weder meine Tränen noch mein Lächeln sehen.

Colm Tóibín

Die Geschichte der Nacht

Mein zweiter Termin bei Doktor Cawley war an einem Freitag um acht Uhr morgens. Ich stand früh auf und duschte, und wieder kleidete ich mich sorgfältig, zog die teuersten Sachen an, die ich besaß. Ich trug Haargel auf. Er wollte die Ergebnisse meiner Blutuntersuchungen mit mir durchgehen und vorschlagen, mit der AZT-Behandlung zu beginnen. Meine T-Zellen, sagte er, seien unter hundert. Im günstigsten Fall verlören Patienten jährlich zwischen fünfzig und hundert, sagte er, aber das AZT würde die Zahl für eine Weile wieder nach oben treiben und zu einer allgemeinen Besserung führen, er wisse allerdings nicht, wie lange sie vorhalten würde. Ich verstand, was er sagte. Ich stellte ihm keinerlei Fragen. Er sagte mir, wenn ich irgendwelche Veränderungen in meinen Augen feststellte, solle ich mich umgehend mit ihm in Verbindung setzen, und dann bat er mich, den Oberkörper freizumachen, damit er mich untersuchen konnte.

Hinterher bezahlte ich bei seiner Sprechstundenhilfe und ließ mir einen Termin für zwei Monate später geben. Und dann, als ich die Tür öffnete und gehen wollte, sah ich im kleinen Warteraum Pablo sitzen und eine Zeitschrift lesen. Er hob die Augen, und unsere Blicke begegneten sich. Die Sprechstundenhilfe sagte ihm, er könne jetzt hineingehen. Es war, wie jemandem zu begegnen, der seit Jahren tot ist, der im Traum erscheint. Er sah erschrocken aus. Ich wußte, daß er krank sein mußte. Er stand auf.

»Ich warte hier auf dich«, sagte ich.

Er berührte für einen Augenblick meine Hand, es war eine Geste der Beruhigung, der Bestätigung, und betrat dann das Sprechzimmer. Ich setzte mich hin und wartete auf ihn. Ich fragte mich, was er haben mochte, lediglich das Virus oder auch schon irgendwelche Symptome, ob seine Familie Bescheid wußte, ob er mich würde sehen wollen oder nicht. Ich blätterte in einem Frauenmagazin und ließ es dann offen liegen. Vielleicht war er hier, um die Ergebnisse eines Tests zu erfahren, und vielleicht war mit ihm alles in Ordnung. Wenn er jetzt herauskäme, dachte ich, und mir sagte, daß er mich nicht sehen und nicht mit mir reden wollte, dann würde ich es verstehen, ich würde allein nach Hause gehen. Ich würde genug anderes zu denken haben. Aber angenommen, er würde aus dem Sprechzimmer kommen und sagen, wir sollten draußen ein Stück laufen oder uns irgendwo zusammensetzen, auf eine Tasse Kaffee oder einen Drink, oder zusammen in die Wohnung gehen, dann, das wußte ich, würde schlagartig alles ganz anders aussehen: es würde mich auf eine Weise aufrichten, die ich mir nicht einmal vorzustellen wagte.

Ich wartete. Ich sah auf die Uhr und stellte fest, daß ich schon seit einer halben Stunde wartete. Worüber mochten sie reden? Was mochten sie tun? Ich war nur zehn Minuten drinnen gewesen. Ich ging den Korridor hinunter, um zu sehen, ob das Sprechzimmer noch einen zweiten Ausgang hatte, eine zweite Tür, aber da war nichts. Ich ging zurück und setzte mich und blätterte die Zeitschrift noch einmal durch. Ich fragte mich, ob der Arzt ihn gerade untersuchte, so wie er mich untersucht hatte. Ich stellte mir Pablo ohne Hemd vor, schutzlos, während der Arzt seinem Herzschlag lauschte. Ich hoffte, er sei nicht krank. Ich hatte keine Familie; ich konnte sterben, wie immer es mir paßte. Bei dem Gedanken lächelte ich in mich hinein. Aber er mußte an seine Mutter und seinen Vater denken, er mußte sich darum sorgen, daß er es ihnen irgendwann würde sagen müssen, daß sie es irgendwann erfahren würden. Vielleicht war es das, worüber er mit dem Arzt redete. Jetzt war er schon eine Dreiviertelstunde drin. Ich hatte Hunger.

Als er herauskam, hatte er einen glasigen Blick und wirkte geistesabwesend. Doktor Cawley kam an die Tür und gab ihm die Hand, und dann sah er mich an, als sei es vollkommen natürlich, daß ich noch immer da saß, und dann lächelte er auch mir zu. Mir fiel beim besten Willen kein Grund zum Lächeln ein. Schweigend verließen Pablo und ich die Klinik.

»Hast du es auch?« fragte mich Pablo auf der Straße.

»Ja«, sagte ich.

»Bist du schon lange bei ihm?«

»Seit ungefähr sechs Wochen.«

»Und so lange weißt du es?«

»Ja.«

»Ich wäre nie auf die Idee gekommen, daß du es auch haben könntest. Ich hab einen richtigen Schrecken bekommen, als ich dich da drin gesehen habe.«

»Ich traute meinen Augen nicht«, sagte ich. »Wenn du nur ein paar Minuten später gekommen wärst, hätten wir uns nie gesehen. Du hättest es mir sagen sollen.«

»Ich hab ein furchtbares Problem«, sagte er. »Ich habe CMV.«

»Was ist CMV?«

»Eine Augenkrankheit.«

»Das ist die, von der man blind wird, wenn sie nicht rechtzeitig behandelt wird, nicht?«

»Ja, genau. Ich hab sie. Ein Augenspezialist hat gestern die Diagnose gestellt. Jetzt muß ich eine Entscheidung treffen. Ich muß mich entscheiden, ob ich mich hier behandeln lasse, was bedeuten würde, daß ich für zwei Wochen ins Krankenhaus müßte, oder ob ich nach San Francisco fahre und versuche, dort in ein Krankenhaus hineinzukommen, was schwierig werden könnte, weil ich nicht krankenversichert bin.«

»Was spricht gegen hier?«

»Meine Familie. Ich will nicht, daß sie es herausfinden. Irgendwann werden sie's schon erfahren müssen, aber ich will nicht, daß es jetzt passiert. Aber das Hauptproblem ist der Zeitfaktor. Die Behandlung müßte in den nächsten ein bis zwei Tagen beginnen.«

»Du könntest deinen Eltern erzählen, du fährst nach San Francisco.«

»Ja, ich glaube, mir wird nichts anderes übrigbleiben.« Dann blieb er stehen und wandte sich um und sah mich an.

»Ich hab die ganze Zeit nur über mich geredet«, sagte er. »Vielleicht hast du ein schlimmeres Problem.«

»Ich muß wissen, wie lange du es schon weißt«, sagte ich. »Über mich können wir später reden.«

»Ich hab den Test gemacht, als ich nach San Francisco gefahren bin, als Mart im Sterben lag. Ich hab das Ergebnis an dem Tag erfahren, als er gestorben ist. Aber ich hatte schon seit einer Weile den Verdacht, daß etwas nicht in Ordnung sein könnte.«

»Wem hast du davon erzählt?«

»Ein paar Leuten am Tag der Beerdigung. Und dann bin ich einfach hierher zurückgekommen und hab so getan, als sei gar nichts passiert.«

»Das ist typisch für dich«, sagte ich. Wir lachten.

»Ich möchte, daß du mit zu mir kommst«, sagte ich. »Wir können dort weiterreden.«

Wir fuhren im Taxi zur Wohnung und gingen die Treppe hinauf, als hätten wir unser Leben lang nie etwas anderes getan.

»Ich muß den Arzt anrufen und ihm Bescheid geben«, sagte er.

»Ruf ihn an und sag ihm, du läßt dich hier behandeln.«

Er ging zum Telefon, und ich legte mich aufs Bett und wartete auf ihn. Ich konnte ihn deutlich hören, wie er in der Diele sprach und für den folgenden Tag etwas vereinbarte. Dann kam er zurück und zog die Schuhe aus und legte sich neben mich aufs Bett.

»Vielleicht hätte ich es dir sagen sollen, als du an dem Tag angerufen hast. Ich hab's einfach nicht fertiggebracht«, sagte er.

»Wir müssen jetzt zusammenhalten«, sagte ich.

Wir lagen Brust an Rücken aneinandergeschmiegt, und ich erzählte ihm, was mir passiert war. Er hielt meine Hand fest. Und dann schwiegen wir beide. Im Zimmer war kein Laut zu hören.

»Ich werde eine Kanüle in die Brust bekommen, wie Mart eine hatte«, sagte er, »und ich werde Medikamente im Kühlschrank lagern und sie mir täglich injizieren müssen.«

»Es ist schon komisch. Als Mart hier war, dachten wir, er sei anders als wir, aber das war er gar nicht.«

»Macht's dir was aus, wenn wir nicht miteinander schlafen?« fragte er.

»Nein, das macht nichts. Du mußt mich nur festhalten.«

An dem Abend fuhr er nach Hause und erzählte seinen Eltern, ein Freund in San Francisco habe ihm Geld hinterlassen und er müsse persönlich hin, um die Dokumente zu unterzeichnen. Sein Vater wollte ihn zum Flughafen fahren, aber Pablo sagte, er müsse zuerst ins Zentrum, um ein Paket für einen anderen Freund in San Francisco abzuholen. Seine Mutter fragte ihm wegen des Pakets Löcher in den Bauch: wo er es abholen würde, und wem er es bringen würde, und wie er sicher sein könne, daß es keine Drogen enthalte. Er bedauerte, sich keine bessere Ausrede ausgedacht zu haben. Am nächsten Morgen kam er mit einem kleinen Koffer, den seine Mutter ihm gepackt hatte, bei mir an.

»Mir graut davor, ins Krankenhaus zu gehen«, sagte er. »Ich würde alles tun, um es aufzuschieben.«

»Legen wir uns ein bißchen hin.«

Als es ein Uhr schlug, sagte ich, es sei Zeit, daß wir uns auf den Weg machten.

»Mein Auge treibt wirklich komische Sachen«, sagte er. »An der ganzen Seite ist ein dunkler Schatten.«

»Operieren sie das Auge?«

»Nein, sie füllen einen nur rund um die Uhr mit Medikamenten ab.«

Im Krankenhaus wartete ich auf dem Korridor, während er sich auszog und in den Pyjama schlüpfte. Sein Zimmer war drei Türen von dem entfernt, in dem ich gelegen hatte. Ich stand neben ihm, während er das Anmeldeformular ausfüllte. Als seinen nächsten Angehörigen gab er mich an, und neben »In Notfällen zu benachrichtigen« trug er meine Adresse und meine Telefonnummer ein. Er legte sich ins Bett; die Schwester sagte ihm, der Arzt würde bald vorbeikommen, und befestigte eine Kanüle an seinem Handgelenk, und dann konnte die Behandlung beginnen. Sie ließ uns im Zimmer allein.

»Wenn wir jetzt in San Francisco wären«, fuhr er fort, »würden alle auf der Station die gleiche Behandlung bekommen, und ein paar von den Ärzten und Schwestern wären schwul. Es wäre vielleicht einfacher.«

Er hatte schönes, dichtes schwarzes Haar auf dem Arm. Ich fing an, es zu streicheln und damit zu spielen, und er sah leicht amüsiert hinunter, als ob sein Arm nicht ganz zu ihm gehörte. Er legte sich zurück und machte Schnurrgeräusche. Als der Arzt mit zwei Schwestern hereinkam, um die provisorische Kanüle anzubringen und mit der Behandlung zu beginnen, ging ich aus dem Zimmer und wartete auf dem Korridor. Ich war heftiger in Pablo verliebt, als ich es während unserer ganzen gemeinsamen Zeit je gewesen war. Ich fing an, darüber nachzudenken, wieviel Geld ich hatte, und wieviel er hatte, und wie lange wir vermutlich noch leben würden, und wieviel es kosten würde, uns in San Francisco behandeln zu lassen, und ob wir da hinfahren sollten, wenn Pablo mit seiner Behandlung fertig war. Ich mußte aufhören, Spekulationen anzustellen, ich mußte mir versprechen, ihm gegenüber kein Wort davon zu sagen. Alles, was ich jetzt wollte, war, mit ihm zusammensein, den Tag hier mit ihm verbringen, ihm die Sache leichter machen.

Ich trat von einer Reise nach Comodoro Rivadavia zurück und sagte eine andere Reise nach New York ab. Ich erklärte dem Ministerium, ich sei überarbeitet, und sie schienen das zu akzeptieren. Am ersten Morgen seines Krankenhausaufenthaltes wachte ich auf, als es noch dunkel war, und ich spürte, daß meine Mutter im Zimmer war, daß sie lebendig war und jeden Augenblick beobachtete, alles gewahrte, jedes Detail, jeden Gedanken in meinem Kopf. Sie konnte die Schlacht sehen, die in meinem Körper zwischen dem Virus und dem Immunsystem wütete; sie sah zu, wie das Virus sich in jede Zelle einschrieb. Sie war von Kummer und Mitleid erfüllt. Als ich so im Halbschlaf dalag, meinte ich, sie seufzen zu hören. Ich meinte, wenn ich die

Hand ausstreckte, würde ich sie berühren können, aber dann begriff ich langsam, daß niemand im Zimmer war.

Jeden Morgen kaufte ich die Zeitungen und ging ins Krankenhaus, was von der Wohnung aus ein Fußweg von einer knappen halben Stunde war. Ich kaufte Blumen oder Orangensaft, oder Schokolade, oder Obst, und wenn ich ankam, versuchte ich über die Welt da draußen zu reden, über Dinge, die ich am Vortag gesehen oder gehört hatte, und ihn nicht zu fragen, was sich im Krankenhaus abspielte. Ich wußte, daß er schlecht schlief, er bekam eine Mixtur aus zwei Medikamenten – Foscarnet und Gancyclovir –, und die schien ihm nicht zu bekommen. Ich fing an, die zwei Assistenzärzte, beides leicht übergewichtige, wichtigtuerisch kurz angebundene Mittzwanziger, Foscarnet und Gancyclovir zu nennen. Eine der Schwestern, Patricia, fand das komisch, gab uns aber zu verstehen, das sei ein Witz, den wir vielleicht besser für uns behalten sollten. Oft schlief Pablo, während ich da war, ich tat mein Bestes, damit alles leise war, damit niemand ihn störte. Ich fand es schön, da neben ihm zu sitzen, ihn zu behüten, über ihn zu wachen, ihm die Decken bis hoch unters Kinn zu ziehen oder das Fenster einen Spaltbreit zu öffnen, wenn es im Zimmer zu warm wurde.

Dann wachte er auf und sah mich, wie ich ihn anschaute, und lächelte und versuchte, wieder einzuschlafen. Und dann setzte er sich auf und las die Zeitungen. Ein paarmal brach er fast zusammen und sagte, er könne es nicht fassen, daß das wirklich geschehe. Ich fragte ihn, ob er wisse, wie er sich angesteckt hatte, und er sagte, er glaube, ja: bei einem Mann in San Francisco, mit dem er sich, noch bevor die große Angst ausgebrochen war, eine Zeitlang gelegentlich getroffen hatte und der später gestorben war. Er hatte dem Mann erlaubt, ihn zu vögeln, und der Mann war in ihm gekommen. Sie hatten das ein paarmal getan und sich danach jahrelang nicht mehr gesehen. Er wußte, daß der Mann gestorben war; das hatte ihm keine Ruhe gelassen. Während dieser ersten Woche machte Doktor Cawley, begleitet von Foscarnet und Gancyclovir, die in seiner Gegenwart strammstanden, und zwei Krankenschwestern, deren eine wir die Ente nannten, ein paarmal Visite. Ich wartete solange draußen. Nach der zweiten Visite fragte ich Pablo, ob er sich schon mal vorgestellt habe, Doktor Cawley zu vögeln.

»Doch, hab ich, komisch, daß du fragst.«

»Welche Stellung würdest du ihn dabei einnehmen lassen?«

»Auf allen vieren, dachte ich«, sagte er.

»Mit dem Kopf im Kissen?«

»Nein, den Kopf müßte er hoch in die Luft recken.«

»Komisch«, sagte ich, »mir würde es gefallen, wenn er den Kopf ins Kissen drücken würde.«

»Woran man sieht«, sagte Pablo, »daß keine zwei Menschen gleich sind.«

»Und wie steht's mit Foscarnet und Gancyclovir?«

»Die würde ich mir schenken.«

»Und die Ente?«

»Du bist wirklich abartig«, sagte er.

Obwohl die Besuchszeit offiziell um neun zu Ende war, durfte ich länger bleiben. Manchmal las ich ein Buch, während Pablo dalag und an die Decke starrte. Jeder Behandlungszyklus sollte planmäßig zwei Stunden dauern, aber er dauerte gewöhnlich viel länger. Mit Patricias Hilfe lernte ich, wie ich den Tropf manipulieren konnte, so daß die Medikamente schneller durchliefen. Sie riet mir, mich von niemandem dabei erwischen zu lassen, wie ich das Gerät anfaßte.

»Was würden Foscarnet und Gancyclovir tun, wenn sie mich dabei erwischten?« fragte ich.

»Oder die Ente? Was würde sie tun?« fragte Pablo.

Patricia sagte, wir sollten nicht so laut reden. Während der ersten Woche hatte sie Nachtschicht, und ein paarmal kam sie, wenn sie gerade nichts zu tun hatte, und setzte sich zu uns. Sie hütete sich, irgendwelche Fragen zu stellen. Als Gloria, die Beraterin, kam, um zu sehen, ob sie für Pablo irgend etwas tun konnte, war sie überrascht, mich zu sehen. Eines Morgens erzählten wir ihr die Geschichte unserer Beziehung. Ich glaube, sie hatte bis dahin noch nie zwei Männer kennengelernt, die ineinander verliebt waren. Sie platzte vor Neugier und Staunen. Als sie anfing, zu viele Fragen über Pablos Familie zu stellen, mußten wir ihr sagen, daß wir nicht darüber reden wollten. Wir warfen ihr vor, sie sei in Doktor Cawley verliebt, und forderten sie auf, uns zu erzählen, was für Phantasien sie mit ihm hatte, aber sie kicherte und weigerte sich und sagte, sie mache sich überhaupt nichts aus ihm. Er sei nicht ihr Typ, sagte sie.

»Und wie steht's mit Foscarnet und Gancyclovir?« fragte Pablo sie.

Jeden Morgen wachte ich mit einem Gefühl der Zufriedenheit auf. Ich überlegte mir, was ich ins Krankenhaus mitnehmen würde, worüber ich reden würde, wenn ich dort ankam. Nach seiner ersten Behandlungswoche würde sich Pablo einer kleinen Brustoperation zur Implantation einer Kanüle unterziehen müssen. Er hatte Doktor Cawley gefragt, wie lange die Kanüle dort bleiben würde, und der Arzt hatte ihm gesagt, sie würde für immer da bleiben. Das, glaube ich, hatte ihm deutlicher als alles andere klargemacht, wie schlimm es um ihn stand. Er würde nie wieder schwimmen können oder in Shorts mit freiem Oberkörper herumlaufen. Auch der Gedanke, daß man ihn aufschneiden würde, beunruhigte ihn. Ich mußte darauf achten, daß ich nicht ununterbrochen herumalberte, daß ich ihm die Möglichkeit ließ, über seine Ängste und seine Erschütterung zu reden, sich, wenn er es wollte, mit seiner Krankheit zu befassen. Ich begriff, daß ich mich, wenn man das alles berücksichtigte, noch vergleichsweise gesund fühlen konnte. Ich konnte hinausgehen und eine Tasse Kaffee trinken, und ich konnte abends nach Hause gehen. Pablo war der Patient.

Einmal, als ich dasaß und er von der Toilette zurückkam, fiel mir auf, daß seine Pyjamahose auf halbmast stand und ich seinen Hintern sehen konnte. Da wurde mir bewußt, wie sehr ich seinen Körper liebte, wie sehr ich es genoß, in seiner Nähe zu sein, und wie wenig es uns belastete oder Probleme bereitete, zusammenzusein, ohne eine Möglichkeit zum Sex zu haben. Wir hatten Freude daran, jeder in des anderen Aura zu sein, Freude an der Tatsache, daß wir jeder des anderen Körper kannten, daß wir einander besessen hatten. Jetzt brauchten wir es nicht. Wir hatten andere Bedürfnisse.

Die Operation war kurz und einfach und verursachte Pablo keine allzu großen Schmerzen. Der Chirurg hätte ihm gefallen, sagte er. Trotzdem war er anschließend müde und brauchte leichte Schmerzmittel. Die provisorische Kanüle wurde von seinem Handgelenk entfernt; von nun an würden die Medikamente, Foscarnet und Gancyclovir, durch die Kanüle in seiner Brust in seinen Organismus gelangen. Er verbrachte ein paar Tage damit zu lernen, mit der Kanüle umzugehen und sie sauberzuhalten. Es war wichtig, daß sie nicht septisch wurde. Während ich ihn am Tag der Operation beim Schlafen betrachtete, fing ich an mich zu fragen, wie er tot aussehen würde. Vielleicht würde er bis dahin mehr gelitten haben, und sein Gesicht würde magerer sein, aber vielleicht würde er auch so friedlich und entspannt aussehen wie jetzt. Vielleicht würde er einen leichten Tod haben. Er wachte auf und sah mich an und lächelte.

Es war immer noch unklar, ob die Behandlung überhaupt anschlug. Pablo klagte noch immer über einen Schatten am Rand des Gesichtsfeldes. Doktor Cawley sagte, der Spezialist würde sich das Auge ansehen müssen, und die Behandlung würde sich noch weitere vier, fünf Tage hinziehen können, vielleicht auch länger. Wir vereinbarten, daß wir die Medikamente in meinem Kühlschrank aufbewahren würden, und Pablo konnte dann jeden Tag vorbeikommen und sie nehmen. Ich wünschte mir, er würde zurückkommen und wieder mit mir zusammenleben, aber ich behielt es für mich. Manchmal wirkte er distanziert, als habe er entschieden, daß wir nie wieder ein Paar sein würden. Ich wollte nicht, daß er das aussprach, also redete ich mit ihm auch nicht über unsere Beziehung oder unsere gemeinsame Zukunft.

Er machte sich Sorgen wegen seiner Eltern. Er wußte, er würde aufpassen müssen, daß sie die Kanüle in seiner Brust unter keinen Umständen bemerkten. Je näher der Zeitpunkt seiner Entlassung aus dem Krankenhaus und seines Wiedereintritts in die reale Welt rückte, desto wortkarger wurde er. Ich sagte ihm nichts von den Plänen, die ich gehegt hatte, nach San Francisco zu ziehen. Ich glaubte nicht, daß unser Geld gereicht hätte.

Als ich eines Morgens in meinem Haus die Treppe hinunterstieg, sah ich im ersten Stock durch die offene Tür von Señora Beluccis Wohnung Maler arbeiten. Ich war schon ungefähr eine Querstraße vom Haus entfernt, als mir der Gedanke kam, daß ich umkehren und die Arbeiter beauftragen könnte, meine Wohnung zu streichen. Der Malermeister stand im Overall an der Tür, ein stämmiger Mann in den Fünfzigern mit einer leisen Stimme und ruhigen blauen Augen. Er gefiel mir auf Anhieb, und ich fragte ihn, ob er jetzt gleich mit mir hinaufkommen und sich meine Wohnung ansehen könne und mir dann sagen, was es ungefähr kosten würde, sie vollständig zu streichen. Er sagte, er würde mir einen Kostenvoranschlag unter der Tür durchschieben. Ich las ihn, als ich an dem Abend wieder zurückkam. Der Mann schrieb, er könne auf Wunsch sofort anfangen, und die Arbeiten würden ungefähr eine Woche in Anspruch nehmen. Er sagte außerdem, sein Angebot schließe Lohn- und Materialkosten und eine kleine Gewinnspanne ein, und für weniger könne er es nicht machen. Es kam mir teuer vor, aber ich vertraute ihm, oder zumindest hatte er auf mich nicht den Eindruck eines Betrügers gemacht, und am folgenden Morgen erteilte ich ihm den Auftrag.

Er wollte, daß ich mich bezüglich der Farben sofort entschied, aber ich sagte ihm, ich würde ihm am nächsten Morgen Bescheid geben. Er gab mir ein Farbmusterbuch, und ich nahm es mit ins Krankenhaus. Pablo war an dem Tag niedergeschlagen, deprimiert wegen der Kanüle in seiner Brust und weil er ahnte, daß das nur der Anfang seiner Probleme sein würde. Er hatte Doktor Cawley über KS ausgefragt, und jetzt mußte er sich andauernd vorstellen, wie riesige Blutergüsse in seinem Gesicht und überall an seinem Körper auftauchten. Ich zeigte ihm das Farbenbuch, und allmählich erwachte in ihm das Interesse, und er wurde munterer. Weiß sei eine Notlösung, sagte er, er wolle rot- und blaugestrichene Zimmer. Er fing an, eine Liste der Zimmer und eine Liste von Farben aus dem Buch aufzuschreiben. Ich hatte den Eindruck, daß er über die Wohnung auf eine Weise nachdachte, als ginge sie ihn persönlich etwas an. Ich saß da und sah ihm zu und wandte ein, die Farben seien zu grell. Ich wollte alles weiß haben; er sagte, was die Diele anginge, ließe er mit sich handeln, aber das Schlafzimmer müsse blaßblau werden, und das Schlafzimmer meiner Mutter rot, und das Wohnzimmer stahlgrau. Und du solltest sämtliche Möbel rausschmeißen, sagte er, alles.

»Wenn ich die Möbel rausschmeißen würde, würdest du dann dort einziehen?« fragte ich.

»Das andere Haus gefällt mir besser«, sagte er.

»Es ist zu teuer«, sagte ich. »Aber eine Zeitlang könnten wir da wohnen.«

Er sagte nichts. Ich bedauerte, das Thema so direkt angesprochen zu haben. Ich gab dem Maler einen Schlüssel und sagte ihm, er könne anfangen, und ich händigte ihm das Blatt Papier aus, auf dem Pablo die Farben aufgeschrieben hatte. Ich ging mit ihm durch die Wohnung und sagte ihm, welche Möbel er wegwerfen sollte, darunter den Kleiderschrank und die Kommode meiner Mutter und den Küchentisch und die Eßzimmerstühle. Ich spielte mit dem Gedanken, mein ganzes Schlafzimmer auszuräumen, und beinahe hätte ich dem Maler gesagt, er solle alles rausschmeißen, aber nur beinah. Pablo erzählte ich nichts davon. Ich malte mir statt dessen aus, wie wir zusammen die Wohnung betreten würden, und ich stellte mir vor, wie er sich umsehen und staunen und sich über den neuen Anstrich und die fehlenden Möbel freuen würde.

Doktor Cawley erklärte Pablo, er könne ihn nicht aus dem Krankenhaus entlassen, bevor der Augenspezialist ihn nicht untersucht habe. Er könne sich anziehen und seine Sachen packen, wenn er wolle, aber das Bett würde so lange für ihn freigehalten werden, bis der Spezialist mit Sicherheit sagen konnte, daß das CMV nicht mehr aktiv war. An dem Morgen war ich schon früh da, und ich fuhr mit ihm im Taxi zur Augenklinik. Das Licht des warmen Frühlingstages blendete ihn, und er war sicher, daß das

CMV wieder am Werk war, er sagte, er sehe vor dem linken Auge lauter schwarze Gebilde und Fussel. Ihm graute vor der Aussicht, wieder ins Krankenhaus zu müssen. Er sei völlig zufrieden gewesen, sagte er, bis die Möglichkeit seiner Entlassung zur Sprache gekommen sei, und seitdem könne er es nicht mehr erwarten zu gehen. Wir setzten uns ins Wartezimmer. Alle anderen trugen Brillen oder hatten irgendwelche erkennbaren Augenprobleme. Sie müssen sich gefragt haben, was wir da zu suchen hatten.

Der Spezialist war ein sanfter dünner Mann. Er rief Pablo herein und träufelte ihm Tropfen in die Augen und schickte ihn wieder hinaus. Als Pablo wieder hineingerufen wurde, blieb er ungefähr eine halbe Stunde im Behandlungszimmer. Ich fing an, mir Gedanken wegen der Arbeit zu machen, und mir wurde bewußt, daß ich eine Reihe von Anfragen nicht einmal beantwortet hatte. Ich nahm mir vor, am nächsten Morgen ins Büro zu fahren und gründlich Ordnung zu schaffen. Pablo hatte mit mir nicht besprochen, wo er hingehen würde, wenn man ihn aus dem Krankenhaus entließ. Ich glaubte, daß er gern mit zu mir nach Hause gekommen wäre, aber ich wußte, daß er nicht darüber reden wollte.

Als er herauskam, sagte er nichts, aber ich sah ihm an, daß es keine schlechten Neuigkeiten gab.

»Er sagt, daß die Flecken und Mücken im Auge eine Folge der Infektion sind, es sind Stückchen von abgestorbenem Gewebe«, sagte er, sobald wir die Klinik verlassen hatten. »Er sagt, daß die Krankheit geheilt ist.«

»Du bist ein freier Mann.«

»Ich hätte große Lust, in ein Restaurant zu gehen und richtig gut zu essen.«

Wir fuhren ins Krankenhaus zurück und sammelten seine Sachen zusammen. Patricia kam und schnitt ihm das Namensschild vom Handgelenk und sagte uns, seine Medikamente lägen für ihn abholbereit in der Krankenhausapotheke. Ich trug seinen Koffer den Korridor entlang. Wir fuhren im Taxi zu mir und gingen an den Malern vorbei, die gerade eben erst angefangen zu haben schienen, obwohl sie schon seit Tagen an der Arbeit waren.

»Du solltest ein paar von diesen Wänden einreißen«, sagte Pablo. »Die Zimmer vergrößern, die Wohnung von Grund auf verändern.«

»Ich dachte, das andere Haus gefällt dir besser.«

»Tut es auch. Können wir jetzt da hin?«

»Ich habe diesen Monat die Miete nicht bezahlt, aber ich kann ihm sofort einen Scheck ausschreiben«, sagte ich.

Ich hatte das Auto ein Stück weiter um die Ecke geparkt. Wir legten unsere Taschen in den Kofferraum und die Schachtel mit den Medikamenten auf den Rücksitz. Wir fuhren zum Haus, in dem John Evanson wohnte, und ich gab den Scheck in einem Umschlag beim Portier ab, und dann fuhren wir zum Jachthafen hinaus. Der Himmel war wolkenlos, und es versprach ein warmer Tag zu werden.

»Warum essen wir nicht zu Hause?« sagte ich. »Wir können unterwegs am Supermarkt anhalten.«

»Ich fühl mich angeschlagen«, sagte er. »Ich weiß nicht, ob ich zum Essen fit genug sein werde.«

»Versuchen wir's einfach«, sagte ich. Ich ließ ihn im Auto sitzen, während ich im Supermarkt Lebensmittel einkaufte.

»Ich werde so langsam wieder ans Arbeiten denken müssen«, sagte ich, während wir das letzte Stück zum Haus fuhren.

»Ich weiß«, sagte er, »ich muß auch ein paar Entscheidungen treffen. Aber das kann noch eine Minute warten. Ich werde mir genau überlegen, was ich tun soll.«

»Ich liebe dich noch immer«, sagte ich.

Er entgegnete nichts. Das Haus sah im Licht der Nachmittagssonne schön aus. Wir packten aus und gingen hinein. Ich öffnete eine Flasche Wein und schenkte ihm ein Glas ein, aber er konnte den Geschmack nicht ertragen. Ich goß ihm ein Glas Wasser ein, und wir prosteten einander zu. Er bat mich dazubleiben, während er einen Anruf machte. Ich sah ihm zu, wie er wählte; er rief San Francisco an. Er sprach mit Jack, aber er erzählte ihm nicht, daß er krank gewesen war oder daß ich krank gewesen war. Er sagte ihm, wir gingen davon aus, daß er uns besuchen käme. Er fragte Jack, wie es ihm ginge, und ich sah, wie sich sein Gesicht verfinsterte. Er reichte mir den Hörer, und ich sprach mit Jack, und er sagte, er fühle sich ohne Mart ziemlich verloren. Er habe geglaubt, auf seinen Tod vorbereitet gewesen zu sein, aber es sei alles viel schlimmer, als er es sich vorgestellt habe. Ich sagte ihm, er sei bei uns jederzeit willkommen, und gab Pablo den Hörer zurück.

Pablo sprach leise, als ob das, was er sagte, ein großes Geheimnis sei. Er erklärte, seine Mutter glaube, er sei in San Francisco und wohne bei Jack. Es sei unwahrscheinlich, daß sie sich meldete, sagte er, aber für den Fall, daß, sollte Jack sagen, Pablo sei gerade spazierengegangen, und ihn dann unter dieser Nummer anrufen, um ihn zu warnen, daß seine Mutter auf dem Kriegspfad sei. Pablo machte *wah-wah-wah*, wie ein Indianer in einem Wildwestfilm. Als er aufgehört hatte zu lachen, sagte er, vielleicht sollte er Jack nicht die Last aufhalsen, sich ein Alibi zur Beruhigung seiner Mutter ausdenken zu müssen, aber Jack schien zu sagen, das sei kein Problem. Pablo sagte, er würde sich bald wieder melden.

Er legte auf, und dann wählte er die Nummer seiner Mutter. Er erzählte ihr, es gehe ihm gut und er überlege sich, noch eine Weile länger zu bleiben, und er gab ihr Jacks Nummer. Er hörte geduldig zu, während seine Mutter sprach. Er sah mich an und machte eine Handbewegung, als dirigiere er ein Orchester. Er hörte noch eine Weile zu, und dann sagte er ihr, er müsse jetzt Schluß machen. Er legte den Hörer auf und streckte sich auf dem Sofa aus.

»Es ist bestimmt nicht richtig, was ich tue«, sagte er. »Früher oder später werde ich meiner Familie sagen müssen, daß ich krank bin, und dann wird es um so schwieriger sein. Versprichst du mir, daß du mir dann helfen wirst, das Ganze durchzustehen?«

»Ja«, sagte ich. »Das verspreche ich dir.«

Ich bereitete das Essen vor und sah ihm zu, wie er versuchte, etwas hinunterzubringen.

»Ich fand es grauenvoll im Krankenhaus«, sagte er. »Mir wird erst jetzt bewußt, wie grauenvoll ich es da fand. Wenn ich je wieder ein Essenstablett sehe, wird mir schlecht. Diese ganzen Ärzte und diese ganzen Korridore sind mir ein Horror. Ich gäbe sonstwas dafür, mir einbilden zu können, daß ich sie nie wieder werde sehen müssen, aber da besteht wohl keine Hoffnung.«

Wir gingen hinunter ans Wasser und sahen zu, wie zwei Halbwüchsige in einem kleinen Segelboot die Leinen losmachten und versuchten, das Segel zu hissen.

»Es ist schwer, sich vorzustellen, wie es wäre, sie zu sein«, sagte Pablo. »So jung und gesund zu sein, noch alles vor sich zu haben.«

»Der Dunkle gefällt mir«, sagte ich.

»Ja, mir auch.«

Wir setzten uns auf den Kai und sahen ihnen zu, wie sie sich mit dem Segel abmühten. Es war kaum ein Wind zu spüren, aber der Himmel füllte sich allmählich mit Wolken. Wir sahen auf das Wasser hinaus und schwiegen. Mir fiel auf, daß Pablo fröstelte. Wir standen auf und machten uns auf den Weg zurück zum Haus.

»Dann bleibst du also eine Weile?« sagte ich.

»Ja.« Er lehnte sich herüber und legte seinen Arm um mich. »Ich bleibe eine Weile. Ist das okay?«

»Ja, in Ordnung.«

Wir gingen ins Haus und schlossen die Tür hinter uns. Er bat mich, die Heizung anzudrehen, und sagte, er würde sich ein bißchen ins Bett legen. Vielleicht, sagte ich, könnten wir, wenn er sich gut genug fühlte, am Abend wieder in die Stadt fahren und ins Kino gehen. Vielleicht, sagte er, vielleicht machen wir das. Er sagte, ich solle ihn in ein bis zwei Stunden wecken, wenn er dann noch schlafe.

Patrick McCabe

Breakfast on Pluto

(Auszug)

»Kalt, nicht?« sagte ich und legte meine Hand auf sein Bein. »Du erinnerst mich an jemand«, sagt er da mit einem so reizenden breiten Lächeln, daß man denkt: »Da hab ich mir ja 'n richtigen Cary Grant angelacht, aber wirklich«, und wir zwei zermartern uns das Hirn, wer diese Person ist, an die ich ihn erinnere. Und was stellt sich heraus – er meint den unvergleichlichen David Cassidy! »So sollte ich dich nennen«, sagt er. »Mein kleiner David. Mein kleiner David Cassidy.« Nach seinem Namen habe ich ihn nicht gefragt, weil mich das nicht weiter interessiert hat, es sei denn, unser Verhältnis würde enger, er wäre mein Sugardaddy und würde mir als seinem Kätzchen eine Wohnung mieten. Was ich mir, das sei hinzugefügt, liebend gerne hätte gefallen lassen, denn das hätte mir wunderbar in den Kram gepaßt. Eine englische Ausgabe von Eamon Faircroft hätte ich '73, damals zu Beginn meiner Zeit in England, gut gebrauchen können – keine Frage. Dieser Gedanke ging mir im Kopf herum, als wir durch die nächtlichen Straßen Londons sausten – KÖRPER '72! NON-STOP AVANTGARDE NACKTSHOW! GODSPELL! PYJAMA TOPS! IM FÜNFTEN JAHR! DIE SWINGENDEN STEWARDESSEN! TECHNIKEN DER LIEBE! – »Ich frage mich, als was der wohl arbeitet, meine neueste Männerbekanntschaft!« Über eins habe ich mich gefreut – auf alle Fälle war er um einiges besser gekleidet als so mancher meiner früheren Kunden! Sich mit denen abgeben zu müssen war einfach ekelhaft! »Und ihr redet von den dreckigen Iren!« habe ich zu einem von denen gesagt. Dem seine Fingernägel! Ihr hättet's nicht für möglich gehalten! »Dreck! Wie ich den liebe!« sagt er. »Fick mich im dreckigsten Saustall, den du dir vorstellen kannst – ich werd quieken wie 'n Schwein!« Bei mir nicht!

Wie ich zu Silky sagte – so hieß er damals natürlich noch nicht! –, als ich ein bißchen näher heranrückte und ein bißchen die Nase kräuselte: »Du bist nett!«

»Meinst du wirklich?« fragt er da. Und ich nicke. Weil es einfach stimmte. Tadelloser Anzug, stahlgraues Haar und kein einziger Trauerrand unter den Fingernägeln. Und auch sonst kein Fitzelchen Dreck. »Hörst du gern Musik?« fragt er als nächstes, und ich sage: »Ja. Oh ja. Ich liebe Musik über alles.« Da sieht er mich an und lächelt. »Wunderbar. Ich nämlich auch. Da haben wir schon mal was gemeinsam.« Ich muß euch sagen – Silky gefiel mir immer besser. Und als just in diesem Augenblick »Stay With Me!« von Vic Damone im Radio kam – also, da muß ich ein bißchen zusammengezuckt sein oder vielleicht einen spitzen Schrei ausgestoßen haben, denn er fing an zu lachen und sagte: »Das gefällt dir wohl?« Da schlug ich die Augen nieder und antwortete: »Ja.«

»Ziemlich altmodisch für einen Jungen in deinem Alter, findest du nicht?« Worauf ich wiederum eifrig antwortete: »Oh ja!«

»Da haben wir ja schon wieder was gemeinsam!« sagte er und drückte leicht meinen Schenkel. »Auch ich liebe Vic Damone.«

Als wir durch die Nacht brausten – und zwar nach Norden, aber das wußte ich damals natürlich nicht, ich hatte ja keine Ahnung! –, war ich so was von glücklich, ich kann's euch gar nicht beschreiben! Plötzlich hatte ich das Gefühl, ich sehe alle Einwohner von Tyreelin auf dem Platz zwischen der Molkerei und den Tankzapfsäulen versammelt, wie sie sich vorbeugen, damit ich sie besser erkennen konnte.

»Erinnerst du dich noch an uns?« fragten sie, aber ehrlich, was konnte ich anderes tun als den Kopf schütteln? »Bedaure«, sagte ich, und da waren sie so traurig. Aber ich sagte zu ihnen: »So ist das Leben eben! Wir müssen alle mal was anderes machen!«

»Ja, ja! Die wahre Liebe!« sagte Silky jetzt. »Hinter der sind wir alle her! Und Vic – Junge, Junge, der Kerl weiß ein Lied davon zu singen. Findest du nicht auch, mein kleiner Freund?«

»Finde ich auch«, sagte ich, und mir wurde warm wie von einer Umarmung.

»Und Nat King Cole. The Gin from Ipanema – hmm?«

»Mm«, schnurrte ich.

»Bist du das kleine Mädchen? Bist du vielleicht das kleine Mädchen aus Ipanema?«

Wir lachten.

»Wie wunderbar, daß ich dich kennengelernt habe«, sagt er da und sieht mich an mit funkelnden Augen.

Wenn ich zurückdenke, muß ich Silky eines wirklich lassen. Wenn man ihn so reden hörte, konnte man ihn für einen Menschen halten, der jedesmal, wenn auf der Kinoleinwand irgendwas Rührseliges kommt, ganze Tränenbäche verschüttet, für den die Mißhandlung eines Tieres eine Tragödie allergrößten Ausmaßes ist. Was ja vielleicht auch stimmte! Daß es dir einen Kick verschafft, jemanden zu würgen, heißt ja noch lange nicht, daß du nicht auch eine menschliche, eine gütige, empfindsame Seite hast – vielleicht sogar erst recht!

Etwas anderes sah ich jedenfalls nicht in ihm, als wir so durch die Straßen kurvten. Vic war immer noch am Singen, und durch die geöffneten Fenster drang die warme Londoner Nachtluft herein. Draußen bunte Leuchtreklamen, und ich im Auto durchbraust von Gefühlswallungen. Ich war überwältigt von dem Gedanken: »Am Ende dieser Fahrt wird etwas ganz Besonderes passieren. Mein neuer Geliebter wird die Handbremse anziehen, und wenn wir aus dem Fenster schauen, werden wir etwas erblicken, das wie ein leuchtendes Licht aussieht. Dann wird er sich zu mir wenden und sagen: ›Wir sind da. Wir sind daheim.‹«

Was er auch tat, sobald er die Handbremse angezogen hatte – sich zu mir wenden, meine ich. Aber leider nicht, um von Liebe und Daheim zu sprechen! Obwohl ich das zuerst annahm, denn in seinen Augen stand so etwas wie echte Zuneigung, daß mir richtig jamjam zumute wurde. Besonders als er sagte: »Dann gefällt dir Vic also?«

»Oh ja!« erwiderte ich. »Er gefällt mir wirklich gut.«

»Warum?« fragte er, und zuerst wollte ich kichern, weil wir doch beide wußten, warum, aber dann erschauerte ich und schloß die Augen, weil es so aufregend war, bloß daran zu denken, und die Worte entschlüpften mir einfach so, und ich sagte: »Weil er so gut weiß, was es heißt, verliebt zu sein, und was die Liebe bei zwei Menschen bewirken kann, wenn sie einfach so tanzen, und alle anderen sind schon gegangen, und man hört nur noch die Geräusche der nächtlichen Stadt, bevor die Dämmerung anbricht ...«

»Zieh dich aus«, sagte er plötzlich, und ich muß gestehen, daß mich die schroffe Aufforderung leicht verblüffte. Aber ich zog meine Sachen trotzdem aus, so ordentlich und schicklich ich konnte – denn das wollte er (»Zieh dich aus, aber nicht so vulgär«, sagte er) –, und legte sie auf den Sitz neben mich. Habe ich schon gesagt, daß ihm das gefiel? Er konnte sich daran gar nicht satt sehen – an dem Häufchen Kleider (ausrangierte Glam-Rock-Klamotten von Oxfam, Oxford Street, leider! Ach, wie das Schicksal sich gewendet hatte! Aber es würde es auch wieder gut mit mir meinen – das wußte ich! Mein neuer Freund würde mir bestimmt in rauhen Mengen Bargeld schenken, das ich fröhlich zu Biba's fabelhafter Boutique tragen würde, um mir das Beste vom Besten auszusuchen!)

Und was diese besondere Entwicklung anging – eine Wende des Schicksals! –, sollte die Süße Muschi recht behalten! Freilich keine Wende zum Besseren, Süßer! Denn kaum hatte ich meine Goldkette abgelegt und mein langes braunes Haar zurückgeworfen, da langte er auch schon in seine Hosentasche und zauberte seine seidene Schnur hervor – obwohl ich nicht mit Sicherheit sagen kann, ob sie wirklich aus diesem Material gefertigt war. Das einzige, was ich mit Bestimmtheit sagen kann, ist, daß es sich um eine Art Ligaturfaden handelte, weich, aber nicht mehr, wenn man euch, so straff es geht, den Adamsapfel zuschnürt. Aus irgendeinem Grund sah ich genau in dem Augenblick, als er mich zu würgen begann, Charlie dastehen, wie sie ihr Halstuch flattern läßt und sagt: »Ich will euch ein Gedicht vorlesen. Es stammt von Adrian Henri aus Liverpool und geht so: ›Ich will / 2000 tote Vögel malen, gekreuzigt vor dem Hintergrund der Nacht …‹«

Wie ihr euch bestimmt vorstellen könnt, erblickte ich, als Silky String die Schnur straff zog, jeden einzelnen dieser albernen Vögel. »Dann glaubst du also an die Liebe?« fragte er – und hämmert zu allem Überfluß noch wie besessen mit seinem Dödel! »Dann glaubst du also an die wahre Liebe? Na, dann wollen wir sie mal ausprobieren! Dann wollen wir's mal probieren mit der wahren Liebe – mit der wahren Fickliebe, komm schon!« Er ließ mich kurz los, um die Musik aufzudrehen – kaum zu glauben, es war die Melodie aus Die Sommerinsel! –, und jetzt spielte sie so laut, daß ich nicht begreife, weshalb uns niemand gehört oder gesehen hat. Wahrscheinlich kannte er die Gegend gut – ich erinnere mich an die Hammersmith Bridge in der Ferne, aber offenbar war es eine Art ehemaliges Fabrikgelände –, und er wußte, was er sich herausnehmen konnte und was nicht. Zwar konnte ich nur wenig erkennen, so sehr quollen mir die Augen aus dem Kopf, aber draußen vor dem Fenster schien sich eine Müllkippe zu befinden. Ich hätte schwören können, daß eine Möwe vorübertrippelte. Aber vielleicht war es auch nur einer von Charlies imaginären Vögeln. »All die Dinge, die ich malen werde«, sagte sie, als Silky seine Zunge in meinen Mund steckte. Inzwischen war die Musik geradezu ohrenbetäubend, und warum mir ausgerechnet in diesem Augenblick ein Melodiefetzen aus South Pacific in den Sinn kam, weiß ich bis heute nicht, aber dann – und zwar genau in dem Augenblick, als er wieder diese verfluchte Schnur um meinen Hals zuzog – erscholl aus dem Äther wirklich Mitzi Gaynor, und vielleicht war ich deshalb beschämt, weil ihre Stimme so schön und rein klang. Als stünde sie, die Hände in die Hüften gestützt, mit hochgestecktem Haar dort am Strand und riefe: »Patrick – warum?« Ich weiß nicht, wie ich sein Ohr zu fassen kriegte, aber sobald es mir gelang, grub ich meine Zähne in sein Fleisch, so fest ich konnte. Was mir die Flucht erleichterte, war natürlich der Umstand, daß sein anderes Organ immer noch zustieß.

Im Geiste rief ich Charlie zu: »Du solltest ›einen blutpumpenden Lügner malen, gekreuzigt vor einem Hintergrund aus Müll‹!« Was er jetzt nämlich war, als er aus dem Auto taumelte und jaulte und brüllte: »Du verdammtes irisches Miststück, du! Ich bring dich um! Du verfluchte irische Drecksau! Meine Augen! Himmel, ich bin geblendet!«

Was gelogen war – er war überhaupt nicht geblendet. Meine Fingernägel hatten ihn überhaupt nicht richtig erwischt.

Was in aller Welt die sich gedacht haben müssen, die armen Autofahrer, die durch ihre Windschutzscheiben zusahen, wie ich mir mitten auf der Autobahn meine Kleider anzog, und die Augen quollen mir immer noch aus dem Kopf. Ich machte mir nur Sorgen, daß es so kommen würde wie in den Horrorgeschichten, wo du einem Irren entfliehst, und du kletterst zu einem netten Herrn ins Auto, der dich retten wird – und dann stellt sich raus, der ist noch wahnsinniger als der erste!

Glücklicherweise kam es aber doch nicht so. Er war superfreundlich, der Fahrer, ganz besorgt – und fuhr mich sogar zum Krankenhaus. Nur, daß ich, kaum daß er mich abgesetzt hatte, wie ein geölter Blitz davonraste, weil mir einfiel, daß man mir wahrscheinlich eine Menge Fragen stellen würde, etwa: »Wo arbeiten Sie?« Irgendwie glaube ich, daß die Antwort, die sie gerne gehört hätten, nicht gerade lautete: »Auf dem Fleischmarkt, Piccadilly Circus.«

Zum Glück waren meine Verletzungen doch nicht so schwer – bis auf den Schock, das muß ich sagen! Noch Tage danach wußte ich nicht, ob meine Beine aus Bindfäden waren oder aus Stroh oder was. Fest stand nur eins – aus Fleisch waren sie nicht! Ich war so high, ich hätte hinauflangen und mir ein oder zwei Planeten in die Tasche stopfen können. Meine Füße – Himmel noch eins, bald waren sie fünf Zentimeter kurz, dann wieder fast so lang wie die Straße! Ich ging die Straße entlang, lief und pfiff vor mich hin, als ich ihn plötzlich sah – Silky! Wie eine schaurige Ausgabe von Robert Redford stand er vor irgendeinem Laden und betrachtete die Auslage, oder er sah auf die Uhr, bevor er ins Taxi sprang. Ich war mehr als eine halbe Stunde gerannt, ehe mir der Gedanke kam, daß es vielleicht gar nicht Silky war. Ich würde ja wirklich gern sagen, daß die Zeit wie im Fluge verging und meine Wunden sich irgendwann schlossen. Aber ich fürchte, von jemandem wie Silky gewürgt zu werden – darüber kommt man nicht so leicht hinweg. Besonders wenn ihr euren Lebensunterhalt verdienen müßt und jedesmal, wenn irgend so ein Flötenhändler die Lippen an euer Ohr hebt und flüstert: »Ich liebe dich!«, es mit der Angst zu tun kriegt, daß ihr euch kurz danach auf einer Müllkippe wiederfindet. Um euch eine Vorstellung davon zu geben – ehe ich an dem Zaun gegenüber der Eros-Statue Stellung bezog, wog ich etwas über siebenundfünfzig Kilogramm; nach zwei Monaten Schwerstarbeit auf meinem Posten kaum noch fünfundvierzig! Ich begann ernsthaft über die Möglichkeit nachzudenken, daß ich eines Tages an diesem Zaun mein Leben aushauchen könnte und fertig! Einiges davon schreibe ich den Polizeischikanen zu – nicht zu vergessen meine alten Freunde, die IRA. Allmählich hatte ich von denen und ihren Mätzchen die Nase voll! Keine Nacht schien zu vergehen, ohne daß es hieß: »Räumen Sie die Straße! Wir fordern Sie auf, die Straße zu räumen!« Und dann: »Kannst du dich ausweisen? Laß dich mal anschauen, Pat!« Dann mustern sie dich von oben bis unten, zwinkern ihren Kollegen zu, stemmen die Hände in die Hüften und kommen dir mit Tänzelschritten. »Dann gibt's wohl bei euch zu Hause viele Schwuchteln, Pat? Sind doch nicht alles lauter mörderische Bombenleger?«

Wogegen du nicht viel einwenden konntest, sonst hättest du deinen Job verloren!

P. BRADEN, PICCADILLY BEGLEITSERVICE
BIS AUF WEITERES GESCHLOSSEN

Aber es war schon traurig. Keine Frage. Einmal, wir waren gerade fertig mit einer Stunde Flöten in einem geparkten Wagen in der Great Portland Street, kam wieder die knackende Durchsage: »Räumen Sie die Straße! Räumen Sie bitte die Straße!« Aber es war schon zu spät, und obwohl ich nur noch das Ende mitkriegte, war es immer noch so, wie man sich den Weltuntergang vorstellt. Auf einem Rettungswagen drehte sich das Blaulicht, die Toten wurden auf Bahren wegtransportiert, und eine Frau in zerrissenen Kleidern lachte unaufhörlich über einen Witz. Nur daß ihr niemand einen erzählt hatte. »Schaut mich an! Schaut mich an in meinen Fetzen!« sagte sie immer nur. Funkgeräte spritzten wie Fett in der Pfanne, und im Fernsehen konnten wir uns selber sehen. Das Ende der Welt, in den Hauptrollen P. Pussy und ganz England. Wie viele Leichen es waren, weiß ich wirklich nicht. »Die gehören aufgeknüpft, diese irischen Schweine, jeder einzelne von denen!« hörte ich eine Stimme neben mir sagen.

Ich saß gerne in durchgehend geöffneten Cafés, weil es da warm war und man mit einigem Glück Kundschaft fand. In solchen Nächten konnte man den Kaffee nicht schmecken. Man fühlte sich wie Hundekacke auf dem Bürgersteig, und gut gekleidete Bürger standen da und sagten: »Wer in aller Welt hat denn diese entsetzliche Sauerei hinterlassen?«

Einige Wochen nach der Geschichte mit Silky saß ich wieder in meinem Stammlokal und starrte hinaus in die Nacht – Cliquen wie aus Uhrwerk Orange, Skinheads und Hippy-Dealer drängten sich in Ward's Pub, die Theater spuckten Zuschauer aus, und die SKOL-Leuchtschrift ging an und aus, als ich plötzlich merkte, daß ich roch! Und nicht einfach nach Hundekacke – es war der Gestank einer ruhrkranken Töle. Wie sehr ich auch versuchte, den Gestank loszuwerden, er wurde immer intensiver. Am Ende war er so widerlich, daß ich völlig überwältigt war. »Du verschüttest deinen ganzen Kaffee, Kumpel«, sagte der Inhaber zu mir, und erst da merkte ich, daß sich auf dem Resopaltisch eine kleine Lache gebildet hatte, die in Tröpfchen auf meine stinkige, abgeschabte Samthose tropfte.

Dort lernte ich auch meinen Liebling Berts kennen – ach, göttlicher Bertie, ich liebe dich so, besorg's mir doch noch mal! –, obwohl, was ihn dorthin geführt hat, weiß nur Gott in Seinem Himmel! Ich meine, das war so ein Schuppen, wo sich allerlei nächtliches Strandgut hinverirrte – darunter viele meiner Landsleute, aber keine Chiffon wedelnden Pussys! Die vertrieben sich die Zeit damit, Dosen mit Holstenbier zu knacken, und wollten England abwechselnd in die Luft sprengen oder den Tod von Zivilisten vermeiden. Aber wenn aus der Jukebox Philomena Begley oder Larry Cunningham ertönten und Geschichten von Waisenkindern und Teddybären erzählten, dann fingen sie an zu flennen. Manchmal tanzten sie sogar miteinander, und zweifellos hättet ihr euch fragen können: »Verkehren in diesem Lokal doch mehr Pussys, als es zuerst den Anschein hat?« Obwohl man sagen kann, ja darauf bestehen muß, daß die Flötenhändler, die es gab, kein allzu großes Interesse hatten, bis knuffige Mama-Songs die Nacht erhellten: »One has hair of silvery grey, the other has hair of gold. One is my mother, God rest her, I love her, and the other is my sweetheart.« Da liefen ihnen die Tränen über die roten Backen! »Ich liebe meine Mami!« Natürlich liebst du sie, mein Allersüßester, aber tun wir das nicht alle? Aber deswegen zertrümmern wir doch nicht gleich ein ganzes Café! Wie Danny aus Donegal. »Ich schlag diesen Scheißladen kurz und klein! Wenn ihr noch mal behauptet, daß ich sie nicht liebe, lege ich den Laden in Schutt und Asche! Ich liebe sie mehr als jede andere, die je den Fuß auf diese Erde gesetzt hat! Habt ihr verstanden? Verdammt noch mal, habt ihr mich verstanden?«

Und dann schluch-schluch-schluchzt er in seinen Teller mit Pommes. Armer Danny aus Donegal! Armer einsamer Kerl! Seine Mama nichts als blanke Knochen auf dem Hügel!

Und ich saß da und dachte genau dasselbe! Aber nicht bei Mrs. Begley! Mir rollten bei Hawkwind und Silver Machine die Tränen über die Wangen, als ich an meine alten Freunde dachte. Auf kaffeefeuchtes Papier kritzelte ich Briefe: »Schreibt mir – London ist völlig durchgedreht! Manchmal geht's mir gar nicht gut! Ich liebe euch. Charlie, Irwin!« Und wenn ich nicht schrieb, dann dachte ich wieder an sie, die zu finden ich mein Leben gegeben hätte, an die unvergleichliche Eily Bergin. Oft konnte man mich schluchzen hören: »Wo bist du, Mami? Wo steckst du nur?«

Denn wie lange hatte ich nicht schon gesucht? Um ehrlich zu sein: seit dem Tag meiner Ankunft! Einmal – ob ihr's glaubt oder nicht – sah ich in einer vorüberfahrenden U-Bahn ein blasses Gesicht: »Das ist sie! Ich schwöre, sie ist's!«, denn wahrhaftig, sie hatte Ähnlichkeit mit Mitzi! Mit Mitzi, so wie sie jetzt, 1973, aussehen mochte! Wie viele Menschen in dieser übervollen Stadt? Zehn Millionen? Mehr? Wie lange braucht man, um seine Mami zu finden? Hat irgend jemand meine Mami gesehen?

Seht nur – da ist sie ja in der leeren Kirche. Wendet den Kopf, dich zu grüßen.

»Hallo, Paddy. Warum hast du mich so lange warten lassen?«

Da sagt »Ach«, das Dornenhaupt in die Höhe gereckt: »Ach! Hast du etwa geglaubt, das sei deine Mami?«

Und in einem Café natürlich auch! Man sah sie von der Straße aus, wie sie dasaß, die blassen Hände um eine Tasse geschmiegt.

»Mami!«

»Was erlauben Sie sich?«

Wie viele Male ist mir das passiert? Hunderte, ihr Lieben, Hunderte von Malen!

Ist es ein Wunder, daß einen da Bitterkeit überkommt, wenn man in den frühen Morgenstunden dasitzt und mit glasigen Augen vor sich hinstiert, während auf dem Bildschirm des tragbaren Fernsehers israelische Panzer durch die Wüste Sinai vorstoßen mit Maschinengewehrgeratter, daß es einem in den Ohren hallt.

Ich weiß wirklich nicht, was ich ohne den ollen Bertie Wooster und seinen Pfeifenkopf angefangen hätte!

Eins muß – was nutzt alle Täuschung? – von vornherein klargestellt werden: der arme alte Bertie hatte keinerlei Ähnlichkeit mit Marlon Brando (trügerische Hoffnung! Da käme schon eher Mr. Magoo in Frage!). Brando, der machte gerade seine Pariser Margarine-Mätzchen, und zwar im Odeon am Leicester Square. Das Plakat konnte man durch das Fenster des Cafés sehen, in dem jetzt – in seinem osterglockengelben Lambswoolpullover mit V-Ausschnitt und dazu passender Freizeithose (was für ein Aufzug!) – Berts, ein feiner Herr, saß. Ihm gegenüber Ihre Eminenz P. Pussy, die – es läßt sich nicht leugnen – dank einer vorübergehenden Schicksalswende recht begehrenswert aussah in ihrer farbenfrohen Patchworkjacke aus Wildleder und ihrem niedlich knappen T-Shirt mit dem scharlachroten Herzchen auf der linken Brust. Ganz zu schweigen von der ausgesprochen entzückenden Hose, wieder einmal aus Samt, und dem Gürtel aus schwarzem Lackleder mit der mächtigen Schnalle. Junge, Junge, war das wirklich Pussy? Mich dünkt, ja! Ähnelte sie mit ihrem kräftigen Lidschatten und ihrem frisch gefärbten Haar vielleicht gar Miss Lynsey de Paul? Aber ja, daran gibt's keinen Zweifel! Wenn sie am Piccadilly Circus arbeitete, wackelte sie im Takt zu Sugar Me! tatsächlich oft mit den Hüften – für geleistete Dienste, versteht sich!

Und jetzt sitzt sie ihrem allerliebsten Berts gegenüber. Einwandfrei nicht Marlon mit der Margarine – aber vielleicht jedermanns Lieblingsonkel. Der immer mit Geschenken kommt und nicht müde wird, alle Welt zu unterhalten, der dich mit seiner Blume, einem Scherzartikel, naß spritzt und ruft: »Ha ha! War nur Spaß!«, der sich in seinen Lieblingssessel – in dem er jedes Jahr sitzt – fallen läßt, allen Kindern um sich her die Haare zerzaust und sagt: »Na, was war denn in der Zwischenzeit los? Irgendwelche Dönkes für euern Onkel Bertie?« Und alle rufen: »Oh, Onkel Berts! Wie sehr wir ihn lieben!«

Außer natürlich, wenn er sich zu sehr betrinkt, wenn er anfängt, in der Ecke vor sich hinzuschluchzen, wenn er dahinwelkt wie eine riesige Osterglocke (Gelb war echt seine Lieblingsfarbe!) und sagt: »Keiner liebt mich, mein Leben ist verpfuscht.« Auf jeder Hochzeit hängt Onkel Bertie vollgetankt über dem Tisch, und alle versinken vor Scham.

Und jetzt war er schon wieder dabei, und noch dazu vor einem Wildfremden! Ach, Bertie Bertie Berts – was für ein Anblick nach fast einem ganzen Kasten Bier! Während es aus seinen Spinnenäuglein auf den Tisch tropfte, machte der Kronenkorken des Holsten Pils schäumend plok!

Doch kaum spielte die Jukebox – heureka! – seinen Lieblingssong, da wurde er wieder munter! Wie er sie verehrte, Peters and Lee! Was er vor versammelter Mannschaft natürlich lauthals verkünden mußte!

»Ich kann's nicht fassen! Er ist es! Mein Lieblingssong! Was für ein Zufall! Wirklich erstaunlich!«

Eigentlich war es unwahrscheinlich, daß der olle Berts aus heiterem Himmel beschloß, überfüllte Cafés mit einer Darbietung von Welcome Home oder irgendwelchen anderen populären Nummern zu unterhalten, doch genau in diesem Augenblick, am 11. August 1973 um drei Uhr morgens, hätte niemand, der versucht hätte, ihn daran zu hindern, auch nur das leiseste ausrichten können! Er bestand sogar darauf, daß seine neue Gefährtin – moi, versteht sich! – ihn zu einem Walzer aufs Parkett begleitete, zur großen Belustigung der versammelten Iren, Türken und anderen Arbeitsmigranten, die riefen: »Nimm die Pfoten weg!«, »Ihr zwei Ferkel!« und »Runter mit den Klamotten!«

Und Berts hauchte in Muschis zartes Ohr: »Welcome home! Welcome! Come on in and close the door!«

Später – viel später! (gerade setzten sich ächzend wieder die U-Bahn-Züge in Bewegung) – stellte sich bei einer beträchtlichen Anzahl Pils heraus, daß Berts eine Theorie hatte. »Hach!« heuchelte ich bewunderungswürdig. Ja, fuhr Berts fort, er habe nicht den geringsten Zweifel, daß dieses Lied, so wie es geschrieben sei, die Geschichte nur zur Hälfte wiedergebe.

Als er mir mit einem Ausdruck, den man, hätte man es nicht besser gewußt, für völligen und äußersten Wahnsinn der pathologischen und obsessiven Art hätte halten können, in die Augen starrte, nickte ich fieberhaft. Es hätte mich nicht im geringsten erstaunt, wenn sie das Café gestürmt und ihn auf Nimmerwiedersehen weggekarrt hätten. Besonders, als er mir mit dem Finger auf der Brust herumstocherte und klagte: »Und was ist mit der Inneneinrichtung? He? Mit den Tischen, Stühlen, Anrichten und so? Von denen erfährt man nichts, stimmt's? Oh nein!« Und dann fing er ohne Übergang wieder an zu singen (und was war er für ein Vortragskünstler! ich mache euch nichts vor!) und schlängelte sich zwischen den Tischen hindurch.

Welcome home! Welcome!
You've been gone too long.

Ich wäre fast vom Stuhl gefallen, als er sich mit Stielaugen zu mir beugte und fortfuhr:

Come on in, you're home once more!

Mit seiner makellos manikürten Hand schlug er auf die Resopalplatte.

»Du mußt was über die Inneneinrichtung erfahren, kapierst du? Und ich werde zusehen, daß du's tust! Oh ja! Ich hab nämlich meine eigene Band. Bin mein Leben lang im Showbusiness gewesen! Ich hab sogar schon was geschrieben! Jawohl! Welcome Home, Teil 2, könnte man's nennen. Willst du's hören, junger Freund?«

Bevor ich den Mund aufkriegte, leerte er strahlend seine Flasche, hüstelte höflich und begann der erwachenden Stadt vorzusingen:

Tables and chairs, pictures on the walls,
Come on in, right in through the hall!

Kaum zu beschreiben, der olle Berts, wie er dasitzt mit seinem Bier und sich hin und her wiegt wie ein Schnulzensänger in einem exklusiven Nachtklub, der im All verschüttgegangen ist.

»Jeden Sonntag morgen im Wheatsheaf – so verdiene ich mir mein Geld! Nur ich und mein gutes altes Keyboard, Patrick, mein Freund!«

Und dann wird Bertie doch tatsächlich mit einem Mal zudringlich! Fast außer Atem drückt er meinen Arm.

»Bitte! Bitte, komm doch mit und wohn bei mir!«

»Ach, ich weiß nicht so recht! Ein Mädchen muß an seine Zukunft denken, Bertie, Liebling!«

»Ich gebe dir alles, was du willst!«

»Wirklich?«

Die ungezogene Muschi, die die Männer abzockt!

»Bitte, sag doch ja – Louise wird nichts dagegen haben!«

»Louise?« japste ich. »Louise?«

»Ja! Du bist einfach mein Neffe!«

Ich mußte lange darüber nachdenken, ungefähr fünfzehn Sekunden lang, um genau zu sein! Schließlich kam ich zu dem Schluß, daß ich von Paddy Braddens Begleitservice mit Niveau, Piccadilly Circus, London W1 schon seit einiger Zeit ziemlich die Nase voll hatte, danke vielmals!

Einige Informationen über Charlie und Irwin, entnommen Charlies Briefen

Charlie und Irwin gehen die Straße entlang. Irwin schmollt, die Hände in den Hosentaschen, und von der Tankstelle bis zum Hühnerhaus wechseln die beiden kein einziges Wort.

Dann sagt Charlie: »Lüg mir nichts vor! Ich bin doch nicht bekloppt! Deine Scheißlügengeschichten nehm ich dir nicht ab!«

»Ich habe dir doch gesagt – bei Einsätzen mache ich nicht mit«, sagt Irwin. »Ich verkaufe die Republican News – was ist schon dabei!«

»Du bist ein gottverdammter Lügner, und wenn du mir nicht die Wahrheit sagst, mache ich Schluß mit dir!«

Was sie natürlich nicht tut, egal was er sagt. Aber er macht wirklich bei Einsätzen mit. Noch am Vorabend dieses Wortwechsels hat er zwei Freiwilligen geholfen, einen Sprengsatz zu basteln.

»Ist mir völlig schnurz, was du glaubst!« ruft Charlie. »Du hast nicht das Zeug dazu, jemanden umzubringen!«

»Was weißt du denn? Was, zum Teufel, weißt du schon, Charlie?«

Sehr viel mehr, jedenfalls über den »Freiwilligen« Irwin Kerr, als der zugeben wollte oder durfte!

Wie sich schon wenige Nächte später herausstellen sollte (kurz nachdem der junge McCarville, an eine Matratze gefesselt und mit einem fünfzehn Zentimeter langen Nagel im Kopf, den Fluß herabtrieb und beschlossen wurde, daß etwas geschehen mußte). Pferd Kinnane und Jackie Timlin schauten vorbei, und gemeinsam fuhren sie los, um den alten Anderson und seinen Sohn umzulegen, die sich, wie's der Zufall wollte, günstigerweise gerade in der Bibliothek aufhielten und irgendeine exotische Pflanze mit Pflanzenfutter besprühten, als die drei maskierten Desperados hereinstürmten. Den alten Knacker abzuknallen war leicht, aber sein Sohn (obwohl schon fünfzig Jahre alt) wehrte sich verbissen und wäre beinahe entkommen, wenn es dem Pferd nicht gelungen wäre, sich zwischen ihm und der Tür aufzupflanzen. Er schlug ihn zu Boden und schrie: »Leg ihn um! Leg ihn um, Kerr, du Blödmann, du!«

Irwin stand einfach nur da, machte sich vor lauter Angst in die Hosen – das tat er wahrhaftig, wie jeder mit Augen im Kopf an dem sich ausbreitenden Fleck im Zwickel seiner Hose erkennen konnte – und war mit seinen Gedanken weit weg; da stieß Jackie ihn schließlich beiseite, riß ihm die Knarre aus der Hand und jagte dem Mann drei Kugeln in den Schädel. »Kerr, du blöder Hampel! Du elender Sack, worauf wartest du! Wofür hältst du uns eigentlich? Wofür hältst du uns eigentlich?«

Irwin war sich nicht ganz sicher, wofür er sie hielt. Er wußte nur, daß von diesem Abend an nichts mehr so sein würde wie ehedem. Was stimmte. Die Bullen brauchten nicht lange, bis sie raushatten, wer dabeigewesen war, und von da hielten sie ihn jedesmal fest, wenn er über die Grenze kam. Zuerst ließ er sich nicht unterkriegen. Aber seine Zähigkeit hielt nicht lange vor, und als sie sagten, sie würden schon noch dafür sorgen, daß Charlie reingelegt und wegen Stoff belangt würde, da nahmen die Dinge eine andere Wendung. Besonders als sie sie tatsächlich anhielten und rätselhafterweise ein winziges bißchen Gras in ihrer Tasche fanden. Es war nichts, aber als sich das herumsprach, schämten ihre Alten sich in Grund und Boden. »Beim nächsten Mal«, sagten die Bullen, »sitzt sie in der Scheiße, Kerr. Es sei denn, du kommst allmählich zur Vernunft.«

Eins wußte er mit Sicherheit: Wenn er anfing, zur Vernunft zu kommen, dann saß er in der Scheiße. Aber er kam trotzdem zur Vernunft – weil er keinen Schlaf mehr fand und nicht richtig denken konnte. Meistens wußte er nicht mal, was er tat. Es war nur noch eine Frage der Zeit, bis er anfangen würde, zu singen wie ein Kanarienvogel. »Ich darf Charlie nicht verlieren«, sagte er immer wieder. »Wenn ihr irgendwas passiert …«

Aber zum Glück passierte ihr nichts, wegen seiner letztlich tragischen Bereitschaft zur Zusammenarbeit mit der Polizei. Es sah ganz so aus, als stünde ihr auf der Kunsthochschule eine phantastische Karriere bevor.

Jetzt kann ich sie endlich malen!

Als ich sie anrief, erzählte sie mir davon.

»Endlich, Patrick! Endlich kann ich die Scheißvögel malen! Zweitausend tote Vögel vor einem großen schwarzen Hintergrund!«

»Ich habe dir die Yes-Alben besorgt«, sagte ich ihr. »Sie sind auf dem Weg.«

»Du bist wirklich ein Schatz«, sagte sie. »Wie behandeln sie dich da drüben? Geht's schon besser?«

»Sie reißen mir den Arsch auf«, erwiderte ich.

»Du gerissenes Luder«, sagte sie und gab mir durch die Muschel einen Kuß.

»Viel Glück!« sagte ich und ließ mich wieder von der brandenden Menschenmenge verschlucken.

Ein Cockney läßt das West End hochleben

Es ist Samstag abend im ollen West End, stimmt's oder hab ich recht? Und ob ich recht hab, mein Junge! Guck dir die Typen an – die hauen vielleicht auf den Putz, und wie! Und was ist daran schon verkehrt, eh? Nichts! Aber auch rein gar nichts, Kumpel! Ist ja nicht so, daß sie nicht die ganze Woche verdammt schwer dafür schuften würden und sich dann aufdonnern und einen draufmachen. Guck dir die da drinnen an – hübsch, sag ich dir! – verdammt hübsch! – wie sie den Wein runterschütten und diese riesigen Steaks verschlingen! Sollen sie's doch gut haben, sag ich. Noch der letzte Blödmann! Da drinnen geht's verdammt weihnachtlich zu. Guck nur, wie sie das Zeug runterkippen und sich vor Lachen ausschütten wollen wegen irgend so 'nem schwachsinnigen Witz! Aber was soll's – ein Lacher ist ein Lacher, stimmt's? Wirklich, mir doch scheißegal worüber die Leute lachen – solange sie sich amüsieren, soll's mir recht sein! All die Lichter, die da ums Fenster rum leuchten – sieht verdammt einladend aus, nicht? Die wollen sagen: Brauchst nicht da draußen stehenzubleiben – komm doch rein, Keule – komm rein und setz dich zu uns!

BUMM!

Was zum Teufel war das denn? Meine Fresse! Das darf doch wohl nicht wahr sein! Dem armen Kerl läuft ja Blut übers Gesicht! Das ist wirklich eine Frechheit! Bomben in Restaurants werfen! Was bilden die sich ein, was sie damit erreichen, eh? Verfluchte Scheiße! Jetzt kommen sie alle rausgerannt – schreien und brüllen! So was sieht man sonst nur in 'nem gottverdammten Horrorfilm! Der arme Kerl hat nicht mal sein Steak in den Mund gekriegt, scheiße, dem hat's den Kopf weggeblasen! Diese Verbrecher! Ach nein! Nun guck dir bloß die kleine alte Dame an! Wo sind denn der ihre Beine? Nun sag schon! Wo sind die Beine von der Alten? Stimmt – sie hat keine mehr, oder? Weggesprengt bis auf die Stumpen – alles nur wegen diesen gottverdammten Paddys! Mensch, da reißt einem aber der Geduldsfaden, sag ich dir. Wir holen sie ins Land, geben ihnen Jobs, und was machen die? Sprengen einem den Schädel vom Leib! Im letzten Krieg waren sie aber nicht zu fleißig, wenn ihr euch erinnert! Verdammte Moosaraber! Tut mir leid, Keule, aber so denke ich nun mal! Was, wenn's meine Alte erwischt hätte – oder deine? Schickt sie alle zurück, sage ich. Zurück ins Torfmoor, wo sie hingehören!

Dermot Bolger

Journey Home

(Auszug)

Von diesem Zeitpunkt an fuhr Pascal Plunkett tagsüber selten irgendwohin, ohne daß ich ihn in seinem BMW chauffierte. In den Feldern jenseits von St. Margaret hatte er die Genehmigung erhalten, die Planung für den Bau zweier kleiner Häuserreihen voranzutreiben. Um dort hinzugelangen, mußte ich auf einen schmalen Feldweg abbiegen und den Wagen eine Schlammpiste hinuntersteuern, in welche die Reifenabdrücke von Planierfahrzeugen tief eingekerbt waren.

Wenn Plunkett in seinem Büro war, verbrachte ich meine Zeit außerhalb der Reichweite der Männer im Hof vor der Werkstatt und reinigte das Auto von den Dreckspritzern. Für ein paar Tage nahm ich mein Mittagessen immer noch dort in der Kantine ein, so daß mich eine Litanei von Geräuschen, wie eine leckende Zunge sie verursacht, verfolgte, sobald ich den Raum verließ. Doch zumeist aß ich an der Theke in Mother Plunkett's Cabin, während er als Ritual seine zwei Gläser Paddy pur aus der frisch aufgemachten Flasche neben sich trank, die er mit Wasser auffüllte, bevor er mit dem Geschäftsführer die Einnahmen der vorangegangenen Nacht durchging. Die Kneipe war in zwei Teile unterteilt: die Bar vorne war mit typisch irischen Steinplatten ausgelegt, und alte Schwarzweißphotographien von Kerry säumten die Wände; die Tür zum Saal mit der Bühne im Hintergrund hatte die Form eines Hufeisens, und der grüne Teppich hatte ein Muster aus goldfarbenen Cowboyhüten und Wagenrädern.

Ich war sicherlich der schlechteste Fahrer, den er sich hätte aussuchen können. Meine einzige Erfahrung hatte ich im Morgengrauen in Shays Triumph Herald gesammelt, und in diesen ersten Wochen ging der BMW wiederholt vor Ampeln aus, oder ich mußte zu guter Letzt aussteigen und ihn den Wagen in eine enge Parklücke fahren lassen. Meine Unerfahrenheit in allem amüsierte ihn: diese albernen Geschichten mit Rückwärtsfahren und Stehenbleiben waren die ersten Anlässe, bei denen ich ihn gutgelaunt erlebt habe. Ich beobachtete ihn immer im Spiegel, wie er mich schwitzen ließ, bis er sich dazu entschloß, mir zu zeigen, wie man es machte. Zu meiner Überraschung entpuppte er sich als guter Lehrer, war besser als Shay. Ich dachte dann an die Leute, mit denen er eine geschäftliche Verabredung hatte, die er warten ließ, während er vorne neben mir im Wagen saß, bis ich das Verfahren perfekt beherrschte. Zwei Wochen nachdem ich damit angefangen hatte, ihn zu fahren, kam ich aufgrund eines plötzlichen übersteigerten Selbstvertrauens mit zu großer Geschwindigkeit aus der Einfahrt zu Mother Plunkett's Cabin gefahren und mußte den Wagen mit einem Ruck in den Straßengraben steuern, um einem entgegenkommenden Auto auszuweichen. Ich brachte den Wagen mit quietschenden Reifen zum Stehen und blickte ängstlich in den Rückspiegel. Pascal Plunkett drehte sich voll Begeisterung nach dem wütenden Autofahrer um, der hinter uns angehalten hatte und gerade aus seinem Auto stieg. Er klopfte mir auf die Schulter.

»Guck dir den sauren Gesichtsausdruck von dem Arschloch an. Fahr los, kleiner Francy, und bleib diesmal auf der Straße.«

Auf dem ganzen Rückweg zur Werkstatt lachte er in einem fort in sich hinein und machte den empörten Gesichtsausdruck des Autofahrers nach, bis ich schließlich, als wir in den Vorhof fuhren, ebenfalls vor Lachen halb auf dem Lenkrad lag. Als er hineinging, wurde mir mit einem Frösteln bewußt, daß ich zum ersten Mal, seit ich für ihn arbeitete, meinen Vormittag genossen hatte.

Ich verbrachte weniger Zeit in der Werkstatt, und anderswo gewöhnten sich die Leute langsam an mich. In Plunkett Stores blickte ich den Geschäftsführer mit seinem Babyface finster an, der vor lauter Angst ganz nervös war, wenn ich da war, weil er sich davor fürchtete, daß ich mit Plunkett über ihn sprach. Eines

Abends erzählte mir meine Mutter, daß sie dort gewesen sei und er darauf bestanden habe, den Einkaufswagen für sie um die Regale zu schieben. Die Männer in der Kneipe und auf der Baustelle waren zwangloser, und ich begann mit einigen von ihnen Freundschaft zu schließen. Ich trieb den schüchternen, aber intensiven Flirt mit der Empfangsdame beim Auktionator voran. Der einzige Ort, den ich nicht mochte, war das Beerdigungsinstitut, wo an manchen Abenden, wenn ich hereinkam, meine Mutter von da, wo sie mit Eimer und Schrubber kniete, voller Stolz aufblickte. Mein Gehalt war besser als das im Büro für Wählerregistrierung, aber es reichte immer noch nicht dafür aus, daß sie die Arbeit aufgeben oder damit aufhören konnte, einmal pro Woche von seinem Büro zur Post und wieder zurückzugehen. Es war etwas, das sie nie erwähnte, obwohl ich einmal sah, wie sie auf der anderen Straßenseite darauf wartete, daß ich den Vorhof verließ, bevor sie sich heimlich in sein Büro schlich.

Manchmal umklammerte ich vor Ärger das Lenkrad seines Wagens, wenn ich mir den Gesichtsausdruck meiner Mutter an jenem Tag ins Gedächtnis rief; dennoch hatte ich auf eine seltsame Art und Weise begonnen, Pascal zu bewundern. Es war so, als wäre er ein reißender Strom und ich nicht stark genug, mich dagegen zu behaupten, von seiner Strömung mit fortgerissen zu werden. Seit der Konfrontation in der Kantine hatte ich alles getan, worum er mich gebeten hatte, ohne Fragen zu stellen, und im Gegenzug war er mir gegenüber niemals laut geworden. Ich sah eine Seite seines Charakters, die nur wenige Leute kannten. Während ich dahinfuhr, imitierte er mit bösartiger Genauigkeit jene Leute, die für seine Geschäfte verantwortlich waren. Ich sah, in welchem Maße er die Rolle weiterspielte, die andere ihm zugewiesen hatten. Er stürmte dann von der Baustelle, rief dem Polier aufgebracht etwas zu, schlug die Autotür zu und rief nach mir, um weiterzufahren. Wenn wir die geteerte Straße erreichten, blickte ich immer in den Spiegel und sah, daß er darauf wartete, daß unsere Blicke sich trafen, und seine Augen amüsierten sich lebhaft, als hielten sie nach Applaus für seine darstellerische Leistung Ausschau.

Er erwarb sich langsam mein Vertrauen, indem er mich in sein Imperium einführte und dafür sorgte, daß alle mich respektvoll behandelten. Ich war wie ein Fisch, der sich vorsichtig unter einem Felsen hervorwagte, und er war ein Angler, der mein Vertrauen erwarb und mich immer weiter hervorlockte. Ich hatte ihn einen Monat lang gefahren, als er mein nächstes Zugeständnis orchestrierte. Es war ein Morgen im März, und ich saß im Wagen und wartete darauf, daß er ein Treffen mit zweien seiner Leute, O'Brien und Flynn, zu Ende brachte. Sie arbeiteten mal hier, mal da für ihn, gelegentlich als Rausschmeißer im Abbey, mitunter sprangen sie sogar als Chauffeure beim Beerdigungsinstitut ein. Aber meistens kamen sie nur her und gingen nach ein paar Worten mit Plunkett wieder. Sie waren üble Burschen, mit denen ich kaum einmal ein paar Worte wechselte. Selbst mich im selben Raum mit ihnen aufzuhalten, machte mich nervös. Sie kamen aus der Werkstatt und waren in den Fond des Wagens geklettert, bevor ich mir klarmachte, was geschah. Ich drehte mich um.

»Du fährst uns heute, Francis«, sagte O'Brien. »Fahr da an der Ampel links ab und dann immer geradeaus.«

Ich fuhr in Richtung Ballymun und hörte mit einem Ohr zu, wie sie sich hinter mir über Fußball unterhielten und sich bewundernd über die Frauen auf dem Fußweg ausließen. An dem Kreisverkehr beim Einkaufszentrum sagten sie mir, ich solle auf die linke Spur fahren und dann abbiegen, über einen geschotterten Parkplatz, bis wir vor einem der Apartmentblocks anhielten.

»Braucht ihr lange?« fragte ich.

»Du kommst mit uns, Kleiner«, erwiderte O'Brien, und als ich zögerte, zog er mich halb aus dem Wagen.

Keiner von beiden sagte etwas, als wir im Korridor auf den Lift warteten. Zwei Frauen mit Kinderwagen kamen heraus, und wir gingen hinein. Es roch nach Urin, die Wände waren mit IRA-Losungen vollgekritzelt, und die plumpe Abbildung eines Penis war auf die Innenseite der Tür gemalt.

»Zeit, daß du dir deinen Lebensunterhalt verdienst, Kleiner«, sagte O'Brien. »Genau wie wir alle.« Er zog eine Pistole aus seiner Tasche hervor und drückte sie mir in die Hand. Ich zitterte so sehr, daß ich sie nicht festhalten konnte. Flynn bückte sich, um sie aufzuheben.

»Mir gefällt das nicht«, sagte er zu O'Brien. »Mit Kindern arbeiten. Dafür brauchen wir weder ihn noch ein Schießeisen.«

»Du kriegst dein Geld und du kriegst deine Anweisungen«, erwiderte O'Brien mürrisch und nahm mir die Pistole ab. Er nahm das Magazin heraus und zeigte mir, daß es leer war, packte meine Hand mit festem Griff und steckte sie mir zwischen die Finger. Der Lift hielt. Er schob seinen Körper vor mich, für den Fall, daß sich irgend jemand zeigte, und trat in den leeren Flur hinaus.

»Hör mir zu«, sagte er, »es wird niemandem was zuleide getan, wenn du keinen Mist machst. Du hältst sie einfach in deiner Tasche, so, daß sie die Ausbuchtung sehen können. Alles was du machen mußt, ist, an der Tür zu stehen und wie ein harter Bursche auszusehen – wenn das möglich ist. Wenn der Chef sagt, daß du mitkommen sollst, dann hat das nichts mit uns zu tun.«

Der Lift hinter mir schloß sich. Wenn ich gelaufen wäre, hätte ich ihn vielleicht noch erreicht. Aber ich lief nicht. Ich drehte mich um und ging zwischen ihnen her

Als die junge Frau auf sein Klopfen hin die Tür einen Spaltbreit öffnete, warf O'Brien sein ganzes Gewicht dagegen, so daß sie rücklings zu Boden fiel. Sie rappelte sich in ihrem Morgenrock auf. Sie sah aus wie zwei- oder dreiundzwanzig, immer noch hübsch, aber ihr Gesicht hatte seinen Reiz verloren wie ein Kuchen, der zu lange im Schaufenster gestanden hat. Ihr Mann saß in geripptem Unterhemd und Jeans auf dem Sofa, sein Schnurrbart ließ ihn älter erscheinen.

»Du meine Güte, Jungs«, sagte er. »Hättet ihr euch nicht jemand Reiches aussuchen können, um ihn auszurauben?«

Seine Frau wich zum Sofa zurück. Er stand auf und legte seine Hand schützend um ihre Schulter.

»Wenn's um Diebe geht, dann brauchst du nicht hier rüber zu gucken«, sagte Flynn. »Ich will nur einkassieren, was man uns schuldet. Frag deine Frau.«

Sie hielt den Kopf gesenkt, während ihr Mann sie ansah.

»Oh Gott«, sagte sie. »Oh Gott.«

»Was für Geld? Mein Gott, Maria, was für Geld schuldest du ihnen?« Jetzt schüttelte er sie durch. Sie machte sich frei und blickte ihm ins Gesicht.

»Mach deine Augen auf, Mick, ja? Was glaubst du, wo das Geld hergekommen ist, als Sharon krank war? Du hast immer nur gesagt, daß du wieder an die Arbeit gehst, wenn's dir besser geht. Es war nicht viel, Mick – nur dreimal ein Hunderter, als es uns schlecht gegangen ist. Erinnerst du dich daran, wie ich dir erzählt hab, daß die Fürsorge mir was gegeben hat, damit ich die Stromrechnung bezahlen kann? Die Arschlöcher haben mir nichts gegeben. Keinen Penny. Ich konnte nirgends anders hingehen. Es ist acht Monate her, seit du zum letzten Mal gearbeitet hast, Mick. Sie ist krank gewesen, du bist krank gewesen. Ich hab immer geglaubt, ich könnte es vom Haushaltsgeld zurückzahlen, wenn du deinen Job wieder hättest.«

Der Mann schien uns vergessen zu haben. Es sah so aus, als wäre er kurz davor, sie zu schlagen. Dann starrte er Flynn an.

»Ich hab das nicht gewußt, Kumpel. Ehrlich, hab's nicht gewußt. Ich hab einen Sturz hinter mir, von einem Baugerüst. Bin seitdem auf Invalidität. Ihr kriegt's zurück, jeden Penny. Sobald ich wieder hergestellt bin.«

O'Brien ging zu dem kleinen Laufstall in der Ecke hinüber, der ein paar Zentimeter von der Wand entfernt, die sich durch die Feuchtigkeit verfärbt hatte, aufgestellt war. Das kleine Mädchen darin blickte mit neugierigen braunen Augen zu ihm auf. Er sah mich an, als würde er auf ein Kopfnicken seines Chefs warten, dann hob er das Kind an einem Bein hoch. Er ging mit dem schreienden Kind zur Balkontür. Seine Mutter versuchte, zu ihnen zu laufen, aber Flynn stieß sie aufs Sofa zurück und zog eine Eisenstange aus seinem Mantel hervor. O'Brien drehte den Schlüssel im Schloß und trat hinaus ins Freie. Er hielt das vor Angst wahnsinnige Kind an einem Bein über den Balkon und sagte mit ruhiger Stimme:

»Ich zähl jetzt bis fünfzig. Danach braucht ihr euch keine Sorgen mehr zu machen, daß sie nochmal krank wird. Wenn ihr vom Sofa aufsteht, wird von eurer Tochter nicht mehr viel übrigbleiben.«

Die Frau schrie die ganze Zeit über den Namen ihres Kindes wie ein Gebet heraus. Der Vater saß nur da, die Hände über der Brust verschränkt wie ein aufgebahrter Leichnam. Ich griff nach der Pistole in meiner Jacke und lehnte mich an die Tür. Ich glaube, wenn ich versucht hätte, mich gerade hinzustellen, wäre ich umgefallen. Bei dreißig hörte die Frau auf zu schreien, wandte ihre Augen vom Balkon ab und starrte mich verzweifelt an. Ich wollte sie nicht ansehen, aber ich konnte meinen Blick nicht abwenden. Wir starrten einander an, während das Zählen weiterging, und unsere Augen waren voller Zweifel und Entsetzen. Sie flehte mich an, weil sie wußte, daß die beiden Männer keine Gnade kannten. Bei fünfzig schlossen wir beide die Augen. O'Brien kam in aller Ruhe wieder herein und setzte das Kind wieder im Laufstall ab.

»Morgen zwölf Uhr. Verspäten Sie sich nicht«, sagte er, während er zur Tür ging. Flynn folgte ihm. Die Frau hatte angefangen zu schluchzen. Die Männer verließen das Zimmer, ich war dageblieben und starrte sie an. Sie sah auf.

»Verschwinde!« schrie sie. »Mach, daß du wegkommst, du Mistkerl!«

Im Lift auf dem Weg nach unten sagte keiner ein Wort. O'Brien streckte mir seine Hand entgegen und nahm mir die Pistole aus der Jacke. Die Tür öffnete sich.

»Ein schmutziges Geschäft«, sagte Flynn, eher zu sich selbst. »Womit Plunkett auch immer beschäftigt ist, dazu braucht man kein Schießeisen und nicht halb so viel Gehabe.«

Ich hatte die Wagentür schon offen, als es mich überkam. Ich rannte zur Wand des Apartmentblocks hinüber und übergab mich heftig neben den Stufen. Die Männer warteten im Wagen. Meine Hände zitterten so sehr, daß ich einige Minuten brauchte, um den Motor anzulassen. Wir waren fast bei der Werkstatt, als O'Brien sagte:

»Ich hab selbst zwei kleine Kinder. Sie war nie an einem sichereren Ort als in meinen Armen. Selbst wenn er mir sagen würde, daß ich es machen soll, hätte ich sie nie fallenlassen.«

Als ich an diesem Abend nach Hause kam, ging ich gleich ins Bett. Meine Schwestern waren zu meiner Mutter umgezogen, meine Brüder in ihr Zimmer, und ich hatte die Rumpelkammer für mich. Ich konnte hören, wie die Kinder draußen auf der Straße spielten. Alles, was ich wollte, war schlafen, aufhören zu zittern und das Gesicht dieser jungen Frau vergessen. Ich kam mir dreckig vor, als wäre mein Körper von Lepra ausgezehrt. Wenn ich unter die Bettwäsche faßte, würde ich fühlen, wie sich meine Haut schälte und verfaulte. Ich wollte wieder in diesem Zimmer sein, immer noch diese Pistole in meiner Hand, nur daß sie diesmal geladen war; wollte sie auf O'Brien und Flynn richten; wollte zur Werkstatt zurückfahren, jene hölzernen Stufen hinaufsteigen und sie noch einmal auf die runzlige Haut in Plunketts Gesicht richten. Im Dunkeln konnte ich spüren, wie meine Finger auf den Abzug drückten, und ich konnte sehen, wie sein Kopf in Zeitlupe zerplatzte und die weiße Wand hinter ihm mit Blut bespritzte. Ich drückte immer wieder ab und konnte mich immer noch nicht sauber fühlen.

Ich bekam mit, daß meine Mutter draußen auf dem Treppenabsatz lauschte, weil sie sich darüber Sorgen machte, daß ich kein Abendessen gegessen hatte. Ich zog für den Fall, daß sie hereinkommen sollte, die Bettdecke übers Gesicht. Ich sagte mir, daß ich wählen konnte: Ich konnte aus dem Land fliehen, oder ich konnte zur Polizei gehen und alles erzählen. Aber ich wußte, daß das nicht ging, wußte, daß selbst das Pärchen in dem Apartment mich dabei nicht unterstützen würde. Und ich wußte, daß mich die Augen meiner Mutter und die Stimmen meiner Schwestern überallhin verfolgen würden, wenn ich wegging. Ich versuchte, mir die Gestalt ins Gedächtnis zurückzurufen, die mit Shay durch die nächtlichen Straßen gezogen war, aber es handelte sich um jemand, der sich so sehr von dem Menschen unterschied, der schwitzend im Bett lag, daß es zu schmerzlich war, daran zu denken. Ich erwachte am nächsten Morgen mit wundgeriebenen Augen und einem Gefühl, als würde sich mir der Magen umdrehen. Meine Schwester Lisa stand im Zimmer und hielt ein Frühstückstablett in Händen.

»Mami sagt, ich soll dir das geben und mich bei dir für das schöne neue Kleid und die Schuhe bedanken, die du mir gekauft hast. Na ja, sie hat sie gekauft, aber du hast sie bezahlt.«

Sie hielt inne und sah mich etwas genauer an.

»Deine Augen sehen richtig kränklich aus, wie die von einem alten Kerl.«

Ich zog mich an, vermied es, meiner Mutter über den Weg zu laufen, machte die Haustür leise hinter mir zu und ging zu Plunkett Motors.

Ich fuhr ihn, ohne daß einer von uns beiden etwas sagte, zur Baustelle und zur Kneipe. Um drei Uhr nachmittags kam Eddie heraus und sagte mir, ich solle ins Büro kommen. Pascal Plunkett hatte einen braunen Umschlag auf seinem Schreibtisch liegen. Er zählte zwanzig Zehn- und zehn Fünfpfundnoten ab und legte jeweils eine vor mich hin.

»Fall nicht auf rührselige Geschichten rein«, sagte er. »Das ist die erste Lektion. Man kann es immer auftreiben, wenn man dazu gezwungen ist. Das gehört dir, nimm dir's.«

»Ich will's nicht.«

»Du bist dabeigewesen. Du hast mitgemacht. Ob es dir gefällt oder nicht, Francy, du hast es dir verdient.«

Wir starrten einander an, wie in jenen alten Spielen im Wählerregistrierungsbüro, wo derjenige, der zuerst das Gesicht verzog, verloren hatte, nur daß es diesmal todernst war. Am Ende war ich es, der die Augen niederschlug und das Geld einsteckte. An der Tür drehte ich mich um und fragte voll Verbitterung, warum er, wenn er schon so ein harter Bursche sei, nicht die vollen Dreihundert zurückbekommen habe. Pascals Lachen war anders als das, das ich aus dem Auto her kannte.

»Hab ich doch, Francy, aber selbstverständlich hab ich ihr wieder fünfzig geliehen. Wir wollen doch einen guten Kunden nicht verlieren, oder?«

Er lachte immer noch, als ich die Tür zumachte. Später am Abend steckte ich die fünfzehn Pfund beim örtlichen Zeitungshändler in eine Sammelbüchse für alte Leute. Den Mädchen hinterm Tresen fehlten die Worte, aber es bewirkte nicht, daß ich mir auch nur ein bißchen weniger schäbig vorkam, als ich im Dunkeln zu dem Haus weiterging, das ich einmal Zuhause genannt hatte.

Zu Hause war ich noch schwermütiger geworden. Meine Schwestern begannen, mir aus dem Weg zu gehen, wo sie doch sonst immer auf meinen Schoß gehüpft waren, wenn ich zurückkam. Dann und wann traute ich mich wieder in die Kneipen und Billardhallen, über die Shay geherrscht hatte, aber ich fühlte mich nie wohl dabei, weil ich wußte, daß ich für die Leute dort Shays Freund war und sonst nichts. Manchmal spazierte ich einfach durch die Straßen; manchmal ging ich etwas trinken. Gelegentlich versteckte ich mich in Hauseingängen, um zu vermeiden, daß ich Leuten aus dem Wählerregistrierungsbüro über den Weg lief und über die Vergangenheit reden mußte.

Plunkett spürte, daß ich mich verändert hatte. Er wußte, wie sehr ich mich abgekapselt hatte. Ich begann es allmählich zu hassen, mich stundenlang von den anderen getrennt auf dem Hof vor der Werkstatt aufzuhalten, und war glücklich, als er eine flexiblere Vereinbarung vorschlug. Ich fing an, mittags zu kommen, um ihn zu Mother Plunkett's Cabin zu fahren. Oftmals fand ich mich nach der Tour zu den Grundstücken und den Besuchen in den Büros in der Stadt im Abbey wieder, eine Stunde bevor es zumachte, und ich trank etwas an der Bar, während durch die Saalwand die entsetzlichen Klänge eines örtlichen Talentwettbewerbs herüberdrangen. Mittlerweile hatte auch ich eine Aktenmappe bekommen und bewahrte Quittungsblocks und Rechnungsbücher darin auf, um ihn an sie zu erinnern. Aber im wesentlichen bestand meine Arbeit immer noch daraus zu fahren. Meine Arbeit endete jeden Abend damit, daß ich unsicher jene letzten zwei Meilen aufs Land hinausfuhr, und nachdem ich ihn bei seiner Eingangshalle abgesetzt hatte, kehrte ich durch dunkle, halbausgebaute Gassen zum Haus meiner

Mutter zurück und erwachte am nächsten Morgen mit einem Kater und schlechter Laune.

Während der Arbeitszeit saß Plunkett oft schweigsam im Wagen, aber abends wurde er durch die Trinkerei immer locker. Als ich ihn einmal nach Hause fuhr, kamen wir in eine Polizeikontrolle. Ich hatte ängstlich das Fenster heruntergedreht, weil mir bewußt war, daß ich seit acht Uhr abends mit Plunkett über einer Flasche Whiskey gesessen hatte, als er sich aus dem Fond nach vorn lehnte und mit einer kultivierteren Aussprache sagte:

»Sie halten den stellvertretenden Justizminister in Staatsgeschäften auf. Schreiben Sie sich die Dienstnummer des Polizeibeamten auf, Fahrer.«

Hinterher lud er mich noch auf einen letzten Drink zu sich ein und kicherte wie ein Schuljunge, während er die verlegenen und verschüchterten Entschuldigungen des Polizeibeamten nachahmte. Er hatte es fertiggebracht, genau wie der Minister zu klingen, und der Minister klang, wie ich herausfand, wenn er in Wut geriet, genau wie er. Obwohl Patrick Plunkett selten in die Werkstatt selbst kam, erschien er abends oft im Haus. Die beiden Brüder gingen dann immer in den Salon und ließen mich mit dem von der Regierung angestellten Fahrer in der Küche sitzen und dem leisen Stimmengemurmel lauschen.

Obwohl der Name des Ministers nie auf irgendwelchen Geschäftsdokumenten auftauchte, wurde mir klar, daß er an allen Unternehmungen Pascals stiller Teilhaber war. Während ich in jener Küche saß und darauf wartete, daß sie herauskamen, begann ich mir aus dem, was ich dort gehört hatte, und aus dem, was mir meine Mutter erzählt hatte, einen knappen Lebenslauf der beiden zusammenzureimen.

Patrick war zwei Jahre lang beamteter Lehrer in der Vorstadt gewesen, als sein älterer Bruder in den frühen Sechzigern mit Kapital und Ehrgeiz aus England zurückkehrte. Bald ließ er Patrick Konversationslexika an die Eltern seiner Schüler verkaufen, wobei er deren familiärem Hintergrund nachging, um Pascal Hinweise für seine neue Beschäftigung des Haus-zu-

Haus-Verkaufs zu geben. In jenen Tagen waren die beiden Brüder unzertrennlich. Obwohl Pascal ein Jahr älter war, sagte meine Mutter, hatten sie ausgesehen wie Zwillinge. Beim Tanzen hatten die Mädchen Schwierigkeiten, sie auseinanderzuhalten. Aber bald waren sie kaum noch beim Tanzen anzutreffen. Sie zogen bei einem alten Junggesellen in der North Road ein, wo das Licht im Wohnzimmer immer brannte, egal wie spät man an dem Haus vorbeikam.

1966 hatte Pascal die Reparaturwerkstatt eröffnet und andere gefunden, die an seiner Stelle von Haus zu Haus zogen. Mit dem fünfzigsten Jahrestag des Osteraufstands in jenem Jahr machten sie ihr Glück. Aus Mayo, wo er geboren war, zerrten sie ihren Großvater, Eoin, der während des Aufstands achtunddreißig gewesen war und jetzt achtundachtzig war, ans Licht der Öffentlichkeit. Sie führten ihn in den Siedlungen umher, damit er mit den Leuten zusammentraf. Eines Abends, als wir uns heftig betranken, gab Pascal mir eine Beschreibung von ihm. Eoin war 1916 nach Dublin gekommen, um nach Arbeit zu suchen, und hatte sich Connollys Leuten erst am Morgen des Aufstands angeschlossen. Er war an der Seite seines neuen Führers geblieben und half sogar, Connolly hinunterzutragen, nachdem er auf dem Dach des Hauptpostamtes erschossen worden war. Bevor er in Dublin angekommen war, hatte er von nichts eine Ahnung gehabt, aber er kam als überzeugter Sozialist aus dem Internierungslager in Wales zurück. Sechsmal im Unabhängigkeitskrieg verwundet, war er nicht gestorben. Pascal wiederholte das immer wieder voll Bitterkeit. Ich glaube, er spürte, daß sie beide einen Sitz im Parlament haben könnten, wenn sein Großvater nur getötet worden wäre.

1923, als alles vorbei war, war er immer noch Sozialist und trat auch immer noch als einer auf. Widerwillig verlieh man ihm Orden und gewährte ihm zu guter Letzt eine Pension, aber als Jobs und die Macht verteilt wurden, war er nicht dabei. Zur Zeit der Graltan-Affäre in Leitrim war auch er von der Kanzel herunter als Bolschewik denunziert worden. Graltan hatte sich auf der Flucht oftmals in seinem Haus versteckt, und als er nach

Amerika deportiert wurde, riefen die Zeitungen laut danach, Eoin Plunkett gleich mitzuschicken. Er überstand die Angelegenheit, weil die Aura der Heiligkeit um seinen Orden aus dem Osteraufstand ihn schützte, bis die Einheimischen eines Nachts sein Haus in Brand steckten. Die Mutter der beiden Brüder war bei der Geburt Patricks gestorben und ihr Vater hatte sie zu Eoin gebracht, damit sie bei ihm lebten. Nach dem Brand verwünschte ihr Vater Eoin, schnappte sich den einzigen Koffer und ging nach England. Die Söhne hörten nie wieder etwas von ihm. Eoin brachte sie zu seiner Schwester in Kerry, nicht weit von da, wo mein eigener Vater geboren wurde, ließ sie dort und wurde festgenommen und nach Hause geschickt, als er versuchte, an Bord eines Schiffes zu gehen, um sich der Internationalen Brigade in Spanien anzuschließen. 1939, als seine Enkel langsam auf die Zwanzig zugingen, kam die Polizei erneut, um ihn abzuholen. Als der Frieden verkündet wurde, kam er, ein grauhaariger Mann von sechsundsiebzig Jahren, aus dem Internierungslager Curragh.

Die beiden Brüder verübelten ihm immer, daß sie in Armut aufgewachsen waren, als ihnen bewußt wurde, wie leicht es für Eoin gewesen wäre, sich einen gutbezahlten Platz zu sichern. Er konnte kaum noch laufen, als sie ihn gegen seinen Willen wieder in die Stadt brachten, aber sie erkannten schnell, wie sehr er ihre neuen Betätigungen verachtete. Schließlich nahmen sie ihm aus Verzweiflung jeden Abend, bevor sie ihn auf ihre Runde durch die Siedlungen mitnahmen, sein Gebiß heraus, so daß die Leute seine Tiraden gegen die Bequemlichkeit des neuen Staates versehentlich für die normalen Liebesbezeugungen hielten, die sie erwarteten.

Sie brachten ihn zurück nach Hause, als der Wahlkampf sich dem Ende näherte, und bei der nächsten Wahl schlüpfte Patrick Plunkett auf den letzten Sitz in der zwölften Auszählung. Eoin starb, als in Derrys Straßen die ersten Bomben explodierten. Man vergaß, die Trikolore von seinem Sarg herunterzunehmen, als man ihn hinabließ, und schaufelte die Erde darauf. Der örtliche Geistliche verlangte noch am Totenbett, daß er konvertieren solle. Ich fragte mich immer, ob er ihm vorher die Zähne mit Gewalt herausgenommen hatte.

Im April berief die Partei eine außerordentliche Parteiversammlung ein, die Anlaß zu der Vermutung gab, daß vorgezogene Wahlen abgehalten werden sollten. In letzter Minute wurde Patrick Plunkett von der Rednerliste gestrichen. In dieser Nacht, nach der Rede des Parteivorsitzenden, kam er zu Pascal. Ich konnte sehen, daß er sich heftig betrunken hatte. Die beiden Brüder zogen sich in den Salon zurück und murmelten wütend alles mögliche vor sich hin. Nach einer Stunde kam Patrick aus dem Salon und sagte seinem Fahrer, er könne fahren. Durch die offene Tür konnte ich hören, wie Pascal am Telefon mit jemandem eine Wette abschloß. Ich hatte seit Stunden untätig in der Küche herumgesessen und wartete darauf, daß man mir sagte, daß ich nach Hause fahren könne. Als ich hörte, daß der Hörer wieder aufgelegt wurde, griff ich nach meinem Mantel und zog den Reißverschluß zu, da kam Pascal herein.

»Du arbeitest heute nacht länger, Hanrahan«, sagte er so schroff wie immer, wenn sein Bruder dabei war. »Fahr uns in die Stadt zurück.«

Ich konnte den Whiskey im Fond des Wagens wie eine Fieberkrankheit riechen, während ich fuhr. Es war nach ein Uhr, als wir dort ankamen, die Straßen waren nahezu menschenleer, die Hamburger-Läden waren geschlossen, und die Nachtklubs wirbelten Musik nach draußen. Wir fuhren an der Liberty Hall vorbei, überquerten den Fluß und fuhren den Burgh Quay entlang. In der Nähe der öffentlichen Toiletten gaben sie mir ein Zeichen anzuhalten. Drei Jugendliche lehnten an der Kaimauer und hielten nach Männern Ausschau, offensichtlich, um sich zu verkaufen. Der Älteste mochte sechzehn sein. Ich konnte spüren, wie die beiden Brüder sie anstarrten, bevor sie mich mit einem Wink aufforderten weiterzufahren.

Vielleicht war es vor fünfundzwanzig Jahren unmöglich gewesen, sie auseinanderzuhalten, aber die Vorbereitung auf die politische Macht hatte Patrick den oberflächlichen Glanz eines Mannes von Welt verliehen, der sich nicht mit der instinktiven, rohen Gewalt seines Bruders vereinbaren ließ. In jener Nacht jedoch, als sie teilnahmslos hinter mir saßen, war es so, als wäre der Glanz verschwunden und sie wären wieder eins. Ich fuhr langsam, mit einem Gefühl von Übelkeit in der Magengrube, an den Kaianlagen entlang und durch enge Gassen, in denen schmutzige Kinder sich mit Tüten voller Klebstoff und mit Plastikflaschen voller Apfelwein in Gruppen zusammendrängten. Einige spuckten auf den langsam fahrenden Wagen, andere schauten mit stummer Gleichgültigkeit herüber. Keiner von den beiden Männern sagte etwas, das über die Instruktionen, langsamer oder schneller zu fahren, hinaus ging. Dann und wann fuhren wir mit der Geschwindigkeit eines Beerdigungszuges, und jene schwach beleuchteten, engen Gassen hätten die geisterhafte Erscheinung irgendeiner Totenstadt sein können. Dunkle Gassen mit kaputten Straßenlaternen, die Baufälligkeit der Gebäude, ein Teppich aus Glasscherben und Präservativen, aus Papptellern und Plastikschachteln, und, von den Scheinwerfern aufgestöbert, die zusammengekauerten Gestalten von Kindern und Landstreichern, die in Decken gehüllt oder unter Pappkartons herumlagen und die Hände erhoben hatten, um sich gegen das blendende Licht der Scheinwerfer zu schützen.

Zweimal hielten wir auf unserem Weg durch eine Gasse zwischen der alten Kathedrale und den häßlichen, gedrungenen Bunkern der städtischen Behörden da an, wo eine Gestalt herumlag, dann gab man mir die Anweisung stehenzubleiben. Patrick Plunkett war in einen alten Mantel und Hut eingepackt. Im Halbdunkel des Wagens hätte er jede beliebige Person sein können. So muß der Tod aussehen, wenn er dich holt, dachte ich, während ich ihn im Spiegel beobachtete, eine schwarze Gestalt ohne Gesicht. Pascal stieg aus und ging auf den Jugendlichen zu, der auf dem Boden lag und versuchte, sich aus dem Staub zu machen, als Pascal sich hinunterbeugte, um mit ihm zu reden. Er war vielleicht achtzehn. Ich sah, wie er mehrmals den Kopf schüttelte, bevor Plunkett zwei Zwanziger und eine Zehnpfundnote aus seiner Brieftasche zog, die er in die Luft hielt und dann sorgfältig wieder zwischen die anderen Geldscheine steckte. Beide schwiegen einen Augenblick lang, bevor der Jugendliche aufstand und die Decke unter seinem Arm faltete. Plunkett packte ihn an der Schulter, und der Junge wandte sich, nachdem sie kurz miteinander verhandelt hatten, um und versteckte die schmutzige Decke sorgfältig hinter irgendwelchen Trümmersteinen in der Gasse.

Er setzte sich zwischen die beiden Brüder auf den Rücksitz. Ich konnte an seinem Gesicht im Spiegel erkennen, wie sehr er sich fürchtete. Er wollte ihnen Fragen stellen, aber er war von dem Schweigen der beiden Brüder zu sehr eingeschüchtert. Gelegentlich murmelte Pascal dem Jungen etwas zu und beruhigte ihn, wie man es bei einem in die Enge getriebenen Tier tun würde, oder er rief mir zu, in welche Richtung ich fahren sollte. Ansonsten fuhren wir schweigend dahin.

Ich hatte bis zu jener Nacht gedacht, daß ich den nördlichen Teil der Grafschaft Dublin kannte. Ich weiß, daß wir in der Nähe von Rolestown entlangfuhren, und einige Zeit später sah ich kurz ein Hinweisschild nach Naul, aber im allgemeinen waren die Wege, auf denen wir fuhren, zu schmal, um mit Hinweisschildern ausgestattet zu sein. Zwei Autos hätten darauf nicht aneinander vorbeifahren können, und ich mußte mich an dem erhöhten, mit Gras bewachsenen Streifen in seiner Mitte orientieren, um den Weg zu finden. Jedesmal, wenn er allmählich zu Ende zu gehen schien, änderte er nur seine Richtung. An einem Scheideweg tauchten zwei andere Scheinwerfer auf und begannen uns zu folgen, und das wiederholte sich mehrmals, bis auch wir eine Prozession von Rücklichtern einholten, welche vor uns durch die Dunkelheit zog.

Die Autos verringerten ihre Geschwindigkeit, bis sie fast zum Stillstand kamen, und wir bogen vom Teerbelag ab und holperten über Kies und dann Gras. Auf dem Feld, das vor uns lag, wurde von den Scheinwerfern der geparkten Wagen ein beleuchteter Halbkreis gebildet. Wir nahmen unseren Platz ein, und diejenigen weiter hinten folgten uns, bis in groben Umrissen ein Kreis aus strahlendem Licht vollendet war. Männer standen auf dem Gras herum. Patrick Plunkett sprach mich zum ersten Mal an, seit wir die Stadt verlassen hatten.

»Steig aus!«

Er kletterte auf den Fahrersitz und setzte die Chauffeurmütze aus dem Handschuhfach auf, die zu tragen ich niemals aufgefordert worden war. Er zog die Tür zu und richtete seinen Blick durch die Windschutzscheibe auf das niedergetrampelte, von Scheinwerfern beleuchtete Gras. Pascal war ausgestiegen und stellte sich mit dem Jungen, der jetzt mit freiem Oberkörper dastand und zitterte, neben den offenen Kofferraum. Pascal rieb die Brust des Jungen mit der Flüssigkeit aus einer Flasche ein. Er gab sie mir zusammen mit einem Schwamm und einem Plastikkanister voll Wasser, legte dann seine Hand auf die Schulter des Jungen und führte ihn in den Kreis hinüber. Ich sah, wie von der anderen Seite des erleuchteten Rings ein zweiter Jugendlicher herangeführt wurde, der aussah, als hätte er genausoviel Angst wie der erste. Ich kannte den Mann neben ihm: einen Fischgroßhändler namens Collins aus Swords, der gelegentlich geschäftlich mit Plunkett zu tun hatte. Er rief spöttisch herüber:

»Ist das alles, was du aufbieten kannst, Plunkett? Da muß eure Stadt da drüben aber mit verdammten Schwächlingen bevölkert sein.«

»Bist du sicher, daß tausend Pfund dich nicht ruinieren, Collins?« rief Plunkett zurück. »Ich weiß, daß das für einen kleinen Mann wie dich ein Haufen Geld ist, wenn du verlierst.«

Die zwei Jungen musterten einander, ohne Hoffnung, eine Abmachung zwischen sich treffen zu können. Aber selbst wenn sie versucht hätten wegzulaufen, wären sie von den dicken Männern, die im Kreis um sie herumstanden, in den Ring zurückgestoßen worden. Ein Ringrichter, der sich seiner Jacke entledigt hatte, krempelte sich die Ärmel hoch.

»Wo haben Sie ihn aufgetrieben?« fragte er Plunkett.

»Hinter der Christ Church.«

»Und Ihrer?« Er wandte sich an Collins.

»Ein Rumtreiber. Hat in der Nähe vom Stadtrand kampiert.«

»Fünfzig Pfund für den Sieger dieses Boxkampfs. Ich will jetzt fünfundzwanzig von jedem von Ihnen haben.«

Er wandte sich den Jungen zu.

»Nichts für den Verlierer. Habt ihr verstanden? Es darf nicht getreten werden, ihr kriegt eine Pause, wenn ich es euch sage, und der erste, der aufgibt, hat verloren. Ihr habt jetzt fünf Minuten Zeit.«

Wir gingen zum Kofferraum des Wagens zurück. Plunkett legte dem Jungen eine Jacke um die Schultern und gab ihm Anweisungen, wie er sich bewegen und wie er schlagen sollte. Zwei Männer kamen zu uns herüber, und er ging ihnen entgegen, um mit ihnen Wetten abzuschließen. Der Junge starrte mich die ganze Zeit über an, als wäre ich sein Gefangenenaufseher. Ich wollte ihm sagen, daß er wegrennen solle, aber ich hatte zu viel Angst, weil ich befürchtete, daß ich, wenn er sich davonmachte, an seiner Stelle in den Ring gestoßen würde. Der Preis für den Gewinner betrug weniger als die kleinste der Wetten, die um mich herum abgeschlossen wurden. Das Gelächter und das Geschrei gingen langsam, als hätte es ein unhörbares Signal gegeben, in eine erwartungsfrohe Stille über. Plunkett kam zurück und stieß den Jungen vor sich her.

»Fünfzig Pfund, mein Junge. Fünfzig Piepen auf die Hand. Laß mich jetzt nicht im Stich.«

Ich ging hinter ihnen her und bemerkte, daß Patrick den Wagen verlassen und sich unbeobachtet ein paar Schritte von den anderen entfernt aufgestellt hatte. Ein Mann torkelte zu mir herüber, bot mir einen Schluck Southern Comfort an und klopfte mir auf den Rücken.

»'n guten Mann habt ihr da«, schrie er mir ins Ohr. »Ich hab hundert auf euren Mann gesetzt, aber ihr müßt aufpassen, das Zigeunerpack kennt 'ne Menge schmutzige Tricks.«

Als die beiden Jungen den Ring betraten, hob ein Geschrei an. Sie umkreisten einander vorsichtig, während der Ringrichter sie ermunterte, aufeinander loszugehen. Mehr als eine Minute lang tänzelten sie umeinander herum, die Fäuste geballt und vor dem Kopf, und bissen sich vor Nervosität auf die Zunge. Die Leute fingen langsam an, sich darüber aufzuregen, daß nichts passierte. Sie beschimpften die Boxer und bezeichneten sie als Feiglinge. Daraufhin duckte sich der Zigeuner tief herunter, um nahe an seinen Gegner heranzukommen, und schwang seine Faust nach oben. Er traf den Jungen über dem Auge, als der in der Rückwärtsbewegung war und unkontrolliert nach dem Zigeuner schlug, der aus seiner Reichweite tänzelte. Es hatte angefangen.

Es gab keine Handschuhe, keine Drei-Minuten-Runden, und beide Boxer schlugen und klammerten, während die Männer um sie herum auf sie einschrien, bis der Zigeuner nach fünf oder sechs Minuten von einer Reihe von Schlägen erwischt wurde und zu Boden stürzte. Ich erwartete, daß der Ringrichter ihn anzählen würde, aber Collins zog ihn einfach hoch und wischte ihm kurz mit dem Schwamm übers Gesicht. Plunkett schnappte sich das Wasser von mir und setzte es dem Boxer an die Lippen.

»Nicht runterschlucken, nur ausspülen«, sagte er. »Es wird eine lange Nacht werden.«

Dann wurden sie wieder in den Ring gestoßen, um in einem ungestümen Aufeinanderprallen von Schlägen und Kopfstößen ohne jegliche Grazie weiterzukämpfen. Beide bluteten stark im Gesicht. Immer öfter gingen sie jetzt zu Boden, so daß der Kampf für ein paar Sekunden unterbrochen werden mußte. Nach einer halben Stunde unterlief der Zigeuner die Abwehr seines Gegners und ließ die Schläge gegen dessen Brustkorb prasseln. Er machte ein paar Schritte zurück, und der Junge fiel hin und lag zusammengekrümmt auf dem Boden. Er versuchte, unten zu bleiben, als Plunkett ihn wieder hochzog.

»Meine Rippen, Mister, sie sind gebrochen, gebrochen.«

»Mach, daß du wieder da reinkommst. Ich hab Geld auf dich gesetzt. Mach das Arschloch fertig, oder sie müssen dich von hier in einer Kiste wegtragen.«

Der Junge stolperte vorwärts und hielt sich dabei mit einer Hand die Seite. Jetzt wurde massenhaft Geld auf den Zigeuner gesetzt. Er kam näher und grinste aus dem blutverschmierten Gesicht, weil er spürte, daß seine Qualen bald vorüber waren, aber als er mit seiner Faust zum Schlag ausholte, traf ihn der

Junge mit seinem Stiefel genau in die Eier und, als er auf die Knie niedersank, noch einmal ins Gesicht. Aus Empörung wäre es in der Menge um mich herum fast zu einem Tumult gekommen, weil das gegen ihre Vorstellung von Fair play verstieß. Beide Jungen knieten auf dem Boden, während der Ringrichter sich Plunkett zugewandt hatte und schrie:

»Wenn das nochmal vorkommt, Plunkett, dann geb ich den Kampf an Collins. Haben Sie das gehört?«

Der Junge stand widerwillig auf und blickte zu mir herüber. Ich senkte meinen Blick und ging auf das zu dem Feld führende Tor zu. Ich konnte es nicht länger ertragen, dabei zuzusehen. Nach Süden hin waren die Lichter der Stadt als ein orangefarbenes Leuchten am Himmel zu erkennen. Der Wind blies mir ins Gesicht. Ein Baum stand einsam und verlassen am Straßengraben. Ich drückte mein Gesicht gegen seine kalte Rinde und erinnerte mich plötzlich an die Geschichte der alten Frau von den Eichen in ihrem Wald, die sie, immer wenn sie sich in einer Lebenskrise befand, mit den Armen umfing, um Kraft zu schöpfen. Ich schloß die Augen und ich konnte sie vor mir sehen, nicht als jenen hochbetagten Menschen, den ich verlassen hatte, sondern als junge Mutter, die im frühen Morgenlicht zwischen Bäumen umherlief. Ich sah sie so deutlich vor mir, als wäre ihr Bild immer in meinem Innern verschlossen gewesen, als wäre sie ein Teil jenes anderen Ichs, an das zu denken ich mir nie erlaubte. Ich wollte ihn zurückhaben, diesen Menschen, in den ich mich fast verwandelt hätte – in ihrem Wohnwagen, in dem Apartment mit Shay. An dem Geschrei hinter mir erkannte ich, daß der Zigeuner es zu Ende brachte. Alle würden den letzten furchtbaren Augenblicken zusehen, bevor sie sich um die Buchmacher scharten. Ich lehnte mich mit dem ganzen Körper gegen den Baumstamm. Ich hatte niemanden mehr, zu dem ich hätte beten können, also betete ich zu ihm und zu ihr und zu mir: zu dem leibhaftigen Holz selbst, zu der alten Frau in den Feldern, zu der Erinnerung an jemand, der ich selbst einmal fast gewesen wäre.

Als das Geschrei sich legte, wandte ich mich um und ging zurück. Der Junge lag neben dem Wagen. Er weinte. Ich suchte seine Kleider zusammen und half ihm, sich anzuziehen. Ich wollte ihn nach seinem Namen fragen, aber es schien zu spät dafür zu sein. Ich half ihm auf und machte die Tür zum Rücksitz auf, wo die beiden Brüder saßen.

»Bring ihn nach vorne«, schrie Pascal.

Ich sorgte dafür, daß er es auf dem Beifahrersitz bequem hatte, und ließ den Motor an.

»Bring uns nach Hause«, sagte Pascal, »dann kannst du den Strolch da ausladen, wo du ihn gefunden hast. Komm morgen mittag mit dem Wagen zur Arbeit. Ein Wort davon, und deine Familie lebt auf Sägespänen.«

Ich ließ sie vor seinem Haus aussteigen. Beide schlugen verärgert die Tür zu, und jetzt, da sie allein waren, steckten sie die Köpfe zusammen, um über den Kampf zu reden. Ich fuhr in die Stadt. Das Mater Hospital unterhielt einen Notfalldienst. Es war kurz vor Tagesanbruch, aber die Bänke waren immer noch vollbesetzt mit Betrunkenen, mit einsamen Menschen, die dadurch, daß sie sich krank stellten, ein Bett zu bekommen hofften, mit Mädchen in Partykleidern, die weinten und darauf warteten, über den Zustand ihrer Freunde hinter den Vorhängen unterrichtet zu werden. Er hatte nicht hineingehen wollen, und wenn ich mich nicht dazugesetzt hätte, wäre er zu seiner Decke zurückgewankt, die in der Gasse versteckt war.

Selbst die Schwestern waren über seinen Anblick erschüttert. Sie riefen ihn vor allen anderen Wartenden auf. Als er aufstand, drückte ich ihm alles, was ich an Geld in der Tasche hatte, in die Hand. Ich wußte, daß Plunkett ihm nichts gegeben hatte. Er sah mich an, aber wir gaben uns nicht die Hand. Ich sah dabei zu, wie die Schwestern ihm auf die Liege halfen und, während sie mich mißtrauisch betrachteten, die Vorhänge zuzogen.

Draußen war heller Tag. Ich dachte an meine Geschwister. Um zwölf Uhr würde ich vor der Werkstatt warten, um ihn zu fahren, aber jetzt ließ ich seinen Wagen dort stehen und ging in einer nutzlosen Büßerhaltung die zwei Meilen zu Fuß nach Hause, obwohl mir bewußt war, daß sich dadurch nichts ändern würde.

Roddy Doyle

The Snapper

(Auszug)

Sharon lag im Bett. Sie hatte sich entschieden. Morgen. Um ein Haar hätte sie es schon heute Abend gesagt, aber dann war Jackie mit ihrer großen Neuigkeit gekommen: Sie hatte mit Greg Schluß gemacht. Und deshalb hatten sie den ganzen Abend nur Jackie angepflaumt und Greg in der Luft zerrissen. Es war super gewesen.

Jackie würde also dabei sein, wenn sie es ihnen morgen sagte. Das war günstig, denn wenn die Frotzeleien ein bißchen zu heftig wurden, konnte Sharon sich immer auf sie verlassen, und umgekehrt war es genauso. Zuerst würde sie es der Familie sagen, nach dem Abendessen, das war einfach, und später im Hikers dann den Mädels.

So, das war geklärt. Aber jetzt war sie kein bißchen müde. Als sie sich hingelegt hatte, hätte sie sofort einschlafen können, aber jetzt, wo sie sich entschlossen hatte, war sie wieder hellwach.

Was würde sie ihnen sagen? Wie viel? Nur, daß sie schwanger war. Aber wie würde es danach weitergehen, was würden sie fragen und sagen und denken? Eine ungemütliche Vorstellung.

– Los, Sharon, sag's uns. Wer war's?

Und sie konnte es ihnen doch nicht sagen. Wenn sie's irgendwann mal rauskriegten … Himmel, sie würde sich umbringen, echt. Aber eine richtig gute Lüge fiel ihr auch nicht ein, eine, die alle Fragen abdeckte. Wenn sie sagte, daß sie es nicht wußte, nahmen sie ihr das bestimmt nicht ab. Oder wenn doch, wenn Sharon ihnen erzählte, daß sie total zu gewesen war und sich nicht erinnern konnte, würden sie ihrer Erinnerung nachhelfen und nicht ruhen, bis sie einen gefunden hatte.

– War's der, Sharon? Und wenn Sharon sagte, nein, der war's nicht, würden sie sagen: Woher willst du das wissen, wenn du dich nicht erinnern kannst? Dann muß er's doch gewesen sein.

Es half nichts, sie mußte eben sagen, daß sie's nicht rauslassen würde.

Ruhe vor der Clique würde sie trotzdem nicht haben.

Verdenken konnte sie's ihnen nicht. Sie hätte es genauso gemacht. Aber es war trotzdem schlimm. So richtig locker-flockig würde sie nie wieder mit den Mädels umgehen können.

– Da ist Keith Farrelly.

– Jaha.

– 'ne Wucht, der Typ, nicht?

– Er ist okay.

– Gefällt er dir nicht?

– Er ist okay.

– Ich hab gedacht, der gefällt dir.

– Halt die Klappe. Er war's nicht.

Es war eine absolut beschissene Situation.

Sie fühlte sich ein bißchen allein gelassen. Jetzt jemanden zum Quatschen zu haben, mal über alles zu reden, ohne Punkt und Komma, eine gute Stunde oder länger, das wär's gewesen. Aber so jemand – und das begriff sie erst jetzt – so jemand war einfach nicht da. Sie hatte jede Menge Freundinnen, aber die kannte sie eigentlich nur in der Clique.

In der Schule war das noch anders gewesen. Da war Jackie jahrelang ihre beste Freundin gewesen, aber jetzt war sie das nur, weil Sharon öfter mit ihr als mit den anderen zusammen war, nicht, weil sie Jackie besser kannte. Was ihr passiert war, würde sie Jackie nie erzählen können. Sie hatten öfter mal über den einen oder anderen Typ geredet, was er machte und wie er's machte und so, aber eigentlich nur aus Blödsinn. Ernsthaft über Sex und so Sachen hatten sie nicht mehr gesprochen, seit Sharon zum ersten Mal ihre Tage gekriegt hatte. Oder sie hatten 'ne Lachnummer draus gemacht, mit lautem Gegicker und Gejohle. – Ich schwör's dir, Jackie, ich hätt in den Boden versinken können. Jetzt hatte sie wirklich was, weswegen sie in den Boden hätte versinken können, und es war überhaupt nicht zum Lachen. Und sie konnte es Jackie nicht erzählen. Außerdem war Jackie bis zum letzten Wochenende mit Greg gegangen, Sharon hatte sie kaum mehr gesehen seit … ja, das Datum war klar … seit dem 20. Februar.

Wenn eine aus der Clique mit einem Jungen ging, lief das immer so. Sie verschwand dann eine Weile, meist ein, zwei Monate, bis einer von beiden Schluß machte. Danach tauchte sie wieder im Pub auf, die Clique freute sich, und sie mußte über den Kerl lästern, das gehörte dazu. Daß er ständig furzte oder ihr die Titten abreißen wollte oder im Dunkeln mit der Zunge ihren Mund verfehlte und ihr Make-up vollsabberte (Sharon mußte kichern: Yvonne Burgess hatte das über einen von ihren Typen gesagt, er war in der Army und hatte sich in den Libanon schicken lassen, ohne ihr was zu sagen. – Hoffentlich bringt ihn einer um, sagte Yvonne. – Irgendso 'n Araber. Wißt ihr, was seine Ma gesagt hat, als ich angerufen hab? Er ist im Lib, hat sie gesagt. Im Lib. Ich denk, das ist 'ne Kneipe oder so was, und frag: Wissen Sie, wann er zurückkommt? Also ich sag euch, ich hab mich mein Leben lang noch nicht so geniert. Echt! Und sie hatten sich gewälzt vor Lachen), und dann war es, als wenn sie nie weg gewesen wär. Danach ging eine Weile alles seinen gewohnten Gang, bis beim nächsten Besuch im Saints oder im Tamangos oder einer Pinte in der Stadt eine von ihnen mit einem Typen losging, der ihr gefiel, und wieder für ein, zwei Monate verschwand. In den Zeitschriften oder im Fernsehen hieß es immer, Freundschaften zwischen Frauen wären enger als zwischen Männern, aber nach Sharons Erfahrung lief das anders. Jedenfalls bei den Mädels, die sie kannte. Wenn sie Jackie nicht alles erzählen konnte – und das ging eben nicht –, konnte sie es keinem erzählen.

Sie würde sich unheimlich vorsehen müssen, sie durfte sich nie mehr richtig zuschütten, damit ihr nicht doch was rausrutschte, sie mußte aufpassen, daß die Mädels sie nicht dabei ertappten, wenn sie ihn ansah, durfte sich nicht anmerken lassen, daß es ihr hochkam, wenn jemand seinen Namen nannte. Gott im Himmel, das konnte gut werden.

Wenn sie's nun doch rauskriegten? Die Vorstellung war so schauderhaft, daß sie sich nur stöhnend zusammenrollen konnte. Es war ...

Vor Jahren – vier Jahre war das jetzt her –, als sie noch auf die Mods stand, war sie mit einem Jungen gegangen, der Derek Cooper hieß, sein ganzes Geld für Klamotten ausgab, die er nie wusch, und jetzt tot war, und sie hatten die letzte Stadtbahn verpaßt und statt dessen den letzten Bus genommen. Sie hatte sich gewaltig zugeschüttet. Weil sie an dem Tag das Geld für ihr Berufspraktikum in der Schule gekriegt hatte, war sie gut bei Kasse und hatte seine Getränke mit bezahlt. Sie war also total breit gewesen und im Bus eingeschlafen, und beim Aufwachen hatte sie gemerkt, daß sie sich in die Hosen gemacht hatte, und sie hatte es ihm erzählen müssen und ihn dazu gebracht, daß er bis zur Endstation, in Howth, mit ihr im Bus geblieben war. Allein die Erinnerung daran war ätzend. Auch jetzt noch. Sie hatte nie darüber lachen können. Sie war fast froh gewesen, als sie erfuhr, daß Derek Cooper bei dem Verkehrsunfall damals umgekommen war. Die Tränen hatte sie sich richtig abzwingen müssen.

Aber das hier war noch viel schlimmer.

Sharon machte gar nicht erst die Augen zu, das brachte jetzt nichts mehr. Sie wartete, bis es Zeit zum Aufstehen war.

So bescheuert sich das auch anhörte, sie wünschte jetzt, daß sie viel öfter Sex gehabt hätte. Es wär richtig schön gewesen, nicht genau zu wissen, wer der Vater war. Aber das letzte Mal, daß sie es mit einem Typen gemacht hatte, den sie wirklich mochte – und der sich hinterher als echtes Arschloch entpuppt hatte –, war vor einem halben Jahr gewesen.

Ehe ... Himmelnochmal!

Sie war froh, daß sie sich nicht mehr an allzu viel erinnerte. Das, was sie noch wußte, war widerlich. Es war keine fortlaufende Erinnerung wie ein Film. Mehr wie einzelne Fotos und dazwischen ganz viele Lücken. Sie war total breit gewesen, sinnlos besoffen. Das wußte sie, weil sie auf dem Rückweg vom Klo hingefallen und andauernd mit Leuten auf der Tanzfläche zusammengestoßen war. Das war auf der Weihnachtsfeier vom Fußballklub gewesen, im Februar, weil sie vor Weihnachten nirgends einen Raum gekriegt hatten. Sie hatte es glücklich bis zu ihrem Tisch geschafft, sich hingesetzt und sich darauf konzentriert, nicht zu spucken. Sie wußte noch, daß Jackie sie gefragt hatte, ob alles in Ordnung war. Dann kam ein Loch. Dann saß sie allein am Tisch. Jackie knutschte sich mit einem Typen ab. Das war Greg. Sie erinnerte sich an die Musik. The Power of Love. Jennifer Rush. Ob ihr schon in dem Moment oder kurz danach so heiß geworden war, wußte sie nicht mehr. Sie schwitzte wie ein Affe, und ihr wurde kotzübel. Sie drängelte sich quer über die Tanzfläche und an den Klos vorbei ins Freie, weil sie frische Luft brauchte. Dann kam wieder ein Loch. Sie wußte nur, daß sie nicht gespuckt hatte. Draußen wurde ihr besser. Sie lehnte an einem Auto. Sie guckte auf den Boden. Da war nur schwarzer Kies, sie wußte nicht, warum sie dahin guckte, vielleicht, weil sie vorher gedacht hatte, sie würde spucken müssen. Sie fröstelte, aber sie rührte sich nicht und ging nicht wieder rein. Leider. Sie konnte sich einfach nicht rühren. Dann legte sich eine Hand auf ihre Schulter. – Alles in Ordnung, Sharon? hatte er gesagt. Wieder ein Loch, und dann ruppige Küsse – das heißt, sie küßte nicht, sie hatte nur den Mund aufgemacht. Wieder ein Loch. Und das war's dann schon. Viel mehr war nicht hängen geblieben. Sie wußte, daß sie es im Stehen gemacht hatten – daß er es im Stehen gemacht hatte –, denn beim nächsten Bild lehnte sie an dem Auto und guckte auf den Wagen daneben, am Rücken und Hintern war sie klatschnaß von der feuchten Tür und dem feuchten Fenster und auch von ihm. Ihr war sehr kalt. Die Nässe war kälter. Er war weg. Es war wie Aufwachen. Sie wußte nicht, ob es wirklich passiert war. Sie wollte nach Hause. Ins Bett. Ihr Schlüpfer war weg. Und da unten war alles naß und kalt. Sie wollte ins Bett. Sie ging sofort nach Hause, in Schlangenlinien, manchmal geriet sie sogar auf die Fahrbahn. Sie wollte schlafen. Zurück in die Vergangenheit. Sie war halb erfroren, aber sie ging nicht nochmal rein, um ihre Jacke zu holen.

Jackie brachte sie ihr am nächsten Tag. Ihre Jacke und ihre Tasche.

– Was ist denn passiert?

– Herrgott, ich war zu, Jackie, ich sag dir's. Ich bin nach Hause gegangen, und wie ich aufwache, hab ich noch meine Klamotten an.

– Du bist schon eine dämliche Nuß.

– Ich weiß.

Sie hatte sich ab und zu gefragt, ob das, was ihr passiert war, so was wie 'ne Vergewaltigung war, aber eine Antwort hatte sie nicht gefunden.

So viel also wußte sie noch, und mehr wollte sie gar nicht wissen. Beim Hinsetzen war ihm zwischen den Knöpfen vom Hemd weiße Haut rausgequollen.

Noch an eine Sache erinnerte sie sich: An das, was er gesagt hatte, nachdem er ihr eine Hand auf die Schulter gelegt und gefragt hatte, ob alles in Ordnung war.

– Ich hab dich schon immer gern angesehn, Sharon.

Sharon stöhnte.

Das dreckige Schwein.

Les war den Tränen nah. Veronica ging es nicht besser.

– Hört auf damit. Alle beide, sagte Jimmy Sr.

– Du hast angefangen, sagte Jimmy Jr.

– Himmelnochmal!

– Ich schlag deine Scheißplatten kaputt, sagte Les zu Jimmy Jr.

Diesmal kriegte er von Veronica tüchtig eins hinter die Löffel.

– Ey, wie …?

– Hier wird nicht Ey wie gefragt, sagte Veronica und schlug nochmal zu. – Ich werd dich lehren, hier zu kommen und zu gehen, wie's dir paßt, und Reden zu führen wie … wie ein Asozialer!

Sie zog die Hand zurück, Les duckte sich, und dann verpaßte sie ihm eine schallende Ohrfeige. Linda und Tracy gickerten.

– Fangt ihr nicht auch noch an, donnerte Jimmy Sr.

– Die beiden hast du noch nie gehauen, sagte Les.

Er weinte jetzt.
– Das laß ich mir nicht gefallen.
Er knallte die Hintertür zu.
Jimmy Sr. wollte ihm nachgehen.
– Laß ihn, sagte Veronica. – Gleich fängt's an zu regnen, dann kommt er schon von allein wieder.
Aber damit konnte sich Jimmy Sr. nicht zufrieden geben. Er hatte verloren. Vor Darren, vor den Zwillingen, vor Sharon. Verdammt, er war schließlich der Herr im Haus!
– Jetzt hör mal her, sagte er zu Jimmy Jr. – Wenn du dich hier nochmal so benimmst, kannst du deine Sachen nehmen, deine scharfen Fummel und dein Shampoo und ... und dein loses Maul, und Leine ziehen, ist das klar?
– Ich weiß nicht, sagte Jimmy Jr. – Darüber muß ich erst noch mit meinem Anwalt sprechen.
Darren prustete. Er hätte sich zu gern auch getraut, solche Sachen zu sagen.
– Fang du jetzt nicht auch noch an.
Darren war still.
Und Jimmy Sr. fühlte sich schon etwas besser.
– So, und jetzt Ruhe, verlangte er. – Sharon hat euch was zu sagen.
Veronica mußte lachen.
– Entschuldige, sagte sie. – Ich konnte nicht anders.
– Darren, sagte Jimmy Sr. – wir wohnen in einem Irrenhaus.
Darren lachte.
– Entschuldige, Sharon, sagte Veronica. – Raus damit, Liebchen.
Sharon lächelte zu Veronica rüber, dann sah sie die Zwillinge an.
– Ich krieg ein Baby, sagte sie.

Jimmy Sr. und Veronica waren allein in der Küche. Jimmy Sr. trank seinen Tee, wie immer, ehe er wegging.
– Das Zeugs da schmeckt nicht mehr so gut wie früher, sagte er. – Findest du nicht?

Er legte den Rest von seinem Jaffa Cake auf den Tisch.
– Aber du ißt es trotzdem, nicht?
– Ich hab nicht gesagt, daß es gar nicht mehr schmeckt, ich hab gesagt …
– Schon gut, ich bin ja deiner Meinung.
– Müde, Veronica?
– Hm, sagte Veronica.
– Willst du ins Bett?
– Hm.
– Da tust du recht dran. Ist gut gelaufen, nicht?
– Ich denke schon, sagte Veronica.
– Sie haben sich sehr gut gehalten, finde ich.
– Ja, was hast du denn erwartet, um Himmels willen? Hast du gedacht, die Mädels machen auf moralisch entrüstet oder was?
– Nein.
Er feixte.
– Daß sie so ausflippen, hätt ich nicht gedacht. Die arme Sharon hat jetzt keine Minute mehr Ruhe. Da drin …
Er nickte zur Tür.
… vor dem Fernseher, hat Sharon gegähnt, und Tracy hat gefragt, ob jetzt das Baby kommt. Aber Jimmy ist ein Lauser. Er hat irgendwas zu Sharon gesagt, ich hab gesehn, wie sie ihm eine übergebügelt hat.
– Die beiden verstehen sich aber sehr gut.
– Ach, ich weiß nicht, sagte Jimmy Sr.
Er seufzte.
– Du warst ganz genauso, sagte Veronica.
– Komm, sei so gut, Veronica! Ich hab einen harten Tag hinter mir.
– Erinnerst du dich noch an die Crombie-Jacke, die du mal hattest?
– Nein.
– Schwindle nicht. Die hast du gehegt und gepflegt, sie sah immer aus wie neu – bis auf die Schuppen.
– Ich hatte keine Schuppen.
– Entschuldige mal, und ob du die hattest. Wenn du im Haus

warst, hat mein Onkel Bob immer gesagt, hätten wir einen Bernhardiner gebraucht, um alle aus den Schneewehen auszugraben.

Jimmy Sr. lachte.

– Ein alter Giftzwerg, aber ehrlich! Und dem hab ich noch bei der Hochzeit 'n Kognak ausgegeben, dem Armleuchter. Und überhaupt … damals gab's diese Spezialshampoos noch nicht. Timofei. So mild, daß du dein Haar waschen kannst, so oft du willst. Als wenn du an nichts Besseres zu denken hättest als ans Haarewaschen. So oft du willst!

– Wo ist die Jacke eigentlich abgeblieben?

– Keine Ahnung. Ausrangiert hab ich sie.

– Red doch nicht! Nachdem du dir das gute Stück zugelegt hattest, hast du nie mehr versucht, mit mir aufs Feld zu gehen. Der Crombie war die beste Empfängnisverhütung, die man sich denken kann.

– Veronica!

– So was sollten sie heutzutage an die jungen Leute ausgeben: flotte neue Jacken für alle.

Jimmy Sr. lachte.

Eine Weile blieb es still. Dann sagte Veronica: – Jimmy?

– Ja, Veronica?

– Findest du nicht … also wahrscheinlich gehst du jetzt gleich hoch, aber ich finde, wir sollten den Zwillingen sagen, daß das, was Sharon gemacht hat, nicht recht war.

– Wie bitte?

– Nein, hör doch mal zu. Ich will sie nicht gegen Sharon aufhetzen oder so …

– Und gegen das Baby, vergiß das nicht.

– Ja, ich weiß. Aber …

– Was?

– Ich finde, wir sollten es ihnen sagen. Ohne daß … du weißt schon. Wir sollten ihnen sagen, daß sie sich erst Kinder zulegen dürfen, wenn sie verheiratet sind.

– Die wissen doch gar nicht, wovon du redest.

– Das wissen die schon.

– Mag ja sein. Trotzdem: Sind sie dafür nicht noch 'n bißchen jung? Was genau wolltest du ihnen denn sagen?

Er schnippte Fusseln und Brösel von seinem Pullover; das hieß, daß er gleich gehen würde.

– Findest du nicht, daß wir es machen sollten? fragte Veronica.

– Wenn du meinst ... Mich würden sie bloß auslachen, ich bin ja nur ihr Dad. Außerdem macht es sich besser, wenn es von 'ner Frau kommt, nicht? Und vielleicht warten wir doch noch, bis sie 'n bißchen älter sind.

– Aber dann ...

Mehr brachte sie nicht raus. Sie kriegte das, was sie dachte, nicht richtig auf die Reihe. Sie gab es auf. Gelegentlich würde sie vielleicht mal mit Sharon drüber sprechen.

Jimmy Sr. war auf dem Sprung. Aber er wollte Veronica nicht allein lassen, wenn sie traurig war.

– Die Zeiten haben sich geändert, Veronica, sagte er.

– Stimmt schon, sagte Veronica. – Aber müssen wir uns deswegen denn auch ändern?

Jimmy Sr. schätzte solche Fragen nicht.

– Willst du mitkommen? fragte er Veronica.

– Nein, nein.

– Rauf ins Bett?

– Jaha.

– Hast Recht. Bis später dann.

– Nimm den Crombie mit. Falls es regnet.

– Haha. Sehr witzig.

– Wieviel hat es dich gekostet, Jackie? fragte Yvonne.

Sie schob zwei nasse Finger in die Chipstüte und klaubte die letzten Krümel zusammen.

– Fünfzehn Pfund neunundneunzig, sagte Jackie.

– Echt? sagte Yvonne. – Ist ja super.

– Handwäsche, Jackie? fragte Mary.

– Jaha.

– Wirklich hübsch.

– Danke.

Yvonne wischte sich die Finger an dem Barhocker neben ihr ab.

Sharon hatte es gesehen, als sie zu ihnen rüberkam, und setzte sich auf den Hocker gegenüber.

– Hi, sagte sie.

– Hi, Sharon.

– Hallo, Sharon.

– Hi, sagte Sharon.

– Sind die neu, Sharon?

– Eigentlich nicht.

Ein junger Aushilfskellner kam vorbei. Sharon hielt ihn an.

– Wodka und Cola bitte.

– Cola brauchst du nicht, Sharon, sagte Jackie – ich hab noch jede Menge hier, guck.

– Okay. Danke, Jackie. Nur 'n Wodka, sagte sie zu dem Jungen.

– Also hör mal, Jackie, sagte Mary.

Jetzt wurde zur Sache geredet.

– Wird das wieder was mit Greg?

– Dieser Mistkerl, sagte Jackie.

Sie lachten.

Jackie hatte – so erzählte sie es jedenfalls – Greg am Samstag abserviert, in einer Cafeteria im ILAC Centre, nachdem er ihr vorgeworfen hatte, sie hätte die Sahne aus seinem Schokoladeneclair geklaut.

– Und dabei hab ich das Scheißding selber bezahlt, hatte sie sich gestern abend aufgeregt.

Auch heute war sie wieder gut drauf. Sie klopfte mit dem Glas auf den Tisch.

– Und wenn's außer ihm keine Männer mehr gäb auf der Welt, würd ich nicht mehr mit ihm gehen.

Sie nahm einen großen Schluck.

– Ich würd eher mit dem Elefantenmann schlafen, eh ich dem nochmal zu nah komme, dem Arschloch.

Sie wieherten.

– Ihr hättet ihn sehn sollen mit diesem verdammten Eclair.

Ich hab mich derart geniert, ich bin knallrot geworden. Sitzt da in seiner Lederjacke, mit dem Scheißschlüsselbund am Gürtel, und guckt verliebt ein Scheißeclair an. 'ne klägliche Vorstellung, sag ich euch.

– Wolltest du sowieso Schluß machen? fragte Sharon.

– Doch, sagte Jackie – das hatte ich mir schon überlegt. Ich habe die Angelegenheit – öh – ernsthaft in Erwägung gezogen.

Sie lachten.

– Und wie er dann die beleidigte Leberwurst gespielt hat – also wirklich …

– Aber er sieht gut aus, nicht? sagte Yvonne. – Ein hübscher Kerl.

– Nicht wirklich, sagte Jackie. – Nicht aus der Nähe, ihr versteht schon.

– Schönheit ist nur oberflächlich, sagte Mary.

– Der ist nicht mal an der Oberfläche schön, Mary, sagte Jackie. – Er hat jede Menge kleine Pickel am Kinn, winzige Dinger, Millionen, die siehst du erst, wenn du ganz nah dran bist, und dann möchtest du am liebsten spucken. Unter der Lederjacke war praktisch nichts. Wenn ich an ihn denke, seh ich nur noch das eine.

Jackie seufzte und nahm einen Schluck.

– 'ne Lederjacke. Und dusslig war er außerdem.

– Komm, Jackie, sagte Mary. – War er feurig?

– Nein, sagte Jackie. Aber eingebildet hat er sich's. Ein großer dussliger Affe war er, das war alles.

– Der was sucht, wo er seine Banane reinstecken kann, sagte Yvonne.

Sie kreischten.

– Yvonne Burgess!

Sharon wischte sich die Augen.

– Er hat mal seine Zunge in mein Ohr gesteckt, sagte Jackie, als sie sich wieder beruhigt hatten – und … kein Witz, Mädels! … ich hab gedacht, er will damit beim anderen Ohr wieder raus. Ich weiß ja nicht, was er dachte, daß ich da drin hab.

Sie lachte mit den anderen mit.

– Mein halbes Gehirn hat er ausgelutscht. Wie ’n großer Köter.

Sie johlten.

Jackie wartete.

– Sein Orientierungssinn war auch nicht der beste, ihr versteht schon.

Sie johlten wieder.

– Himmelnochmal!

– Jackie O’Keefe, du bist unmöglich!

– Was?

Sie bestellten noch eine Runde Wodka und Cola und einen Gin Tonic. Und Kartoffelchips.

Dann rückte Sharon mit ihrer Neuigkeit raus.

– Ich bin schwanger, hab ich das schon erzählt?

Mary lachte. Als einzige. Sie hörte ganz schnell wieder auf.

– Jaha, sagte Sharon. – Wirklich.

– Die meint’s ernst, sagte Yvonne.

Eine Weile sagten sie alle nichts. Sharon wußte nicht, wo sie hingucken sollte. Die anderen sahen sich ausdruckslos an. Sharon griff nach ihrem Glas, traute sich aber nicht, es an die Lippen zu setzen.

Dann machte Jackie den Mund auf.

– Gut gemacht, Sharon, sagte sie.

– Danke, Jackie.

Sharon stellte das Glas ab. Sie zitterte. Plötzlich hatte sie nicht genug Luft zum Atmen.

– Gratuliere, Sharon, sagte Mary.

– Danke, Mary.

– Gut gemacht, Sharon, sagte Yvonne. – Du blödes Stück du.

Und dann fingen sie alle an zu lachen, sahen sich an und lachten weiter. Sharon freute sich. Die Mädels waren alle rot geworden und lachten. Sharon heulte Rotz und Wasser. Sie griff sich ihre Tasche, die auf dem Boden stand, und suchte nach einem Taschentuch.

Aus dem Lachen war stoßweises Gegicker geworden. Sie schnaubten sich die Nase und wischten sich die Augen.

– Na, du bist ja eine, Sharon, sagte Jackie, aber sie grinste dabei.

Sharon wurde wieder rot.

– Ich weiß, sagte sie. – Eigentlich ’ne schlimme Sache.

Dann kamen die Fragen.

Zuerst eine leichte.

– Wie weit bist du denn, Sharon? fragte Yvonne.

– Vierzehnte Woche.

Sie rechneten das in Monate um.

– Himmel! So lange schon? fragte Mary.

Sie guckten Sharon an.

– Sieht man aber noch nicht, sagte Yvonne.

– Ich find schon, daß man’s sieht, sagte Sharon.

– Ich leg mich nicht mit dir an, sagte Yvonne. – Du bist die Expertin.

Sie kreischten los.

– War doch bloß Spaß, sagte Yvonne.

Sharon wischte sich die Augen.

– Weiß ich ja.

– Du siehst aus wie sonst, sagte Mary.

– In ein paar Wochen kommt der dicke Bauch.

– Dann kannst du dir ’ne andere Clique suchen, sagte Jackie.

Wenn eine von uns schwanger ist, traut sich kein Kerl an uns ran.

Sie lachten.

– Und von wem ist es, Sharon? fragte Yvonne.

Von deinem fetten Dad, dachte Sharon.

– Kann ich euch nicht sagen. Tut mir leid.

Sie guckte auf ihr Glas. Sie spürte, daß sie wieder rot geworden war.

– Och, Sharon!

Sie grinste und schüttelte den Kopf.

– Das ist gemein, sagte Jackie.

Sharon grinste.

– Mach wenigstens ’ne Andeutung.

– Nein.
– ’ne klitzekleine.
Schweigen.
– Kennen wir ihn?
– Nein, sagte Sharon.
– Komm, Sharon, sag schon.
– Nein.
– Wir sagen’s auch nicht weiter.
– Laßt Sharon in Ruhe, sagte Jackie. – Geht euch schließlich nichts an. Ist er verheiratet, Sharon?
– Grundgütiger, sagte Mary
– Nein, sagte Sharon.
Sie lachte.
– Du bist rot geworden. Er ist bestimmt verheiratet.
– Ist er nicht, ich schwör’s. Er ist nicht …
– Wirst du ihn heiraten? fragte Mary
– Nein. Ich meine … ich will ihn gar nicht heiraten.
– Und wir kennen ihn bestimmt nicht?
– Nein.
– Ist er hier?
– Frag nicht so dämlich, sagte Jackie. – Wenn wir ihn nicht kennen, ist er nicht hier. Und überhaupt – würdet ihr es mit einem von denen hier machen?
– Ich frag doch bloß, sagte Yvonne.
Sie sah sich um. Der Pub war ziemlich voll.
– Hast schon recht, sagte sie. – Blöde Frage. Nichts für ungut, Sharon.
– Aber mal ernsthaft, Sharon, sagte Mary. – Kennen wir ihn wirklich nicht?
– Nein, ich schwör’s.
– Wer’s glaubt, wird selig, sagte Yvonne.
– Wo hast du ihn kennen gelernt?
– Jetzt hört mal, sagte Sharon. – Ich mag nicht mehr drüber reden, okay?
– Machen wir einen drauf? sagte Jackie.
– Aber ja, sagte Sharon.

– Hey! rief Jackie dem Jungen zu. – Hierher, Süßer. Bißchen Beeilung!

Sie lachten.

Der Junge war sechzehn und sah noch jünger aus.

– Zweimal Wodka und zwei Cola und einen Gin Tonic, sagte Jackie.

– Kannst du dir das merken?

– Jaha, sagte der Junge.

– Und eine Tüte Chips, sagte Yvonne.

– Genau, sagte Sharon. – Zwei Tüten.

– Und hast du auch 'n paar Nüsse für uns? fragte Mary

– Nüsse! Hey, Mary, du dreckiges Luder!

Sie kreischten.

– So hab ich's doch gar nicht gemeint, sagte Mary.

Der Junge kriegte einen roten Kopf und ging zum Tresen.

– Komm bald wieder, mein kleiner Mäuseschwanz, rief Yvonne ihm nach.

– Laß ihn in Ruhe, sonst kommt er überhaupt nicht mehr, sagte Jackie.

– Wer kann mir bis Donnerstag was borgen? fragte Yvonne.

– Ich, sagte Sharon. – Reicht ein Zehner?

– Toll.

– Der wird mal gut, wenn er älter ist, meinte Mary.

– Wer? Der Junge da?

Jackie sah zu ihm hin.

– Bißchen mickrig.

– Aber 'n hübscher knackiger Arsch, sagte Yvonne.

– Schade, daß er sonst nicht groß was raushängen hat, sagte Jackie.

Und dann war der Junge zunächst kein Thema mehr.

– Jetzt sag mal, wie ist das denn so, Sharon? fragte Jackie. – Mußt du morgens spucken?

– Nein, das heißt, ja. Aber nur ab und zu. Nicht so schlimm.

– Wär mir gräßlich.

– Genau. Das Aufstehen ist so schon schlimm genug. Und wenn du dann noch weißt, daß du gleich reihern mußt …

– Nicht so schlimm, sagte Sharon.
– Hörst du jetzt auf zu arbeiten? fragte Mary.
– Weiß nicht, sagte Sharon. – Hab ich mir noch nicht richtig überlegt. Vielleicht.
– Manch eine würd sich freuen, wenn sie ’n Job hätte, den sie aufgeben könnte, sagte Yvonne.
– Jammre nicht rum, sagte Jackie.
– Ich jammre doch gar nicht.
– Möchtest du wirklich das machen, was Sharon macht? Regale auffüllen und so Sachen?
– Nein.
– Dann laß sie in Ruhe, verdammt nochmal.
– Hast du deine Tage, oder was ist los mit dir?
– Ja, hab ich. Na und?
– Paß auf, daß du keine Flecke auf den Teppich machst.
Der Streit war vorbei. Sie lachten sich schlapp. Der Junge war wieder da.
– Hier kommt dein Mauseschwanz, Mary, sagte Sharon.
– Halt die Klappe.
– Hör mal, Goldstück, sagte Jackie. – Warst du überhaupt schon zur Erstkommunion?
Der Junge versuchte, alles auf einmal vom Tablett zu laden, damit er schnell wieder aus der Ecke rauskam.
Er sagte nichts.
– Was für ’ne Größe nimmst du denn? fragte Yvonne.
Der Junge machte, daß er wegkam. Er hinterließ zu viel Wechselgeld auf dem Tisch und eine Colapfütze. Mary legte einen Bierfilz drüber.
– Jesses, Sharon, sagte Jackie. – Ich hab gedacht, du wirst das Baby los vor lauter Lachen.
– Ich konnte nicht anders. – Was für ’ne Größe nimmst du denn?
Sie fingen wieder an.
– Ich hab doch sein Hemd gemeint, sagte Yvonne.
Sie gickerten und wischten sich Augen und Nase und gossen Cola und Tonic auf den Wodka und den Gin.

– Hast du Appetit auf komische Sachen? fragte Mary.
– Nein, sagte Sharon.
– Debbie hat Kohle gegessen, erzählte Jackie.
– Allmächtiger!
– So was Bescheuertes würd ich nie essen, sagte Sharon.
– Wie ißt man denn Kohle? fragte Mary.
– Keine Ahnung, sagte Jackie. – Den Staub vielleicht.
– Meine Cousine Miriam, die mit den runden Brillengläsern, hat Sardinen und Mars-Riegel zusammengemanscht und gegessen.
– Igitt!
– Jesses!
– Ist ja ekelhaft.
– War sie schwanger? fragte Jackie.
– Natürlich, sie ... Ach, halt doch die Klappe.
Sie machten sich erst mal über ihre Getränke her.
– Der kommt nicht wieder, sagte Jackie. – Die nächste Runde müssen wir uns selber holen.
– Hör mal, Sharon, sagte Yvonne. – War es Dessie Delaney?
– Nein!
– War ja nur 'ne Frage.
– Eine zu viel, sagte Sharon. – Ich sag's nicht, und damit Schluß.
– War's vielleicht Billy Delaney?
Sharon feixte, und die anderen lachten.
Sharon klemmte sich die Tasche unter den Arm.
– Kommst du mit, Jackie?
– Klo?
– Ja.
– Okay.
Jackie holte ihre Tasche unter dem Tisch vor. Sie standen auf. Sharon sah auf Yvonne und Mary runter.
– Meine Gebärmutter drückt nämlich auf die Blase, sagte sie.
– Herr du meine Fresse!
Sie johlten.

– Und da hab ich ihm seinen Fünfer gegeben, sagte Bimbo – und hab gesagt, jetzt zieh Leine und laß mich in Ruh.

– Einen Fünfer, sagte Paddy. – Ich weiß, was ich dem Drecksack gegeben hätte.

– Ich war sie ihm schuldig.

– Na und? sagte Paddy. – Deshalb kann er dich noch lange nicht vor der Kirche anhauen, wo deine Frau und die Kids dabei sind.

– Die Kids waren nicht dabei. Nur Maggie und ihre Mutter.

– Jimmy!

– Was ist? fragte Jimmy Sr. von der Theke.

– Noch ein Bier, sagte Paddy. – Bertie ist da.

Bertie grüßte die Gäste, die in seine Richtung guckten, und setzte sich zu Paddy und Bimbo.

– Da bist du ja, Bertie, sagte Bimbo.

– Buenas noches, compadre, sagte Bertie.

– Wie läuft's Geschäft, Bertie? sagte Paddy.

– Mal rauf, mal runter, sagte Bertie.

– Scheint überall dasselbe zu sein, sagte Bimbo.

– Du machst wohl 'n Kurs an der Abendschule? sagte Paddy.

Bertie lachte.

– Halt die Klappe, sagte Bimbo. – Ich brauch bloß den Mund aufzumachen, da krieg ich von dir schon eine drauf.

– Groß genug dafür ist er ja, sagte Bertie.

– Wollt ihr Eiswürfel ins Bier? fragte Jimmy Sr.

Er stellte zwei Guinness vor Paddy und Bimbo hin. In dem Schaum von Bimbos Pint steckte ein Cocktailschirmchen.

Jimmy Sr. kam mit den anderen beiden Pints zurück.

– Hallo, Bertie, wie geht's.

– Soso lala.

– Scheint überall dasselbe zu sein, wie? sagte Paddy.

Bertie griente.

Bimbo drehte an dem Schirmchen.

– Mary Poppins, sagte Jimmy Sr.

– Wer? fragte Bimbo. – Ach so, ja.

Er hielt den Schirm hoch und sang:

THE HILLS ARE A-…

Paddy rutschte auf seinem Stuhl hin und her und sah sich im Pub um.

– LIVE WITH THE SOUND O'… nee, falsch, das ist nicht Mary Poppins.

– War trotzdem super, sagte Jimmy Sr.

– Echt, bestätigte Bertie. – Du hast sogar ein bißchen ausgesehen wie sie.

Bimbo stülpte die Schneidezähne über die Unterlippe und fistelte:

– JUST A SPOONFUL OF SUGAR –
HELPS THE MEDICINE – GO DOWN –
THE MEDICINE – GO DOWN – WOWN –
THE MEDICINE – GO DOWN –

– Bist jetzt fertig? fragte Paddy.

– Mach mal den Michael O'Hehir, sagte Jimmy Sr.

– Ach du Scheiße, doch nicht schon wieder, sagte Paddy. – Die Gäule, über die der berichtet hat, sind doch längst krepiert.

– Uuuuh!

Das kam von Bertie.

– Himmelnochmal … Scheiße …

Er keuchte. Sein Mund stand weit offen. Er schüttelte den Kopf. Er hielt das Glas von sich weg wie ein Baby, das einem vollen Löffel ausweichen will.

Er streckte Jimmy Sr. das Glas hin.

– Trink mal.

– Von wegen. Was ist denn damit?

– Gar nichts, sagte Bertie und schüttete gut die Hälfte auf einen Zug runter.

– Aah, sagte er, als er aufhörte, um Luft zu holen. – Mucho gutt.

Bimbo steckte den Cocktailschirm in seine Brusttasche.

– Was soll'n das? fragte Paddy.

– Jessica, sagte Bimbo. – Die sammelt sie. Maggie bringt ihre immer mit nach Hause.

Paddy sah Jimmy Sr. und Bertie hilfesuchend an. Jimmy Sr. feixte und tippte sich an die Stirn.

– Übrigens … sagte Bertie. Ihm war was eingefallen. Er holte die Tasche, die er mitgebracht hatte, unter dem Tisch vor und nahm sie auf den Schoß.

– Seit wann stehst du auf Liverpool? fragte Paddy.

– Es ist die von Trevor, sagte Bertie. – Ich mußte seine Bücher und Hefte rausnehmen, weil ich nichts anderes hatte. Und was soll ich euch sagen, ganz unten waren belegte Brote. ’ne schöne Schweinerei! Habt ihr schon mal blaugrünes Brot gesehn?

– Sei bloß still.

– Das Fleisch, verdammt nochmal, hat zwischen dem Brot rausgeguckt und gefragt, ob die Tremeloes noch die Nummer eins in den Charts sind.

Er hängte seine Nase in die offene Tasche und schnupperte.

– Man riecht’s immer noch. Der faule Sack. Na egal. Jimmy, compadre mio, wie viele von deinen bambinos gehn zur Schule?

– Öh – drei. Warum?

Bertie holte drei Casio-Taschenrechner in Originalverpackung raus.

– Uno, dos, tres. Bitte sehr, mein Freund. Für deine bambinos, damit sie alle was werden und ihren Doktor machen.

– Ist das dein Ernst? sagte Jimmy Sr.

Er griff sich einen der Taschenrechner und spielte damit rum.

– Si, sagte Bertie und erklärte: – Der Taschenrechnermarkt ist übersättigt. Ich hab drei Gros von einem Gringo bekommen, den wir alle kennen und für einen Obertrottel halten …

– und der eine Frau hat, die sich anderweitig schadlos hält, wenn er nicht hinsieht?

– Genau den meine ich, sagte Bertie. – War ’n guter Preis, ich hab mich schlappgelacht, noch eh ich die Tür hinter dem Arschloch zugemacht hatte. Aber jetzt werd ich die Scheißdinger nicht los. Keiner will sie. Ich hab’s sogar in dem einen oder anderen Laden versucht, was natürlich dämlich war. Aber daß ich das Geschäft in den Sand gesetzt hab, geht mir schwer auf den Keks. Und deshalb verschenk ich sie jetzt. Auf geht’s, Bimbo. Wie viele brauchst du?

– Fünf, sagte Bimbo.

– Fünf!?

– Er hat nur vier Kids, sagte Jimmy Sr. – Einen will er für sich.

Bimbo hob die linke Hand. Er deutete auf seinen kleinen Finger.

– Glenn.

Er ging weiter zum nächsten Finger.

– Wayne.

Mittelfinger.

– Jessica.

– Okay, okay, sagte Bertie. – Bis du fertig bist, sind's am Ende sechs.

Er gab Bimbo die Schachteln.

– Uno, dos, tres, vier, fünf.

– Vielen herzlichen Dank, Bertie.

– Keine Ursache, sagte Bertie. – Wenn deine Kids sie verlieren, kriegst du Ersatz. Zwei Gros hab ich noch. Interventionsbestände. Ein Taschenrechnerberg. Ta-schen-rech-ner. Wir brauchen deine stinkenden Ta-schen-rechner nicht. Ich spucke auf deine Ta-schen-rech-ner. Paddy?

– Was?

– Wie viele?

– Ich will keine Almosen.

Bertie, Jimmy Sr. und Bimbo lachten. Paddy hatte es ernst gemeint, das war ja gerade der Heuler.

– Die Kids, die bei ihm zu Haus rumlaufen, sind ja sowieso nicht von ihm, sagte Jimmy Sr.

Bimbo kam das Bier wieder hoch, das er gerade runtergeschluckt hatte, und schwappte an seine Zähne.

– Meine Runde, compadres, sagte Bertie.

Er stand auf.

– Drei Pints?

Sie guckten ihn an.

– Willst du mein Almosen annehmen, Paddy, oder steigst du aus?

– Ach, halt doch die Klappe.

– Vier Pints, sagte Bertie.
Jimmy Sr. und Bimbo lachten und grinsten sich an.
– Ihr könnt mich mal gern haben, sagte Paddy.
Bertie nahm noch zwei Taschenrechner raus.
– Für meine amigos, die Barmänner.
Als er von der Theke zurückkam, hatte Bimbo einen Taschenrechner ausgepackt.
– Die Runde kostet fünf Pfund vierundvierzig, verkündete er.
– Was du nicht sagst, staunte Jimmy Sr.
– Sauteuer, was? meinte Bimbo.
– Ohne Taschenrechner wär's auch nicht billiger geworden, sagte Bertie.
– Weiß ich ja, nur so schwarz auf – öh – silbergrau sieht's irgendwie noch ätzender aus. Finde ich.
– Großer Gott, sagte Paddy.
Er guckte Bertie an.
– Meine Fresse, sagte Bimbo. – Wenn wir zu sechst wären, würde die Runde …
– Verdammt, Bimbo, pack das Ding weg, sagte Jimmy Sr.
– Ich hab zwei Schulkinder, sagte Paddy.
– Ach nee, sagte Bertie.
– Jaha.
– Na, hoffentlich kommen sie gut mit Zahlen zurecht, sagte Bertie – denn Taschenrechner kriegen die nicht.
– Die Sharon erwartet was Kleines, sagte Jimmy Sr.
Er rieb sich die Hände und griff nach seinem Glas.
– Meinst du DEINE Sharon? fragte Bimbo.
– Genau. 'n Witz, was?
– Einen Taschenrechner für Sharon, sagte Bertie und reichte ihn rüber. – Und einen für das bambino. Ein guter Start ins Leben.
– Sie ist nicht verheiratet, sagte Bimbo.
– Ist bekannt, sagte Jimmy Sr.
– Ist das die Große, die immer mit dem Mädel von Georgie Burgess rumzieht? fragte Paddy.
– Genau, sagte Jimmy Sr.

– Wird sie heiraten? fragte Bimbo.

– Nein, sagte Jimmy Sr. – Wozu? Heutzutage haben sie mehr Durchblick. Würdest du heiraten, wenn du heut nochmal so alt wärst wie damals?

– Mir kommen die Tränen, sagte Bertie.

– Ich denke schon, sagte Bimbo.

– Was fragst du ihn so 'n Quatsch, sagte Paddy. – Er bringt seinen Kids Schirmchen mit. Er geht zum Elternabend. Letzte Woche ist er mit seiner Alten im Kino gewesen.

– Nur weil ihre Schwester im Krankenhaus ist, sagte Bimbo. – Meist geht sie mit ihrer Schwester, sagte er zu Jimmy Sr. – Hauch des Todes. James Bond 007.

– Gut?

– Doch, echt gut. Tolle Braut spielt da mit.

– Die hab ich gesehn, sagte Bertie.

– Ist sie nicht super?

– Si. Scharfe Nummer.

– Ach, komm, so eine ist die nicht, sagte Bimbo. – Nicht eine, mit der du nur auf das eine aus bist, verstehst du?

– Nein.

Paddy schüttelte den Kopf und grinste Bertie an.

– Ist sie behindert oder was?

– Nein! sagte Bimbo. – So meine ich das nicht. Sie ist einfach zu anständig, versteht ihr?

– Eine, der man Schirmchen schenkt, was?

– Halt die Klappe, sagte Bimbo.

Bertie legte einen Taschenrechner vor Bimbo hin.

– Kannst du ihr das nächste Mal schenken, wenn du sie siehst.

– Wer hat's ihr angehängt? fragte Paddy.

– Also ehrlich gesagt, wir wissen es nicht, sagte Jimmy Sr. – Sie will's uns nicht sagen.

– Na, das läßt sich aber verdammt nochmal rauskriegen, was? sagte Paddy.

– Kann dir doch egal sein, sagte Bimbo.

– Mir ist das scheißegal, sagte Paddy. – Aber Jimmy kann's nicht egal sein. Ich brauch ja für das Balg nichts zu essen zu kaufen und Windeln und Strampler und so ’n Zeugs. Jimmy schon.

– Ich werd den Teufel tun, sagte Jimmy Sr. – Das heißt … warte mal. Doch, muß ich ja wohl.

Er überlegte.

– Na und wenn schon. Kratzt mich nicht.

– Gut so, sagte Bimbo.

– Und ihre Unterstützung kriegt sie ja auch, sagte Bertie.

– Ach ja? sagte Jimmy Sr. – Keine Ahnung. Ja, doch, wahrscheinlich. Kratzt mich nicht. Ehrlich.

– Eben, sagte Bimbo. – Das blöde Geld soll deine geringste Sorge sein.

– Jetzt hört euch dem sein Gelaber an, sagte Paddy. – Der Heilige Bimbo!

– Klappe!

– Ich glaub, der Junge von Gerry Foster hat eine aus Coolock angebufft, erzählte Bertie.

– Ich werd verrückt, sagte Jimmy Sr. – Jimmys Kumpel … wie nennen sie ihn doch … der Outspan?

– Ja, der.

Jimmy Sr. lachte.

– Wetten, daß dem die Haare zu Berge stehn?

– Heiratet er sie? wollte Bimbo wissen.

– Aber eisern, sagte Bertie. – Sie haben ihm ’ne Meute aus Coolock auf den Hals geschickt. Mucho taffe hombres. Haben den 17A-Bus gekapert. Bringen Sie uns nach Barrytown, signor.

Sie lachten.

– Schätze, das arme Schwein läuft immer noch mit ’nem halben Achter-Golfschläger im Hintern rum.

– Wo werden sie wohnen?

Sie wußten, welche Antwort sie hören wollten.

– Coolock, sagte Bertie.

– So viel Wind ist die Sache gar nicht wert, find ich, sagte Jimmy Sr., als sie aufgehört hatten zu lachen. – Was meint ihr?

– Genau, sagte Bimbo. – Dämlich ist das.

– Idiotisch, bestätigte Bertie.

– Bloß wegen 'nem Baby, sagte Bimbo. – So 'nem kleinen Krümel.

– Doktor Kildare, sagte Bertie zu Paddy.

– Genau, sagte Paddy.

– Laßt mich in Ruhe, ihr beiden, sagte Bimbo.

– Mir wär's gar nicht recht, wenn Sharon so jung heiraten würde, sagte Jimmy Sr.

– Sie hat ihr ganzes Leben noch vor sich, sagte Bimbo.

– Wenn sie nicht an 'n schlechtes Bier kommt, sagte Bertie.

– Also dann. Jimmy Sr. hob sein Glas. – Auf Sharon.

– Aber ja. Klarer Fall. Sharon.

Bertie griff sich sein Bier. – Auf die Signorita Rabbitte, ledige Mutter. Die Runde an sie.

Er schenkte Jimmy Sr. noch einen Taschenrechner.

– Falls es Zwillinge werden.

– Hör bloß auf.

Bimbo nahm einen Zug, schluckte, nahm noch einen, trank und stellte das Glas wieder auf den Bierfilz.

– Kinderkriegen ist das Natürlichste von der Welt, sagte er.

Jimmy Sr. wär Bimbo am liebsten um den Hals gefallen.

– Weißt du, was Sharon ist, Jimmy? fragte Bimbo.

– Was?

– Eine moderne junge Frau.

– Ach du große Scheiße, sagte Paddy.

Sharon lag im Bett.

Nun wußten sie es also. Sie hatten sich super benommen. Echt super.

Sie war ein bißchen angedudelt, aber nicht zu sehr. Wenn sie die Augen zumachte, blieb das Bett, wo es war.

Noch nie im Leben hatte sie soviel gelacht. Das Gesicht von dem Jungen, als Yvonne ihn in den Hintern gezwickt hatte! Und Jackies Witz von dem Mädchen im Rollstuhl in der Disko. Riesig!

Kurz vor der Polizeistunde hatten sie dann alle angefangen zu heulen. Und das war fast noch schöner gewesen. Sie wußte nicht, wie es angefangen hatte. Draußen waren sie sich um den Hals gefallen und hatten das dämlichste, kitschigste Zeug von sich gegeben, aber es war super gewesen. Das Kleine würde vier Mütter haben, sagte Mary. Bei jeder anderen Gelegenheit hätte Sharon sich erkundigt, ob Mary nicht mehr richtig tickte, aber da draußen auf dem Parkplatz klang es irgendwie spitze.

Dann hatten sie sich Fritten geholt. Und Jackie hatte die arme Alte an der Durchreiche gefragt, wie sie es machte, so glatte Haut zu behalten.

Sharon lachte.

Bald würden es alle wissen. Gut. Sie hörte es förmlich.

– Sharon Rabbitte ist schwanger, wißt ihr schon?

– Die Sharon Rabbitte hat 'n dicken Bauch.

– Sharon Rabbitte kriegt was Kleines.

– Das darf ja nicht wahr sein.

– Allmächtiger.

– Jesses! Im Ernst?

– Von wem denn?

– Keine Ahnung.

– Sie sagt's nicht.

– Sie kann sich nicht erinnern.

– Barmherziger Herrgott. Arme Sharon.

– Das ist ein Schlag.

– Hm …

– Dreckiges Luder.

– Arme Sharon.

– So 'n Flittchen.

– Ich glaub ihr nicht.

– Dumme Kuh.

– Das mußte ja so kommen.

– Geschieht ihr recht.

– Arme Sharon.

– Mal sehn, wie sie jetzt in ihre Jeans kommt.

Sharon gickerte. Die konnten sie alle mal gern haben. Ihr war's egal. Die Mädels hatten sich super verhalten.

Bis morgen war es auch bei Mister Burgess angekommen, oder er wußte es sogar jetzt schon, vielleicht war er ja noch auf gewesen, als Yvonne nach Hause kam. Auch der konnte sie mal gern haben. Wegen dem Wichser würde sie sich bestimmt keine grauen Haare wachsen lassen.

Aber das war leichter gesagt als getan.

Brian Moore

Der Eiscremekönig

Die Luftabwehrgeschütze unten am Lough klangen wie zuschlagende Türen, schienen sich aber unsicher, als zielten sie ins Leere. Binnen sieben Stunden waren, Geschwader um Geschwader, mehr als einhundert deutsche Bomber über den Cave Hill und das Lough angeflogen gekommen und hatten Brandsätze und schwere Fliegerbomben abgeworfen. Die Stadt stand in Flammen, das rote, feurige Glühen am Himmel war meilenweit zu sehen. Doch das schreckliche Krachen der explodierenden Bomben war verstummt. Und als in der ersten Morgendämmerung die Sirenen ihre kleinlaute, erschöpfte Entwarnung ertönen ließen, bestätigten sie nur, was die Geschütze schon eine Stunde zuvor verkündet hatten. Die Deutschen waren endlich fort.

Für Gavin, Freddy und die übrigen Krankenträger änderte das Ende des Angriffs nichts an der Routine. Immer noch brachten Krankenwagenfahrer Bombenopfer herein und berichteten, daß ganze Stadtbezirke dem Erdboden gleichgemacht worden waren. Ein Verletzter vom Bergungstrupp erzählte ihnen, er hätte die Wagen der Dubliner Feuerbrigaden gesehen, wie sie in der Gegend der York Street mit strahlend hellen Friedensscheinwerfern drauflosgepumpt hätten. Seine Geschichte wurde von anderen bestätigt, und bald erzählten die von dieser Neuigkeit äußerst erfreuten Krankenhausnonnen ihren Patienten, daß die Dubliner Feuerbrigade, Gott segne sie, mit strahlend hellen Scheinwerfern einhundertdreißig Meilen aus dem neutralen Südirland hergefahren sei, über die Grenze nach Nordirland, um gegen diese Feuersbrunst zu helfen. Ein loyaler, mit den Briten sympathisierender Patient gab daraufhin die Nachricht zum besten, daß die Engländer in Liverpool

Löschzüge auf Schiffe verladen hätten und daß diese Schiffe bereits auf der Irischen See unterwegs seien. Eine andere Patientin meinte, sie habe einen kanadischen Flugzeugträger gesehen, der zur Neuausrüstung im Dock gelegen und auf den Feind gefeuert hätte, bis sämtliche Munition verschossen war. Es kursierten auch noch andere Geschichten: Geschichten von Feigheit und Plünderungen. Ein englischer Matrose, der starb, nachdem Gavin und Freddy ihn in den Operationssaal getragen hatten, erzählte, er habe gehört, wie zwei Männer in Jubel ausgebrochen seien, als Lord Haw-Haw, der englische Radiokommentator der Nazis, auf einem deutschen Sender berichtete, daß man Belfast ausradieren wolle.

Berichte und Gerüchte machten auch noch am Morgen die Runde, aber da waren Gavin und Freddy schon zu erschöpft, um noch länger hinzuhören. An ihren Händen hatten sie Blasen, ihre Füße waren schweißnaß, die Glieder schmerzten, und sowie sie sich einen Augenblick hinsetzten, glaubten sie, keine Kraft mehr zu haben, um jemals wieder aufstehen zu können. Craig, der nur selten eine Trage trug, aber überall auftauchte, Befehle schrie und seine Mannschaft rumhetzte, benahm sich wie ein Verrückter, wenn er sah, daß einer seiner Leute sich eine Pause gönnte. »Euer Platz ist hier. Angetreten!« Sein blasses Gesicht leuchtete vor Aufregung, und trotz des grausigen Anblicks, der sich ihm überall bot, waren seine schiefen Zähne zu einem starren, zufriedenen Grinsen entblößt. Einmal ging er neben einer Trage her und verkündete mit lauter Stimme, ohne dabei jemanden direkt anzusprechen: »Jetzt gibt's nichts mehr zu lachen. Manch einem wird das Lachen im Hals steckenbleiben.« Manchmal runzelte er die Stirn und erklärte: »Das finde ich nicht in Ordnung, daß meine Männer dem Befehl der Ärzte unterstellt sind. Wir werden sehen, jawoll, wir werden sehen. Beim nächsten Mal läuft das anders. Das könnt ihr mir glauben.«

Am Vormittag gegen zehn Uhr kochte eine der diensthabenden Schwestern Tee und brachte allen Männern eine Tasse. Gavin ließ sich das süße, starke Gebräu auf der Zunge zergehen.

Er steckte sich seine erste Zigarette seit vielen Stunden an und nickte plötzlich ein, sank zu Boden, verschüttete den Tee und verbrühte sich.

»Gott, bin ich müde.«

»Heda, aufgestanden.« Es war Craig, der über den Flur lief und mit schriller Stimme schrie. »Ab in das Zimmer da, der Chefarzt will ein Wörtchen mit euch reden.«

Big Frank Price lehnte mit aschfahlem Gesicht an der Zimmerwand. Old Crutt, der Spitzel, saß neben ihm, ebenfalls völlig erschöpft. Jimmy Lynan kam einige Augenblicke später mit seinem Partner Baby Bates herein. Von den übrigen Männern ließ sich niemand auftreiben. Craig schloß die Tür und blies wichtigtuerisch auf seiner Trillerpfeife.

»Die Tagesmannschaft hat uns abgelöst, ihr könnt euch also ein wenig Schlaf gönnen. Heute nacht kommen sie wieder, wurde im Radio gemeldet. Ich sagte, die Deutschen kommen heute nacht wieder. Aber bevor ihr geht, will der Chefarzt noch mit euch reden. Ich sagte, der Chefarzt will mit euch reden. Stillgestanden!«

Zusammen mit dem Rest der Mannschaft gaben sich Gavin und Freddy den Anschein von Männern, die Haltung annahmen. Craig ging, und sie hörten ihn über den Flur brüllen: »In Ordnung, Doktor. Meine Männer sind hier.«

Der alte Dr. MacLanahan trat ein. Sein weißer Kittel war blutverschmiert, der Kragen seines Pyjamas gleichfalls voller Flecken. »Guten Morgen«, sagte er in seinem üblichen, forschen Ton. »Ich weiß, ihr Jungs habt Dienstschluß. Und ich weiß auch, daß ihr euren Schlaf verdient habt. Trotzdem frag ich euch, ob sich zwei Freiwillige für eine unangenehme Aufgabe melden.« Er sah bei diesen Worten in die Runde, und sein Blick blieb auf Freddy Hargreaves ruhen.

»Was für eine Aufgabe, Sir?« fragte Freddy, als hätte man ihm das Stichwort gegeben.

»Die Toten. Da hinten ist alles rappelvoll, überhaupt kein Platz mehr. Ich habe mich mit den städtischen Behörden abgesprochen, und wir planen, alle Toten in Särge zu legen und in einen großen Saal in der Stadt zu bringen, sie dort zu sammeln. Dann kann die Identifizierung an zentraler Stelle erfolgen. Können Sie mir folgen?«

Unsicher nickende Köpfe.

»Gut, also müssen wir unsere Leichen heute nacht einsargen und hier rausbringen. Ich habe drei Medizinstudenten als Unterstützung für den Leichenbestatter aufgetrieben. Aber ich brauche mindestens noch zwei Mann. Kann uns jemand von Ihnen helfen?«

Niemand meldete sich.

»Wie wäre es mit Ihnen, Mister Craig?«

Craigs Adamsapfel tanzte auf und ab. »Tja, Doktor, ich würde Ihnen gerne den Gefallen tun, aber wissen Sie, ich habe hier das Kommando, ich muß heute nacht wieder Dienst machen.«

Dr. MacLanahan zog seine buschigen Augenbrauen vielsagend in die Höhe, so daß Craig nervös von einem auf den anderen Fuß trat und verlegen hüstelte.

»Ich mach's«, erklärte Freddy.

»Ich auch«, hörte Gavin sich sagen.

»Sehr gut, Jungs«, sagte Dr. MacLanahan. »Kommt mit.« Ohne Craig weiter zu beachten, führte er sie aus dem Zimmer und durch den Wartesaal auf den Hof. Am anderen Hofende war von Mauer zu Mauer eine Segeltuchplane gespannt, die den Eingang zur Leichenhalle abschirmte. Ein Polizist mit schwerer, schwarzer Pelerine salutierte vor Dr. MacLanahan. »Mit Ausnahme der Männer, die da drinnen arbeiten«, sagte der Arzt, »darf hier niemand rein. Haben Sie mich verstanden?«

»Jawohl, Sir.«

Der Polizist hob einen Zipfel der Plane an, und alle drei gingen gebückt darunter hindurch. Im Eingang der Leichenhalle standen zwei junge Männer in Tweedjacken und Flanellhosen und rauchten Zigaretten. Da sie Medizinstudenten waren, nahmen sie beim Herannahen des Chefarztes respektvoll Haltung an. »Guten Morgen, Sir«

»Morgen, MacReady. Und Sie, verzeihen Sie bitte, wie heißen Sie?«

»Geary, Sir«

»Ach ja, Geary. Wo ist der dritte?«

MacReady, ein hochgewachsener junger Mann mit breitem Clownsmund und dichtem, schwarzem Lockenhaar, das ihm in die Stirn fiel, sagte mit Dubliner Akzent: »Ihm ist schlecht geworden, Sir. Er läßt sich entschuldigen.«

»Hm. Tja, dann bleibt es wohl bei euch vieren, ihr beide und diese Jungs vom Luftschutz. Ich schätze, ihr habt genug zu tun. Wo ist Willie?«

Einer der Studenten öffnete die Tür zur Leichenhalle und brüllte: »Willie?« Der Leichenbestatter erschien. Es war derselbe Mann, den Gavin schon am Abend zuvor gesehen hatte, klein, unablässig rauchend, die lange Gummischürze blutverschmiert. »Morgen, Sir. Ach, ein schreckliches Durcheinander, schrecklich.«

»Hat die Schwester Ihnen den Whiskey geschickt?«

»Ja, Doktor.«

»Gut. Und die Särge?«

»Gerade angekommen. Sie stehen draußen vor dem Hintereingang.«

»Dann müßt ihr draußen arbeiten«, sagte Dr. MacLanahan. »Ich will nicht, daß euch jemand sieht, und der Hinterhof ist ziemlich geschützt. Gegen den Regen kann ich leider nichts machen, aber es ist einfacher für euch, wenn ihr an der frischen Luft seid. Willie, hast du die Schutzanzüge?«

»Ja, Doktor.«

»Gut. Gib diesen Burschen für den Anfang einen kräftigen Schluck Whiskey. Denkt dran, wir wollen die Leute – wenn möglich – identifizieren. Vielen Dank, meine Herren. Ich schau später noch einmal vorbei, um zu sehen, wie ihr vorankommt.«

»Okay, Jungs«, sagte Willie, sobald der Doktor hinter der Plane aus Segeltuch verschwunden war. »Ihr wartet hier, und ich hol die Klamotten. Muß ja nicht sein, daß ihr euch auch noch schmutzig macht.«

Er ging zurück in die Leichenhalle und kam mit einem Armvoll Stiefel und dem gelben Ölzeug zurück, das Gavin und Freddy schon so oft bei Craigs Dekontaminationsübungen getragen hatten. Nachdem sie und die Medizinstudenten sich diese Sachen übergezogen hatten, ließ Willie sie hereinkommen. »Haltet euch die Riecher zu«, sagte er.

Gavin hatte seine erste Leiche mit elf Jahren gesehen. Leichen waren ältliche Verwandte, die manchmal braune Leichenhemden, meistens aber ihre besten Sonntagskleider trugen. Sie lagen im unteren Schlafzimmer auf weißen Laken, Hände über der Brust gefaltet, Rosenkranz oder Kruzifix zwischen die Finger gesteckt, ihnen zu Ehren überall verstreut schwarz umrandete Trauerkarten. Leute knieten, sprachen Gebete oder blickten stumm auf das wächserne, tote Gesicht, um sich dann ins Wohnzimmer zu Tee, Whiskey und zum Lobe des lieben Verschiedenen zu begeben. Der Tote, den er letzte Nacht gesehen hatte, war noch nicht im *Rigor mortis* erstarrt gewesen und schien wie ein Schauspieler den Tod nur zu mimen. Doch hier, in diesem Gestank menschlicher Exkremente, im beißenden Geruch der Desinfektionsmittel stapelten sich die Toten, Leiche über Leiche, Arme ausgebreitet, Füße verdreht, mit offenen Mündern, starrenden Augen, alte Männer auf jungen Frauen, ein Kind auf dem Rücken eines Polizisten, die Hand eines Soldaten auf dem Schenkel einer Frau, und ein Fuhrmann auf einem Stapel von Armen und Beinen, den Kohlensack noch in der Hand, hielt den Arm ausgestreckt und wies mit dem Finger auf sie, als wolle er vor ungesehenem Schrecken warnen. Grausig und unbeholfen lagen die Toten in der Leichenhalle vom Boden bis zur Decke aufgehäuft und schienen jene Lebenden anzuklagen, die im Eingang standen und sie anschauten.

»Um Gottes willen«, sagte der hochgewachsene Medizinstudent. »Wie viele sind das?«

»Als ich zuletzt in meinem Buch nachgesehen habe, waren es siebenundachtzig«, sagte Willie. »Aber manchmal haben die Krankenwagenfahrer sie reingeschoben, wenn ich hinten war Im Hof liegen noch mehr. Hier, wie wär's mit einem Tröpfchen?«

Er ließ eine Flasche Whiskey rumgehen. »Laßt es euch schmecken«, riet er ihnen. »Ist umsonst, und wo das herkommt, da gibt's noch mehr.«

Gavin wartete darauf, daß der Whiskey die Runde machte, schaute auf die Toten und bemerkte die nackten, schwieligen Füße einer alten Frau, die unten aus dem Leichenstapel herausragten.

Wenn ihre schwieligen Füße vorstaken, kommt,
Und schaut, wie kalt sie ist, wie stumm.
Richtet darauf der Lampe Schein,
Der Eiscremekönig ist Herrscher allein.

»Hier«, sagte Freddy und reichte ihm den Whiskey. »Nimm einen Schluck.«

Der Whiskey war stark und brannte in der Kehle. Er erfrischte nicht so wie der Tee. Gavin schluckte, sein Magen rebellierte, und er erbrach sich, der Tee kam auch mit hoch. Geary, der Medizinstudent, mußte sich gleichfalls übergeben. »Ihr werdet euch schon noch dran gewöhnen«, meinte Willie. »Und jetzt zeig ich euch eure Arbeit.«

Sie sollten paarweise arbeiten. Zu zweit würden sie eine Leiche aus der Leichenhalle in den Hof schleppen. Der eine sollte dann mit einem altmodischen Rasiermesser die Kleider öffnen oder aufschneiden, während der andere die Taschen nach Hinweisen auf einen Namen, nach Geld und anderen Wertgegenständen durchsuchte. Was sie fanden, wurde in einen kleinen Leinenbeutel gesteckt und der Leiche um den Hals gehängt. War der Leichnam mit Exkrementen beschmutzt, wurden die Kleider entfernt. Dann legten sie die Leiche in einen Sarg und deckten sie, wenn sie nackt war, mit einem Leichentuch zu. Der Kopf wurde, falls unverletzt, freigelassen. Ein Deckel sollte auf den Sarg gelegt, aber nicht vernagelt werden. Dann wurde der Sarg in den Vorhof getragen, um von dort zur zentralen Halle in der Stadt gebracht zu werden, wo die Bombenopfer zu Identifikationszwecken aufgebahrt wurden.

Die erste Leiche, nach der Gavin und Freddy griffen, weil sie gleich neben dem Eingang lag, war die einer Fabrikarbeiterin Anfang Zwanzig. Gavin umschloß die kalte, starre Hand und zog die Leiche hinter sich her durch die Tür in den nebligen, dichten Sprühregen und über den kalten, nassen Betonboden in den Hof. Im Tod hatte sich ihr Darm entleert, und so schnitt er mit dem Rasiermesser Rock, Pullover und Unterwäsche auf und entblößte den ersten nackten Körper einer erwachsenen Frau, den er in seinem Leben je gesehen hatte. Natürlich hatte er zuvor schon weibliche Blöße gesehen, doch eher flüchtig, ein kurzer Blick auf seine Schwester, auf Frauen am Strand, die sich ungeschickt umzogen. Doch hier sah er ohne alle Eile die im Tode erstarrten Brustwarzen der Frau, die wie blinde, braune Augen auf ihrer Haut saßen, und so übel ihm auch war, starrte er doch fasziniert auf den dunklen Haarbusch unter ihrem Bauch. Er blickte zu Freddy hinüber, doch Freddy nahm nur ihren Rock und warf ihn auf den wachsenden Haufen in der Ecke. Freddys Brille war von Schweiß und Regen beschlagen. Er steckte sich eine Zigarette an. Nackt lag die Frau auf dem kalten, nassen Beton, und nackt sackte sie in Gavins Armen zusammen, als er sie zum Sarg zog. Freddy half ihm, sie hineinzulegen, und deckte den Leichnam zu. »Verflucht sei Genosse MacLarnon«, sagte er plötzlich. »Und all die anderen Arschlöcher. Die halten das für eine gute Idee? Daß die Kapitalisten sich gegenseitig umbringen? Guck dir dieses arme Gör an, geboren und aufgewachsen mit den Fragebögen der Fürsorge. Jeden verdammten Tag nichts als Brot und Bratenfett. Schöne Kapitalistin.«

Gavin legte den Deckel auf den Sarg.

Die beiden Medizinstudenten taumelten mit ihrer ersten Leiche vorbei. MacReady, der größere, rief: »Platz da!« und meinte dann: »Scheiße, Männer, man darf die Hoffnung nicht aufgeben. Wenigstens könnt ihr euch zum erstenmal in eurem Leben hemmungslos besaufen, ohne daß man euch einen Vorwurf draus macht.«

Dem anderen Studenten war offenbar immer noch schlecht.

»Recht hat er«, sagte Freddy. »Kippen wir uns einen hinter die Binde.«

Doch der Gestank in der Leichenhalle verleidete ihnen den Whiskey und ließ ihn wie Medizin schmecken. Sie setzten die Flasche ab, nahmen sich ihre zweite Leiche und zogen sie hinaus in den Regen. Es war der Leichnam eines alten Mannes, und als Gavin ihn auszog, verschlug ihm die Häßlichkeit des nackten Körpers die Sprache, die lose Haut des Alters, die mit Krampfadern überzogenen Waden, das schlaffe, irgendwie mitleiderregende Genital. Doch der Whiskey zeigte langsam Wirkung, und als er seine fünfte Leiche eingesargt und zwei weitere Schluck Whiskey getrunken hatte, war er, wie die anderen, in einer seltsam angeheiterten Verfassung, die den ganzen Vormittag anhielt. Galgenhumor, ein trotziger Leichenhallenhumor, wurde für sie zum Schutzschild gegen ihr grauenhaftes Tun, und bald erzählten sie sich die gräßlichsten Witze.

»He, Sie da! Mitkommen!« rief der hochgewachsene Student, als er mit seinem Partner einen kräftigen Polizisten vom Leichenstapel hob. »Herrgott, Jungs, ich vergehe mich an einem Hüter des Gesetzes.«

»Sag mal, ist ein Revolver eine ›Wertsache‹?«

»Drück ihm den ruhig in die Hand. Und vergiß die Mütze nicht. Nein, nicht auf den Kopf, Geary, auf die Brust, habe ich gesagt. Laßt mich enden wie ein Polizist. Na, ist das kein herrlicher Anblick?«

»He, Leute, hört auf, hier rumzualbern«, rief Willie aus der Leichenhalle. »Könnte sein, daß euch jemand hört.«

»Sollen sie uns doch hören«, rief der hochgewachsene Student.

»Langsam«, sagte Gavin. »Nicht so laut. Da steht ein Polizist vor der Plane.«

»Ach, stimmt.« Schweigend arbeiteten sie einige Minuten weiter. Dann sagte Freddy: »Moment mal. Wir schuften wie die Blöden, und was macht Willie? Trinkt der den ganzen Whiskey aus?«

Der hochgewachsene Student zog ein Gesicht. »Kümmere dich nicht um den alten Willie«, sagte er. »Wenn du neugierig bist, geh ins Hinterzimmer und sieh nach. Aber ich würd's dir nicht raten.«

»Warum nicht?«

»Er kümmert sich um die Leichenteile.«

»Die Leichenteile. Denk nicht drüber nach«, warnte ihn der Schwarze Engel. »Denk überhaupt nicht nach. Du bist der jüngste hier, die Studenten sind fünf Jahre älter, außerdem hast du die ganze letzte Nacht gearbeitet, keiner würde dir einen Vorwurf machen, wenn du jetzt aufhörst.«

Aber er wußte, Schwarzer Engel hin oder her, daß er, Freddy und die Studenten dies zusammen durchstehen mußten. Aufhören galt nicht. Seltsam, aber er ahnte, daß es die erste wirklich erwachsene Tat seines Lebens gewesen war, sich freiwillig für diese Arbeit zu melden. Wenn Sally erst hörte, was er hier machte. Der würde es noch leid tun, daß sie ihn letzte Nacht so angefahren hatte. Von wegen Riesenbaby.

Plötzlich tauchten zwei Krankenträger mit einer Leiche vor der Plane auf. Sie blieben stehen, als sie Gavin mit dem Rasiermesser in der Hand Kleidungsstücke von einer Leiche schneiden sahen, als sie die Sargstapel entdeckten, die Leichen im Regen. Freddy ging ihnen über den Hof entgegen, auf dem Rücken trug er einen leeren Sarg, als wäre es ein Kanu. »Gehört ihr zur Ersten Hilfe?« fragte einer der Krankenträger.

»Ja.«

»Der Kleine auch?«

»Ja.«

»Himmel, ich hoffe nicht, die verdonnern uns auch zu so einer Arbeit«, sagte der zweite Krankenträger.

»Keine Angst, Kumpel. Wir haben uns freiwillig gemeldet.«

»Ach? Na ja, jedenfalls viel Glück, Jungs.«

Die Krankenträger setzten ihre Last ab und flohen vom Hof. Doch zehn Minuten später wurden ihnen weitere Leichen geliefert. Freddy und der hochgewachsene Student begannen die Wirkung des Whiskeys zu spüren und trieben ein grausiges Spiel. Kaum sahen sie, wie die Neuankömmlinge sich furchtsam einen Weg durch die Toten bahnten, rief der Student Freddy zu: »He, was ist mit dem Bein da?«

»Heb's auf. Wir finden noch das passende Gegenstück.«

»Reißt euch zusammen, Jungs, Schluß damit.« Willie, der Leichenbestatter, war aus seinem Hinterzimmer gekommen. »Wenn ihr Beine wollt, könnt ihr jede Menge haben. Aber hört mit der Alberei auf, ihr bringt das Krankenhaus in Verruf.«

Am Nachmittag kam der Polizist unter der Plane durch und sagte: »Ihr sollt jetzt zum Mittagessen ins Krankenhaus kommen. Die Nonne sagt, es sei fertig.«

Die Nonne, eine ältliche Frau, wartete zusammengekauert unter einem großen schwarzen Regenschirm im Vorhof. Nachdem sie sich an einem Wasserhahn gewaschen hatten, führte die Nonne sie durch einen Seiteneingang in den Studententrakt. »Rein mit euch, Jungs«, sagte sie. »Dr. MacLanahan hat mich gebeten, euch ordentlich was aufzutischen. Wir haben unser Bestes getan.«

Im Speisesaal wartete eine Nonne mit Tellern voller Roastbeef, Bratkartoffeln, Yorkshirepudding und Kohl. Außerdem gab es Schüsseln mit dicker Fleischbrühe und einige Flaschen Bier. »Hinterher gibt es noch Schokoladenpudding«, verkündete die Nonne, zog sich zurück und ließ sie mit den überbordenden Tellern allein.

»Iß«, sagte der Schwarze Engel. »Die anderen essen doch auch. Es ist genau wie in der Schule. Wenn du zeigst, wie du dich fühlst, machen sie sich lustig über dich.«

Warum zitterst du? Die Toten, fahl und dreckig, auf den Lippen getrocknetes Blut, die Gedärme entleert in den letzten Zuckungen, er sah sie vor seinem inneren Auge. Er konnte das Essen nicht anrühren. Vor einem Jahr saß ich im Prüfungssaal, mir war übel, weil ich keine Mathe konnte, übel bei dem Gedanken, durch die Prüfung zu fallen. Nicht zu bestehen, schien mir das Schlimmste, was mir passieren konnte. Was hatte jene Übelkeit mit dieser hier gemein? Und doch ist mir genauso schlecht wie damals: ich habe ebensolche Angst. Nach dem Essen gehen wir zurück auf den Hof, zurück zu den Särgen. Die

Leichenteile müssen auch noch eingesargt werden. Heute nacht kommen die Bomber zurück. Wieder werden Menschen sterben. Er dachte an seine Eltern, an Kathy und Owen.

O Gott, betete er, hoffentlich sind sie heil in Dublin angekommen. »Feigling«, sagte der Schwarze Engel. »Jetzt hast du doch wieder gebetet.«

Ein Arzt in weißem Kittel kam in den Speisesaal und nickte den beiden Medizinstudenten vertraulich zu. »Hallo, ihr beiden. Na, wie geht's?«

»Sezieren ist dagegen ein Kinderspiel«, sagte MacReady.

»Wir haben noch zwei Mediziner im Abschlußsemester für euch aufgetrieben«, sagte der Arzt. »Ich will ja keinen Druck machen, aber wir müssen die Halle bis heute abend leer haben.«

»Alles schön und gut«, sagte MacReady. »Aber kann ich jetzt den Schokoladenpudding haben?«

Geary, der andere Student, stand auf und rannte aus dem Saal. »Der kotzt schon den ganzen Morgen«, sagte MacReady und wies mit dem Daumen auf seinen davoneilenden Freund. »Da frag ich mich doch, wie aus dem jemals ein richtiger Chirurg werden soll. Selbst der Kleine hier kann mehr vertragen.«

Alle schauten auf Gavin. Und ihm, dem robusten Brocken, dem eisenharten Kerl, der mehr vertrug als alle Medizinstudenten, was blieb ihm unter diesen Umständen anderes übrig, als über sein Essen herzufallen? Unbekümmert, ein Schauspieler auf der Bühne, schnitt er sein Roastbeef an.

Es regnete den ganzen Nachmittag. Mit der Zeit betäubt die Müdigkeit jedes Gefühl, Schmerz, Angst, Ekel. Die Toten waren schwer. Sie schienen sich in aller Unbeholfenheit gegen die letzte Respektlosigkeit des Einsargens zu wehren. Ihre Glieder ragten über den Sargrand, verkeilten sich mit anderen Gliedern, steife Arme erschwerten die Durchsuchung der Taschen. Und da die Männer das Ende ihrer Arbeit nicht absehen konnten, wurden sie allmählich unnötig brutal im Umgang mit den Leichen. Gavin ertappte sich, wie er selbst grausige kindische Witze zu machen begann. Er verlor nicht mal im widerlichsten Augenblick des Tages die Fassung, als er mit Freddy die Leiche eines Royal-Air-Force-Offiziers anhob und feststellen mußte, daß durch einen seltsamen Zufall der Leichnam von einer Explosion der Länge nach, vom Hals bis zum Genital, gespalten worden war. Freddy, dem bislang kein Anblick etwas ausgemacht zu haben schien, ließ abrupt seine Last fallen und wandte sich mit schweißüberströmtem Gesicht ab. Gavin drehte sich nicht um: Er war es, der die Arbeit zu Ende brachte und die Leiche in den Sarg legte.

Es wurde dunkel. Der Polizist brachte Petroleumlampen und hängte sie reihum im Hof auf. Man brachte ihnen Tee im Kochgeschirr. Sie trugen ihn in die Leichenhalle, die inzwischen zur Hälfte geleert und deren Boden mit ungelöschtem Kalk bestreut war, setzten sich auf einen Leichentisch, rauchten, tranken Tee und waren zum Reden zu müde. Das Telefon klingelte. Willie, der Leichenbestatter, nahm den Hörer ab.

»Es ist für dich«, sagte er zu Gavin.

»Gavin? Ich bin's, Sally. Geht's dir gut?«

»Woher weißt du, daß ich hier bin?«

»Eine Schwesternschülerin hat mit Dr. Thompson geredet. Er hat es ihr gesagt, und sie hat es mir weitererzählt. Ach, Gavin, du dämlicher Held. Ist es schlimm?«

»Es geht«, sagte er, und kaum hatte er das gesagt, verhöhnte ihn der Schwarze Engel.

»Sei heldenhaft«, sagte der Engel. »Tja, da gehst du über Leichen und wirst ein Held.« Doch er war zu erschöpft, um dem Engel noch länger zuzuhören.

»Du mußt todmüde sein«, sagte Sally am Telefon.

Er lachte. »Bin ich nicht«, sagte er. »Ich werde hier ständig daran erinnert, daß ich noch sehr lebendig bin.«

»Ich meine, du mußt doch ganz erschlagen sein. Wir konnten heute nachmittag immerhin ein Nickerchen machen. Das Heim ist abgebrannt. Hast du das gewußt? Weiß Gott, wo wir jetzt schlafen sollen.«

Heim. Er sah das Haus seiner Eltern, leer, die Fensterscheiben zerbrochen, er selbst dort endlich Herr und Meister. »Du kannst bei mir wohnen«, sagte er. »Die anderen sind alle weg.«

Da mußte sie lachen. »Ich frag mich nur, was die Nonnen davon halten würden. Hör mal, Gav, ich muß wieder los. Wenn du kannst, komm einen Augenblick vorbei, sobald dein Dienst zu Ende ist.«

»In Ordnung.«

»Und, Gav? Tut mir leid wegen gestern abend.«

»Ist schon okay.«

Er ging zurück auf den Hof. Müde arbeiteten Freddy und die anderen in der regnerischen Nacht und warfen große Schatten im Licht der Petroleumlampen. Er mußte an einen alten Film denken. Vielleicht aßen in diesem Augenblick lächelnde deutsche Piloten ein herzhaftes Mahl mit Würstchen und Bier in ihrer Offiziersmesse, während draußen auf der Landebahn deutsche Mechaniker die großen Bomber für ihren langen Flug über den Kontinent und die Irische See auftankten. In *The Dawn Patrol* hatte er gesehen, wie sich die deutschen Piloten galant über den Tisch in der Offiziersmesse hinweg zuprosteten. Doch dies war kein Film. In Filmen gab es keine häßlichen Leichen.

Der Polizist kam unter der Plane hervor. »Draußen steht einer, der sagt, er wäre ein Kumpel von euch. Er will reinkommen. Heißt Gallagher, sagt er.«

»Ist gut«, sagte Freddy.

Sein Kumpel Mick Gallagher trat in lehmbespritzter Luftschutzuniform, Gesicht und Hals regennaß, aus dem Dunkeln, in der Hand eine große Taschenlampe. »Schafft mir den Polypen vom Hals«, flüsterte er Freddy zu. Der Polizist hörte ihn und zog sich diskret zurück.

»Wo sind die Leichen?«

»Warum? Willst du uns helfen?«

»Wie meinst du das?« Gallagher schien kurz davor, in Tränen auszubrechen. »Sie haben die Falls Road bombardiert«, sagte er heiser. »Habt ihr gewußt, daß sie die Falls Road in die Luft gejagt haben?«

»Sie haben sämtliche Stadtteile bombardiert«, sagte Gavin. »Oder glaubst du, die haben sich zurückgehalten, bloß weil die Falls Road katholisch ist?« lachte Freddy.

»Halt den Schnabel«, fuhr Gallagher ihn wütend an. »Ich wohne in der Falls Road. Unser Haus ist futsch. Ich kann meine Frau und meine Kinder nirgendwo finden. Ich war heute schon in vier Krankenhäusern. Ich kann sie einfach nicht finden.«

»Tut mir leid für dich«, sagte Freddy.

»Vielleicht sind sie zu den Nachbarn gegangen«, meinte Gavin.

»Nein. Nach der Bombe hat sie keiner gesehen. Ein paar Polypen und welche vom Luftschutz waren da und haben einige Leichen fortgeschafft.«

»Warst du schon in der Stadt?«

Gallagher nickte. »Die Leichen sind noch nicht alle in der großen Halle angekommen. Deshalb bin ich hier.«

»Warum wartest du nicht bis morgen?« fragte Freddy. »Im Dunkeln kannst du sie doch nicht finden.«

»Ich hab die hier«, sagte Gallagher, blickte auf seine Taschenlampe und knipste sie an. Ein mächtiger Strahl flammte auf und warf einen Lichtpunkt auf die gegenüberliegende Wand. »Die hier«, wiederholte, er. »Verflucht sei der Tag, an dem ich sie gekauft habe.«

Er ging und leuchtete mit der Taschenlampe in die Särge. Gavin sah Freddy an. Letzte Nacht war Gallagher allein auf dem Dachboden geblieben. Hatte sich versteckt. Er hatte sich ständig oben auf dem Dachboden aufgehalten. *Mein Gott.* »Freddy?«

»Was ist?« sagte Freddy. Seine Brille war beschlagen und verbarg seine Augen. Sein müdes, verdrecktes Gesicht wirkte wie eine Maske, es gab seine Gedanken nicht preis. Freddy war kein Katholik: klar, daß er keine besonders freundlichen Empfindungen für IRA-Sympathisanten hegte, die mit Taschenlampen in den Himmel blinkten und hofften, die deutschen Bomber anzulocken. Das war Verrat: Verräter wurden gehenkt.

»Was hast du gesagt?« Freddy wandte sich von Gavin ab und sah Gallagher nach, der zwischen den Särgen umherlief.

»Nichts.«

»Komm«, sagte Freddy. »Machen wir den noch fertig, und dann rauchen wir eine.«

Schweigend hoben sie den Leichnam eines Jungen auf und legten ihn in seinen Sarg.

Sie hockten an der Mauer, rauchten und folgten mit ihren Blicken dem Schein der Taschenlampe, wenn sie zwischen den Sargreihen aufblitzte. Kein Wort war gefallen. Freddy schnippte die Asche seiner Zigarette ab, Funken zerstoben auf dem Betonboden. »Himmel«, sagte er. Er wußte Bescheid. Gavin warf ihm einen kurzen Blick zu.

»Scheiß drauf«, sagte Freddy. »Wir haben hier auch so schon genug Schwierigkeiten.«

Ihre Zigarettenstummel glühten in der Dunkelheit. »Himmel«, sagte Freddy noch einmal. »Ich könnte im Stehen schlafen.«

»Ich auch.«

Sie waren niemals bessere Freunde gewesen.

Robert McLiam Wilson

Eureka Street, Belfast

(Auszug)

Rosemary Daye kaute blasenschlagend den dritten Nikotinkaugummi des Tages. In den ganzen letzten drei Wochen hatte sie nur zwei Zigaretten geraucht. Beide, als sie sich mit Sean auf einen Drink getroffen hatte. Ein neuer Freund, das war immerhin ein Grund, hatte sie sich gedacht. Bei der zweiten Verabredung war sie so nervös gewesen, daß die Zigarette, die er ihr anbot, ihr half, sich in jene mondäne Aura zu hüllen, mit der sie ihn blenden wollte. Inzwischen wußte sie, daß sie sich diese Mühe hätte sparen können. Inzwischen wußte sie, wie herrlich verblendet er auch so schon gewesen war. Sie hatte ihr buntes Baumwollkleid angehabt, und als sie es langsam abgestreift hatte, da hatte er richtig gewinselt.

Die matte Sonne wärmte ihr fast schon die Haut, als sie daran dachte. Sie überquerte die Royal Avenue und ging in ihre Lieblingsboutique. Dort lümmelten elegante Mädchen herum. Sie stöberte zerstreut. Er war zu teuer, und sie wußte gar nicht so recht, ob er ihr gefiel, sie probierte ihn trotzdem an, den grünen, knielangen Leinenrock. Was Sean über ihre Hüften gesagt hatte – seine durch den Augenschein bestätigte Ehrlichkeit –, sie wurde jetzt noch rot, wenn sie daran dachte. Als sie sich den Rock vor einem halbhohen Spiegel zurechtzupfte, merkte sie, daß er unterm Bauch bereits die ersten Knitter hatte. Vor einer Woche wäre sie sich darin noch wie eine Birne vorgekommen. Jetzt schrieb sie, noch ehe sie wieder in ihre eigenen Sachen geschlüpft war, munter den gepfefferten Betrag auf den Scheck. Sie wußte, dieser Rock, diese Knitter, das brächte ihn zum Weinen.

Als sie bezahlte, lächelte die Verkäuferin sie an, und Rosemary fragte sich, ob das Mädchen Gedanken lesen konnte. Ihre Fröhlichkeit hatte etwas Intuitives, etwas Konspiratives. Sie fragte sich, ob diese Kleine, ein hübsches Ding übrigens, wohl jemanden hatte, der sie ebenso anbetete, wie sie von Sean angebetet wurde. Sinnlos, aber verschwenderisch; sie wünschte es ihr.

Als sie auf die Straße trat, war es zwar noch sonnig, aber nicht mehr so warm. Ihre Laune wurde immer besser, sie schwenkte sogar die Hüften beim Gehen, nicht sehr, aber durchaus spürbar.

Sie überlegte, warum sie ihn vor heute nacht nicht schön gefunden hatte. Jetzt hätte sie ihm am liebsten sein Lächeln vom Gesicht gelutscht. Wenn sie an seine breiten Zahnreihen dachte, an die winzige Lücke vorn zwischen den Schneidezähnen, an sein kräftiges Kinn, wo die Haut dunkel war von den darunter sprießenden Bartstoppeln, kriegte sie tief innen so ein komisches Gefühl, und ihr wurde ganz heiß.

In einem dunklen Schaufenster lächelte sie sich zu. Mechan's Schönheitssalon. Rosemary betrachtete sich oft in diesem Fenster. Rosemary betrachtete sich überhaupt oft in Schaufenstern. Es gab nur wenige Fußgängerrouten in der Stadt, die Rosemary nicht anhand der spiegelnden Oberflächen hätte beschreiben können, die es dort in regelmäßigen Abständen gab. Sie hatte einen Stadtplan, dessen Wegmarken die Orte waren, an denen sie ihr eigenes Spiegelbild betrachten konnte. Dunkle Schaufenster, schummrige Ladenfassaden, sogar parkende Autos. Rosemary fühlte sich nicht wohl, wenn sie mehr als zwei-, dreihundert Meter laufen mußte, ohne ihr Aussehen prüfen zu können.

Das war keine Eitelkeit. Es war Sorge. Rosemarys Haare hatten ihr Leben beherrscht, seit sie dreizehn war. Diese eigensinnigen, unbezähmbaren Haare konnten sie so unglücklich machen wie sonst nichts auf der Welt. Jahrelang hatte sie Unsummen für Haarschneiden und Haarpflege ausgegeben und für Frisuren, die sie sich in den teuersten Szenesalons machen ließ. Sie hatte andere Frauen und deren Haar studiert, sie hatte sich ausgerechnet, was die für Probleme und für Friseurkosten hatten. Wenn sie mit ihrem Wagen hinter einem Auto herfuhr, in dem mehrere Frauen saßen, konnte sie fast auf den Penny genau sagen, wieviel die alle zusammen pro Jahr in ihre Trichozythen investierten.

Seit ein paar Jahren hatte sie ihre Haare mehr oder minder im Griff. Sie hatte die Schlacht gewonnen, dank eines elektrischen Glättungsapparats und eines geheimnisvollen, nach dem Waschen anzuwendenden, offenbar kräftigend wirkenden Pflegebalsams. Zwar sah ihre Haartracht noch oft genug wie eine aus der Mode gekommene Stewardessenfrisur aus, und die Tage, an denen ihre Haare nicht liegen wollten, waren für sie immer die schlimmsten, aber es war schon ein Fortschritt zu verzeichnen.

Trotzdem hatte sie nach wie vor die Angewohnheit, sich prüfend in irgendwelchen Fenstern zu betrachten. Sie stellte fest, daß sie nicht die einzige war. Auch andere Frauen kontrollierten regelmäßig ihr ätherisches Selbst in solchen Ersatzspiegeln, und Männer taten es anscheinend noch öfter als Frauen. Sogar die häßlichen, feisten Männer schauten stur alle paar Schritte wieder ins eigene Spiegelbild. Die attraktiveren Männer taten es mit einer Mischung aus Verlegenheit und Faszination, die häßlichen, feisten Männer aber betrachteten sich völlig unvoreingenommen und mit sichtlichem Wohlgefallen. Rosemary selbst war erst seit kurzem mit ihrem Spiegelbild zufrieden. Sie fing an, sich zu mögen. Sie fing an zu denken, daß sie, wenn sie ein Mann wäre, eine Frau wie sie gewiß nicht von der Bettkante geschubst hätte. Sie war sechsundzwanzig. Es wurde langsam Zeit.

Als sie sich in der breiten Royal Avenue umsah, kam es ihr auf einmal so vor, als ob die Straße von Männern wimmelte, die sie begehrten, und dieses Begehren war anders als die unangenehme, erniedrigende Gier, die sie früher erlebt hatte. Es war, als hätte Sean eine Welt entfesselt oder enthüllt, die voll war von gutem Begehren, von verschwenderischem Begehren. Der Mensch hat nun einmal den Drang, mit seinem Fleisch das Fleisch eines anderen zu berühren, warme Haut an warmer Haut. Was sollte daran schlecht sein?

Rosemary ging über die Straße; sie lächelte einem Mann zu, der keine Notiz von ihr genommen hatte. Da sah er sie an, erfreut und verwirrt ob der Wärme und Offenheit ihres Lächelns.

Es war Viertel nach eins. Noch fünfzehn Minuten, dann mußte sie wieder an die Arbeit, zurück zu den mageren Freuden des Versicherungswesens. Zum erstenmal seit drei Jahren hatte sie richtig Sehnsucht nach ihrem Büro mit seinem milchigen Zwielicht und seiner einschläfernden Wärme. Ein Nachmittag mit ein paar vereinzelten Telefonaten, ohne große Anstrengungen. Sie würde sich die Schuhe abstreifen und mit den nackten Zehen den warmen Teppich unter ihrem Schreibtisch kneten – es war das erste Mal in diesem Jahr, daß sie keine Strumpfhosen trug, und sie hatte erfreut zur Kenntnis genommen, wie wenige Frauen das an diesem sonnenarmen Tag riskiert hatten. Sie würde reichlich Zeit haben, an Sean zu denken, an seine harte/weiche Haut und an die Zukunft, die sie vielleicht vor sich hatten.

Sie nahm die Abkürzung durch die Queen's Arcade und tauchte ein in den Halbschatten der spärlich überdachten, mannsbreiten Gasse, die sie eigentlich furchtbar kitschig fand und die ihr heute prächtig vorkam und wie verwandelt. Ihre noch längst nicht auf dem Höhepunkt angelangte Laune stieg und stieg. Sie wünschte sich, daß dieses Gefühl bis an ihr Lebensende dauern sollte.

Sie fühlte sich, als hätte er jeden Millimeter ihres Leibes mit seinen Küssen bedeckt. Er war ihr Fünfter. *Oh, laß mich dein Fünfter sein*, hatte er sie angefleht, als sie ihm erzählt hatte, daß sie schon mit vier anderen Männern geschlafen hatte. Noch nie war einer so zärtlich gewesen, so dankbar. Als sie an sein atemloses Schweigen zurückdachte, an seine reine, verzückte Dankbarkeit, wäre sie beinahe mitten in der Arkade gestolpert, und abermals breitete sich in ihrem Bauch diese Hitze aus und dieses feuchte Gefühl.

Sie hatte nicht über Nacht bleiben wollen, und als er sagte, er würde sie anrufen, hatte sie nicht gelächelt. Es hatte sie geschmerzt, dieses »Ich ruf dich an«, weil es die ganze schöne Stimmung zunichte gemacht hatte. Von all den Worten, die er gesagt hatte, waren dies die einzigen, die sie schon öfter gehört hatte. Doch als sie dann im Auto saß und nach Hause fuhr, war sie wieder zur Vernunft gekommen und hatte sich gesagt, nimm's nicht so schwer. Männer sind halt so. Wütend müßtest du sein, nicht dich schämen. Doch als sie heimkam und Orla, ihre mürrische Mitbewohnerin, ihr kurz und knapp vermeldete, es habe gerade ein gewisser Sean für sie angerufen, nachts um halb drei (!), da konnte sie ihre Freude nicht verbergen. Orla sagte, er sei anscheinend betrunken gewesen, doch Rosemary wußte, daß er nichts getrunken hatte – nichts als sie. Orla ging wütend wieder ins Bett, und Rosemary rief ihn zurück. Seine Stimme klang hellwach, aber leise, und er hörte sich tatsächlich berauscht an. Er sagte ihr lauter kitschige Sachen, daß sein Bett viel zu groß sei ohne sie und daß er beim Anblick ihrer Hüften das Gefühl gehabt hätte, jetzt könnte er in Frieden sterben. Das war vielleicht nicht viel, aber es genügte ihr.

Sie tauchte wieder auf aus dem Dunkel der Queen's Arcade. Ein dunstiges Wolkenband hatte sich verzogen, die Sonne schien wärmer, und sie spürte die Hitze auf ihrem auch so schon heißen Gesicht. Ihr Fleisch war wundervoll warm. Sie dachte, daß ihr nie wieder kalt werden könnte. Ihr war, als sei jeder Zoll ihres lebendigen, atmenden Leibes aufgewühlt von Glut, von einem langsamen, wohltuenden Brand.

Das Licht des Fountain Place brachte sie wieder leidlich zur Besinnung. Sie hatte so viel Zeit mit Herumschlendern und Röckekaufen vertan, daß sie ganz vergessen hatte, etwas zu Mittag zu essen. Jetzt mußte sie sich eilen. Sie steuerte den kleinen Sandwichshop an, in den sie immer ging. An der Tür blieb sie stehen und ließ einen gutaussehenden, leicht verlotterten jungen Mann im grünen Anzug vorbei. Verdutzt ob der Röte, die ihr Gesicht und ihren Hals überflog, lächelte er kokett und hielt ihr mit halbwegs galanter Miene die Tür auf. Sie griente glücklich und schlüpfte unter seinem Arm hindurch. Sie drehte sich um, murmelte ein Dankeschön und hörte auf zu sein.

Eine der Vitrinen flog größtenteils in ihre Richtung. Das Ding war schon zu Bruch gegangen, ehe es sie traf, doch die Granatsplitter und die Glasscherben waren immer noch groß genug, um sie auf der Stelle zu töten. Eine Glasplatte hatte ihr den linken Arm abgerissen, und ein verbogener Metallrost hatte ihr fast völlig den Kopf und das Gesicht zerschmettert. Der Stahlrahmen der großen, dreiteiligen Vitrine zerschnitt ihre kürzlich noch gepriesenen Hüften oder rahmte sie ein, und ein paar schwere Glaskrüge krachten ihr auf Brustkorb und Magen und zermalmten die wichtigsten Organe. Ja, und eine Glasscherbe von beträchtlicher Größe zerriß ihr das Zwerchfell und quetschte die Hälfte ihrer Innereien durch das große Loch, das in ihrem Rücken klaffte.

Der junge Mann, der ihr die Tür aufgehalten hatte – er war vierunddreißig, hatte aber immer noch eine faltenlose Haut und dichtes Haar und wurde stets jünger geschätzt, als er war, was ihn mit Anfang Zwanzig geärgert hatte, ihn jetzt aber freute, wo er sah, daß seine alten Schulkollegen verheiratet oder kahl geworden waren, während er nach wie vor lässig mit zehn Jahre jüngeren Mädchen flirten konnte –, war ebenfalls tot, obwohl es fast zwanzig Sekunden gedauert hatte, bis er aufhörte zu sein. Ein Stück von der Vitrine hatte ihm ein Bein komplett abgetrennt und ihm Geschlecht und Becken verstümmelt. Glas von der Tür hatte ihm das Gesicht zerfetzt, die Nase abgerissen und das Gehirn durchbohrt. Sein Name war Martin O'Hare. Er war zur Schule gegangen. Er hatte Dickens gelesen, *Große Erwartungen*, und Astronom werden wollen. Er hatte die Menschen geliebt und war von den Menschen geliebt worden. Auch er hatte eine Geschichte.

Im Innern des Sandwichshops (wie unglamourös, wie prachtlos – in Nordirland legt man keinen Wert auf dramatische Mordschauplätze, da genügen Gassen, Eckläden, Wettbüros, Sandwichbuden, fahrbare Kioske, das letzte Pub, verrufene Tanzschuppen, irgendwelche Wände, bekrakelte und unbekrakelte) hörte Kevin McCafferty auf zu sein. Kevin hatte gerade einem Geschäftsmann mittleren Alters, der ihm unsympathisch war, ein Baguette mit Salat und Schinken serviert, Flora drunter, keine Butter. Kevin war schlecht bezahlt, hatte aber noch einen zweiten Job, damit er über die Runden kam. Er sang in einer Band, die ihren Namen bei jedem Gig änderte, mit anderen Worten: einmal im Monat. Im Grunde machte er sich nichts aus Musik, und er wußte auch, daß er nicht singen konnte. Aber so konnte er die Haare lang tragen, Mädchen aufreißen und vielleicht sogar eines Tages im Fernsehen sein, was sein sehnlichster Wunsch war.

(Ein halbes Jahr später sollte Kevin dieser Wunsch erfüllt werden, als nämlich eine unabhängige Filmgesellschaft auf Channel 4 eine Dokumentation über die Unruhen ausstrahlte und dabei einige von den Tatortfotos aus der Fountain Street verwendete, die innerhalb der nächsten fünf, sechs Stunden aufgenommen werden sollten. Kevin, der unmittelbar neben der Explosion gestanden hatte, war besonders eindrucksvoll zerstückelt gewesen, und obwohl er keinen Kopf mehr hatte und ihm ein Bein und große Teile des Oberkörpers und des Unterleibs fehlten, war immer noch etwas übrig, woran man erkannte, daß dieser Haufen rohes Fleisch einmal ein Mensch gewesen war. Andere Opfer waren vollkommen zerfetzt, und obwohl die Farbbilder von diesen Menschen [oder, besser gesagt, von den Fetzen] zweifellos schockierend waren, hatte der Regisseur gefunden, daß ihnen die menschliche Dimension fehlte, dieses extrem schockierende Moment, das jener Haufen Hackfleisch in annähernd menschenähnlicher Gestalt besaß, der von Kevin übrig war. Die Beschwerdestelle des Senders erhielt nachher zu dieser Sendung so viele Beschwerdebriefe wie noch zu keiner davor, von Leuten, die so etwas nicht sehen wollten, und von Kevins Mutter, die ebenso unerklärlicher- wie berechtigterweise behauptete, die inneren Organe ihres Sohnes erkannt zu haben, seine freiliegenden Rippen, die Wirbelsäule, sein kopfloses, grotesk verstümmeltes Selbst. Die Frau des Regisseurs verweigerte ihrem Mann daraufhin fast ein Vierteljahr den Beischlaf, und der Tatortfotograf von RUC beging fünf Monate später Selbstmord, wobei nicht ganz sicher ist, ob es da einen Zusammenhang gibt.)

Auch Kevin hatte eine Geschichte.

Natalie Crawford hatte auch eine Geschichte. Sie war erst acht, und darum war ihre Geschichte noch nicht sehr lang und ist für die meisten erwachsenen Leser vielleicht nicht einmal unheimlich interessant (außer natürlich für ihre Eltern, die sie zärtlich liebten), aber normalerweise wäre ihre Geschichte länger geworden, die Personnage hätte sich vergrößert, genauso wie die Zahl der Schauplätze und der Ereignisse. Trotzdem, selbst eine Geschichte von acht Jahren ist zu lang, um so abrupt zu enden. Sie, ihre Schwester Liz – zwölf Jahre alt und schon verliebt in einen Jungen aus Carryduff, der, wie sie hartnäckig behauptete, nicht nur höchst eindrucksvolle Sommersprossen, sondern genau solche Augen wie Brad Pitt hatte – und Margaret, ihre Mutter, diese drei hörten mehr oder minder unisono auf zu sein, als sich das heiße Metall eines explodierten Getränkekühlschranks über ihr weiches, wiederstandsloses Fleisch ergoß.

Die Familie Crawford hatte ihre eigene, kollektive Geschichte. Natürlich raubte der Verlust der drei weiblichen Crawfords dieser Geschichte einen beträchtlichen Teil ihres dynastischen Gewichtes. Hinzu kam, daß Robert, der Ehemann und Vater, wohl das Gefühl hatte, daß der Rest seines persönlichen Romans nicht mehr ganz den Schwung hatte, den er hätte haben sollen. Ohne seine Frau, ohne die Kinder wollte Robert einfach nicht einsehen, daß das Leben weitergehen mußte. Er war nicht bereit, sich mit dem Leben zu befassen. In den ersten Wochen danach hatten die Fernsehteams, die über die trauernden Hinterbliebenen berichteten, seinen Fall genüßlich ausgeschlachtet. Die tote Frau und die zwei kleinen Mädchen – eine tolle Story. In den folgenden Monaten, als Robert, dieser sture Kerl, sich rundheraus weigerte, sich zu trösten oder wieder glücklich zu sein, machten die Fernsehteams einen Bogen um ihn. Seine leidenschaftliche Trauer, sein Mangel an Entwicklung, seine weder vernünftige noch telegene Weigerung, zu verzeihen, all das war keine so tolle Story mehr.

Roberts größter Kummer war, daß seine Frau überhaupt nicht mit den Kindern in die Fountain Street gegangen wäre, wenn er und Margaret sich nicht so furchtbar gezankt hätten, weil er nie den Abwasch machte. Wieder einmal war der in zehn Jahren

Ehe angestaute Groll mit voller Wucht aufgebrochen, und Margaret war mit den beiden Kindern in die Stadt gerannt, um zu weinen, zu schmollen und getötet zu werden.

Robert konnte sich nie daran gewöhnen, wie weh es tat; er hörte nie auf, darüber zu staunen, wie ungestüm und grenzenlos seine Trauer war. Mitten in der Nacht riß sie ihn aus dem Schlaf. Er brauchte nicht von ihr zu träumen: Sie lag wie eine Kruste auf seinem Denken, dem bewußten und dem unbewußten, ein gewaltiger Schmerz, für den er keinen Platz hatte und der dennoch in ihm wucherte wie ein obszönes Gewächs, das sich in seinem Leib ausbreitete. Als er nach der Explosion zum erstenmal wieder masturbierte, drei Monate danach, hatte er sich nachher in den Schlaf geweint, tot vor Scham und Schuldgefühl. Es war, als wäre nichts von dem, was er zu tun imstande war, der Würde angemessen, mit der er sich an sie hätte erinnern sollen. Es war, als hätte er sie erst lieben gelernt, nachdem sie zerfetzt worden waren. Die Liebe schnürte ihm ebenso die Kehle zu wie die Trauer. Furchtbare, unbändige Zärtlichkeit, die kein Ziel hatte. Wo sollte er hin mit all der Liebe, mit der sie sein Gefühl erfüllten, seit sie tot waren? Er hatte nie gewußt, wie schrecklich, wie zerstörerisch Liebe sein kann.

Roberts Geschichte war kommerziell nicht mehr verwertbar. Er verlor seine Arbeit. Er verlor seine Freunde. Er trank – um sich zu erinnern, nicht, um zu vergessen –, und den Rest seines Lebens regnete es in seinem Herzen.

Kurzum, so führte ein, wie manche sagen, hochexplosives Gemisch aus Geschichte, Politik, unglücklichen Umständen und Sprengstoff zur Detonation einer Zentnerbombe im vorderen Teil eines engen Sandwichshops, in einem geschlossenen Raum also von siebeneinviertel mal vier Metern. Und weil der Raum so klein und der Sprengsatz so groß war, hatte die Explosion eine solche Wucht, daß das zweite Stockwerk vom Vorbau des Hauses fast völlig in die Imbißstube krachte und sich von dort auf die Straße wälzte. In dem Sandwichshop waren vierzehn Menschen. Fünf Menschen befanden sich im Moment des Einsturzes in dem darüber gelegenen Schönheitssalon und zwölf auf der Straße, in unmittelbarer Nähe der herumfliegenden Granatsplitter und des einstürzenden Schönheitssalons. Einunddreißig Menschen, alles in allem, von denen siebzehn sofort oder später aufhörten zu sein, und von denen elf so schwer verletzt waren, daß sie ein Glied oder ein Organ verloren.

Auf der gegenüberliegenden Straßenseite, in einer Buchhandlung mit großer Glasfront, wurden ein Wachmann und zwei in Reiseführern blätternde Kunden schwer verletzt durch die Glassplitter der geborstenen Schaufensterscheiben. Der Wachmann verlor ein Auge ganz und auf dem anderen bloß das Augenlicht, während das Gesicht und die Kopfhaut einer Frau mittleren Alters, die sich gerade einen Bildband über Mauritius ansah, für immer verstümmelt wurden. Der zweite Kunde büßte den größten Teil seiner zarten Hals- und Gesichtshaut ein.

Ein Papierkorb, der durch die Kraft der Explosion bis zum Ausgang der Queen's Arcade geschleudert wurde, traf einen Schüler, der dort auf einer der steinernen Bänke saß, und brach ihm so schlimm das Becken, daß er nie wieder richtig laufen können wird.

Viele Menschen hatten Schnittwunden und Kratzer, viele Menschen waren zu Tode erschrocken. Ein paar freiwillige Sanitäter und Sanitäterinnen, die in das Trümmerfeld gestapft waren, als der Rauch und der Staub sich verzogen hatten, erblickten furchtbare, Brechreiz erregende Bilder, die sich wie ein Film über alles legen sollten, was sie von da an im Leben sähen.

In der klirrenden, bohrenden Stille direkt nach der Bombenexplosion herrschte ein paar Augenblicke lang so etwas wie ein grotesker Friede. Die Toten waren tot, viele der Sterbenden waren bewußtlos oder konnten nichts mehr sagen, die meisten Verletzten und Entsetzten waren im Schock oder einfach sehr, sehr überrascht. Denn das Ganze war sehr, sehr überraschend gewesen. Ein banaler, völlig unspektakulärer Ort in der Stadt (irgendein Café, irgendein Laden, irgendeine Kneipe, irgendeine Straße) war Knall und Fall in ein Schlachthaus verwandelt worden. Die am Leben Gebliebenen brauchten ein paar Sekunden, bevor sie begriffen, bevor sie anfingen zu schreien.

Drei Minuten später waren ein paar Polizisten vor Ort. Einige standen oder hockten neben den Verwundeten oder Sterbenden, einige kletterten über die Trümmer, um nach Überlebenden zu suchen, ein besonders intelligenter Polizist drehte sich auf dem Absatz um und lief davon. Nach fünf Minuten waren die ersten Krankenwagen da. Die beiden Sanitäter, die sich für alte Haudegen hielten, gingen ziemlich beherzt hinein; binnen Sekunden standen sie da und kotzten.

Die Erste-Hilfe-Maßnahmen wurden teilweise durch das Zartgefühl der Polizei behindert. Es gehört bei diesen Anschlägen quasi zum guten Ton, daß die Bombenleger ein paar Minuten später einen zweiten oder sogar noch einen dritten Sprengsatz hochgehen lassen, und zwar genau dort, wo sie vermuten, daß die Polizei ihre Sperren errichtet. Die Polizisten und die Feuerwehrleute nahmen sich Zeit, um diese Möglichkeit auszuschließen – dadurch starb ein Opfer aus dem Sandwichshop, das nicht hätte sterben müssen.

Binnen zehn Minuten hatte sich die Zahl der Toten noch weiter erhöht. Immer mehr Sanitäter kämpften mit ihrem Entsetzen, und immer mehr Polizeibeamte und Feuerwehrleute krochen in den Trümmern herum. Etliche Passanten waren einfach zu Boden gesackt wie Kinder, denen schlecht geworden ist, gestaltlose Häufchen, zitternd, stumm.

Nach fünfzehn Minuten hatten die meisten Anwesenden die Situation erfaßt. Das Terrain war abgesperrt worden. Schaulustige und Journalisten wurden zurückgedrängt. Man hatte Bergungstrupps gebildet. Ein Team von Sanitätern nahm die Erstversorgung der Verletzten vor, und für den reibungslosen Ablauf sorgte eine junge Ärztin, die nie erfahren würde, wie ähnlich ihr Rosemary Daye gesehen hatte. Und doch war bemerkenswert, wie viele Menschen sich immer noch weigerten, das Geschehene zu begreifen. Einige der schockierten Schaulustigen saßen da und starrten dumpf auf die Exkremente, die Hautfetzen, das Blut, und wollten einfach nicht kapieren, wie politisch das alles war. Ein naiver Feuerwehrmann, der gerade etwas bergen wollte, das wie ein Teil von einem abgetrennten Kopf aussah, war so naiv zu glauben, es handele sich um einen Akt von Sadismus. Eine Frau mit blutüberströmtem Gesicht, die neben der Buchhandlung stand und ihren kleinen Sohn tröstete, hatte keine rechte Vorstellung von den historischen Imperativen, die zu solch einem Ereignis führten. Ein französischer Tourist, der näher an der Castle Street als an der Bombe gewesen war, aber trotzdem ein paar schlimme Kratzer abbekommen hatte, wunderte sich sogar, wieso jemand, der gern möchte, daß die Briten die Iren in Ruhe lassen, diesem Wunsch dadurch Ausdruck verleiht, daß er irische Menschen tötet. Aber das war ein Franzose.

Es herrschte allenthalben ein beklagenswerter Mangel an Einsicht, an Objektivität. Die Betroffenen waren nicht bereit, das Ereignis im richtigen Zusammenhang zu sehen. Und ein paar aufmüpfige Gemüter meinten gar, das sei ein Prozeß, der eine Weile dauern könnte. Hat doch so ein dreifach amputierter Spielverderber tatsächlich ein paar Wochen später in einer Zeitung erklärt, er werde die Menschen, die die Bombe gelegt hatten, nie verstehen und ihnen nie verzeihen können.

Vieles davon ist natürlich mit der Überraschung der Betroffenen zu entschuldigen und teilweise wohl auch mit dem unmittelbaren körperlichen Schmerz, der solch ein Ereignis zu begleiten pflegt; schwieriger dürfte es hingegen sein, der Tatsache auf den Grund zu gehen, weshalb sich einige wenige doch recht standhaft geweigert haben, auf Argumente oder Erklärungen zu hören. Mag sein, daß viele Menschen in solchen Momenten einfach nicht bereit sind, zwischen den Zeilen zu lesen. Mag sein, daß sie den Lügen Glauben schenken, die ihre Augen ihnen erzählen.

Denn die Männer, die die Bombe gelegt hatten, wußten, daß sie nicht schuld waren. Schuld waren ihre Feinde, die Unterdrücker, die einfach nicht das taten, was sie, die Bombenleger, von ihnen verlangten. Sie hatten sie oft genug gebeten, ihnen doch ihren Willen zu lassen. Ohne Erfolg. Dann hatten sie gedroht, daß sie Gewalt anwenden würden, wenn sie nicht ihren Willen bekämen. Als auch das nichts genützt hatte, war ihnen doch schließlich nichts weiter übriggeblieben, als – wenn auch höchst widerwillig – Gewalt anzuwenden. Also lag es auf der Hand, daß sie nicht schuld waren.

Es war die reinste Buddelkastenpolitik. Wenn Julie Suzy haut, haut Suzy nicht etwa Julie zurück, sondern sie haut Sally.

Der Rest des Tages in der Fountain Street war eine lange, langsame Angelegenheit. Die Stunden verrannen, als ob die Explosion die Zeit an sich beschädigt hätte. Die Zeit verging im selben Tempo, das ein Mensch brauchte, um zwischen den Trümmern umherzuwandern. Die Zeit verging wie der Tod.

Sie transportierten die Schwerverletzten ab. Sie transportierten die Leichtverletzten ab. Sie transportierten die Schockpatienten ab. Die Entsetzten transportierten sie nicht ab. Ein Teil der Entsetzten mußte dableiben. Ein Teil der Entsetzten waren sie selber. Die Polizei vernahm die Zeugen. Die Presse interviewte die Polizei. Die Politiker gaben Erklärungen ab. Die Ärzte gaben Erklärungen ab. Es folgte eine Runde entschiedener Verurteilungen und allseitiger Empörung. Nur wenige hielten inne und dachten nach, wie oft sie diese Worte in den letzten zwei Jahrzehnten schon gesagt hatten. Die zugänglichen Leichen wurden weggebracht, und dann wurde es ernst, denn dann begann man mit der Bergung der weniger zugänglichen.

Ernst war das rechte Wort. Was jetzt kam, war eine gezielte und bewußte Exkursion ins Reich der Würde, in den tiefen Ernst. Die Bergungsmannschaft bestand teilweise aus freiwilligen Zivilisten. Da machten sich Männer und Frauen mit einem gesunden Humor ans Werk und erkannten bald, daß ihnen das Lachen ein für allemal vergangen war. Sie fanden so manches. Sie fanden ein beschädigtes Hörgerät, das keinem der Opfer mehr zuzuordnen war. Sie fanden das Menübrett des Sandwichshops, blutverschmiert und in tausend Stücken. Angeblich fanden sie sogar ein komplettes menschliches Gehirn, ganz nackt und bloß. Sie fanden einen unbeschädigten grünen Leinenrock, was sie in Erstaunen versetzte – waren doch alle weiblichen Leichen grauenhaft verstümmelt und ihre Kleider größtenteils in Fetzen –, bis einem guten Beobachter auffiel, daß noch ein großes Preisschild daran hing. Sie fanden Kleidungsstücke, Geldbörsen, Spielzeug, Handtaschen, Mäntel, Schuhe und Stiefel, Menschen, Teile von Menschen, und sie fanden Dinge, die niemand identifizieren konnte.

Ein Mann namens Francis, ein Vater von zwei Kindern, fand ein kleines blaues Etwas; er wußte nicht, was es war. Er wollte es gerade auf den Haufen mit den gefundenen Kleidern werfen, als er bemerkte, daß an diesem Etwas ein Fetzen mit blonden Haaren hing. Das sprengte ihm das Herz, als ob es selber eine Bombe wäre. Entsetzt ließ er das Etwas fallen. Es war ein Stück von einem blauen Hut, an dem ein Stück vom Schädel eines kleinen Mädchens klebte. (Später hat man es als zu einem der größeren Überreste der Natalie Crawford gehörig identifiziert.) Er rief die anderen und setzte sich keuchend auf die Trümmer. Ein paar Feuerwehrleute kamen herbei. Francis zeigte auf das kleine blaue Etwas. Einer der Männer hob es auf. Und einer klopfte ihm auf die Schulter. »Geht's wieder?«

Francis nickte. Er hechelte immer noch wie eine Frau in den Wehen. Nach ein paar Atemzügen ging er wieder an die Arbeit und kletterte von neuem über die Trümmerhaufen. Es wäre besser gewesen, wenn ein alleinstehender Mann das kleine blaue Etwas gefunden hätte, oder wenigstens ein Mann ohne Kinder. Aber Francis hatte nun einmal zwei Töchter und mehr Talent zum Mitleid, als gut war. Wenige Minuten später hielt er sich die Hände vor Mund und Nase und schluchzte wie ein geprügeltes Kind – auch Francis war ein sentimentales Gemüt und hatte keinen rechten Begriff von Geschichte und Politik.

Immer wieder kam es an den Schauplätzen von Bombenanschlägen zu solchem Fehlverhalten. Auch in den beiden Krankenhäusern, in denen man sich mit den Verwundeten und den Todesopfern beschäftigte, war einiges in dieser Art zu beobachten. Die Unfallstation des City Hospital war binnen weniger Minuten das reinste Irrenhaus. Andere, ganz normale Patienten, die mit einem verstauchten Knöchel oder einem Bandscheibenvorfall gekommen waren, rannten von Entsetzen gepackt davon. Im Leichenschauhaus breitete man die Leichen jeweils Stück für Stück aus und setzte sie dann langsam wieder aus den siebzig oder achtzig Pfund nichtidentifizierter Gewebemasse zusammen, die dort hingebracht worden war. Keine leichte Aufgabe, weil so vieles davon verschmort und zerfetzt war. Das menschliche Fleisch ist bekanntlich nur bedingt geeignet, unter solchen Bedingungen unversehrt zu bleiben. Was hatte das Fleisch nur getan, daß es solche Behandlung verdient hatte? Die Sünden des Fleisches mußten sehr schwere Sünden gewesen sein, so, wie dieses Fleisch behandelt worden war.

Auch unter den Polizisten und Polizistinnen, die man losgeschickt hatte, um die Angehörigen der identifizierten Toten zu benachrichtigen, kam es hier und da zu derlei Fehlreaktionen. Es war schon erschreckend, wie widerwillig sie an die Erfüllung dieser Pflicht gingen.

Wirklich professionell verhielten sich nur die Reporter und Kameraleute vor Ort und in den Krankenhäusern. Sie bewiesen wahre Stärke und wahren Arbeitseinsatz. Auf alles richteten sie ihre Kameras und Mikrofone. Ein deutscher Journalist hielt sein Mikrofon sogar einem auf einer Bahre liegenden Leichnam unter die Nase. Da mußten die einheimischen Journalisten aber lachen. Sie stellten den Toten schon längst keine Fragen mehr.

Um Mitternacht waren die meisten Betroffenen bereits nach Hause gegangen. Die Polizisten, die Sanitäter, die Hinterbliebenen und die Arbeiter, die die Trümmer wegräumen mußten. Für viele von ihnen hatte dieser Tag etwas seltsam Verbindendes gehabt. Und viele von ihnen dachten in jener Nacht, während sie eine Tasse Kaffee tranken oder sich die Zähne putzten oder einen Film sahen oder eine Tür abschlossen: *Merkwürdig, daß ich so was noch tun kann, nach dem, was ich gesehen habe.* Viele hatten ein pelziges Gefühl in ihrem Innern, ein innerliches Jucken. Das war ein völlig ungewohntes Gefühl, das sie sich nicht erklären konnten.

Und es gab noch etwas Verbindendes. All diese Menschen waren um eine Erkenntnis reicher. Sowenig sie auch verstanden hatten, so hatten sie doch etwas begriffen, das sie bis dahin nicht gewußt hatten. Manchen hatte dieser Tag einen ganz neuen Respekt vor der Vergänglichkeit des Fleisches beigebracht, manche hatte er etwas über die Möglichkeiten menschlicher Grausamkeit gelehrt, eine Erkenntnis aber war ihnen allen gemeinsam.

Sie hatten alle miteinander gelernt: Aus Revolution fließt Blut, fließen all unsere menschlichen Wasser.

Die Toten der Fountain Street waren Daye, Rosemary (Hüften und Haare); O'Hare, Martin (hoffnungsvoller Astronom); McCafferty, Kevin (arbeitslos, konnte nicht singen); Crawford, Natalie (keine lange Geschichte), Liz (liebte Brad Pitt) und Margaret (haßte Geschirrspülen), Mullen, John (kam nicht mehr dazu, sein Baguette mit Salat und Schinken zu essen); Best, Angie (die Besitzerin, zweiundvierzig Jahre alt, geschieden, zwei Kinder, ein fünfundzwanzigjähriger Liebhaber, mit dem sie gerade Schluß machen wollte); Patterson, William (bin ihm nie begegnet); Soundso, Patrick; eine Frau namens Smith und sechs Menschen ohne Namen. Die Liste ist sinnlos. Die Liste ist bald vergessen.

Mit Namen, ohne Namen. Erinnert, vergessen. Sie alle haben den Trick gemacht, den Tote immer machen. Egal, ob sie sofort starben, ob mehr oder minder sofort, oder ob erst später, den Trick haben sie alle gemacht. Vom lebendigen Menschen zur Leiche – die schnellste Verwandlung der Welt.

Es ist sinnlos und es ist unmöglich, sie aufzuzählen. Als Angie Best zweiundzwanzig war, hatte sie ihren Führerschein gemacht, und das hatte sie unglaublich in Ekstase versetzt und ihr ein ungeheures Gefühl von Freiheit gegeben, ein Gefühl, mit dessen Intensität keine ihrer späteren Erfahrungen auch nur annähernd mithalten konnte. Ihr Prüfer bei der Fahrprüfung, ein Mann namens Murray, hat sein Lebtag nicht vergessen, wie ungestüm sie sich damals gefreut hatte. Besonders gern dachte er daran zurück, wenn er an einem verregneten Mittwoch mal wieder den einen oder anderen Führerscheinanwärter durchfallen lassen mußte.

Sie alle hatten ihre Geschichte. Aber das waren keine Kurzgeschichten. Jedenfalls waren sie nicht als Kurzgeschichten angelegt. Aus jeder einzelnen dieser Geschichten hätte ein Roman werden sollen, ein tiefsinniger und zugleich amüsanter Roman, achthundert Seiten oder länger. Und das gilt nicht nur für das Leben der Opfer, sondern auch für das Leben der Mitbetroffenen, die Bande der Freundschaft, der Vertrautheit, der Verwandtschaft, die sie mit denen verknüpften, die sie liebten und von denen sie geliebt wurden, mit denen, die sie kannten und von denen sie gekannt wurden. Welch ein kompliziertes Geflecht. Welch ein Reichtum.

Was war geschehen? Ganz einfach. Die Geschichte und die Politik waren in eine Sackgasse geraten. Ein einzelner oder mehrere einzelne hatten beschlossen, daß etwas unternommen werden mußte. Ein paar Geschichten waren gekürzt worden. Ein paar Geschichten waren beendet worden. Das Lektorat hatte dreist entschieden.

Es war ganz einfach gewesen.

Die Seiten, die jetzt noch kommen werden, sind leichter durch ihren Verlust. Der Text ist weniger dicht, die Stadt ist kleiner geworden.

Glenn Patterson

Liebesgedichte, die RUC und ich*

Mit siebzehn habe ich mich zum vierzigsten oder fünfzigsten Mal verliebt. Es passierte an einem Samstagabend im Mai. Zuerst hatte ich mir im Belfaster Windsor Park Nordirlands alljährliche Glanzleistung angesehen, mit der es in der Britischen Championship regelmäßig gegen England verlor. Anstoß war drei Uhr nachmittags, aber schon seit elf war ich im Pub gewesen. Ich trug einen Nordirland-Pullover und hatte mir irgendwo auf dem Weg vom Pub zum Platz von einem Freund eine Ulsterflagge besorgt und mich darin eingewickelt. Ein Fan von Nordirland zu sein ist schon immer ein ausnehmend protestantisches Hobby gewesen.

Dies könnte das Jahr gewesen sein, in dem Nordirland zwei zu Null verlor, oder das Jahr, in dem es eins zu fünf verlor. Jedenfalls hatte es verloren, wie schon gesagt, so wie es fast immer verloren hatte.

Ich war noch betrunken, als ich um halb sechs vom Spiel nach Hause kam. Ich legte mich hin und schlief den Schlaf des jugendlichen Nordirlandfans, stinksauer, aber tief und fest. Mutter weckte mich um sieben. Meine Kumpel standen vor der Tür. Abends lief eine Fete im Kirchensaal in der Malone Road, also in einem betuchten, etwa zwei Kilometer von unserer Siedlung entfernten Vorort von Belfast. Es war 1979. Die Unruhen dauerten schon zehn Jahre, und vom Nachtleben in Belfast war nicht mehr viel übrig. Meine Freunde und ich, wir trauten uns nach Anbruch der Dunkelheit nur noch selten in die City und verbrachten die Abende am Wochenende lieber im Haus von

---

* RUC ist die Abkürzung für Royal Ulster Constabulary, die nordirische Polizeitruppe.

dem, dessen Eltern gerade ausgegangen waren, tranken, spielten Karten und rissen das Maul auf. Manchmal waren Freundinnen dabei, und dann machten wir das Licht aus und drückten uns gegenseitig gewissenhaft eine Reihe von Knutschflecken auf. Die Mädchen kamen alle aus unserer Gegend. Als ich siebzehn wurde, war jeder Junge zu irgendeinem Zeitpunkt schon mal mit jedem der Mädchen gegangen. Deshalb hatte ich mir mit meinen Kumpeln geschworen, eines Tages Mädchen aus anderen Stadtvierteln aufzutreiben. Eine Fete in der Malone Road war genau das, wovon wir träumten, und als ich mich an diesem Maiabend im Bett aufsetzte, trieb *Brut* in Schwaden von der Tür in mein Zimmer.

Ich war schlecht drauf. Nordirland hatte verloren, was uns vorher klar gewesen war, schon als wir im Pub gesungen hatten, daß wir England schlagen würden, und jetzt würden wir uns wieder besaufen, würden uns einreden, daß heute die Nacht der Nächte war, und würden von der Fete nach Hause gehen, ohne mit einem der Mädchen von der Malone Road geredet oder gar getanzt zu haben, von Anmache ganz zu schweigen. Aber das war uns eigentlich auch schon vorher klar gewesen.

Ich weiß nicht, was mich letztlich dazu gebracht hat aufzustehen. Vielleicht dasselbe, was mich dazu gebracht hat, mir im Windsor Park ein verlorenes Spiel nach dem anderen anzusehen.

Also stand ich auf und zog mit meinen Freunden los. Wir schütteten uns schon unterwegs mit Dosenbier zu und hatten am Ende der Fete mit keinem Mädchen getanzt. Doch gab es dafür diesmal ausnahmsweise einen guten Grund. Zwischen unseren Leuten und den Jungs aus einer anderen Siedlung, die mit denselben Absichten in die Malone Road gekommen waren, hatte es eine Schlägerei gegeben. Nichts Ernsthaftes, aber der Hausmeister hatte trotzdem die Musik ausgemacht und die Polizei gerufen. Zwei graue Landrover standen vorm Kirchentor, als wir nach draußen drängten, und die uniformierten Polizisten der RUC suchten nach den Gesichtern allseits bekannter Störenfriede.

Inzwischen war es kurz nach elf. Der letzte Bus ins Stadtzentrum war schon weg, also würde ich mit meinen Freunden dreißig oder vierzig Minuten bis nach Hause laufen müssen. Der kürzeste Weg führte durch die Siedlung der anderen Gang: Protestanten wie wir, doch an einem Abend wie heute hatte das nicht viel zu bedeuten. Es ging das Gerücht um, daß die Polizei Verwarnungen erteilte und jeden nach Hause brachte, der aussah, als wäre er betrunken. (Auf der Fete hatte keiner das Mindestalter gehabt, das es einem erlaubte, Alkohol zu trinken.) Eine Verwarnung schien mir nicht weiter schlimm, wenn sich dadurch eine Tracht Prügel vermeiden ließ. Ich legte mich auf den Asphalt vor der Kirche zwischen die Füße der sich dort immer noch herumtummelnden Teenager und der Eltern von der Malone Road, die ihre Söhne und Töchter einsammelten, und gab mir Mühe, einen möglichst betrunkenen Eindruck zu machen.

Die Polizei kümmerte sich nicht um mich. Meine Freunde kümmerten sich nicht um mich. Und ich blieb liegen, wo ich lag. Ich hätte mich zwar noch auf den Beinen halten können, aber immerhin war ich wirklich ziemlich betrunken. Ich schloß die Augen, und als ich sie wieder aufmachte, blickte das schönste Mädchen der Welt auf mich herab. Auf dem Boden liegend, sagte ich zu niemandem Bestimmten: »Das ist das Mädchen, das ich liebe«, und das Mädchen lächelte, wurde dadurch noch schöner, und es war passiert, ich hatte mein Herz verloren.

Ein paar Tage später kam in der Schule ein anderes Mädchen auf mich zu und gab mir eine Telefonnummer. Sie gehörte dem Mädchen, das ich nach der Fete gesehen hatte. Wie sich herausstellte, ging sie auf meine Schule. Warum hatte ich sie noch nie gesehen? Nun, es war eine große Schule, eine mit mehr als zweitausend Schülern, und das Mädchen, nennen wir sie L., war erst vor kurzem an diese Schule gekommen. Außerdem war ich in der zwölften, und sie war erst vierzehn.

Und L. war katholisch. Oder zumindest war sie getauft worden. Das heißt, ich nehme an, daß sie getauft worden ist, obwohl sie es mit der Religion reichlich locker nahm und für eine Vierzehnjährige mächtig skeptisch tat. Ich weiß, es wäre nicht schlecht für die Geschichte, wenn ich behaupten könnte, daß sie die erste Katholikin war, die ich kennenlernte, doch war religiöse Integration während meiner Kindheit in Belfast keineswegs ungewöhnlich, vor allem nicht in einer so neuen Siedlung wie der, in der ich aufgewachsen war. Von unseren unmittelbaren Nachbarn sind viele Katholiken gewesen, mein immer mal wieder bester Freund (wie alle Kids zerstritten wir uns regelmäßig und vertrugen uns dann wieder) war Katholik. Außerdem hatte meine eigene Familie auf dem Land katholische Verwandte. Das war nichts Ungewöhnliches. Man brauchte meist gar nicht weit in die Geschichte vieler Familien, ob Protestanten oder Katholiken, zurückzugehen, um auf die Spuren interkonfessioneller Ehen zu stoßen. Hormone sind armselige Fanatiker, finde ich. Doch wie ich da im Schulflur stand und L.'s Nummer umklammert hielt, spielten meine eigenen Hormone verrückt. Sie war vielleicht nicht die erste Katholikin, die ich kennenlernte, aber sie war die erste (sie war sogar das erste Mädchen überhaupt), die wollte, daß ich sie anrief.

Also rief ich an, wir trafen uns und blieben fast vier Jahre zusammen.

Es gab natürlich einen entscheidenden Grund, warum L. sich eine relaxte, sogar respektlose Haltung in Sachen Religion leisten konnte. Ihre Familie war reich. Die Straße, in der sie wohnte, war Malone Road hoch zwei, so exklusiv, daß sie für jeden Durchgangsverkehr gesperrt blieb. Stand ein Haus zum Verkauf, trafen sich die Anwohner, um die Kaufinteressenten zu begutachten. Religion war ihnen egal, nicht aber der *Stil.*

In meiner Siedlung waren ein Jahrzehnt nach Beginn der Unruhen die katholischen Nachbarn fortgezogen, manche offenkundig eingeschüchtert, andere nicht willens, ständig unter Druck zu leben. In vielen Fällen kamen an ihrer Stelle Protestanten aus Siedlungen, deren Zusammensetzung sich in die andere Richtung entwickelte. Aus den bewohnteren Gegenden der Stadt wurde die Toleranz verdrängt. Es blieb kaum noch Platz für die Frage, was das Ganze eigentlich sollte.

Wo L. wohnte, gab es so viel Platz, daß wir uns im Garten treffen konnten, ohne vom Haus aus gesehen zu werden. Und ohne entdeckt zu werden, konnten wir uns im Haus treffen. Obwohl sie drei Jahre jünger war als ich, stellte sie ganz selbstverständlich alles in Frage. Sie machte sich auf eine Weise über die Auswüchse des Ulster-Loyalismus und irischen Republikanismus lustig, wie ich es nie zuvor gehört hatte. Sie fand jeden ätzend, der bloß Mitläufer war. Schon nach wenigen Monaten hörte ich auf, mich mit den Typen abzugeben, mit denen ich am Abend unserer ersten Begegnung zusammen gewesen war. (Ich konnte mich jedoch nie dazu durchringen, nicht mehr zum Fußball zu gehen, wenn Nordirland spielte, allerdings hielt ich mich nun von der Kop-Kurve mit ihren Ulsterflaggen und sektiererischem Gegröle fern.) Meine neuen Freunde waren Leute, die sich mehr für The Clash als für Ulsters blutige Fehden interessierten.

Ich begann zu schreiben. Liebesgedichte meist. Schon bevor ich L. kennenlernte, hatte ich ans Schreiben gedacht, doch hätte ich da, wo ich wohnte, niemals offen darüber geredet. Von meinen ersten Bemühungen blieb L. völlig unbeeindruckt. Zu lasch, sagte sie, zu sentimental und manchmal auch einfach zu schlecht. Und sie hatte recht. Beim Schreiben hatte ich es mir wie in der Politik angewöhnt, mich auf die Worte anderer Leute zu verlassen. Für mich war L. besser als jeder Lehrer.

Mit achtzehn machte ich meinen Abschluß, entschied dann aber, nicht zur Universität zu gehen. (Studieren bedeutete England für mich, wobei ein Großteil der Faszination gerade darin lag, von zu Hause fortzukommen). L. hatte noch drei Jahre Schule vor sich. Wahrscheinlich habe ich auf sie gewartet. Ich bekam eine Stelle in einer Buchhandlung und unternahm den zum Scheitern verurteilten Versuch, eine Zeitschrift für Lyrik herauszugeben, die – fragt mich nicht, wieso – *Die alternative Ente* hieß. Meine Kumpel von daheim sah ich fast gar nicht mehr. Die meisten meiner neuen Freunde gingen in England aufs College. Ich verbrachte immer mehr Zeit mit L., doch war es oft nicht leicht. Es gab schreckliche Kräche und tränenreiche Versöhnungen. Mehr als einmal verbot ihr Vater, dem die Intensität unser Beziehung Angst machte, jede weitere Begegnung mit mir. Ich aß zu wenig, blieb die halbe Nacht auf und soff allein vor mich hin.

Zu den Bewohnern der Privatstraße gehörte eine Anzahl Richter, und da sie nun mal in Belfast lebten, genossen sie rund um die Uhr Polizeischutz. Eines Abends, als L.'s Vater wieder eines seiner Verbote verhängt hatte, trieb ich mich in der von Bäumen gesäumten Straße am Ende der langen Auffahrt herum, als ein Landrover der Polizei neben mir hielt. Der Polizist auf dem Beifahrersitz fragte, ob ich mich verlaufen hätte. Ich sagte, ich warte auf meine Freundin. Er bat mich, ihm ihr Haus zu zeigen, und fragte dann, ob die Bewohner für mich bürgen könnten. Ich sagte ja und gleich darauf nein. Dann erklärte ich die Sache mit dem Verbot und wie wütend L.'s Vater sein würde, wenn er dahinter käme, daß sie sich aus dem Haus schlich, um sich mit mir zu treffen. Der Polizist musterte mich mißtrauisch. Er bat mich, zur Heckklappe des Landrovers zu gehen. Hinten saßen noch drei Polizisten von der RUC. Sie notierten sich meinen Namen und meine Adresse. Einem von ihnen fiel mein Notizblock auf. Er fragte, ob er einen Blick hineinwerfen könne. Ein Notizblock war etwas Verdächtiges. In einem Notizblock konnten Einzelheiten über die Häuser der Richter stehen, Marke und Nummernschilder ihrer Autos, die Zeiten, wann die Streifenwagen durch ihre ferngesteuerten Tore fuhren. Ich gab ihm den Notizblock. Der Polizist blätterte darin herum.

»Was soll das?« fragte er.

»Das sind Gedichte«, erklärte ich.

»Ihre?«

Ich nickte. Der Polizist begann zu lächeln.

»Sind wohl ein Dichter, wie?«

»Irgendwie schon«, sagte ich.

»Wissen Sie was«, sagte der Polizist. »Sie lesen uns ein paar Gedichte vor, und wir bringen Sie nach Hause.«

Ich hatte schon wieder den letzten Bus verpaßt. Seit ich L. kannte, war der Weg nach Hause nicht kürzer geworden. Ich stieg in den Landrover.

»Leise jetzt, der Dichter spricht«, sagte jemand.

Ich murmelte einige Verse aus einem Gedicht, das so schlecht war, daß ich selbst den Titel vergessen habe.

»Kann Sie hier vorn nicht hören«, rief der Mann auf dem Beifahrersitz. »Lauter bitte.«

»Stehen Sie doch auf«, sagte der Fahrer.

Die Landrover der Polizei sind nicht zum Stehen gedacht. Ich mußte mich vorbeugen, so daß meine Schulterblätter an die Fahrzeugdecke stießen. Jemand leuchtete mir mit einer Taschenlampe ins Gesicht.

»Schon besser«, meinten die Polizisten. »Noch mal von vorn.«

Derart zusammengekrümmt gab ich in einem Landrover auf einer der exklusivsten Straßen Belfasts vor einem Publikum von fünf Polizisten meine erste und einzige Lyriklesung. Ich trug zwei Gedichte vor, und als ich fertig war, klatschten die Polizisten Beifall. »Ich weiß zwar nicht, was sie bedeuten sollen«, sagte einer von ihnen, »aber sie klangen ganz anständig.«

Dabei klangen sie fürchterlich, genau so, wie ich es insgeheim von all meinen Gedichten annahm. Trotzdem wurde ich nach Hause gebracht.

Einige Zeit darauf kehrte ich wieder einmal sehr spät von L. nach Hause zurück. In jenen Tagen war man allgemein der Auffassung, daß man, wenn man regelmäßig abends heimkehrte, seine Route ändern sollte. Ich hatte mich an diesem Abend für einen Weg entschieden, der fast auf der gesamten Strecke hell erleuchtet war, doch wurde er an einer Stelle von einer Straße gekreuzt, die nach Andersonstown führte, einer nationalistischen Gegend in West-Belfast. Ich war immer froh, wenn ich diese Kreuzung ohne Zwischenfall hinter mich gebracht hatte. Als ich mich ihr an diesem Abend näherte, sah ich einen einzelnen, aus Andersonstown kommenden Wagen an der Ampel halten. Drinnen saßen vier Männer. Ich ging vor ihnen über die Straße und tat möglichst unbekümmert, doch war ich noch keine zwanzig Meter weit gegangen, als die Ampel umsprang und der Wagen näherkam. Ich bog in die nächste Auffahrt und ging rasch hinten ums Haus herum. Ich hörte, wie der Wagen hielt und Türen aufgerissen wurden. Dann ein Flüstern, Schritte über die Auffahrt. Ich drückte mich eng an die hintere Hausmauer. Ein hoher Holzzaun umschloß den Garten, und ich überlegte, wie rasch ich drüber klettern konnte. Das Flüstern verstummte. Kurz darauf hörte ich die Türen wieder zuschlagen, dann fuhr der Wagen ab. Ich wartete noch eine Minute und ging zurück auf die Straße. Das Auto stand dreißig Meter weiter in der Richtung, in die ich mußte. Sobald ich mich zeigte, leuchteten die Scheinwerfer auf, und der Motor sprang an. Zu Fuß hatte ich gegen den Wagen keine Chance, doch als ich auf der Höhe der Kreuzung war, an der ich ihn zuerst gesehen hatte, schoß der Wagen nach links und fuhr zurück nach Andersonstown. Ich blieb stehen, sah ihm nach und war viel zu erleichtert, um mich zu wundern. Erst dann sah ich, was die Wageninsassen schon vorher gesehen hatten, einen Landrover, der mir entgegen kam. Ich rannte auf ihn zu und winkte.

Wieder mal wurde ich nach Hause gefahren. Im Polizeifunk hörte ich, daß der geheimnisvolle Wagen Stunden zuvor geklaut worden war. Später fand man ihn, ausgeräumt und verbrannt. Die Polizei riet mir, nachts künftig nicht mehr allein auf die Straße zu gehen, aber zu dem Schluß war ich selbst schon gekommen.

Es wäre zu glatt – genau genommen wäre es sogar eine allzu fette Lüge –, wenn ich behauptete, daß dieser Zwischenfall mich dazu gebracht hätte, Nordirland zu verlassen. Er war nur einer von vielen beängstigenden Vorfällen in jenen Jahren, doch der Drang, das Land zu verlassen – und zwar bald –, wuchs von Tag zu Tag.

Ich wußte, wenn ich ohne L. nach England ging, würde unsere Beziehung nicht überdauern. Sie hatte es mir gesagt. Doch ehrlich gesagt, gewann dieser Gedanke durchaus einigen Reiz. Es gab Zeiten, da war die Atmosphäre bei ihr daheim zu feingeistig und distinguiert. Seit ich versucht hatte, mich politisch von meiner Herkunft zu entfernen, hatte ich mich auch von den Wurzeln meiner Phantasie entfernt. Ich war nun zu dem Schluß gekommen, daß ich nur dadurch, daß ich mich noch weiter entfernte, bis nach England nämlich, den Prozeß allmählich wieder umkehren konnte.

Im Oktober 1982 verließ ich Belfast. Ich war einundzwanzig. Ein Jahr später verliebte ich mich erneut, wenn auch nicht ganz so dramatisch, zum vierzigsten oder fünfzigsten Mal. Ich schrieb einen Roman über die Siedlung, in der ich aufwuchs. L., die mittlerweile in London aufs Kunstkolleg ging, las das Buch und sagte, die besten Sätze stammten von ihr.

Ich habe seither keinen einzigen Vers mehr geschrieben.

Wenn ich jetzt spät abends nach Hause will, nehme ich mir ein Taxi.

Übersetzt von Bernhard Robben

Maurice Leitch

Schwarze Scherben

Daran kann sich der Junge erinnern, auch wenn er dem Polizeisergeanten an jenem Abend nichts davon erzählt hat, als Mrs. Jelley am Tresen ihrer eigenen Bar erschossen wurde. Er war nicht mal in der Nähe, als es passierte, das war keiner von ihnen, doch machte das nichts, weil sie am Ende alle in die Sache verwickelt wurden. Selbst einer wie er.

Er tanzt mit seiner Mutter in der winzigen Küche, eine Hand hält ihn, die andere ein offenes Buch; sie studiert das Schrittmuster auf der offenen Seite. Spuren im Schnee, daran erinnert es ihn, bloß waren ihre weiß, die des Mannes schwarz. *Wie die von Willie*, denkt er, atmet ihren Gardenienduft ein und spürt durch das dünne Nylon ihres Kleides die feuchte, betörende Hitze.

»Warum heißt das Foxtrott?«

»Weiß der Teufel, Kleiner«, antwortet sie und walzt ein bißchen nach Lust und Laune, so daß die jüngeren Kinder auf dem alten, durchgesessenen Sofa vor Vergnügen quietschen, weil sie es mögen, wenn sie wie in einem Hollywood-Film redet. Oder wie Willie Washington. All das ihm zuliebe.

»Schließlich bist du hier der Mann im Haus«, sagt sie immer wieder, aber er weiß, daß es nicht stimmt. Nicht mehr, seit Willie mit seinem Spearmint-Kaugummi in ihr Leben getreten ist, der Erdnußbutter, den Ritz-Crackern, dem Eis und dem Biskuitkuchen. Einmal gab es sogar eine ganze, gebratene Lammkeule, die immer weniger wurde, draußen im Fleischfach, bis bloß noch ein weiß polierter Klunker übrigblieb.

»Drück mich enger an dich«, befiehlt sie. »Hier steht, wir sollen uns wie ein einziger Mensch bewegen. So ist's richtig. Deine Mammi ist eine wahre Dichterin. Und weiß es selbst nicht mal.«

Wieder brechen seine Geschwister in treuherzige Begeisterung aus. Kratzend läuft die Platte aus, irgendeine Combo mit Namen *The Savoy Sultans*. Sie bittet ihn, sie umzudrehen und trägt noch einige Tupfer Parfüm auf.

Es ist Anfang September, drückende, heiße Tage und Nächte, die ihr winziges Pförtnerhaus wie einen Ofen pulsieren lassen, die Puppenhausfenster, oben spitz, auf ewig mit Farbe zugekleistert, und nur gelegentlich dringt ein Lufthauch herein, immer wenn die Haustür aufschwingt.

Wie kostbares Porzellan hält er die schwere Platte, fühlt den Schweiß an seinen Händen und schnuppert rasch, immer wieder, denn er liebt ihren Duft, sucht ihn, wo er sich im Kissenabdruck fängt, in den Schubladen, in denen er nicht herumstöbern darf, als wäre er etwas Verlorenes, Betrauertes aus jener Zeit, in der er noch ihr Bett teilte.

»Nun mach schon, Träumerchen«, ruft sie, als könnte sie seine beschämenden Wünsche lesen, und er schreckt zusammen, stößt mit dem Ellbogen an die Kante des Küchentischs, und die alte, plötzlich schlüpfrige Platte rutscht ihm aus den Fingern, zersplittert in tausend Stücke auf den Bodenfliesen.

Alle halten den Atem an und starren auf die glitzernden Scherben, als ließen sie sich durch Willenskraft wieder zusammenfügen. Sie aber holt aus und schlägt ihn, etwas, das sie noch nie getan hat. Nie. Er starrt sie an, die Hand an der brennenden Wange. Wilma, die Jüngste, beginnt zu weinen. »Willie hat mir die Platte gekauft. Deshalb hast du sie kaputt gemacht, *stimmt's? Stimmt's?*«

Sie schüttelt ihn. In Wellen steigt ihr Duft auf, der Duft, den er, sagt er sich, so über die Maßen liebt. Parfümierte Wut.

Er klammert sich an den Tisch. Das Grammophon tanzt, Lampenlicht spiegelt sich im silbernen Arm, im Tonkopf. Die übrigen Platten scheppern in ihren Hüllen. Dann ist es vorbei, so plötzlich wie es begonnen hat, und sie sinkt schluchzend in einen Sessel, und dicke, heiße Tränen beflecken den weiß geschrubbten Holztisch. Der Junge steht da, starrt auf die

Flecken, auf seine dumme, weinende Mutter in ihrem getüpfelten Kleid, für das sie ihre kostbaren Rabattmarken gespart hat, ein ganzes Heft für diesen einen Abend, und jetzt ist er verdorben. Er hat ihn ihr verdorben.

»Kann ich die Teile haben?« fragt Tom mit dünner, verwunderter Stimme. Diese Bruchstücke sind tatsächlich etwas Kostbares, selbst der Junge kann das sehen, jedes ein bißchen von wer weiß was, ein Stimmschnipsel, ein Trompetenruf, ein Trommelschlag, eingepreßt in die schwarzen Rillen.

Dann: »Hol einer das Kehrblech. Ich will kein Blut auf meinen guten Laken«, denn alle sind sie barfuß, und Wilma holt Handfeger und Schaufel, und seine Mutter fegt die Reste der Sultane auf und verfüttert sie Schnipsel für Schnipsel an die Flammen. Die Stücke lodern blau auf, dann grün, zerschmelzen rasch zu Glut, und ihre Gesichter, aber auch die Zimmerwände, werden plötzlich von einem chemischen Leuchten umspült.

Die Kinder kreischen. An diesen Abend werden sie noch oft denken. Der Junge gewiß auch, selbst dann noch, wenn die anderen Ereignisse dieses schwülen Herbstabends trotz aller bösen Folgen längst verblaßt sind.

»Komm her«, befiehlt seine Mutter und nimmt sein Gesicht zwischen ihre warmen Hände.

»Hab' ich dir weh getan?« flüstert sie, damit die anderen sie nicht hören. »Sag, daß es nicht weh getan hat. Wer schert sich denn auch um so ein dummes, altes Schellackstück?«

Und sie legt eine neue Platte auf den Teller, setzt die Nadel auf, und sein Lieblingssong beginnt sich zu drehen. »*My Very Good Friend The Milkman.*«

»Nun, Mädchen und Jungen, Jungen und Mädchen, was soll's sein? Foxtrott? Quickstep? Jitterbug?« Und sie platzen fast vor Lachen bei der Vorstellung, ihre Mutter könnte wie von einem Katapult über den Tanzboden geschleudert werden, hoch in die Luft, mit fliegenden Kleidern über den Kopf eines Mannes hinweg.

Das ist die Mutter, die sie lieben. Verrückt und spontan, denn sie tanzt allein mitten im Zimmer nur zu ihrem Vergnügen; *Ler-*

nen Sie Tanzen mit Arthur Murray beiseite gelegt, den unsichtbaren Partner auf Armeslänge gehalten, eine Miene hochwohlgeborener Verachtung aufgesetzt.

»Kennen Sie vielleicht meinen Gatten? Major Cyril Kincaid? Höchst bemerkenswerte militärische Karriere auf drei Kriegsschauplätzen. Hat sich natürlich längst vom aktiven Dienst zurückgezogen. Zu seinem unendlichen Bedauern. Würde sich liebend gern noch einmal mit dem hinterhältigen *boche* anlegen, aber ihm steckt ein ziemlich großes Schrapnellstück im Hintern. Wurde vor den Dardanellen verwundet. Sein Gang ist Ihnen doch bestimmt aufgefallen, nicht?«

Und sie ist der Major, wie er leibt und lebt, nicht mehr seine schrille Lady, mit gequältem Gesichtsausdruck, wenn sie steifbeinig zu Fats Waller über den Küchenboden stampft. Die Kinder umarmen einander vor lauter Entzücken und schlagen dann rasch die Hand vor den Mund, als stünde das gefürchtete Paar aus dem großen weißen Haus am Ende ihrer Allee lauschend draußen im Schatten.

Die brennende Wange hat er vergessen, der Junge sieht seiner Mutter zu, die für sie Theater spielt. Etwas Neues, oder noch lieber ein altes Stück, wie an den Abenden, wenn das Paraffinöl alle ist und sie die Kerzen ansteckt, Geschichten erzählt und Tierköpfe mit geballter Faust an die Wand zaubert. Da kriegen die Kleinen solche Angst, daß sie nicht mehr die Leiter zum Dachboden hinaufsteigen wollen, wo die Feldmäuse überwintern und einmal eine Fledermaus umherflatterte, während sie sich kreischend unter der Steppdecke verkrochen.

Die Kehrseite ist, daß sie niemals weiß, wann sie aufhören muß, daß sie weitermacht über den Moment hinaus, an dem jeder normale Mensch Schluß machen würde. Wenn es zu solchen Exzessen kommt, tut der Junge alles, um sie aufzuhalten, doch gibt es Zeiten, in denen er sich viel zu jung und zu schwach für diese Aufgabe fühlt. Dann weint er draußen auf dem Klo bittere Tränen der Enttäuschung, starrt auf die mit Zeitungen tapezierten Wände und hofft, daß ihn die Geschichten ablenken, die dort geschrieben stehen.

Heute ist sie in solch einer überdrehten Verfassung, und bei der Ohrfeige vorhin, da ist ihr die Hand ausgerutscht, so wie ihm die Platte einfach aus den Fingern gerutscht ist. Ein Unfall. Vorwürfe sind sinnlos, hier wie da, und mit plötzlichem Stolz darauf, wie erwachsen er schon ist, bietet er ihr an: »Ich geh' und schaue, wo er bleibt«, denn er merkt, wie sie immer unruhiger wird. Neun Uhr, dann halb zehn vorbei, und noch keine Spur von seinem grinsenden dunklen Gesicht, kein leises Pfeifen, das ihm auf der langen weißen Straße von der Kaserne am Ufer des Lough stets vorauseilt.

»Wirklich? Würdest du das tun?« haucht sie und umarmt ihn voll heftigem, verschwitztem Überschwang. »Machst du das wirklich, Schatz? Mein kleiner Mann, mein lieber, kleiner Mann im Haus.« Und lärmend fallen seine Geschwister ein, die sich nach den Geschenken aus dem Militärladen sehnen.

Die Nachtluft umfängt den Jungen mit ihren klammen Armen, und er fragt sich, was es soll, bei diesem Wetter drinnen eine solche Glut anzufachen. Doch seine Mutter kann nicht anders, im Winter wie im Sommer muß sie Holz nachlegen. Und wenn das Feuer im Kamin auszugehen droht, wird sie sichtlich deprimiert.

Unter seinen Füßen spritzt der Kies der Auffahrt beiseite, und im Dunkeln klingen die Detonationen doppelt aufdringlich, also weicht er auf das geräuschlose Gras aus, eilt zum säulenbestandenen Tor und zur Straße, über die ihr Besucher kommen muß.

Zu beiden Seiten kann er die Fasanen des Majors verträumt in ihren Verschlägen klicken hören. Irgendwo, doch weit fort, ein Hund, der eine Farm bewacht, vielleicht auch ein Fuchs, der kurz aufbellt, und Ussher Greers hydraulische Pumpe würgt tiefe Baßlaute hervor, während sie Wasser in eine alte, halb versunkene Badewanne mit Klauenfüßen auf der oberen Weide sprudeln läßt.

Stumm zählt der Junge vor sich hin und fragt sich verwundert, ob der Rhythmus seines eigenen Herzens mit dem Geräusch übereinstimmt. Irgendwie kommt es ihm logisch vor, doch weiß er nicht, warum: Alle Herzen, Uhren und Maschinen der Welt, sie schlagen in magischem Einklang.

Etwas in ihm fürchtet sich, weil er allein hier draußen ist und unsichtbar im Dunkeln um ihn her soviel geschieht, doch genießt er auch die Gewißheit, daß alles nur für ihn ist, all dies sein eigenes Reich.

Er denkt daran, wie behaglich und zufrieden sie sich in ihrem vertrauten Pförtnerhaus gefühlt hatten, und daß sie außer sich keinen Menschen brauchten, bis dieser Fremde auftauchte mit seiner heißen, schimmernden Haut, seinem Hefegeruch, durch den die kleine Küche erst recht wie ein Backofen geworden war. Er sagte, er arbeite als Koch, also war es vielleicht der Geruch seines Berufes, den er wie einen zweiten Körperduft verbreitete.

Wenn er in der engen Küche saß, streckte er die rosigen Handflächen nach der Wärme aus – offenbar gefällt ihm das Feuer ebenso wie seiner Mutter –, und die jüngeren Geschwister strichen ehrfürchtig über die Bügelfalte seiner Hose und berührten all die übrigen Herrlichkeiten dieser wundersam gebügelten Uniform mit den aus irgendeinem unerklärlichen Grunde falsch herum angenähten Unteroffiziersstreifen.

Unbeeindruckt sah der Junge aus dem Schatten zu, auch dann, wenn der große Mann in Khaki sich besondere Mühe gab, ihn in den magischen Kreis zu ziehen. Seine Mutter umwarb ihn ebenso, das spürte er, und es fiel ihm schwer, ihr nicht nachzugeben, wenn er sah, wie sehr sie den sorglosen GI und seine unbeschwerte Art mochte und wie gern sie ihn zufrieden wußte.

Während der Junge sich jetzt in seinem Versteck im dunklen Gras zusammenkauert und auf die Ankunft ihres Besuchers wartet, darauf, daß er schwankend näherkommt – er hat immer noch nicht gelernt, Fahrrad zu fahren, dabei ist er doch schon ein erwachsener Mann –, denkt er an eben diesen alten Drahtesel, seine Mutter kreischend vorn auf der Stange, die Beine wie ein Mädchen von sich gestreckt, und Willie, der in weiten Kreisen mit ihr über Greers Feld saust. Nie hatte er sie so unbekümmert gesehen, so jung wie an jenem Tag, und obwohl sich etwas in ihm darüber ärgerte, daß ein Fremder eine solche Verwandlung herbeiführen konnte, freute er sich auch für sie. Und es ist dieser Teil in ihm, der sich jetzt regt, der sich auf ihr Gesicht freut, wenn sie sie beide zusammen die Allee heraufkommen sieht, das alte, verrostete Rad zwischen sich.

Wie er da hockt und ein wenig zittert, weil es kühl wird, bildet er sich ein, er könne das Grammophon hören, Fats Waller, der ihm eine vertrauliche Botschaft die lange, einsame Allee hinaufschickt, um ihm bei seiner Wacht Gesellschaft zu leisten. Und plötzlich fällt ihm ein, daß Fats Waller auch schwarz ist, genau wie Willie. Das hat ihm keiner gesagt, aber irgendwie weiß er einfach, daß es stimmt.

Willie Washington war für ihn der erste Schwarze, der nicht bloß in Filmen oder Reisevorträgen existierte. Solche Schwarzen konnte man nämlich nicht anfassen und nicht riechen, und man wurde auch nicht von ihnen angefaßt, dort im Macushla, wie sie es nennen, weil Mr. Costello, der Besitzer, Katholik ist, doch wird er von allen gern gesehen, von allen. Außerdem sehen sie im Film anders aus, nie so schick und adrett wie ihr eigener »schwarzer Yankee« in seinem sorgsam gebügelten, mit Goldknöpfen – Gold! – abgesetzten Gabardineanzug, die Mütze ein flaches Schiffchen, das sie sich zum Spaß alle schon mal aufgesetzt haben, selbst seine Mutter. Innen drin riecht es nach Kokosnuß, das kommt von dem Zeug, das Willie sich ins Haar schmiert. Und noch etwas: Nichts im Kino bereitete einen darauf vor, wie sich das Haar anfühlt.

Es hat seine Vorteile, einen eigenen, leibhaftigen GI zu haben, wie der Nachrichtensprecher im Rundfunk sie immer nennt. So einen haben hier nicht viele Leute. Und wenn er es recht bedenkt, ist er gar nicht mal so übel, ihr neuer Freund mit seinen Blumensträußen und Bonbonschachteln. Noch besser sind allerdings die Stapel von Comic-Heften, die sie in freigebigem Überschwang im ganzen Haus verteilen, sogar auf dem Klo, um sie dort in Muße zu lesen.

Schon träumt er von Dick Tracy und Steve Canyon, von Prinz Eisenherz mit seiner Mädchenfrisur, da sieht er weit hinten ein

Licht in der Allee, das immer näherkommt. Erst denkt er, es ist der Major, auf der Jagd nach Wilddieben, die ihm immer wieder Ärger machen, und er duckt sich noch tiefer in Sauerampfer und Löwenzahn.

Doch dann hört er seine Mutter mit leiser, verängstigter Stimme rufen: »Raymond? Raymond? Wo bist du?«

Sie hält die alte Karbidlampe in der Hand, und allein daran, daß sie es geschafft hat, die Lampe anzuzünden, läßt sich das Ausmaß ihrer Besorgnis erkennen.

»Hier. Hier bin ich«, antwortet er und erhebt sich aus seinem Nest, und gleich darauf ist sie bei ihm und drückt ihn an sich, und es ist wieder eine ihrer klammen Umarmungen.

»Ich war schon ganz krank vor Sorge«, sagt sie, den Mund in seinem Haar. »Wo bist du gewesen? Was hast du gemacht? Jetzt ist es zu spät, weißt du das denn nicht? Er kommt nicht, er kommt nicht mehr.«

Und er spürt, daß die Tränen nicht weit sind, und um sie aufzuhalten, sagt er: »Vielleicht konnte er nicht weg. Hat bestimmt Nachtdienst oder so was. Warte noch zehn Minuten.«

Dann hört er ihren Seufzer, und er weiß, sie wünscht sich, daß er sie überzeugt, und zusammen lassen sie sich in seine Mulde im Gras sinken.

»Glaubst du …?« murmelt sie, und die Frage verliert sich im Dunkeln.

Dort, wo sie liegen, beleuchtet die leise zischende Fahrradlampe mit ihrem kleinen Smaragdauge einen Wald bleicher Stengel. Der Junge durchsucht das helle Wirrwarr nach Anzeichen winzigen Lebens, eine Welt wie aus einem Comic-Heft, tiefstes Schwarz auf blendendem Weiß, als würde Miss America höchstpersönlich jeden Moment auftauchen und eine Schar ihrer Anhänger aus dem Dschungel in Sicherheit bringen.

Irgendwo in den Bäumen schreit eine Eule, und erschreckt greift seine Mutter nach ihm. Er zuckt nicht einmal zusammen.

Dann hört er sie sagen: »Wir holen uns den Tod in diesem feuchten Gras. Ich sag' dir, er kommt nicht. Hat uns wohl …«

Wieder hängt der Satz in der Schwebe, so daß ihn jeder auf seine Weise vollenden kann.

Aber der Junge denkt an seine Geschwister, die sich auf dem alten, durchgesessenen Sofa aneinanderklammern. Nie würden sie zu Bett gehen, solange die Küche unten leer ist. Er begreift, wieviel ihr der Mann bedeuten muß, daß sie die Kleinen so allein läßt, denn gegen seinen Willen kommt ihm nun eine grausame Erinnerung, vielleicht die grausamste, die er in seinem Leben je haben wird, die Erinnerung an den armen, toten, kleinen Brian, der einsam und selbstvergessen im enger werdenden Flammenkreis hockt, jener Bruder, den sie nie richtig kennenlernen oder lieben lernen konnten.

Seine Mutter erzählte ihnen, er sei im Himmel, glücklich und immerzu lächelnd und so angezogen, wie er an jenem Tag angezogen war, an dem er sich von ihnen fortgestohlen hatte, angelockt vom Geschrei der Montgomery-Jungen, die den Ginster am Bahngleis in Brand steckten. Stimmte etwas nicht mit ihm, daß er kohlschwarze Mumienbinden sah, etwas Entsetzliches, im Innern gesichtslos, statt Babykleidern, mehrere Nummern zu klein für ihn? Konnte er dafür bestraft werden, daß er so etwas dachte?

»Gehen wir heim«, sagt seine Mutter und steht auf, und da hören sie beide ein Auto kommen.

Einen Augenblick lang bleibt sie unentschlossen, und er begreift, daß sie sich fragt, ob er diesmal vielleicht ein anderes Transportmittel gewählt hat, doch dann läßt sie sich neben ihm fallen und wirft dabei die Lampe um.

»Kopf runter«, flüstert sie, und er fühlt, wie ihre heiße Nähe ihn umhüllt. Er weiß, er ist zu alt, um sich so von ihr halten zu lassen, doch bleibt er unbeweglich liegen und zwingt seine Sinne, nicht darauf zu reagieren.

Der Motorenlärm wird lauter. Der Wagen klettert Thompsons Hügel hinauf, und dann sehen sie, daß es gar kein Wagen, sondern ein Motorrad mit Beiwagen ist, ohne Licht, und daß ein Mann im Beiwagen hockt, kerzengerade, wie in einer Kirchenbank. Langsam fährt er an ihnen vorbei, und durch das Gewirr der Grasstengel können sie ihn deutlich erkennen, gerader Rücken, glatzköpfig, und er stiert vor sich hin. Er trägt einen schweren, dunklen, bis zum Kragen zugeknöpften Mantel, sein Haar ist silbergrau.

Der Junge hört, wie seine Mutter nach Luft schnappt, bevor sie ihn mit festem Griff tiefer ins Gras zieht. Das Gespann fährt langsam über die Hügelkuppe, ein winziges Rücklicht starrt sie an, wie ein Auge, ohne zu blinzeln, bevor es endgültig verschwindet. Der Mann auf dem Sattel trägt Lederhelm und eine Schutzbrille, mehr ist von ihm nicht zu erkennen gewesen. Der Junge spürt, wie seine Mutter zittert.

»Sind sie weg?« flüstert sie und hält den Kopf schief, als lausche sie, ob der Motorenlärm noch einmal wiederkehrt.

»Wer war das?«

»Woher soll *ich* das wissen?« fragt sie ihn, doch der Junge merkt ihr an, daß sie lügt.

»Komm«, sagt sie und steht auf, »es ist längst Schlafenszeit für dich«, und er spürt, wie ihm beim Aufstehen schwindlig wird.

Jetzt erst fällt ihm auf, daß Sterne leuchten, ein großes Pulsieren am nächtlichen Himmel, weiß wie Milch.

»Was war das?« fragt seine Mutter, als gäbe es noch Wunder, doch hat nur ein altes Tor geknarrt.

Er nimmt ihre Hand, das scheint ihm irgendwie richtig, er spürt doch, daß sie im Dunkeln weint, und zusammen gehen sie über die lange, fahle, schnurgerade Auffahrt zurück.

Übersetzt von Bernhard Robben

Biographien

JOHN BANVILLE wurde 1945 in Wexford geboren, ging dort auf das St. Peter's College und arbeitete nach dem Schulabschluß bei Aer Lingus als Operator. 1970 erschien ein Band Kurzgeschichten, seither veröffentlichte er 11 Romane und schrieb für Theater und Fernsehen. Banville lebt in Dublin und ist dort seit 1988 Feuilletonchef der *Irish Times*.

SAMUEL BECKETT, geb. 13.4.1906 in Foxrock bei Dublin, gest. 22.12.1989 in Paris, besuchte die Portora Royal School in Enniskillen und studierte am Trinity College, Dublin. Als *lecteur d'anglais* unterrichtete er 2 Jahre an der École Normale Superieure und lernte dort 1928 James Joyce kennen. Seine erste Veröffentlichung war eine Arbeit über Joyce. Nach einer kurzen Lehrtätigkeit am Trinity College verbrachte er 5 Jahre in Deutschland, Frankreich, Irland und in London, um sich dann auf immer in Frankreich niederzulassen. Nach einem Band Kurzgeschichten und mehreren Romanen fand er 1953 mit der Pariser Aufführung von *Warten auf Godot* weltweite Anerkennung. 1969 erhielt er den Nobelpreis.

BRENDAN BEHAN, geboren am 9.2.1923 in Dublin. Nach kurzem Schulbesuch arbeitete er als Anstreicher und trat 1939 der IRA bei. Wegen Sprengstoffbesitzes wurde er in Liverpool verhaftet und 1942 in Irland wegen Mordversuchs zu 14 Jahren Haft verurteilt. Nach vorzeitiger Entlassung arbeitete er wieder als Anstreicher und als Seemann, veröffentlichte Erzählbände, Romane, Lyrik, Bühnenstücke, Hörspiele und Kinderbücher. Brendan Behan starb 1964 an Trunksucht und Diabetes.

DERMOT BOLGER wurde 1959 in Finglas, im Norden von Dublin, geboren. 1979 gründete er den Verlag Raven Arts Press. Seinen ersten Roman veröffentlichte er 1982. Seither sind 6 weitere Romane und zahlreiche Theaterstücke sowie mehrere Gedichtbände erschienen. Dermot Bolger hat außerdem zahlreiche Werke herausgegeben und eine Reihe von Drehbüchern geschrieben. Sein Roman *Journey Home* zeichnet ein Bild Irlands, das allen gängigen Klischees radikal widerspricht.

ELIZABETH BOWEN, geb. 7.6.1899 in Dublin, gest. 22.2.1973 in London. Einen Großteil ihrer Kindheit verbrachte sie im Bowen's Court in Kildorrey, County Cork, ein Haus, das sie 1930 erben sollte und in *Bowen's Court* (1942) beschrieb. 1918 zog sie nach London und verkehrte im Bloomsbury-Kreis mit Virginia Woolf und E.M. Forster. 1923 veröffentlichte sie ihren ersten von zahlreichen Bänden Kurzgeschichten. Von ihren zehn Romanen dürfte *The Death of the Heart* (1938) am bekanntesten sein.

RODDY DOYLE wurde 1958 in Dublin geboren. Er ging zur St. Fintan's Christian Brothers School in Sutton, studierte am University College in Dublin und unterrichtete 14 Jahre lang Englisch und Geographie an der Greendale Community School in Kilbarrack, Nord-Dublin. *The Commitments*, sein erster Roman, erschien 1988 und wurde, ebenso wie die beiden folgenden Romane, verfilmt. Insgesamt veröffentlichte er bislang 6 Romane, 2 Theaterstücke, 1 Fernsehspiel und die Drehbücher für die Verfilmungen der *Barrytown Trilogy*. Nach der Veröffentlichung seines 4. Romans *Paddy Clarke Ha Ha Ha* gab Roddy Doyle seine Stelle als Lehrer auf und arbeitet seither als freischaffender Schriftsteller.

NEIL JORDAN, geb. 25.2.1950 in Sligo, studierte Geschichte und Englische Philologie am University College, Dublin. In den siebziger Jahren tourte er mit der Children's T. Theater Company durch Irland, Großbritannien und die USA und arbeitete danach als Bühneninspizient, Handlanger und Weinkellner. 1976 veröffentlichte er einen Band Kurzgeschichten, danach erschienen mehrere Romane. Neil Jordan ist außerdem Drehbuchautor und international bekannt durch seine Arbeit als Regisseur. Zu seinen Filmen gehören *Mona Lisa*, *The Crying Game*, *Interview with a Vampire*, *Michael Collins* und *The Butcher Boy.*

JAMES JOYCE, mit vollständigem Namen James Augustine Aloysius Joyce, wurde 1882 in Rathgar, Dublin, geboren. Er besuchte das Jesuitenkolleg Clongowes Wood in Clane sowie das Belvedere College in Dublin und studierte dort am University College. Enttäuscht von der Engstirnigkeit und Bigotterie des irischen Katholizismus ging Joyce 1902 für ein Jahr nach Paris, kehrte zum Tode seiner Mutter noch einmal nach Irland zurück, lebte kurzzeitig mit dem befreundeten Schriftstellerkollegen Oliver St. John Gogarty im Martello-Tower, um danach (1904) mit seiner Lebensgefährtin Nora Barnacle in Triest, Zürich und Paris im ›Exil‹ zu leben. Einem Band Gedichte folgten 1914 die Erzählungen *Dubliners*, später erschien der vorwiegend autobiographische Roman *A Portrait of the Artist as a Young Man*, und am 2. Februar 1922, an seinem 40. Geburtstag, gelangte sein berühmtes Werk *Ulysses* an die Öffentlichkeit. 1939 wurde *Finnegans Wake* veröffentlicht. Joyce starb am 13. Januar 1941 in Zürich.

CLAIRE KEEGAN wurde 1969 im Co. Wexford geboren, studierte u.a. an der Loyola University in New Orleans und machte ihren Abschluß an der University of Wales. Die in dem Band *Antartica* versammelten Kurzgeschichten sind ihre erste Veröffentlichung. Zur Zeit arbeitet sie an weiteren Kurzgeschichten und an einem in Montana spielenden Roman.

MAURICE LEITCH wurde 1933 in Muckamore im Co. Antrim geboren, studierte in Belfast, unterrichtete einige Jahre als Lehrer und begann 1960 für die BBC zu arbeiten. Sein erster Roman erschien 1965, 1970 zog er nach London, wo er noch heute mit seiner Familie lebt. *The Smoke King* ist sein achter Roman. Außerdem schrieb er Radiosendungen, Kurzgeschichten, Fernsehsendungen und Theaterstücke.

PATRICK McCABE wurde 1955 in Clones, Co. Monaghan, geboren und arbeitete als Lehrer in diversen Städten Irlands, ehe er nach London zog. Er veröffentlichte ein Kinderbuch und 6 Romane, von denen *The Butcher Boy* (1996 von Neil Jordan verfilmt) wohl am bekanntesten ist. 1999 erschien ein Band Kurzgeschichten unter dem Titel *Mondo Desperado*. Patrick McCabe schrieb mehrere Hörspiele, und sein Stück *Frank Pig Says Hello* wurde 1992 beim Dubliner Theaterfestival uraufgeführt. Heute lebt McCabe in Sligo.

COLUM McCANN, geb. 1965 in Dublin. Der Sohn des Journalisten Seán McCann erhielt eine journalistische Fachausbildung am Rathmines College of Commerce. Er arbeitete als Journalist, Farmarbeiter und Lehrer und unternahm lange Reisen durch Asien, Europa und Amerika. Für seine Erzählungen erhielt McCann, der heute in New York lebt, zahlreiche irische Literaturpreise, unter anderem den Hennessy Award for Irish Literature sowie den Rooney Prize.

FRANK McCOURT, 1930 in New York als Sohn irischer Eltern geboren, kehrte als Kind nach Limerick zurück und ging dort zur Schule, bevor er wieder nach Amerika fuhr. Er hatte verschiedene Gelegenheitsjobs, bevor er zur Armee ging. Anschließend studierte er, wurde Lehrer und arbeitete bis zu seiner Pensionierung 1987 auf Staten Island in New York.

JOHN McGAHERN, Sohn eines Polizeiwachtmeisters, wurde am 12.11.1934 in Dublin als ältestes von sieben Kindern geboren. Bis zum Tod seiner Mutter 1945 wuchs er in Ballinamore (Co. Leitrim) auf, arbeitete als Lehrer in Drogheada (Co. Louth) und Clontarf (Co. Dublin). Als die Zensur 1965 seinen Roman *The Dark* verbot, wurde er fristlos aus dem Schuldienst entlassen. Danach arbeitete er als Vertretungslehrer, Bauarbeiter, Rezensent und Hörspielautor in Großbritannien sowie als Gastdozent an amerikanischen, kanadischen, britischen und irischen Universitäten. Seit 1974 lebt er als freier Schriftsteller auf einem Bauernhof in Foxfield bei Mohill am Lough Lara im Co. Leitrim.

BERNARD McLAVERTY, geb. 14.9.1942 in Belfast. Der Sohn eines Gebrauchsgraphikers ging zum St. Malachy's College in Belfast, war Medizinallaborant an der dortigen Queen's University und studierte von 1970–74 Englische Philologie. 1975 zog er nach Schottland, wo er heute noch lebt. Er unterrichtete an der St. Augustin's High School in Edinburgh und als Fachleiter für Englisch auf der Isle of Islay. Seit 1981 arbeitet er als freier Schriftsteller. Seine Romane *Lamb* und *Cal* wurden verfilmt.

BRIAN MOORE wurde am 25.8.1921 in Belfast als Sohn eines Arztes geboren, verlor früh seinen Glauben und sympathisierte mit dem Sozialismus. Im Krieg meldete er sich zur Bürgerwehr, arbeitete als Sanitäter und schloß sich nach dem Krieg dem Aufbauprogramm der Vereinten Nationen in Polen an. 1948 zog er nach Kanada und arbeitete als Journalist bei der *Montreal Gazette*. Die ersten Romane veröffentlichte er unter Pseudonym, 1955 erschien dann sein vielleicht bester Roman *The Lonely Passion of Judith Hearne*. 1959 zog er nach New York, 1967 nach Malibu, behielt aber die kanadische Staatsbürgerschaft und verbrachte bis zu seinem Tode am 10.1.1999 jeden Sommer in Neuschottland. Er veröffentlichte 19 Romane und zahlreiche Drehbücher.

FLANN O'BRIEN, Pseudonym für Brian O'Nolan (resp. O Nuallain), 1911 in Strabane, Co. Tyrone, geboren, arbeitete bis zu seiner Pensionierung aus gesundheitlichen Gründen, 1953, beim Irish Civil Service. Wöchentlich schrieb er viele Jahre unter dem Namen Myles na Gopaleen eine satirische Kolumne für die *Irish Times*. 1939 erschien sein erster Roman *At Swim-Two-Birds*, seinen zweiten Roman *An Béal Bocht* schrieb er auf gälisch und sein dritter, 1940 verfaßter, aber erst 1967 veröffentlichter und wohl bekanntester Roman heißt *The Third Policeman*. Flann O'Brien starb 1966.

FRANK O'CONNOR wurde am 17.9.1903 in Cork geboren und hieß mit bürgerlichem Namen Michael Francis O'Donovan. Er war das einzige Kind eines britischen Offiziers und wuchs in bitterer Armut auf. 1918 trat er der IRA bei. Später arbeitete er in Sligo, Wicklow, Cork und Dublin als Bibliothekar, war Mitbegründer der Zeitschrift *The Bell* und lehrte von 1951 bis 1961 in den USA. Zu seinem Werk zählen zwei Romane, eine Biographie von Michael Collins (1937), Übersetzungen aus dem Irischen, Kritiken und Theaterstücke, doch ist er vor allem für seine Kurzgeschichten bekannt. Frank O'Connor starb 1966 in Dublin.

SEAN O'FAOLAIN (eigentlich: John Francis Whelan) wurde am 22. Februar 1900 als Sohn eines Polizisten in Cork geboren. Noch während seines Studiums am University College Cork trat er der IRA bei und war vorübergehend der Leiter ihrer Propagandaabteilung, wendete sich aber später wieder von ihr ab. 1927 heiratete er Eileen Gould (gleichfalls Schriftstellerin wie auch seine Tochter Julia). Von 1929 bis 1933 arbeitete er als Englischlehrer in Boston, London und Middlesex, kehrte anschließend nach Irland zurück und gründete 1940 die einflußreiche Zeitschrift *The Bell*. O'Faolain schrieb drei Romane, mehrere Biographien, eine Autobiographie und eine Abhandlung über die Iren (*The Irish* – 1947). 1981 erschienen die *Collected Stories*. Sean O'Faolain starb am 20.4.1991.

LIAM O'FLAHERTY wurde am 28.8.1896 auf Inis Mór, Co. Galway, geboren, besuchte das Rockwell College, Co. Tipperary, sowie das Blackrock College, Co. Dublin, und studierte am University College in Dublin. Nach weiten Reisen durch Nord- und Südamerika schloß er sich 1921 der IRA an, flüchtete 1922 nach London und veröffentlichte 1923 seinen ersten Roman *The Neighbour's Wife*. Er veröffentlichte eine Reihe weiterer Romane, etwa *The Informer* (1925) und *Famine* (1937), ist aber wohl am ehesten für seine zahlreichen Kurzgeschichten bekannt. O'Flaherty starb am 7.9.1984 in Dublin.

COLM O'GAORA wurde 1966 in Dublin geboren. Die Kurzgeschichtensammlung *Giving Ground* war seine erste Veröffentlichung. 1999 folgte der Roman *A Crooked Field*. Colm O'Gaora lebt in Dublin.

COLM TÓIBÍN wurde 1955 in Enniscorthy, Co. Wexford, geboren und studierte am University College in Dublin. 1990 erschien *The South*, sein erster Roman, dem bis heute drei weitere Romane folgten. Noch vor Francos Tod lebte Tóibín einige Jahre in Barcelona, eine Zeit, aus der sein Sachbuch *Hommage to Barcelona* hervorging. Er veröffentlichte noch zwei weitere Sachbücher, gab *In Dublin* sowie gemeinsam mit Carmen Callil *The Modern Library: The 200 Best Novels in English Since 1950* heraus und schreibt regelmäßig für *Sunday Independent*.

WILLIAM TREVOR, eigentlich William Trevor Cox, wurde am 24.5.1928 in Mitchelstown im Co. Cork als Sohn eines Bankangestellten geboren. Nach seinem Studium am Trinity College in Dublin arbeitete er zunächst als Bildhauer und Werbetexter. Seit 1954 lebt er in der englischen Grafschaft Devon. Außer einem Kinderbuch, einer Autobiographie und einem Reisebuch schrieb er zahlreiche Erzählungen, Romane, Bühnenstücke sowie Fernseh- und Hörspiele.

ROBERT McLIAM WILSON wurde 1964 in Belfast geboren, ging dort zum St. Malachy College in die Schule und studierte Englisch in

Cambridge, brach sein Studium jedoch kurz vor dem Abschluß ab und lebte eine Weile als Penner in London, Erfahrungen, die in *Ripley Bogle*, seinem ersten, 1989 veröffentlichten Roman, ihren Widerhall fanden. Mit Donovan Wylie gab er *The Dispossessed*, ein Sachbuch über die Armut, heraus. Der Roman *Manfred's Pain* erschien 1992, *Eureka Street* 1996.

GLENN PATTERSON wurde 1961 in Belfast geboren, studierte Creative Writing an der University of East Anglia und lebte nach seinem Studium in Manchester, kehrte 1988 aber wieder nach Belfast zurück. *Burning Your Own*, sein erster Roman, erschien 1988. In ihm erzählt Patterson die Geschichte einer Freundschaft zwischen einem protestantischen Jungen und einem irischen Rebellen während des ersten Sommers des Bürgerkrieges in Nordirland 1969. Seither folgten 3 weitere Romane. *The International*, 1999, wurde unter dem Titel »Die blaue Bar« auf deutsch veröffentlicht.

OSCAR WILDE, mit vollständigem Namen Oscar Fingal O'Flahertie Wills Wilde, wurde 1854 als Sohn des Dubliner Arztes Sir William Wilde und dessen unter ihrem Schriftstellernamen Speranza bekannten Ehefrau Jane Francesca Elgee geboren. Wilde studierte in Dublin und Oxford, hatte für Sport nichts übrig, sammelte blaues Porzellan sowie Pfauenfedern und sorgte mit seiner Selbststilisierung zum Dandy für allerhand Aufmerksamkeit. Er schrieb Gedichte, Märchen, Kriminalgeschichten, Theaterstücke und nur einen Roman: *The Picture of Dorian Gray*, der bei seinem Erscheinen einen Skandal verursachte. 1895 brachten ihn ›homosexuelle Vergehen‹ ins Gefängnis, das er zwei Jahre später verließ, um unter dem Pseudonym Sebastian Melmoth ins Exil zu gehen und 1900 in Paris zu sterben.

WILLIAM BUTLER YEATS, geb. 1865 in Dublin als ältester Sohn von J.B. Yeats, einem gefeierten Maler, besuchte die Godolphin School in Hammersmith und die High School in Dublin und studierte ebendort Kunst an der School of Art. Mit 21 gab er die Kunst zugunsten der Literatur auf, gründete in London und 1892 in Dublin eine literarische Gesellschaft und setzte sich für die Schaffung eines irischen Theaters ein, Bemühungen, die in der Gründung des Abbey-Theaters gipfeln sollten. Yeats betätigte sich als Herausgeber, gilt als treibende Kraft der Keltischen Renaissance, befaßte sich eingehend mit irischen Sagen und Legenden, diente von 1922 bis 1928 dem Freistaat Irland als Senator und schrieb eine Vielzahl von Gedichtbänden. 1923 erhielt er den Nobelpreis. Er starb 1939 in Südfrankreich, doch wurde seine Leiche 1948 nach Irland zurückgebracht.

Textnachweise

JOHN BANVILLE: *Doktor Kopernikus*. Aus dem Englischen von Bernhard Robben. © John Banville 1976. Deutsche Ausgabe: © Fischer Taschenbuch Verlag GmbH, Frankfurt/M. 1999.
SAMUEL BECKETT: *Schluß jetzt*. In: Dante und der Hummer. Aus dem Englischen von Elmer und Erika Tophoven. © Suhrkamp Verlag, Frankfurt/M. 2000
BRENDAN BEHAN: *Red Jam Roll, der Tänzer* In: Das gleiche noch mal! Aus dem Englischen von Hans-Christian Oeser. © Lutz Schulenburg, Hamburg 1991.
DERMOT BOLGER: *Journey Home*. In: Journey Home. S. 175–192. Aus dem Englischen von Thomas Gunkel. © Hitzeroth, Marburg 1992.
ELIZABETH BOWEN: *Ein Tag im Dunkeln*. In: Der dämonische Liebhaber. Ausgewählte Erzählungen. Aus dem Englischen von Annette Charpentier. © 1981 by Curtis Brown, Ltd., London. Literary Executors of the Estate of the Late Elizabeh Bowen. Klett-Cotta, Stuttgart 1984.
WILLIAM BUTLER YEATS: *Die Kreuzigung des Geächteten*. In: Die geheime Rose. Aus dem Englischen von Susanne Schaup und Ernst E. Stein. © Suhrkamp Verlag, Frankfurt/M. 1971.
RODDY DOYLE: *The Snapper*. In: The Snapper. S. 45–73. Aus dem Englischen von Renate Orth-Guttmann. © Roddy Doyle 1990. Deutsche Ausgabe: © Wolfgang Krüger Verlag GmbH, Frankfurt/M. 2001.
NEIL JORDAN: *Verführung*. In: Verführung. S. 22–31. Aus dem Englischen von Hans M. Herzog. Alle Rechte an der deutschsprachigen Ausgabe 1996 beim Wilhelm Goldmann Verlag, München, in der Verlagsgruppe Random House GmbH.
JAMES JOYCE: *Ein Porträt des Künstlers als junger Mann*. In: Ein Portrait des Künstlers als junger Mann. S. 119–139. Aus dem Englischen von Klaus Reichert. © Suhrkamp Verlag, Frankfurt/M. 1972.
CLAIRE KEEGAN: *Tanzen ist eine gute Therapie*. Orig. The Ginger Rogers Sermon. In: Antarctica. © Faber & Faber Limited, London 1999. Deutsche Erstveröffentlichung: © Piper Verlag GmbH, München 2001.
MAURICE LEITCH: *Schwarze Scherben* In: The Smoke King. © Secker & Warburg, London 1998. Deutsche Erstveröffentlichung: © Piper Verlag GmbH, München 2001.
PATRICK McCABE: *Breakfast on Pluto*. In: Breakfast on Pluto. S. 70–93. Aus dem Englischen von Hans-Christian Oeser. © Eichborn Verlag, Frankfurt/M. 2000.
COLUM McCANN: *Cathals See*. In: Fischen im tiefschwarzen Fluß. Aus dem Englischen von Matthias Müller. © Rowohlt Verlag GmbH, Reinbek bei Hamburg 1998.

DER HERAUSGEBER:

Bernhard Robben, Jahrgang 1955, war nach dem Studium der Germanistik, Geschichte und Philosophie als Deutschlehrer in Nordirland tätig. Seit 1986 arbeitet der Spezialist für irische und angelsächsische Literatur als freier Übersetzer und Journalist. Nebenbei ist er ehrenamtlicher Bürgermeister von Brunne, wo er seit 1992 mit seiner Familie lebt.